Sandra Krupa
0479/ 65 00 83

Olaf Apel, Stefan Lorscheid, Markus Peters

Excel – Access – PowerPoint 2007/2010 für berufliche Schulen

1. Auflage

Bestellnummer 30170

Bildungsverlag EINS

Haben Sie Anregungen oder Kritikpunkte zu diesem Produkt?
Dann senden Sie eine E-Mail an 30170_001@bv-1.de
Autoren und Verlag freuen sich auf Ihre Rückmeldung.

www.bildungsverlag1.de

Bildungsverlag EINS GmbH
Hansestraße 115, 51149 Köln

ISBN 978-3-427-**30170**-7

Vorwort

Das vorliegende Buch soll fundierte Kenntnisse und Fertigkeiten von Bürosoftware wie Microsoft Office vermitteln. Es ist uneingeschränkt für alle kaufmännischen Schulformen bzw. Bildungsgänge wie beispielsweise die Höheren Berufsfachschulen für Wirtschaft und Verwaltung geeignet.

Das Buch ist geprägt durch – in berufliche Handlungssituationen eingebundene – betriebswirtschaftliche Problemstellungen, die ganzheitlich und schüleraktiv gelöst werden müssen. Sowohl die Erarbeitungen als auch die Übungen haben eine einheitliche Struktur, die ausgehend von einer Situation über ausführliche und schüleradäquat formulierte Informationen die Lernenden selbstständig zur Lösung kommen lässt und eine Lernerfolgskontrolle bietet. Durch die induktive Vorgehensweise wird den aktuellen didaktisch-methodischen Anforderungen und Richtlinien Rechnung getragen.

Die Förderung der beruflichen Handlungskompetenz hat im Rahmen der Entwicklung des Buches einen hohen Stellenwert eingenommen. Das Buch eignet sich zum selbstständigen schüleraktiven Lernen. Es kann somit auch als Nachschlagewerk für die Vor- und Nachbereitung des Unterrichts von den Schülerinnen und Schülern verwendet werden. Weiterhin bietet es durch die zahlreichen Übungen eine umfassende Lernerfolgskontrolle.

In den Lernsituationen stützt sich das Buch auf das Modellunternehmen „Bürodesign GmbH", das Büromöbel herstellt und mit Büro- bzw. EDV-Zubehör handelt. Die Lernenden werden in die Rolle einer/eines Auszubildenden versetzt, in der sie die Arbeitsaufträge bearbeiten. So werden sich die Lernenden mit dem jeweiligen Arbeitsauftrag identifizieren. Die Einführung in die jeweiligen Themen wird anhand von durchgängigen, realistischen Lernsituationen Schritt für Schritt den Schülerinnen und Schülern verdeutlicht, sodass stets der Sinn und der Nutzen des jeweiligen Inhalts deutlich wird. So wird ein Bezug zur Lebenswirklichkeit der Schülerinnen und Schüler hergestellt.

Mithilfe der umfangreichen Übungen mit integrierten Wiederholungen des bereits Gelernten wird auch der Heterogenität der Schülerinnen und Schüler in den Klassen Rechnung getragen. Je nach Lerngruppe ist so eine differenzierte Übung möglich.

Zu dem Buch besteht die Möglichkeit unter www.bildungsverlag1.de/buchplusweb Dateien herunterzuladen. So können sich die Schülerinnen und Schüler bei Bedarf auf den relevanten Lerninhalt konzentrieren. Es findet sich an den gegebenen Stellen des Buches ein Symbol (Web) als Hinweis auf die jeweilige Datei.

Insgesamt wurde bei der Erstellung des Buches Microsoft Office 2007 zugrunde gelegt. Wenn Unterschiede zur Version Microsoft Office 2010 bestehen, wird hierauf an der betreffenden Stelle hingewiesen. Die inhaltlichen Erläuterungen des Buches zur Tabellenkalkulation sind weitgehend unabhängig von einem bestimmten Tabellenkalkulationsprogramm bzw. einer bestimmten Version.

Die Verfasser

Inhaltsverzeichnis

Das Modellunternehmen

Die Bürodesign GmbH

Damit Sie die vielfältigen Problemlösungsmöglichkeiten der Tabellenkalkulation, der Präsentationssoftware und des Datenbankmanagementsystems leichter kennenlernen, haben wir in diesem Buch ein Modellunternehmen gewählt. An typischen Situationen und deren betriebswirtschaftlichen Problemstellungen dieses Unternehmens lernen Sie die wesentlichen Inhalte der Tabellenkalkulation, der Präsentationssoftware und des Datenbankmanagementsystems kennen.

Betrachten Sie die Bürodesign GmbH als „Ihren Ausbildungsbetrieb", um betriebswirtschaftliche Problemstellungen zu lösen. Auf den nächsten Seiten werden Sie einige Details über dieses Unternehmen erfahren.

Sie bekommen Informationen über den Sitz der Bürodesign GmbH, den Aufbau des Unternehmens, die Abteilungen und die Mitarbeiter. Einigen der Mitarbeiter werden Sie in diesem Buch häufig begegnen. Sie werden sie in typischen betrieblichen Situationen beobachten. Weiter finden Sie einen Auszug aus dem Katalog der Produkte, die von der Bürodesign GmbH hergestellt und vertrieben werden, sowie einen Auszug aus der Kunden- und Liefererdatei, einen Auszug aus dem letzten Geschäftsbericht und die Unternehmensziele der Bürodesign GmbH. Auf diese Informationen werden Sie bei Ihrer Arbeit häufiger zurückgreifen. Deshalb haben wir sie zusammengefasst und vor das erste Kapitel gesetzt.

- **Der Standort**

  Produktionsstätte und Büroräume der Bürodesign GmbH liegen in der Stolberger Straße 188, 50933 Köln. Hier besitzt das Unternehmen Werkstätten für die Produktion. Die Büroräume sind in einem Nebengebäude untergebracht.

  Die Bürodesign GmbH ist eine Kapitalgesellschaft, die im Handelsregister B des Amtsgerichts Köln unter der Nummer 550-U2-Ü5 mit dem Namen eingetragen ist, unter dem sie ihre Geschäfte betreibt (Firma): Bürodesign GmbH – Herstellung von Büromöbeln und Handel mit Büro- und EDV-Zubehör. Simone Schmitz und Marcus Marlies sind ihre Geschäftsführer.

- **Die Abteilungen und ihre Abteilungs- und Gruppenleiter/-innen**

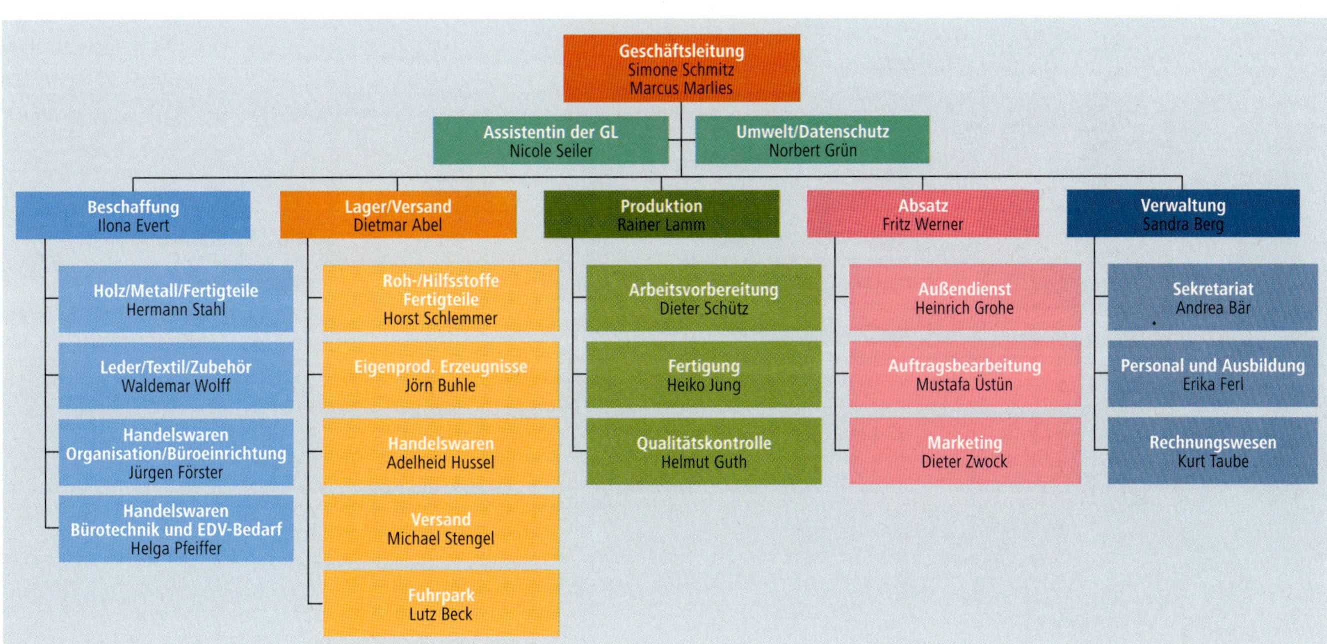

- **Auszug auf der Liefererdatei**

Liefererummer	Liefererame/Firma	Ansprechpartner	PLZ und Ort
001	Bürotec GmbH	Frau Beutelschneider	50937 Köln
002	Computec GmbH & Co. KG	Herr Brömius	48134 Münster
003	Giesen KG	Herr Kemper	37073 Göttingen
004	Jansen OHG	Frau Gunnar	20095 Hamburg
005	Latex AG	Herr Meistermann	90402 Nürnberg
006	Primus GmbH	Herr Schulze-Loh	34117 Kassel

- **Auszug aus der Kundendatei**

Kunden-Nr.	Kundenname/Firma	Ansprechpartner	PLZ und Ort
1008	Leondörfler GmbH	Herr Braun	26122 Oldenburg
1010	Iris Simsen KG	Herr Meier	57074 Siegen
1019	Kölner Metall AG	Frau Fels	51149 Köln
1024	Bonner Elektro GmbH	Frau Cissée	53129 Bonn
1038	Lindemann GmbH	Herr Buschfeld	80122 München
3451	Zopfner, Sabine	Frau Samaria	20446 Hamburg
3486	Beckertz, Armin	Herr Beckertz	53111 Bonn
3489	Dahlbruch, Kerstin	Frau Kutscher	26113 Oldenburg
3490	Hoffenstedt, Anita	Herr Schellendorf	57074 Siegen
3492	Kaiser, Jürgen	Herr Kaiser	96442 Coburg
3498	Wilms, Ingo	Herr Wilms	80332 München

- **Auszug aus dem Produktkatalog**

Art.-Nr.	Artikel
Produktgruppe Hardware	
A22	Notebook
A24	Laserdrucker
A25	Beamer
B10	OHP-Projektor
B15	Kopiergerät
Produktgruppe „eigenproduzierte Waren“	
11P65	Besucherstuhl STAPLER
54P98	Konferenztisch LOGO
30P94	Druckertisch EURATIO

Produktgruppe EDV-Zubehör	
10235	Das Office Buch
10683	Tabellenkalkulation I
11207	Arbeiten mit dem PC
11874	Internet für Anfänger
12430	Tabellenkalkulation II
13080	Präsentieren leicht gemacht
13792	Textverarbeitung I
14257	Textverarbeitung II

- **Auszug aus dem Geschäftsbericht des letzten Geschäftsjahres (GJ)**

Abteilung	Anzahl der Mitarbeiter
Beschaffung	12
Produktion	22
Absatz	10
Verwaltung	5
Lager/Versand	5
Mitarbeiter gesamt	**54**

Umsätze pro Warengruppe	vor fünf Jahren	vor vier Jahren	vor drei Jahren	vor zwei Jahren	vor einem Jahr
Nützliches fürs Büro	176.620,33 EUR	329.812,35 EUR	287.912,09 EUR	328.886,79 EUR	401.387,64 EUR
Produktion	353.240,66 EUR	428.756,05 EUR	467.857,15 EUR	511.601,67 EUR	602.081,47 EUR
Absatz	1.177.468,85 EUR	1.385.211,85 EUR	1.367.582,44 EUR	1.315.547,16 EUR	1.404.856,75 EUR
Verwaltung	941.975,08 EUR	890.493,33 EUR	1.043.681,34 EUR	986.660,37 EUR	1.003.469,11 EUR
Lager/Versand	294.367,21 EUR	263.849,88 EUR	431.868,14 EUR	511.601,67 EUR	602.081,47 EUR
Umsatz gesamt	2.943.672,13 EUR	3.298.123,45 EUR	3.598.901,17 EUR	3.654.297,67 EUR	4.013.876,44 EUR

- **Unternehmensziele**

Wir, die Bürodesign GmbH, möchten den Marktanteil ausbauen. Der Anteil des Umsatzes, der im Bereich der Herstellung von Büromöbeln und dem Handel mit Büro- und EDV-Zubehör in der Region insgesamt erwirtschaftet wird, soll größer werden. Wir beabsichtigen eine Ausdehnung des Absatzmarktes in die gesamte Bundesrepublik Deutschland. Dazu werden umfangreiche Werbemaßnahmen in Zeitung und Fachzeitschriften geschaltet werden.

Unter Berücksichtigung einer konsequenten Kostensenkung – ohne Personalabbau – soll der Gewinn im Vergleich zu den Vorjahren ebenfalls erhöht werden. Wir möchten, um dieses Ziel zu erreichen, auch die Kundenzufriedenheit erhöhen und die Kunden damit dazu veranlassen ausschließlich bei uns zu bestellen.

Weiterhin möchten wir unserer gesellschaftlichen Verantwortung nachkommen. Wir möchten mehr ausbilden sowie im Unternehmen den Umweltschutz durch recyclingfähige Materialien und konsequente Abfalltrennung vorantreiben.

Tabellenkalkulation mit Excel

Lernsituation

Erstellung eines automatisierten Rechnungsformulars für die Bürodesign GmbH

Sie sind als Auszubildende/r der Bürodesign GmbH zurzeit in der Abteilung Absatz eingesetzt. Eine Aufgabe der Abteilung besteht im Erstellen und Versenden der Ausgangsrechnungen für verkaufte Produkte und Handelswaren. Der Leiter der Abteilung – Herr Werner – teilt Ihnen mit, dass es in der Vergangenheit häufig zu Beschwerden von Kunden gekommen ist. Kundennamen bzw. Adressdaten auf den Rechnungen wurden teilweise falsch geschrieben, Preise und Rabatte falsch ermittelt und berechnet. Herr Werner ist darüber hinaus unzufrieden über das uneinheitliche Design der versandten Rechnungen, da jeder Mitarbeiter sein eigenes Rechnungsformular benutzt. Es kam in der Vergangenheit auch zu langen Bearbeitungszeiten durch die manuelle Erstellung der Ausgangsrechnungen.

Als Auszubildende/r der Bürodesign GmbH erhalten Sie von Herrn Werner die Aufgabe, ein Formular für die Ausgangsrechnungen zu erstellen und Schritt für Schritt zu automatisieren. Neben einem einheitlichen Formular lauten die Anforderungen wie folgt:

- Automatisierte Ausgabe der Kundendaten nach Eingabe der Kundennummer.
- Automatisierte Ausgabe der Artikeldaten nach Eingabe der Artikelnummern.
- Automatische Berechnung der Gesamtpreise, der Preisnachlässe und der Rechnungsendbeträge.
- Automatische Auswertung der relevanten statistischen Rechnungsdaten.
- Automatische Fehlermeldung vom Programm für den Fall, dass nicht vorhandene Kundennummern oder Artikelnummern eingegeben werden.

1 Einführung in die Tabellenkalkulation

1.1 Bildschirmaufbau

Tabellenkalkulationsprogramme gehören zu den Standardanwendungsprogrammen. Sie basieren auf Tabellen, die wiederum aus einer Vielzahl von einzelnen Zellen bestehen. Diese Zellen können unterschiedliche Inhalte (z. B. Werte, Texte) ausweisen. Darüber hinaus können die Zellen durch logische (z. B. <, >) und arithmetische (z. B. +, *) Operationen miteinander verknüpft werden. Einzelne Tabellen werden auf den Tabellenblättern erfasst, die wiederum in ihrer Gesamtheit die Arbeitsmappe bilden. Mit der Hilfe von Tabellenkalkulationsprogrammen lassen sich so eine Vielzahl von betrieblichen Problemstellungen lösen.

Der Bildschirmaufbau eines Tabellenkalkulationsprogramms (hier am Beispiel von MS Excel 2007)

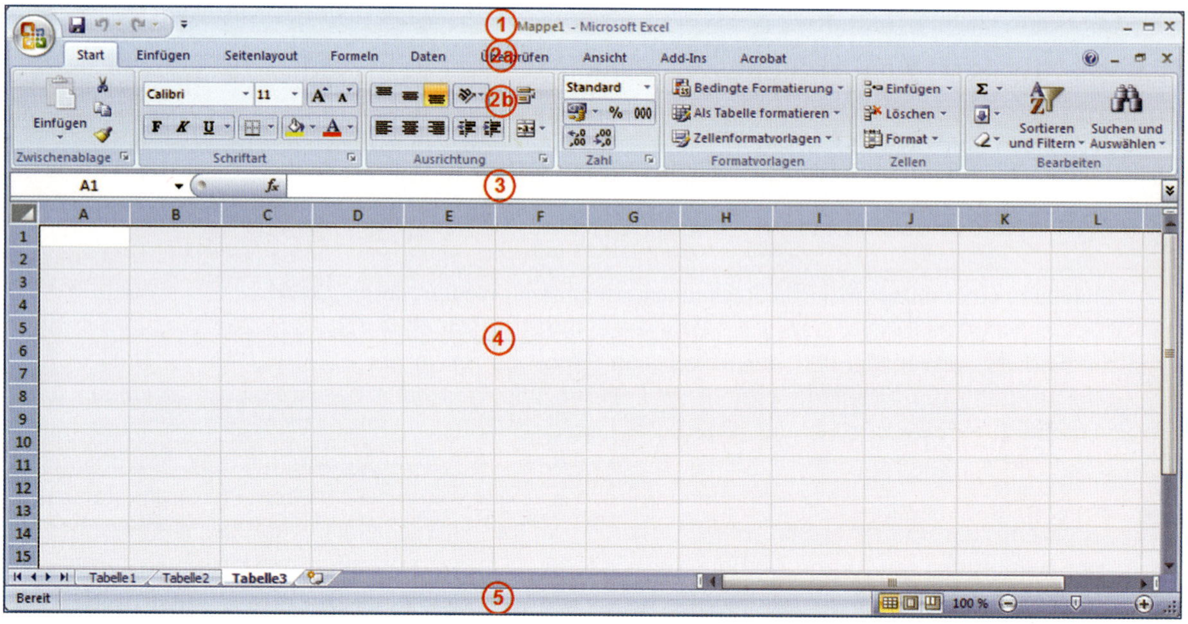

Abbildung 1: *Bildschirmaufbau des Tabellenkalkulationsprogramms MS Excel 2007*

Anmerkung:
Wenn der Mauszeiger auf ein auf dem Bildschirm dargestelltes Symbol bewegt wird (ohne darauf zu klicken), erscheint eine Quickinformation. Eine Quickinformation enthält eine kurze Beschreibung der Funktion des ausgewählten Symbols sowie den entsprechenden Tastenbefehl, mit dem die Funktion ausgelöst werden kann.

Die Funktionen der einzelnen Bereiche des Bildschirmaufbaus werden in den folgenden Unterkapiteln erklärt. Die in Abbildung 1 eingefügten Ziffern ① bis ⑤ finden sich in den Überschriften der Unterkapitel wieder. Auf Unterschiede zwischen der Version MS Excel 2007 und MS Excel 2010 wird an entsprechender Stelle hingewiesen.

1.1.1 Elemente der Titelleiste ①

Die Titelleiste ist wie folgt aufgebaut:

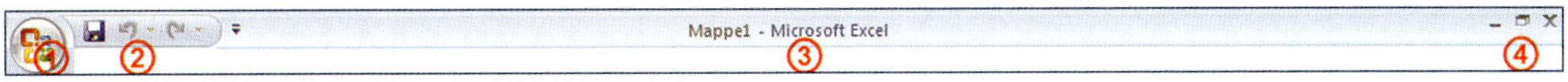

Abbildung 2: *Elemente der Titelleiste*

1. Office-Schaltfläche

Ein Mausklick auf die Office-Schaltfläche öffnet das folgende Fenster:

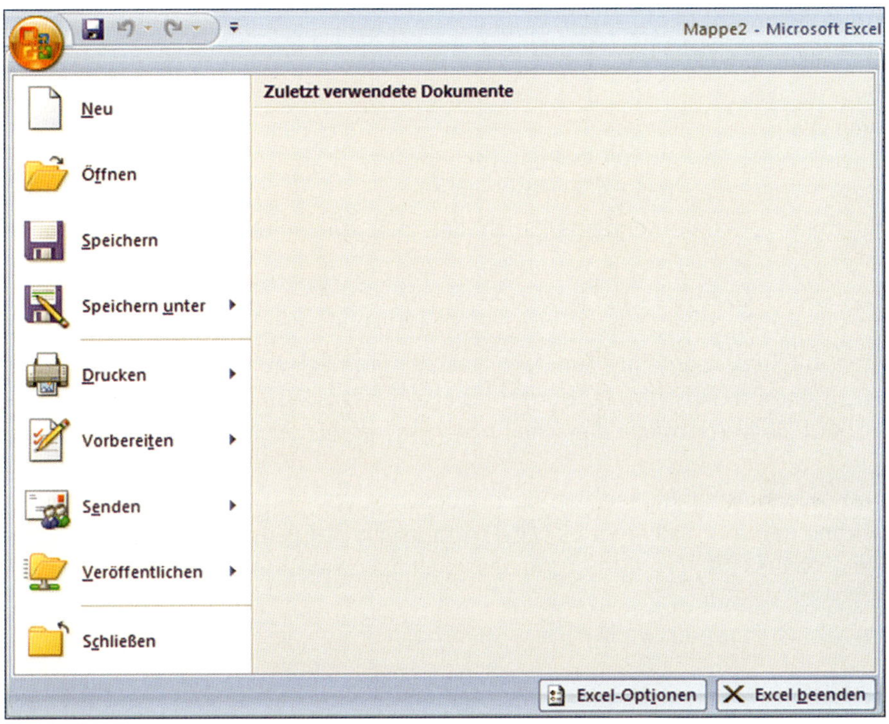

Abbildung 3: *Auswahlmöglichkeiten der Office-Schaltfläche*

Abbildung 4: *Auswahlmöglichkeiten unter dem Registerkarteneintrag DATEI*

Das sich darstellende Fenster ist zweigeteilt. Im linken Teil befinden sich Befehle, die bei der Arbeit mit dem Tabellenkalkulationsprogramm häufig benötigt werden (z. B. Anlegen, Öffnen, Speichern, Drucken eines Dokuments). Im rechten Teil des Fensters befindet sich der Eintrag mit den zuletzt verwendeten Dokumenten. Durch einen Mausklick auf eines der Dokumente öffnet sich dieses unmittelbar. Ein erneuter Mausklick auf die Office-Schaltfläche bewirkt, dass das Fenster wieder geschlossen wird.

2. Symbolleiste für den Schnellzugriff
Die Symbolleiste enthält Symbole für Befehle, die bei der Arbeit mit dem Tabellenkalkulationsprogramm häufig benötigt werden. Nach der Installation sind die Symbole für SPEICHERN, RÜCKGÄNGIG und WIEDERHERSTELLEN voreingestellt. Die Eintragungen in der Symbolleiste sind an die individuellen Bedürfnisse anpassbar. Hierzu ist ein Mausklick auf den kleinen Pfeil rechts notwendig.

3. Dokumenten- und Programmname
Im mittleren Bereich der Titelleiste befinden sich der Dokumentenname (z. B. mappe1.xlsx) und der Name des Programms (hier: Microsoft Excel). Wird beim Speichern des Dokuments ein neuer Name vergeben, dann wird der zuvor ausgegebene Dokumentenname durch den neu gewählten Dokumentennamen ersetzt.

4. Fenster-Schaltflächen
Diese drei Schaltflächen dienen der Steuerung eines Fensters. Nach einem Klick auf das Symbol MINIMIEREN (–) wird das aktuelle Fenster vom Bildschirm entfernt und erscheint als Schaltfläche z. B. in der Taskleiste. Durch einen Mausklick auf diese Schaltfläche erscheint das Fenster wieder im Vordergrund.

Das mittlere Symbol verändert sich in Abhängigkeit von der aktuellen gewählten Einstellung. Mit einem Mausklick auf dieses Symbol kann in den Vollbildmodus ( ) (Anpassung des Fensters auf die Größe des Bildschirms) oder in den Teilbildmodus ( ) (Verkleinerung des Fensters) gewechselt werden.

Mit einem Mausklick auf das rechts liegende Symbol (x) wird das Fenster geschlossen bzw. das Programm beendet.

1.1.2 Elemente der Registerkarten (2a) und Multifunktionsleiste (2b)

Unterhalb der Titelleiste befinden sich die Leiste mit den Registerkarten und die Multifunktionsleiste.

Abbildung 5: *Leiste mit den Registerkarten*

Die Einträge (z. B. START, EINFÜGEN, SEITENLAYOUT) in der Registerkartenleiste sind aufgabenorientiert. Sie können durch einen einfachen Mausklick ausgewählt werden. Die ausgewählte bzw. aktivierte Registerkarte ist daran zu erkennen, dass deren Bezeichnung hellblau hinterlegt ist und etwas im Vordergrund steht.

Unterhalb der Registerkarten befindet sich die Multifunktionsleiste. Die Multifunktionsleiste umfasst eine Gruppe von Befehlen (zumeist durch Symbole dargestellt) zu der jeweils ausgewählten Registerkarte. Die Darstellung verändert sich mit dem Wechsel der Registerkarten.

Abbildung 6: *Einträge in der Multifunktionsleiste am Beispiel der Registerkarte START*

Anmerkung:
Auf die Funktionen der einzelnen Einträge wird in den folgenden Kapiteln eingegangen.

1.1.3 Elemente der Bearbeitungsleiste ③

Die Bearbeitungsleiste befindet sich unterhalb der Multifunktionsleiste. Die Bearbeitungsleiste besteht aus zwei Elementen, die vorrangig zur Eingabe und Bearbeitung von Daten vorgesehen sind.

Abbildung 7: *Elemente der Bearbeitungsleiste*

1. Namensfeld
Dem Namensfeld kann die Adresse bzw. Bezeichnung der aktivierten Zelle entnommen werden (siehe hierzu Kapitel 3).

2. Funktionsfeld
In dem freien Bereich hinter dem Symbol (fx) können Einträge in Zellen neu eingegeben, überschrieben und erweitert werden. Ein Mausklick auf das Symbol kann helfen, eine Funktion auszuwählen und einzurichten.

Anmerkung:
Auf die Möglichkeiten der Eingabe von Daten in Zellen wird im Rahmen der folgenden Kapitel eingegangen.

1.1.4 Elemente des Dokumentenfensters ④

Das Dokumentenfenster eines Tabellenkalkulationsprogramms zeichnet sich durch folgendes Erscheinungsbild aus:

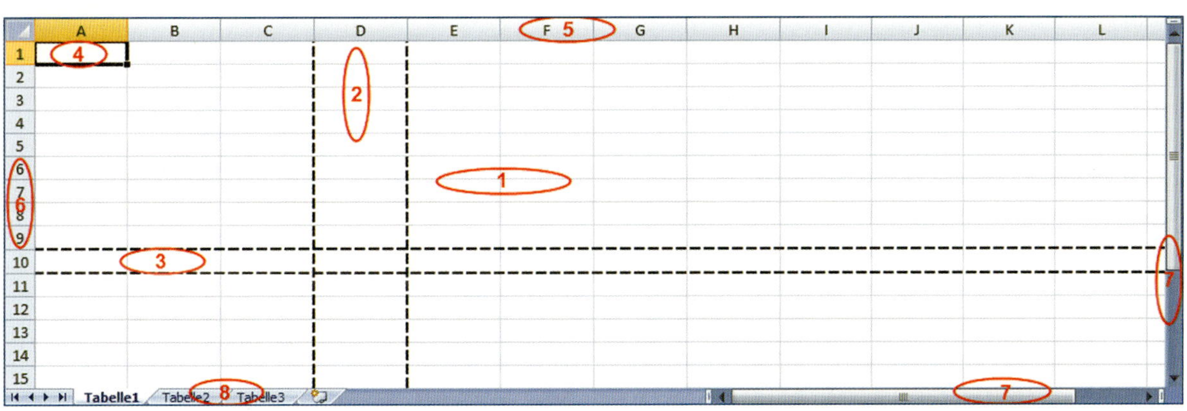

Abbildung 8: *Elemente des Dokumentenfensters*

1./2./3. Tabellenblatt, Spalte, Zeile
Das Tabellenblatt setzt sich aus Spalten und Zeilen zusammen. Die Spalten sind senkrecht angeordnet. Ein Tabellenkalkulationsprogramm verfügt über 16.384 Spalten. Die Zeilen sind waagerecht angeordnet. Eine

Tabelle besteht aus bis zu 1.048.576 Zeilen. Die Schnittpunkte der Spalten und Zeilen werden als Zelle bezeichnet.

Jede Zelle hat eine Standardbreite von 10,71 Zeichen. Maximal kann eine Zelle 32.000 Zeichen aufnehmen. Jedoch können nur 255 Zeichen einer Zelle sichtbar dargestellt werden. Die Standardhöhe einer Zelle beträgt 15 Punkt (1 Punkt entspricht etwa 1/30 cm). Die maximale Höhe einer Zelle kann 409,5 Punkt betragen.

4. aktive Zelle
Als aktive Zelle wird die Zelle bezeichnet, die zuvor auf dem Tabellenblatt markiert wurde. Die aktive Zelle ist an dem etwas dickeren Rahmen zu erkennen. Eingaben können nur in aktiven Zellen vorgenommen werden.

5./6. Spaltenkopf, Zeilenkopf
Um eine aktive Zelle direkt ansprechen oder adressieren zu können, haben Spalten und Zeilen Namen. Die Bezeichnung der Spalten erfolgt anhand von Buchstaben. Die erste Spalte heißt A, die zweite Spalte B usw. Die Namen der Spalten befinden sich im Spaltenkopf. Die Bezeichnung der Zeilen erfolgt anhand von Zahlen. Der Zeile 1 ist die Zahl 1 zugeordnet, der Zeile 2 die Zahl 2 usw. Die Namen der Zeilen befinden sich im Zeilenkopf. Durch die Kombination der Spalten- und Zeilenbeschriftung ergibt sich für jede einzelne Zelle im Tabellenblatt eine eindeutige Bezeichnung (Adresse). Die erste Zeile oben links hat beispielsweise die Bezeichnung A1.

7. Bildlaufleisten
Die Navigation von Zeile zu Zeile bzw. von Spalte zu Spalte ist auf unterschiedliche Art und Weise möglich. Für kleine Strecken eignen sich Pfeiltasten oder die Bild-auf-Taste bzw. die Bild-ab-Taste. Die Pfeiltasten ermöglichen jeweils den Sprung in die vorhergehende bzw. nächste Zeile oder Spalte. Mit der Bild-ab-Taste ist ein Sprung auf die erste nicht mehr dargestellte Zeile möglich. Die Bild-auf-Taste ermöglicht den Sprung zurück. Die Kombination der Bild-auf-Taste bzw. der Bild-ab-Taste mit der ALT-Taste ermöglicht den Sprung in die nächste nicht mehr sichtbare Spalte bzw. zurück.

Für umfangreiche Tabellen stehen die Bildlaufleisten für vertikale und horizontale Bewegungen im Tabellenblatt zur Verfügung. Die Bildlaufleisten werden mit der Maus gesteuert. Soll die Bewegung langsam erfolgen, eignet sich ein oder mehrere Mausklicks auf die jeweiligen Pfeile der Bildlaufleiste. Bei längeren Strecken ist es sinnvoll, den Schieberegler der Bildlaufleiste anzuklicken und die Maus bei gedrückter Maustaste in die gewünschte Richtung zu ziehen.

8. Registerleiste
Das Dokument eines Tabellenkalkulationsprogramms besteht in der Regel aus mehreren Tabellenblättern. Die einzelnen Tabellenblätter sind in der Registerleiste aufgeführt. Standardmäßig haben diese die Bezeichnung Tabelle1, Tabelle2 usw. Nach einem Doppelklick auf einen Registernamen kann der entsprechende Name geändert werden. Über das ganz rechts liegende Symbol können weitere Tabellenblätter eingefügt werden. Die Navigation zwischen den Tabellenblättern erfolgt entweder durch direktes Anklicken mit der Maus oder mittels der Maus über die Pfeile ganz links in der Registerleiste.

1.1.5 Elemente der Statusleiste ⑤

Die Statusleiste befindet sich am unteren Bildschirmrand. Sie enthält folgende Elemente:

Abbildung 9: *Elemente der Statusleiste*

1. Linker Bereich der Statusleiste
Im linken Bereich der Statusleiste sind zum einen Informationen über einen ausgewählten Befehl zu entnehmen. Standardmäßig steht dort der Eintrag BEREIT. Werden beispielsweise Daten in eine Zelle eingegeben, erscheint die Meldung EINGEBEN, werden Zellinhalte bearbeitet, erscheint die Meldung BEARBEITEN. Im linken Bereich Bereich der Statusleiste werden zum anderen laufende Operationen beschrieben (z. B. speichern eines Dokuments).

2. Mittlerer Bereich der Statusleiste
Im mittleren Bereich der Statusleiste kann die Ansicht der Tabelle verändert werden. Zur Verfügung stehen die Normalansicht, die Ansicht im Seitenlayout und die Umbruchvorschau. Die einzelnen Ansichten werden im Verlauf der folgenden Kapitel beschrieben.

3. Rechter Bereich der Statusleiste
Im rechten Bereich der Statusleiste befindet sich der Zoom. Er ist standardmäßig auf 100 Prozent eingestellt. Mit einem Mausklick auf das Minus- bzw. Pluszeichen wird die Tabelle auf dem Bildschirm verkleinert bzw. vergrößert. Darüber hinaus ist es möglich, den Schieberegler direkt anzuklicken und bei gedrückter linker Maustaste in die gewünschte Richtung zu ziehen. Das Minimum liegt bei 10 Prozent, das Maximum liegt bei 400 Prozent.

Anmerkung:
Die Einstellungen des Zooms über die Statusleiste haben nur Auswirkungen auf die Bildschirmdarstellung. Der Ausdruck bleibt unberührt.

1.2 Eingabe von Texten und Zahlen

Situation:
Die Bürodesign GmbH bezieht viele ihrer Vordrucke von der Druckerei PrintService KG. In den vergangenen Monaten wurden die Preise für die bezogenen Vordrucke immer wieder erhöht. Besonders Veränderungen im Design und einzelne Aktualisierungen (z. B. neue Postfachnummer) haben zu hohen Kosten geführt. Nachdem Frau Evert, die Leiterin der Abteilung Beschaffung, keine besseren Konditionen hinsichtlich der Preisgestaltung mit der PrintService KG aushandeln konnte, haben sich Frau Schmitz und Herr Marlies (beide von der Geschäftsleitung) dazu entschieden, das Potenzial der eigenen Mitarbeiter zu nutzen und die Vordrucke selbst zu erstellen. In einem Pilotprojekt soll zunächst das Formular für die Ausgangsrechnungen neu erstellt werden, da dieses besonders häufig zum Einsatz kommt.

Die einzelnen Zellen einer Tabelle können unter anderem Text und Zahlen enthalten. Um einer bestimmten Zelle einen Inhalt zuzuweisen, muss diese zuvor als **aktive Zelle** markiert werden. Die Eingabe des gewünschten Inhalts über die Tastatur kann entweder über die Bearbeitungsleiste oder in der Zelle direkt erfolgen. Zum Abschluss muss die Eingabe bestätigt werden (z. B. mit der RETURN- oder ENTER-Taste). Während der Eingabe können Tippfehler mit der Rücklöschtaste verbessert werden. Nach dem Abschluss einer Eingabe sind Korrekturen erst nach vorherigem Doppelklick in die entsprechende Zelle möglich. Der Abbruch einer Eingabe ist durch Betätigung der ESC-Taste möglich.

Besonderheiten bei der Eingabe von Zahlen	Besonderheiten bei der Eingabe von Texten
• Besteht ein Eintrag ausschließlich aus Ziffern, wird dieser vom Tabellenkalkulationsprogramm automatisch als Zahleneintrag erkannt. • Zahlen werden in der Standardeinstellung **rechtsbündig** ausgegeben. • Negativen Zahlen muss bei der Eingabe ein **Minuszeichen** vorangestellt werden. • Die letzte dargestellte Nachkommastelle wird automatisch kaufmännisch gerundet angezeigt. Unabhängig von dieser Darstellung rechnet das Tabellenkalkulationsprogramm mit dem ungerundeten Inhalt der Zelle weiter. • Ist die letzte Nachkommastelle eine Null, wird diese nicht angezeigt. • Sehr große Zahlen werden in der Exponentialschreibweise dargestellt.	• Besteht ein Eintrag aus Buchstaben oder aus einer Kombination von Buchstaben und Ziffern, wird dieser automatisch als Text erkannt. • Texte werden in der Standardeinstellung **linksbündig** ausgegeben. • Eine Zahl kann als Text erfasst werden, indem der Zahl bei der Eingabe ein Hochkomma (Tastenkombination: Umschalttaste und #-Taste) vorangestellt wird. Das Gleiche gilt auch, wenn die Eingabe mit einem mathematischen Operator beginnt (z. B. '+ 5 % Gewinn).

Anmerkung:

Um einen Zelleninhalt zu **löschen,** muss die entsprechende Zelle zunächst markiert werden (z. B. durch einfaches Anklicken). Bei der Löschung ist darauf zu achten, dass diese über die **Entfernen-Taste** oder **Rücklöschtaste** vorgenommen wird. Wird die Löschung über die **Leertaste** vorgenommen, entsteht ein **leerer Eintrag** in der Zelle. Dies kann bei späteren Aufgabenstellungen zu Problemen führen.

Arbeitsauftrag 1:

Als Auszubildender der Bürodesign GmbH erhalten Sie von der Ausbildungsleiterin Frau Ferl die Aufgabe, ein Formular für die Ausgangsrechnungen zu erstellen. Die Vorlage für das Rechnungsformular erhalten Sie von Herrn Werner (Abteilungsleiter Absatz). Übernehmen Sie die dargestellte Vorgabe unter Beachtung der beschriebenen Besonderheiten bei der Erfassung von Zahlen und Texten.

	A	B	C	D	E	F	G	H
3	Ausschnitt aus der Tabelle Rechnungsformular							
4								
5	Bürodesign GmbH, Stolberger Straße 188, 50933 Köln							
6								
7	Leondörfer GmbH							
8	Herr Braun							
9	Postfach							
10	26122 Oldenburg							
11								
12								
13								
14	Ihre Bestellung vom		Sachbearbeiter/-in	Datum		Bitte bei der Zahlung angeben:		
15	01.08.20..		Frau Dose	03.08.20..		Kundennummer:		1008
16								
17						Rechnungsnummer:		1577
18								
19	Rechnung							
20								
21								
22	Position	Artikelnummer	Artikelbezeichnung	Menge (Stück)	Listenpreis pro Stück	Rabatt (%)	Rabatt pro Stück	Gesamtpreis
23	1	13792	Textverarbeitung I	10	14,95	0		
24	2	11207	Arbeiten mit dem PC	25	22,4	10		
25	3	12430	Tabellenkalkulation 2003	20	24,9	10		
26	4	13080	Präsentieren leichtgemacht	15	16,95	10		
27								
28								
29							Warenwert (netto)	
30							+ 19% Umsatzsteuer	
31							Gesamtbetrag (brutto)	

Abbildung 10: *Entwurf eines Rechnungsformulars (unformatiert)*

1.3 Einfache Formatierungen

Situation:

Herr Werner ist über die schnelle Erfassung seiner Vorgaben und Ihr versiertes Vorgehen sehr erfreut. Eine Vorstellung des Arbeitsergebnisses bei Frau Schmitz und Herrn Marlies hält er jedoch noch für zu früh. Er ist der Meinung, dass das Formular hinsichtlich seines Aussehens noch verändert werden sollte. Ziel ist es, den Vordruck sowohl ansehnlicher als auch benutzerfreundlicher zu gestalten.

Um eine Tabelle ansehnlich zu gestalten, müssen Formatierungen vorgenommen, das heißt die Eigenschaften der Zelle bzw. des Zelleninhalts verändert werden. Formatierungen beziehen sich beispielsweise auf die Schriftart, Rahmungen, Zahlenformate. Um Formatierungen durchzuführen, muss zunächst die Registerkarte START mit einem Mausklick aktiviert werden. In der Multifunktionsleiste erscheinen zahlreiche Formatierungsmöglichkeiten. Einige Kategorien in der Multifunktionsleiste weisen rechts unten ein kleines Symbol ( ) auf. Nach einem Mausklick auf dieses Symbol öffnet sich ein Fenster, welches weitere Möglichkeiten für Formatierungen bietet.

Anmerkung:

Reicht die vorgesehene Spaltenbreite nicht aus, um einen Text vollständig zu erfassen, stehen grundsätzlich zwei Möglichkeiten für die Lösung dieses Problems zur Verfügung:

1. **Verbreiterung der Spalte:** Durch die Positionierung des Mauszeigers auf die Trennlinie zwischen zwei Spalten im Spaltenkopf verändert sich der Mauszeiger. Bei gedrückter linker Maustaste kann so die linke Spaltenbreite durch das Bewegen der Maus nach links oder rechts verändert werden.

2. **Einstellung eines Zeilenumbruchs:** Der Zeilenumbruch bewirkt, dass der entsprechende Text in der ausgewählten Zelle in eine zweite Zeile verschoben wird. Der Zeilenumbruch kann durch einen Mausklick auf das Symbol ( ) aktiviert werden. Dieses Symbol befindet sich in der Multifunktionsleiste im Bereich der AUSRICHTUNGEN. Der Zeilenumbruch kann auch **manuell** erstellt werden, indem die **Eingabetaste bei gedrückter ALT-Taste** betätigt wird. Zuvor muss jedoch die entsprechende Zelle als aktive Zelle ausgewählt werden und der Cursor muss auf die Stelle positioniert werden, an der der Zeilenumbruch stattfinden soll.

Bevor einer Zelle oder einem Zellinhalt ein Format zugewiesen werden kann, muss die entsprechende Zelle **markiert** werden (z. B. durch Anklicken). Soll das vorgesehene Format für einen **zusammenhängenden Zellbereich** gelten, ist der entsprechende Zellbereich zu markieren. Hierzu muss die Zelle angeklickt werden, in der die Markierung beginnen soll. Bei gedrückter linker Maustaste ist die Markierung auf die gewünschten Zellen zu erweitern. Es können auch **nicht zusammenhängende Bereiche** markiert werden, um ihnen das gleiche Format zuzuweisen. Hierzu müssen die entsprechenden **Zellen oder Zellbereiche bei gleichzeitig gedrückter STRG-Taste** angeklickt werden.

Arbeitsauftrag 2:

Von Frau Ferl erhalten Sie die Aufgabe, das Rechnungsformular (siehe Kapitel 1.2) mit den Formatierungen gemäß der angegebenen Vorgabe zu versehen.

	A	B	C	D	E	F	G	H
3	**Ausschnitt aus der Tabelle Rechnungsformular**							
4								
5	*Bürodesign GmbH, Stollberger Straße 188, 50933 Köln*							
6								
7	Leondörfer GmbH							
8	Herr Braun							
9	Postfach							
10	26122 Oldenburg							
11								
12								
13								
14	Ihre Bestellung vom		Sachbearbeiter/-in	Datum		**Bitte bei der Zahlung angeben:**		
15	01.08.20..		Frau Dose	03.08.20..		**Kundennummer:**		**1008**
16								
17						**Rechnungsnummer:**		**1577**
18								
19	**Rechnung**							
20								
21								
22	**Position**	**Artikel-nummer**	**Artikel-bezeichnung**	**Menge (Stück)**	**Listenpreis pro Stück**	**Rabatt (%)**	**Rabatt pro Stück**	**Gesamt-preis**
23	1	13792	Textverarbeitung I	10	14,95 €	0		
24	2	11207	Arbeiten mit dem PC	25	22,40 €	10		
25	3	12430	Tabellenkalkulation 2003	20	24,90 €	10		
26	4	13080	Präsentieren leichtgemacht	15	16,95 €	10		
27								
28								
29						Warenwert (netto)		
30						+ 19% Umsatzsteuer		
31						**Gesamtbetrag (brutto)**		

Abbildung 11: *Entwurf eines Rechnungsformulars (formatiert)*

1.4 Einfache Berechnungen

Situation:

Herr Werner ist mit dem Layout des von Ihnen erstellten Rechnungsformulars sehr zufrieden. Auch die Geschäftsleitung zeigt sich begeistert. Herr Marlies hat vor Kurzem in einer Fachzeitschrift gelesen, dass mit der Hilfe von Tabellenkalkulationsprogrammen auch Berechnungen durchgeführt werden können. Er ist der Meinung, dass auch in das von Ihnen erstellte Formular solche Anwendungen eingearbeitet werden sollten. Automatisch durchgeführte Berechnungen beschleunigen seines Erachtens den Rechnungserstellungsprozess und vermeiden Rechenfehler.

Einfache Berechnungen können im Tabellenkalkulationsprogramm mittels der Eingabe von **Formeln** durchgeführt werden. Die Eingabe einer Formel muss in der Zelle erfolgen, in der das Ergebnis erscheinen soll. Formeln bestehen aus einer Kombination von Werten, Zellbezügen und mathematischen Operatoren (z. B. +, *). Allen Berechnungen muss **immer** ein **Gleichheitszeichen** (=) vorangehen.

mathematisches Operatorzeichen	Rechenart	Anwendungsbeispiel
+	Addition	=A2+A3
–	Subtraktion	=A2-A3
*	Multiplikation	=A2*A3
/	Division	=A2/A3
^	Potenz	=A2^A3

Ist für die Berechnung des gewünschten Ergebnisses der Wert einer anderen Zelle erforderlich, ist der Wert **nicht als Konstante** in die Formel mit aufzunehmen, sondern als **Zellbezug** (z. B. durch einen einfachen Mausklick in die betreffende Zelle). Bei einer Veränderung der Ausgangswerte für die Berechnung wird so auch das durch die Formel ermittelte Ergebnis aktualisiert.

In dem Rechnungsformular ergibt sich der Rabatt pro Stück (Spalte G) aus der Multiplikation des Listenpreises mit dem Rabattsatz dividiert durch 100 (=E23*F23/100). Für die Ermittlung des Gesamtpreises (Spalte H) muss die zugrunde liegende Menge aus Spalte D berücksichtigt werden. Die Formel lautet somit: =D23*(E23-G23). Die eingegebenen Formeln können zusätzlich der Abbildung entnommen werden.

Anmerkung:

In Tabellenkalkulationsprogrammen gilt für die Reihenfolge der durchzuführenden Berechnungen die mathematische Regel **Punktrechnung vor Strichrechnung.** Diese Reihenfolge kann durch die Verwendung von Klammern aufgehoben werden, z. B. =(A2+A3)*A4. In diesem Beispiel wird als Erstes das Ergebnis der Addition ermittelt, um dieses dann mit dem Wert in Zelle A4 zu multiplizieren.

	A	B	C	D	E	F	G	H
3	Ausschnitt aus der Tabelle Rechnungsformular							
4								
5	Bürodesign GmbH, Stollberger Straße 188, 50933 Köln							
6								
7	Leondörfer GmbH							
8	Herr Braun							
9	Postfach							
10	26122 Oldenburg							
11								
12								
13								
14	Ihre Bestellung vom		Sachbearbeiter/-in	Datum		Bitte bei der Zahlung angeben:		
15	01.08.20..		Frau Dose	03.08.20..		Kundennummer:		1008
16								
17						Rechnungsnummer:		1577
18								
19	Rechnung							
20								
21								
22	Position	Artikel-nummer	Artikel-bezeichnung	Menge (Stück)	Listenpreis pro Stück	Rabatt (%)	Rabatt pro Stück	Gesamt-preis
23	1	13792	Textverarbeitung I	10	14,95 €	0	=E23*F23/100	=D23*(E23-G23)
24	2	11207	Arbeiten mit dem PC	25	22,40 €	10		
25	3	12430	Tabellenkalkulation 2003	20	24,90 €	10		
26	4	13080	Präsentieren leichtgemacht	15	16,95 €	10		
27								
28								
29							Warenwert (netto)	
30							+ 19% Umsatzsteuer	
31							Gesamtbetrag (brutto)	

Abbildung 12: *Einfache Berechnungen im Rechnungsformular*

Arbeitsauftrag 3:

Ermitteln Sie die verbleibenden Werte im dargestellten Rechnungsformular durch die Eingabe der entsprechenden Formeln. Verwenden Sie, falls möglich, immer Zellbezüge in den Formeln. Bedenken Sie, dass auch in den Zellen G27 und G28 Formeln eingegeben werden müssen, da die Rechnung für einen anderen Kunden möglicherweise sechs Positionen umfasst.

Überzeugen Sie sich von den Vorteilen Ihrer Arbeit (automatische und schnelle Berechnung des Gesamtbetrags (brutto) in Zelle G31), indem Sie die für die Berechnung notwendigen Werte (Menge, Listenpreis oder Rabatt [%]) verändern oder die Rechnung durch eine Position erweitern.

1.5 Einfache Funktionen

Situation:

Die von Ihnen eingegebenen Formeln funktionieren, sodass das Rechnungsformular inzwischen Herrn Üstün, dem Absatzsachbearbeiter im Innendienst, vorgestellt wurde. Herr Üstün, von dem dieses Formular später mehrfach täglich angewendet werden soll, erkennt die Vorteile des neuen Systems auf Anhieb. Er kann sich daher einen sinnvollen Einsatz vorstellen. Herr Üstün hat jedoch auch noch Anregungen für weitere Vereinfachungen für Sie. Zum einen sollte das Formular durch einen Bereich für statistische Auswertungen (durchschnittliche Gesamtpreise, höchster und niedrigster Gesamtpreis) erweitert werden. Darüber hinaus stellt es seiner Meinung nach eine Vereinfachung dar, wenn auf jeder Ausgangsrechnung automatisch das aktuelle Datum (in Zelle D15) ausgegeben wird. Er ist auch davon überzeugt, dass der Warenwert (netto) (Zelle G29) durch eine Funktion einfacher zu ermitteln ist.

Neben der Möglichkeit, Berechnungen durch die Eingabe von Formeln durchführen zu lassen, zeichnen sich Tabellenkalkulationsprogramme vor allem durch eine Vielzahl von **Funktionen** aus. Funktionen sind standardisierte Formeln. Sie nehmen Werte auf, verarbeiten diese und geben nach der Verarbeitung ein Ergebnis aus. Funktionen bestehen aus einem Funktionsnamen und einer Reihe von Argumenten. Einer Funktion muss immer ein Gleichheitszeichen (=) vorangehen. Zu den einfachen Funktionen gehören:

Funktion und Syntax	Beschreibung
=SUMME(Zahl1;Zahl2 ...) =SUMME(Zahl1:Zahl2)	bildet die Summe der einzelnen Argumente bildet die Summe des angegebenen Bereichs
=MITTELWERT(Zahl1;Zahl2 ...) =MITTELWERT(Zahl1:Zahl2)	bildet den Durchschnitt der einzelnen Argumente bildet den Durchschnitt des angegebenen Bereichs
=MAX(Zahl1;Zahl2 ...) =MAX(Zahl1:Zahl2)	ermittelt den maximalen Wert aus den einzelnen Argumenten ermittelt den maximalen Wert aus dem angegebenen Bereich
=MIN(Zahl1;Zahl2 ...) =MIN(Zahl1:Zahl2)	ermittelt den minimalen Wert aus den einzelnen Argumenten ermittelt den minimalen Wert aus dem angegebenen Bereich
=JETZT()	gibt das aktuelle Datum sowie die aktuelle Uhrzeit aus
=HEUTE()	gibt das aktuelle Datum aus

> **Anmerkung:**
> Die Argumente (Zahl1, Zahl2 …) können beispielsweise Zahlen, Zellbezüge oder Zellbereiche sein. Bei Zellbereichen sind das erste und das letzte Argument durch einen Doppelpunkt voneinander zu trennen.

Im Rechnungsformular (Abbildung 13) ist die Syntax (= Schreibweise) der Funktion Summe in der Zelle H29 abgebildet. Nach dem **Gleichheitszeichen** folgt das Wort SUMME. In dem **Klammerausdruck** befinden sich die Argumente (H23:H28). Der **Doppelpunkt** weist darauf hin, dass **alle Werte im angegebenen Bereich addiert** werden sollen. Wird der Doppelpunkt durch ein **Semikolon** (H23;H28) ersetzt, wird als Ergebnis lediglich die Summe aus dem Wert in Zelle H23 und dem Wert in Zelle H28 (also 149,50 EUR) ausgegeben.

	A	B	C	D	E	F	G	H
3	**Ausschnitt aus der Tabelle Rechnungsformular**							
4								
5	*Bürodesign GmbH, Stollberger Straße 188, 50933 Köln*							
6								
7	Leondörfer GmbH							
8	Herr Braun							
9	Postfach							
10	26122 Oldenburg							
11								
12								
13								
14	Ihre Bestellung vom		Sachbearbeiter/-in	Datum		**Bitte bei der Zahlung angeben:**		
15	01.08.20..		Frau Dose	03.08.20..		Kundennummer:		1008
16								
17						Rechnungsnummer:		1577
18								
19	**Rechnung**							
20								
21								
22	Position	Artikel-nummer	Artikel-bezeichnung	Menge (Stück)	Listenpreis pro Stück	Rabatt (%)	Rabatt pro Stück	Gesamt-preis
23	1	13792	Textverarbeitung I	10	14,95 €	0	- €	149,50 €
24	2	11207	Arbeiten mit dem PC	25	22,40 €	10	2,24 €	504,00 €
25	3	12430	Tabellenkalkulation 2003	20	24,90 €	10	2,49 €	448,20 €
26	4	13080	Präsentieren leichtgemacht	15	16,95 €	10	1,70 €	228,83 €
27								- €
28								- €
29						Warenwert (netto)		1.330,53 €
30						+ 19% Umsatzsteuer		252,80 €
31						Gesamtbetrag (brutto)		1.583,32 €
32								
33	Auswertung:							
34	Durchschnittlicher Gesamtpreis							
35	Höchster Gesamtpreis							
36	Niedrigster Gesamtpreis							

***Abbildung 13:** Einfache Funktionen im Rechnungsformular*

> **Arbeitsauftrag 4:**
> Ergänzen Sie Ihr Rechnungsformular gemäß der Vorlage in Abbildung 13. Ermitteln Sie die entsprechenden Werte durch die Eingabe geeigneter Funktionen.
> Veranlassen Sie, dass in der Zelle D15 das aktuelle Datum ausgegeben wird.

1.6 Drucken von Mappen und Tabellenblättern

Situation:

Das neue Rechnungsformular soll auf der anstehenden Verkaufsinformationssitzung, an der neben den Mitarbeitern der Abteilung Absatz auch Herr Taube aus der Abteilung Rechnungswesen teilnehmen wird, präsentiert werden. Da Einzelheiten des Formulars bei der Präsentation mittels eines Beamers von den Teilnehmern nicht zu erkennen sein werden, soll jedem Teilnehmer ein Exemplar des neuen Formulars per Ausdruck zur Verfügung gestellt werden. Sie halten es für sinnvoll, den Teilnehmern auch einen Einblick in die Funktionsweise des Formulars zu ermöglichen. Aus diesem Grund soll ein weiterer Ausdruck zur Verfügung gestellt werden, auf dem die erstellten Formeln und Funktionen ersichtlich sind.

Das Drucklayout einer Tabelle lässt sich unter dem Menüpunkt Datei – Seite einrichten festlegen. Nachfolgend findet eine Beschreibung wichtiger Druckeinstellungen statt.

Um das Drucklayout, d. h. das Erscheinungsbild der Tabelle in der Druckerausgabe, festzulegen, ist ein Wechsel in die Registerkarte SEITENLAYOUT notwendig. Nach dem Mausklick auf die Registerkarte SEITENLAYOUT ändern sich die Einträge in der Multifunktionsleiste wie folgt:

Abbildung 14: *Einstellmöglichkeiten für das Seitenlayout für die Ausgabe einer Tabelle auf dem Drucker*

Von besonderer Bedeutung sind die in der Abbildung mit Nummern versehenen Einträge.

Anmerkung:

Eine Erweiterung der jeweiligen Einträge in der Multifunktionsleiste kann mit einem Mausklick auf den nach unten gerichteten Pfeil ( ) aufgerufen werden. Die Erweiterung enthält die zur Verfügung stehenden Einstellmöglichkeiten für den jeweiligen Punkt.

1. Seitenränder

Ein Mausklick auf den nach unten gerichteten Pfeil öffnet das Fenster mit den Einstellmöglichkeiten für diesen Eintrag.

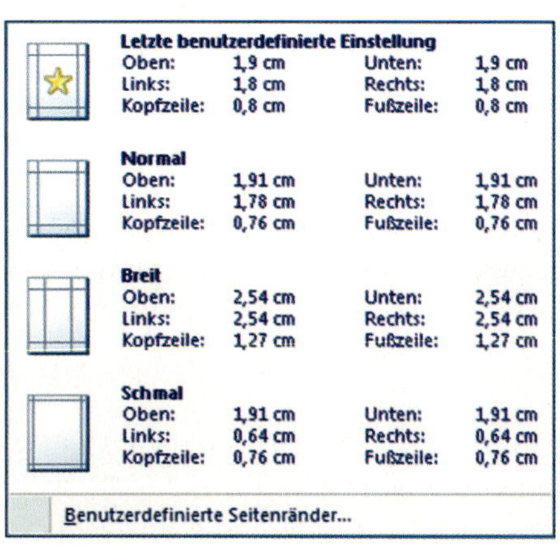

Abbildung 15: *Einstellmöglichkeiten im Fenster SEITENRÄNDER*

Abweichend von den vorgegebenen Einstellmöglichkeiten können auch eigene Einstellungen gewählt werden. Hierzu ist ein Mausklick auf den Eintrag BENUTZDEFINIERTE SEITENRÄNDER ... notwendig. In dem sich öffnenden Fenster kann darüber hinaus festgelegt werden, ob das Tabellenblatt horizontal und/oder vertikal zentriert auf dem Papierblatt ausgedruckt werden soll.

2. Orientierung
Hier stehen zwei Einstellmöglichkeiten zur Verfügung. Der Inhalt des Tabellenblattes kann entweder im HOCHFORMAT oder im QUERFORMAT über den Drucker ausgegeben werden.

3. Größe
Unter diesem Eintrag wird festgelegt, welches Format das Papier hat, auf dem der Ausdruck erfolgen soll. Das Tabellenkalkulationsprogramm stellt eine Auswahl von Formaten zur Verfügung.

4. Druckbereich
Häufig ist es nicht gewünscht, dass der gesamte Inhalt eines Tabellenblattes ausgedruckt wird. In diesem Fall kann ein Druckbereich festgelegt werden. Um einen Druckbereich festzulegen, muss zunächst der Bereich, der auf dem Ausdruck erscheinen soll, im Tabellenblatt markiert werden. Anschließend ist unter dem Eintrag DRUCKBEREICH die Option DRUCKBEREICH FESTLEGEN anzuklicken. Mit einem Mausklick auf die Option DRUCKBEREICH AUFHEBEN wird der zuvor definierte Druckbereich wieder gelöscht.

5. An Format anpassen
Unter Umständen ist es nicht sinnvoll, dass eine Tabelle auf zwei oder mehreren unterschiedlichen Blättern ausgedruckt wird. Beim Rechnungsformular ist es beispielsweise ungünstig, wenn der Gesamtpreis auf der zweiten Seite ausgedruckt wird und der Rest des Formulars auf der ersten Seite zu finden ist.

Die Einstellmöglichkeiten des Eintrags AN FORMAT ANPASSEN erlauben es, das Tabellenblatt auf eine bestimmte Anzahl von Druckseiten festzulegen. Folgende Einstellung zwingt das Tabellenkalkulationsprogramm, das Tabellenblatt unbedingt auf einer Seite auszudrucken:

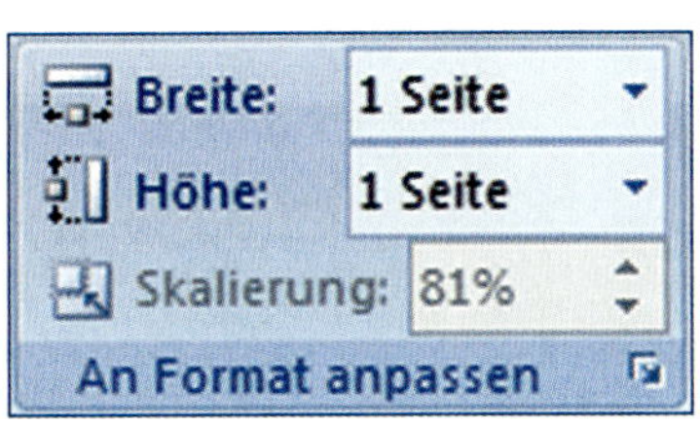

Abbildung 16: *Einstellung für den Ausdruck des Tabellenblattes auf eine Seite*

Dabei ist zu berücksichtigen, dass die Inhalte des Tabellenblattes unter Umständen (stark) verkleinert werden. Im Beispiel in Abbildung 16 beträgt die Größe des Tabellenblattes im Ausdruck noch 81 Prozent, gemessen an seiner ursprünglichen Größe.

6. Tabellenblattoptionen
Für die bessere Lesbarkeit ist es häufig sinnvoll, dass das Tabellenblatt mit Gitternetzlinien sowie Zeilen- und Spaltenüberschriften (insbesondere beim Formelausdruck) ausgegeben wird. Um dies zu erreichen, muss bei den TABELLENBLATTOPTIONEN jeweils der Eintrag DRUCKEN durch einen Mausklick aktiviert werden.

In vielen Fällen ist es sinnvoll, in die Kopf- oder Fußzeile eines Ausdrucks weitere Informationen aufzunehmen. Um die Kopf- bzw. Fußzeile zu beschriften, muss unter dem Eintrag SEITE EINRICHTEN der kleine Pfeil rechts unten ( ) angeklickt werden. Danach öffnet sich das Fenster, in dem die Kopf- und die Fußzeile eingerichtet werden kann:

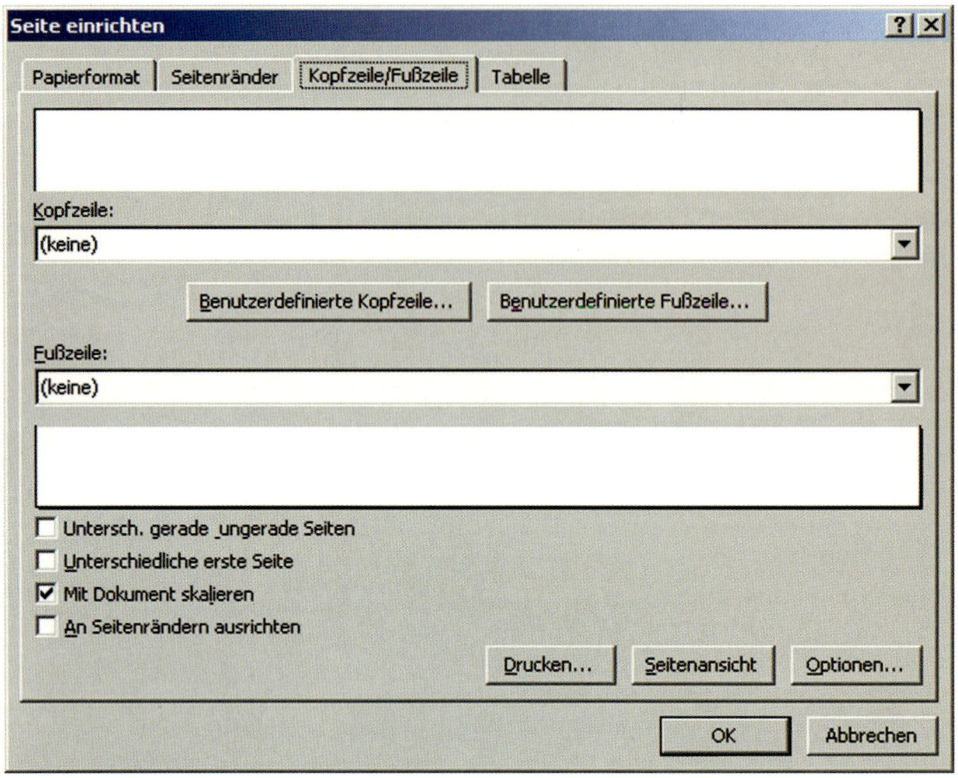

Abbildung 17: *Seite einrichten – Kopf/-Fußzeile*

Sowohl in der Kopf- als auch in der Fußzeile können Eintragungen in drei Bereichen vorgenommen werden (LINKER ABSCHNITT, MITTLERER ABSCHNITT, RECHTER ABSCHNITT).

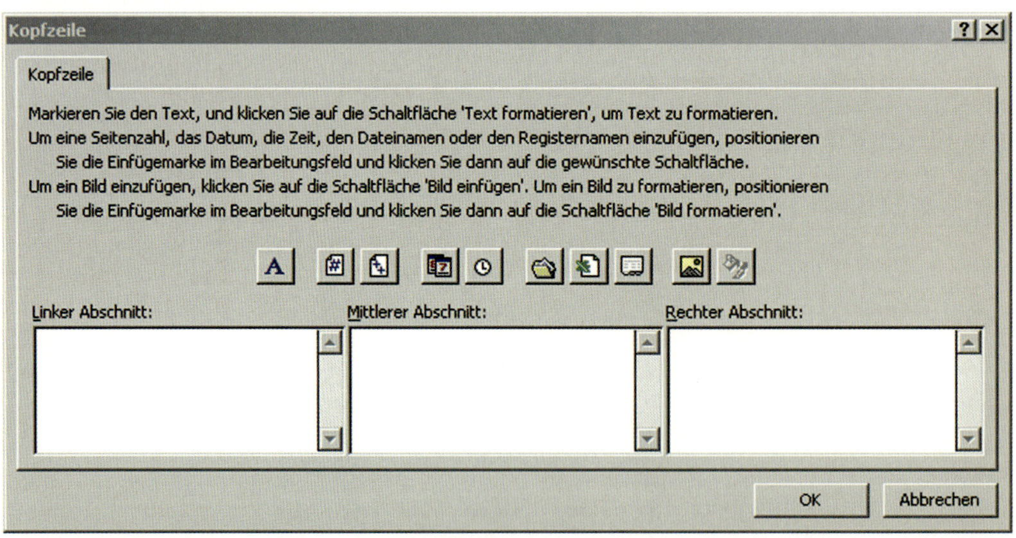

Abbildung 18: *Seite einrichten – Kopfzeile*

Die Eintragungen erfolgen entweder direkt über die Tastatur oder über die mit den Symbolen versehenen Schaltflächen. Mit den Schaltflächen lässt sich zum einen der eingegebene Text formatieren (Mausklick auf das Symbol ( ). Zum anderen können in die einzelnen Bereiche Platzhalter z. B. für den Dateinamen ( ) oder die Seitenzahlen ( ) eingefügt werden. Mit einem Mausklick auf das Symbol ( ) wird ein Bild eingefügt.

Anmerkung:

In der **Formelansicht** werden die in den Zellen hinterlegten Formeln und Funktionen angezeigt. Die Formelansicht sollte stets in einem separaten Tabellenblatt erstellt werden. Hierfür müssen zunächst alle Daten des bestehenden Tabellenblattes in ein neues bzw. leeres Tabellenblatt kopiert werden. Um sicherzustellen, dass alle Daten kopiert werden, ist es sinnvoll, das komplette Tabellenblatt zu markieren (durch einen Mausklick auf das leere Kästchen oberhalb der 1 im Zeilenkopf und links neben dem A im Spaltenkopf ( ). Mit einem Mausklick auf das Symbol ( ) (Register START, Eintrag ZWISCHENABLAGE) werden die Daten zum Kopieren in den Zwischenspeicher übernommen. Die Daten können nun in ein leeres Tabellenblatt eingefügt werden (Register START, Eintrag ZWISCHENABLAGE, Schaltfläche EINFÜGEN, Menüpunkt EINFÜGEN). Die Formelansicht wird über die **Tastenkombination Alt M O** oder **STRG und #** aktiviert. Da die Formeln und Funktionen häufig länger als die vorgegebene Spaltenbreite sind, ist es unvermeidbar, die Spaltenbreite manuell anzupassen. Die Breite von Spalten, die keine Formeln und Funktionen enthalten, kann verkleinert werden.

Arbeitsauftrag 5:

Kopieren Sie das Rechnungsformular in ein leeres Tabellenblatt. Geben Sie diesem Tabellenblatt den Namen **Formeln** und wechseln Sie in die Formelansicht. Achten Sie darauf, dass alle Formeln und Funktionen vollständig lesbar sind. Weisen Sie beiden Tabellenblättern folgendes Layout zu:

a) Der Ausdruck soll im Querformat auf je einer Seite erfolgen.
b) In der Kopfzeile soll links Ihr Name als Erstellerin bzw. Ersteller des Formulars erscheinen. In der Kopfzeile rechts soll der aktuelle Dateiname automatisch ausgewiesen werden.
c) Der Ausdruck soll mit Gitternetzlinien und Zeilen- und Spaltenüberschriften erfolgen.
   Drucken Sie beide Tabellenblätter aus.

1.7 Arbeiten mit Prozent

Situation:

Die Teilnehmer der Verkaufsinformationssitzung sind mit dem neu erstellten Formular für die Ausgangsrechnungen durchaus zufrieden. Ein Änderungswunsch hinsichtlich des Formats hat sich aber dennoch ergeben. Herr Grohe hält es für sinnvoll, dass die Rabattsätze mit dem Prozentzeichen versehen werden. Nach kurzer Diskussion stimmen die übrigen Teilnehmer Herrn Grohe einvernehmlich zu.

Viele kaufmännische Problemstellungen erfordern die Einbeziehung der Prozentrechnung. Hierfür bieten Tabellenkalkulationsprogramme die Möglichkeit, Zellen auf das **Format Prozent** zu formatieren. Die eingegebenen bzw. ausgegebenen Werte erhalten dann automatisch als Erweiterung das Prozentzeichen (%). Um richtige Ergebnisse zu erhalten, müssen die **Grundlagen der Prozentrechnung** beachtet werden. 10 Prozent steht für 10 pro Hundert. Mathematisch bedeutet der Ausdruck also

$$10\,\% = \frac{10}{100} = 0{,}1$$

Vor dem Zuweisen des Prozentformats müssen die Zellen, für die dieses Format gelten soll, markiert werden. Die Zuweisung des Prozentformats erfolgt innerhalb der Registerkarte START im Eintrag ZAHL mit dem Symbol (%).

Hinweis:

Befinden sich bereits Werte in Zellen, denen das Prozentformat zugewiesen werden soll – wie im Rechnungsformular – werden diese verändert. Sie müssen neu erfasst bzw. überschrieben werden.

Web

Arbeitsauftrag 6:

1. Ändern Sie das bestehende Rechnungsformular gemäß der folgenden Vorlage ab:

	A	B	C	D	E	F	G	H
3	**Ausschnitt aus der Tabelle Rechnungsformular**							
4								
5	*Bürodesign GmbH, Stollberger Straße 188, 50933 Köln*							
6								
7	Leondörfer GmbH							
8	Herr Braun							
9	Postfach							
10	26122 Oldenburg							
11								
12								
13								
14	Ihre Bestellung vom		Sachbearbeiter/-in	Datum		**Bitte bei der Zahlung angeben:**		
15	01.08.20..		Frau Dose	03.08.20..		**Kundennummer:**		**1008**
16								
17						**Rechnungsnummer:**		**1577**
18								
19	**Rechnung**							
20								
21								
22	**Position**	**Artikel-nummer**	**Artikel-bezeichnung**	**Menge (Stück)**	**Listenpreis pro Stück**	**Rabatt**	**Rabatt pro Stück**	**Gesamt-preis**
23	1	13792	Textverarbeitung I	10	14,95 €	0%	- €	149,50 €
24	2	11207	Arbeiten mit dem PC	25	22,40 €	10%	2,24 €	504,00 €
25	3	12430	Tabellenkalkulation 2003	20	24,90 €	10%	2,49 €	448,20 €
26	4	13080	Präsentieren leichtgemacht	15	16,95 €	10%	1,70 €	228,83 €
27							- €	- €
28							- €	- €
29						Warenwert (netto)		1.330,53 €
30						+ 19% Umsatzsteuer		252,80 €
31						**Gesamtbetrag (brutto)**		1.583,32 €
32								
33	**Auswertung:**							
34	Durchschnittlicher Gesamtpreis			221,75 €				
35	Höchster Gesamtpreis			504,00 €				
36	Niedrigster Gesamtpreis			- €				

Abbildung 19: *Rabattsätze im Prozentformat*

2. Korrigieren Sie die Formeln zur Berechnung des Rabatts (Spalte G).

1.8 Übungsaufgaben

1.8.1 Bildschirmaufbau

Situation:

Als Auszubildende/r der Bürodesign GmbH wird es zu Ihren Aufgaben gehören, eine Vielzahl von kaufmännischen Problemstellungen mit dem Tabellenkalkulationsprogramm zu lösen. Um das Programm effizient zu nutzen, müssen Sie sich zunächst mit dem Bildschirmaufbau beschäftigen. Ihre erste Aufgabe ist es daher, die in der Tabelle stehenden Elemente der unteren Abbildung des Excel-Anwendungsfensters zuzuordnen und mit eigenen Worten kurz zu beschreiben.

Bildschirmelement	Funktion des Bildschirmelements
Bildlaufleisten	
Dokumentenname	
Multifunktionsleiste	
aktive Zelle	
Spaltenkopf der Spalte H	
Statusleiste	
Symbolleiste für den Schnellzugriff	
Office Schaltfläche (nur Excel 2007)	
Registerkartenleiste	
Registerleiste	
Namensfeld	
Zeilenkopf der Zeile 8	
Funktionsfeld	

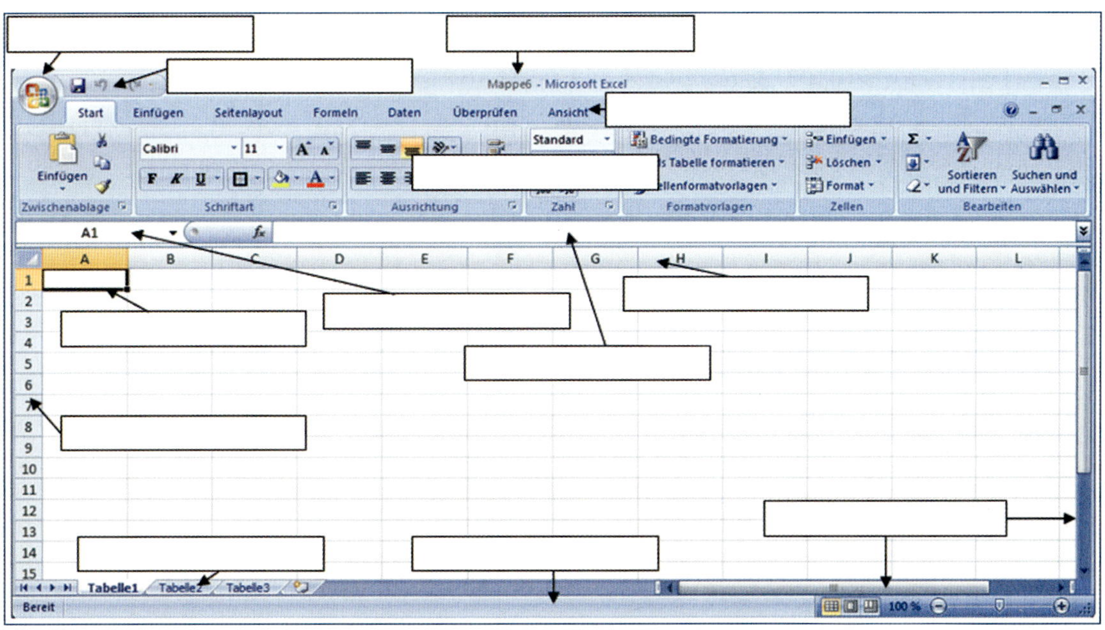

Abbildung 20: *Bildschirmaufbau*

1.8.2 Eingabeübungen

Situation:

Ziel der folgenden Übung ist es, dass Sie sich mit den verschiedenen Inhalten, die eine Zelle annehmen kann, nochmals auseinandersetzen. Nehmen Sie folgende Eingaben in einem Tabellenblatt Ihres Tabellenkalkulationsprogramms vor und tragen Sie das jeweilige Ergebnis in die Tabelle ein. Beschreiben Sie außerdem, wodurch sich die Ausgabeergebnisse unterscheiden.

	A	B	C	D
1	**Nr.**	**Eingabe**	**Ausgabe**	**Bemerkung**
2	1.	3.45		
3	2.	=345		
4	3.	+345		
5	4.	-345		
6	5.	3,45		
7	6.	7+8		
8	7.	=7+8		
9	8.	=7+acht		
10	9.	=7+"acht"		
11	10.	=7/0		
12	11.	=7/8		
13	12.	7/8		
14	13.	heute()		
15	14.	=heute()		
16	15.	=6*5		

Abbildung 21: *Eingabeübungen*

1.8.3 Benzinverbrauch

Situation:

Die Bürodesign GmbH sieht sich einem immer stärker werdenden Wettbewerbsdruck ausgesetzt. Um sich gegenüber der Konkurrenz besser behaupten zu können, erhalten alle Abteilungsleiter von Herrn Marlies die Vorgabe, die Kosten um 5 % zu senken.

Als Auszubildende/r sind Sie derzeit in der Abteilung Lager/Versand tätig. Herr Beck ist dort der Ansprechpartner für den Fuhrpark. Auch er muss sich überlegen, ob Kosten in seinem Bereich eingespart werden können. Herr Beck hat bereits von Ihren Fähigkeiten im Umgang mit Tabellenkalkulationsprogrammen gehört und bittet Sie, die Kosten unseres Lkws hinsichtlich des Verbrauchs zu untersuchen. Herr Beck legt Ihnen hierzu die Tankdaten des letzten Monats vor:

	A	B	C	D	E	F	G	H	I
1	**Benzinverbrauch**								
2									
3	**Datum**	**Kilometerstand**	**gefahrene Kilometer**	**Tankfüllung in Litern**	**Rechnungsbetrag**	**Kosten pro Liter**	**zurückgelegte Entferung in Kilometer pro Liter**	**Verbrauch pro 100 Kilometer in Litern**	**Kosten pro 100 Kilometer**
4	02.01.	49.563,0	780,0	75,0	79,43 €				
5	10.01.	50.215,0		62,0	68,74 €				
6	15.01.	50.978,0		73,0	73,66 €				
7	28.01.	51.819,0		81,0	85,50 €				

Abbildung 22: *Benzinverbrauch*

Arbeitsaufträge:

1. Speichern Sie eine Arbeitsmappe unter dem Namen **Benzinverbrauch** ab. Speichern Sie die Datei regelmäßig zwischen, um Datenverluste zu vermeiden.
2. Übertragen Sie die Tabellenvorlage einschließlich **aller Formatierungen** in ein leeres Tabellenblatt. Geben Sie diesem Tabellenblatt den Namen **Ergebnis**.
3. Ermitteln Sie mithilfe geeigneter Formeln die entsprechenden Werte in den leeren Zellen.
4. Hinsichtlich der Formatierungen der Ausgabewerte gelten folgende Vorgaben:
   a) Alle Währungsangaben sind mit dem Euro-Zeichen und mit zwei Nachkommastellen auszugeben.
   b) Die gefahrenen Kilometer sind mit einer Nachkommastelle, alle übrigen Werte mit zwei Nachkommastellen auszuweisen.
   c) Die ermittelten Werte in der Spalte C, G und H sind zu zentrieren.
5. Erstellen Sie in einem weiteren Tabellenblatt mit dem Namen **Formeln** die Formelansicht.
6. Für das Drucklayout gelten folgende Vorgaben:
   a) Die Tabellenblätter sollen im Format DIN A4 quer auf je einer Seite ausgedruckt werden.
   b) In der Fußzeile unten links soll automatisch der Dateiname und in der Fußzeile unten rechts soll Ihr Name ausgewiesen werden.
   c) Beide Tabellenblätter sind mit Zeilen- und Spaltenüberschriften sowie mit Gitternetzlinien auszudrucken.

1.8.4 Umsatzauswertung

Situation:

Frau Schmitz und Herr Marlies möchten sich einen Überblick über die Umsatzentwicklung in diesem Jahr im Vergleich zum Vorjahr verschaffen. Als Hilfsmittel soll die folgende Tabelle verwendet werden. Leider fehlen noch die Eintragungen im Auswertungsbereich. Da Frau Schmitz Sie als sehr fähig und zuverlässig kennengelernt hat, erteilt sie Ihnen die Aufgabe, die leeren Zellen unter Verwendung von Zellbezügen, Formeln und Funktionen zu füllen.

	A	B	C	D	E	F	G
1	Auswertung der Umsätze unserer Absatzmitarbeiter						
2							
3	Absatzmitarbeiter		Umsätze des Vorjahres in Euro	Umsätze des aktuellen Jahres in Euro			
4	Name	Vorname		1. Quartal	2. Quartal	3. Quartal	4. Quartal
5	Grohe	Heinrich	7.400.000,00	2.100.000,00	1.800.000,00	1.700.000,00	2.100.000,00
6	Oberndorf	Rudolf	6.700.000,00	1.800.000,00	1.500.000,00	1.600.000,00	2.300.000,00
7	Üstün	Mustafa	8.200.000,00	2.300.000,00	2.100.000,00	1.500.000,00	2.200.000,00
8	Wutzler	Olga	7.100.000,00	1.700.000,00	2.100.000,00	2.200.000,00	1.500.000,00
9	Dose	Heike	7.400.000,00	1.800.000,00	1.900.000,00	1.800.000,00	1.800.000,00
10	Feld	Veronika	10.500.000,00	2.300.000,00	2.700.000,00	2.400.000,00	2.900.000,00
11							
12	Bereich der Auswertung						
13	Absatzmitarbeiter			Umsätze des Vorjahres in Euro	Umsätze des aktuellen Jahres in Euro	Veränderung in Prozent	
14	Name		Vorname				
15							
16							
17							
18							
19							
20							
21			Summe				
22			Mittelwert				
23			niedrigster Umsatz				
24			höchster Umsatz				

Abbildung 23: *Umsatzauswertung*

Arbeitsaufträge:

1. Speichern Sie eine Arbeitsmappe unter dem Namen **Umsatzauswertung** ab. Speichern Sie die Datei regelmäßig zwischen, um Datenverluste zu vermeiden.
2. Übertragen Sie die Tabellenvorlage einschließlich **aller Formatierungen** in ein leeres Tabellenblatt. Geben Sie diesem Tabellenblatt den Namen **Ergebnis**.
3. Ermitteln Sie im Auswertungsbereich den Namen und Vornamen sowie den Vorjahresumsatz der jeweiligen Absatzmitarbeiter durch Zellbezug.
4. Ermitteln Sie mithilfe geeigneter Funktionen
   a) die Summe der Umsätze des aktuellen Jahres je Absatzmitarbeiter,
   b) die Summe der Umsätze des Vorjahres und des aktuellen Jahres in den Zellen D21 und E21,
   c) die entsprechenden Werte in den Zellen D22 bis E24.
5. Ermitteln Sie in den Zellen F15 bis F20 die Umsatzveränderung auf der Basis des Umsatzes des Vorjahres.
6. Die berechneten Werte sind mit einem Tausenderpunkt und zwei Nachkommastellen auszuweisen.
7. Erstellen Sie in einem weiteren Tabellenblatt mit dem Namen **Formeln** die Formelansicht.
8. Für das Drucklayout gelten folgende Vorgaben:
   a) Die Tabellenblätter sollen im Format DIN A4 quer auf je einer Seite ausgedruckt werden.
   b) In der Fußzeile unten links soll automatisch der Dateiname und in der Fußzeile unten rechts soll Ihr Name ausgewiesen werden.
   c) Beide Tabellenblätter sind mit Zeilen- und Spaltenüberschriften sowie mit Gitternetzlinien auszudrucken.

1.8.5 Bewerberanalyse

Situation:

Frau Ferl möchte für statistische Zwecke Informationen über die eingegangenen Bewerbungen in den Jahren 2003 bis 2007 von Ihnen haben. Die Anzahl der eingegangenen Bewerbungen je Beruf liegt Ihnen bereits vor. Die Auswertung muss jedoch noch erfolgen.

	A	B	C	D	E	F	G
1	Bewerberanalyse						
2							
3	Berufe	2003	2004	2005	2006	2007	Summe
4	Bürokaufleute	64	76	79	84	87	
5	Kommunikationskaufleute	55	39	63	69	74	
6	Industriekaufleute	32	46	58	69	72	
7	Schreiner	45	48	54	66	67	
8	Lagerist	47	52	69	75	88	
9	Facharbeiter	46	51	61	73	72	
10	Summe						
11							
12	Auswertung	2003	2004	2005	2006	2007	
13	Durchschnitt						
14	Anteil der Kaufleute pro Jahr						
15							
16	höchste Bewerberzahl						
17	niedrigste Bewerberzahl						

Abbildung 24: *Bewerberanalyse*

Arbeitsaufträge:

1. Speichern Sie eine Arbeitsmappe unter dem Namen **Bewerberanalyse** ab. Speichern Sie die Datei regelmäßig zwischen, um Datenverluste zu vermeiden.
2. Übertragen Sie die Tabellenvorlage einschließlich **aller Formatierungen** in ein leeres Tabellenblatt. Geben Sie diesem Tabellenblatt den Namen **Ergebnis**.
3. Ermitteln Sie
   a) die Summen in der Spalte G sowie in der Zeile 10,
   b) den Durchschnitt in den Zellen B13 bis F13,
   c) den Anteil der Bewerbungen der Kaufleute an der Anzahl der Gesamtbewerber pro Jahr. Die Ausgabe soll im Prozentformat erfolgen,
   d) die höchste Bewerberzahl insgesamt,
   e) die niedrigste Bewerberzahl insgesamt.
4. Formatieren Sie die ermittelten Ergebnisse auf zwei Nachkommastellen.
5. Erstellen Sie in einem weiteren Tabellenblatt mit dem Namen **Formeln** die Formelansicht.
6. Für das Drucklayout gelten folgende Vorgaben:
   a) Die Tabellenblätter sollen im Format DIN A4 quer auf je einer Seite ausgedruckt werden.
   b) In der Fußzeile unten links soll automatisch der Dateiname und in der Fußzeile unten rechts soll Ihr Name ausgewiesen werden.
   c) Beide Tabellenblätter sind mit Zeilen- und Spaltenüberschriften sowie mit Gitternetzlinien auszudrucken.

2 Kopieren, verschieben und ausfüllen von Zellinhalten und Zellbereichen

2.1 Kopieren von Zellinhalten und Zellbereichen

Situation:

Die Teilnehmer der Verkaufsinformationssitzung haben Sie zufriedengestellt, indem Sie den Rabattsatz im Prozentformat ausgewiesen haben. Auch mit Ihrer bisherigen Vorgehensweise bei der Erstellung des Formulars und der Eingabe der Formeln und Funktionen sind Sie grundsätzlich zufrieden. Es erscheint Ihnen jedoch als zu umständlich, die Formel zur Berechnung des Gesamtpreises pro Position jeweils neu einzugeben, da dies zum einen sehr lange dauert und außerdem ein hohes Fehlerrisiko in sich birgt. Sie überlegen daher, wie Sie die Arbeit in diesem Bereich optimieren können.

Tabellenkalkulationsprogramme bieten die Möglichkeit, einzelne Zellinhalte oder ganze Zellbereiche zu kopieren. Beim Kopieren werden einzelne Zellinhalte in eine andere Zelle übertragen, ohne dass die kopierten Daten in der Ursprungszelle gelöscht werden. Für das Kopieren von Zellinhalten bzw. Zellbereichen bieten Tabellenkalkulationsprogramme mehrere Möglichkeiten:

Benutzung von Registerblatt und Multifunktionsleiste	1. **Markierung** der zu kopierenden Zelle(n). 2. Aktivierung der Schaltfläche KOPIEREN ( ). 3. **Markierung** der Zielzelle. 4. Aktivierung der Schaltfläche EINFÜGEN durch einem Mausklick auf das Symbol über dem Eintrag EINFÜGEN ( ).
Benutzung von Tastenkombinationen	1. **Markierung** der zu kopierenden Zelle(n). 2. Betätigung der Tasten **STRG + C**. 3. **Markierung** der Zielzelle. 4. Betätigung der Tasten **STRG + V.**
Benutzung der rechten Maustaste	1. **Markierung** der zu kopierenden Zelle(n). 2. Betätigung der **rechten Maustaste** im markierten Bereich und Aktivierung des Befehls KOPIEREN mit der **linken Maustaste**. 3. **Markierung** der Zielzelle. 4. Betätigung der **rechten Maustaste** im markierten Bereich und Auswahl einer Möglichkeit unter dem Menüpunkt EINFÜGEOPTIONEN mit der **linken Maustaste**.

Die ersten beiden Möglichkeiten des Kopierens von Zellinhalten haben zur Folge, dass der komplette Inhalt der markierten Zelle kopiert wird, d. h., dass auch die zugewiesenen Formate kopiert werden. Dies führt zu einem Problem, wenn das Format der Zielzelle nicht verändert werden soll. Tabellenkalkulationsprogramme bieten hierfür eine Lösung.

Ein Mausklick auf den unteren Teil der Schaltfläche EINFÜGEN ( ) öffnet ein Fenster mit weiteren Einfügeoptionen (siehe Abbildung 1). Wird der Mauszeiger auf eines der Symbole bewegt und dort kurze Zeit belassen, erscheint eine kurze Information, die darüber Aufschluss gibt, welche der zum Kopieren ausgewählten Inhalte nach einem Mausklick auf das entsprechende Symbol in die Zielzelle übertragen werden. Die Auswahl des Symbols führt beispielsweise dazu, dass lediglich die in den zu kopierenden Zellen hinterlegten Formeln beziehungsweise Funktionen kopiert werden. Die Formatierungen der zu kopierenden Zelle werden hingegen nicht in die Zielzelle übertragen, sodass die bereits bestehenden Formatierungen der Zielzelle erhalten bleiben.

Abbildung 1: *Einfügeoptionen*

Arbeitsauftrag 1:

Öffnen Sie das Rechnungsformular aus Kapitel 1.5 und kopieren Sie die Formel für die Berechnung des Gesamtpreises anhand der vorgestellten Kopiermöglichkeiten. Bewerten Sie die einzelnen Kopiermöglichkeiten und begründen Sie, welche Alternative Sie bevorzugen. Halten Sie Ihre Ergebnisse schriftlich fest.

2.2 Verschieben von Zellinhalten und Zellbereichen

Situation:

Das von Ihnen entwickelte Rechnungsformular kommt inzwischen probeweise zum Einsatz und Sie erhalten weitere Rückmeldungen von den Anwendern. Im Großen und Ganzen sind die Sachbearbeiter weiterhin mit dem Layout zufrieden. Beim Eintüten der Rechnungen in die Briefumschläge fällt jedoch auf, dass das Adressfeld nicht in das Sichtfeld des Briefumschlags passt. Die Adresse soll daher nicht in Zeile 5 beginnen, sondern erst in Zeile 6. Außerdem soll das Wort „Rechnung" nicht in Zeile 19 stehen, sondern in Zeile 20. Mit dem Kommentar von Herrn Werner „Für Sie ist das doch eine Kleinigkeit!", werden Sie gebeten, diese Änderung vorzunehmen.

Im Unterschied zum vorherigen Kapitel soll hier keine Kopie einer bestimmten Zelle gemacht werden. Stattdessen soll der Inhalt einer Zelle aus seiner ursprünglichen Position entfernt und an einer anderen Stelle wieder eingefügt werden. Dieser Vorgang wird in Tabellenkalkulationsprogrammen als Verschieben von Zellinhalten bezeichnet. Beim Verschieben werden nicht nur der Zellinhalt, sondern auch alle den jeweiligen Zellen zugeordneten Formate und Zellbezüge mit verschoben. Für das Verschieben von Zellinhalten bzw. Zellbereichen bieten Tabellenkalkulationsprogramme mehrere Möglichkeiten:

Benutzung der Registerblatt- und Multifunktionsleiste	1. **Markierung** der zu kopierenden Zelle(n). 2. Aktivierung der Schaltfläche AUSSCHNEIDEN (✂). 3. **Markierung** der Zielzelle. 4. Aktivierung der Schaltfläche EINFÜGEN durch einen Mausklick auf das Symbol über dem Eintrag EINFÜGEN. ( ).
Benutzung von Tastenkombinationen	1. **Markierung** der zu kopierenden Zelle(n). 2. Betätigung der Tasten **STRG + X**. 3. **Markierung** der Zielzelle. 4. Betätigung der Tasten **STRG + V**.
Benutzung der rechten Maustaste	1. **Markierung** der zu kopierenden Zelle(n). 2. Betätigung der **rechten Maustaste** im markierten Bereich und Aktivierung des Befehls AUSSCHNEIDEN mit der **linken Maustaste**. 3. **Markierung** der Zielzelle. 4. Betätigung der **rechten Maustaste** im markierten Bereich und Auswahl einer Möglichkeit unter dem Menüpunkt EINFÜGEOPTIONEN mit der **linken Maustaste**.
Benutzung des Mauszeigers	1. **Markierung** der zu kopierenden Zelle(n). 2. Bewegung des Mauszeigers auf die Umrandung der Markierung, bis sich der Zeiger in das folgende Symbol verändert: (✥) 3. Bei **gedrückter linker Maustaste** den markierten Bereich auf die gewünschte Position ziehen.

Arbeitsauftrag 2:

Öffnen Sie das Rechnungsformular aus Kapitel 1.5. Verschieben Sie den Inhalt der Zelle A19 in Zelle A20 sowie den Inhalt des Zellbereichs A5 bis C10 in A6 bis C11. Nutzen Sie hierzu die beschriebenen Möglichkeiten zum Verschieben von Zellinhalten. Bewerten Sie die einzelnen Möglichkeiten und begründen Sie, welche Alternative Sie bevorzugen. Halten Sie Ihre Ergebnisse schriftlich fest.

2.3 Ausfüllen von Zellinhalten und Zellbereichen

Situation:

Sie haben sich in der Mittagspause mit Frau Pfeiffer über Ihre Arbeit an dem Rechnungsformular unterhalten. Da Frau Pfeiffer gerade dabei ist, ein Bestellformular für die Beschaffungsvorgänge zu erstellen, hat sie für Sie noch einige wertvolle Tipps, die Ihnen die Arbeit erleichtern können. So ist es laut Frau Pfeiffer mit einem Tabellenkalkulationsprogramm möglich, Zahlenreihen komplett automatisch zu generieren. Für das Rechnungsformular fallen Ihnen auf Anhieb eine Reihe von Anwendungsmöglichkeiten ein. So können Sie beispielsweise die Positionsnummern automatisch erzeugen lassen.

Für Routineaufgaben bei der Eingabe von Zahlen, Kombinationen von Zahlen und Text, Daten und Uhrzeiten bieten Tabellenkalkulationsprogramme Vereinfachungen durch die Möglichkeit des automatischen Ausfüllens. In Abhängigkeit von dem entsprechenden Zellinhalt stehen verschiedene Vorgehensweisen zur Verfügung:

Aufzählung von Zahlen	**Möglichkeit 1:** Damit das Programm „weiß“, in welchem Abstand es Zahlen ergänzen soll, müssen mindestens zwei Zahlen vorgegeben sein. Das Programm ermittelt den Abstand zwischen diesen beiden Zahlen und kann auf die nächste Zahl schließen. Dazu müssen die beiden Werte zunächst markiert werden. Anschließend ist der Mauszeiger auf die untere rechte Ecke der Markierung zu bewegen. Er verändert sich dort in ein Kreuz. Bei gedrückter linker Maustaste muss der Mauszeiger in die gewünschte Richtung gezogen werden. Nach dem Loslassen der Maustaste werden die ausgewählten Zellen automatisch ausgefüllt. **Möglichkeit 2:** Soll der Wert in der nächsten Zelle genau um den Wert eins größer als der vorherige sein, bietet sich die Vorgehensweise über die Benutzung der STRG-Taste an. Hierbei ist der Ausgangswert zunächst zu markieren und der Mauszeiger auf die rechte untere Ecke zu bewegen. Der Mauszeiger verändert sich dort in ein Kreuz. Bei gedrückter linker Maustaste muss der Mauszeiger in die gewünschte Richtung gezogen werden. Nach dem Loslassen der Maustaste werden die ausgewählten Zellen automatisch ausgefüllt.
Aufzählung von Kombinationen von Zahlen und Text	Eine Kombination aus Text und Zahl stellt beispielsweise „Quartal 1“ dar. Auch hier ist das automatische Ausfüllen möglich, indem die markierte Zelle in die gewünschte Richtung gezogen wird.
Aufzählung von Daten und Uhrzeiten	Unter Daten sind hier Angaben zum Tag, Monat und Jahr zu verstehen. Die Vorgehensweise für das automatische Ausfüllen ist identisch mit der vorherigen Beschreibung.

Arbeitsauftrag 3:

Öffnen Sie das Rechnungsformular aus Kapitel 1.5. Löschen Sie die Positionsnummern und erstellen Sie diese neu. Nutzen Sie dazu die Möglichkeiten des automatischen Ausfüllens.

2.4 Übungsaufgaben

2.4.1 Umsatzstatistik

Situation:

Herr Taube erhält von Frau Schmitz den Auftrag, den Gewinn für den „Konferenztisch LOGO“ für das vergangene Jahr zu ermitteln. Der „Konferenztisch LOGO“ gehört zu den selbst hergestellten Produkten der Bürodesign GmbH. Aufgrund von Preisschwankungen für die benötigten Rohstoffe verursachte der Tisch im betrachteten Zeitraum jeden Monat unterschiedliche Kosten. Außerdem sind die Verkaufspreise im Verlauf des Jahres mehrmals angehoben worden. Für Präsentationszwecke sollen die benötigten Werte mithilfe der nachstehenden Tabelle ermittelt werden:

	A	B	C	D	E	F	G
1	Umsatzstatistik und Gewinnermittlung für den Konferenztisch LOGO						
2							
3	Monat	verkaufte Menge in Stück	Verkaufspreis pro Stück	Umsatz gesamt	Kosten pro Stück	Kosten gesamt	Gewinn pro Monat
4	Januar	235	310,00 €		254,00 €		
5	Februar	310	310,00 €		257,00 €		
6	März	295	310,00 €		259,00 €		
7	April	360	312,00 €		255,00 €		
8	Mai	285	312,00 €		253,00 €		
9	Juni	260	312,00 €		262,00 €		
10	Juli	270	314,00 €		262,00 €		
11	August	305	314,00 €		263,00 €		
12	September	320	314,00 €		259,00 €		
13	Oktober	290	316,00 €		257,00 €		
14	November	195	316,00 €		261,00 €		
15	Dezember	305	316,00 €		265,00 €		
16	Gesamt						
17							
18	niedrigster Gewinn						
19	höchster Gewinn						

Abbildung 2: *Umsatzstatistik*

Arbeitsaufträge:

1. Speichern Sie eine Arbeitsmappe unter dem Namen **Umsatzstatistik** ab. Speichern Sie die Datei regelmäßig zwischen, um Datenverluste zu vermeiden.
2. Übertragen Sie die Tabellenvorlage einschließlich **aller Formatierungen** in ein leeres Tabellenblatt. Geben Sie diesem Tabellenblatt den Namen **Ergebnis**.
3. Ermitteln Sie
   a) Umsatz, Kosten und Gewinn pro Monat,
   b) die Summen der jeweiligen Spalten,
   c) den niedrigsten und den höchsten Gewinn.
4. Erstellen Sie in einem weiteren Tabellenblatt mit dem Namen **Formeln** die Formelansicht.
5. Für das Drucklayout gelten folgende Vorgaben:
   a) Die Tabellenblätter sollen im Format DIN A4 quer auf je einer Seite ausgedruckt werden.
   b) In der Fußzeile unten links soll automatisch der Dateiname und in der Fußzeile unten rechts soll Ihr Name ausgewiesen werden.
   c) Beide Tabellenblätter sind mit Zeilen- und Spaltenüberschriften sowie mit Gitternetzlinien auszudrucken.

2.4.2 Umsatzauswertung

Situation:

Der Vertreter Klein hat im vergangenen Jahr verschiedene Produkte verkauft und die in der Tabelle aufgeführten Umsätze erreicht. Mit Herrn Marlies und Frau Schmitz hatte er zuvor Umsatzziele für die einzelnen Produkte pro Quartal vereinbart. Zum Zwecke der Überprüfung der Zielerreichung möchte Herr Klein die Umsätze in einer übersichtlichen Tabelle (vgl. Abbildung 3) auswerten und die Ergebnisse zu einem späteren Termin der Geschäftsleitung der Bürodesign GmbH vorlegen.

	A	B	C	D	E	F	G
1	Umsatztabelle Vertreter Klein						
2							
3	Artikel-nummer	Artikel-bezeichnung	Umsatz Quartal 1	Umsatz Quartal 2	Umsatz Quartal 3	Umsatz Quartal 4	Jahres-umsatz
4	30P94	Druckertisch EURATIO	130.000,00 €	180.000,00 €	210.000,00 €	190.000,00 €	
5	11P65	Besucherstuhl STAPLER	220.000,00 €	170.000,00 €	200.000,00 €	180.000,00 €	
6	229906	Stativ Leinwand Professionell	195.000,00 €	175.000,00 €	215.000,00 €	185.000,00 €	
7	335927	Faxgerät TA InkJet-Fax FX 640TI	340.000,00 €	215.000,00 €	250.000,00 €	235.000,00 €	
8	21P33	Regalsystem WIKING	285.000,00 €	220.000,00 €	230.000,00 €	260.000,00 €	
9	200071	Barhocker ITALIA	190.000,00 €	185.000,00 €	170.000,00 €	175.000,00 €	
10	54P98	Konferenztisch LOGO	230.000,00 €	270.000,00 €	310.000,00 €	225.000,00 €	
11	149393	Weißwandtafel Premium	175.000,00 €	230.000,00 €	265.000,00 €	225.000,00 €	
12	235614	Faxgerät Primus FAX T 30	265.000,00 €	195.000,00 €	245.000,00 €	232.000,00 €	
13	150391	Tischkopierer Primus Z-52	375.000,00 €	245.000,00 €	185.000,00 €	215.000,00 €	
14							
15		Summe					
16		Mittelwert					
17		Minimum					
18		Maximum					

Abbildung 3: *Umsatzauswertung*

Arbeitsaufträge:

1. Speichern Sie eine Arbeitsmappe unter dem Namen **Umsatzauswertung** ab. Speichern Sie die Datei regelmäßig zwischen, um Datenverluste zu vermeiden.
2. Übertragen Sie die Tabellenvorlage einschließlich **aller Formatierungen** in ein leeres Tabellenblatt. Geben Sie diesem Tabellenblatt den Namen **Ergebnis**.
3. Ermitteln Sie
   a) den Jahresumsatz,
   b) die Summe, den Durchschnitt, das Minimum und das Maximum in den dafür vorgesehenen Zellen.
4. Erstellen Sie in einem weiteren Tabellenblatt mit dem Namen **Formeln** die Formelansicht.
5. Für das Drucklayout gelten folgende Vorgaben:
   a) Die Tabellenblätter sollen im Format DIN A4 quer auf je einer Seite ausgedruckt werden.
   b) In der Fußzeile unten links soll automatisch der Dateiname und in der Fußzeile unten rechts soll Ihr Name ausgewiesen werden.
   c) Beide Tabellenblätter sind mit Zeilen- und Spaltenüberschriften sowie mit Gitternetzlinien auszudrucken.

2.4.3 Lohnliste

Situation:

In der Personalabteilung sollen die Löhne der Mitarbeiter in der Produktion in einer Tabelle berechnet werden. Zwar hat jeder Mitarbeiter die gleiche Arbeitszeit, jedoch nicht den gleichen Stundenlohn. Außerdem haben die Mitarbeiter unterschiedlich viele Überstunden geleistet.

	A	B	C	D	E	F	G	H
1	**Lohnliste unserer Mitarbeiter in der Produktion für September**							
2								
3	**Name**	**Stundenlohn in Euro**	**Arbeitszeit in Stunden pro Woche**	**Grundlohn pro Monat in Euro**	**Überstundenlohn in Euro pro Stunde**	**Überstunden im Monat**	**Überstunden-lohn in Euro pro Monat**	**Gesamtlohn in Euro pro Monat**
4	Land, Ulrich	12,30	39,5		15,38	20,0		
5	Schäfer, Andreas	10,50	39,5		13,13	20,0		
6	Seidel, Karlheinz	10,50	39,5		13,13	16,0		
7	Dasbach, Heinz	13,10	39,5		16,38	12,0		
8	Jahnke, Holger	13,10	39,5		16,38	8,0		
9	Merker, Bernd	10,50	39,5		13,13	12,0		
10	Curth, Rosa	12,30	39,5		15,38	16,0		
11	Pfefferkorn, Bernd	10,50	39,5		13,13	16,0		
12	Pfeiffer, Andre	12,30	39,5		15,38	20,0		
13	Hoffmann, Diete	10,50	39,5		13,13	32,0		
14	Guth, Helmut	14,20	39,5		17,75	4,0		
15	Jung, Heiko	14,20	39,5		17,75	20,0		
16	**Summe**							
17	**Mittelwert**							
18	**Minimum**							
19	**Maximum**							

Abbildung 4: *Lohnliste*

Arbeitsaufträge:

1. Speichern Sie eine Arbeitsmappe unter dem Namen **Lohnliste** ab. Speichern Sie die Datei regelmäßig zwischen, um Datenverluste zu vermeiden.
2. Übertragen Sie die Tabellenvorlage einschließlich **aller Formatierungen** in ein leeres Tabellenblatt. Geben Sie diesem Tabellenblatt den Namen **Ergebnis**.
3. Ermitteln Sie
   a) den Grundlohn pro Monat in EUR. Unterstellen Sie, dass der September exakt vier Arbeitswochen hat.
   b) den Überstundenlohn in EUR,
   c) den Gesamtlohn pro Monat,
   d) Summe, Durchschnitt, Minimum und Maximum in den dafür vorgesehenen Zellen.
4. Erstellen Sie in einem weiteren Tabellenblatt mit dem Namen **Formeln** die Formelansicht.
5. Für das Drucklayout gelten folgende Vorgaben:
   a) Die Tabellenblätter sollen im Format DIN A4 quer auf je einer Seite ausgedruckt werden.
   b) In der Fußzeile unten links soll automatisch der Dateiname und in der Fußzeile unten rechts soll Ihr Name ausgewiesen werden.
   c) Beide Tabellenblätter sind mit Zeilen- und Spaltenüberschriften sowie mit Gitternetzlinien auszudrucken.

2.4.4 Bezugspreisermittlung

Situation:

Die Abteilungsleiterin der Beschaffung, Frau Evert, zieht es in Erwägung, für den Druckertisch Euratio einen neuen Lieferanten auszuwählen, da sich der derzeitige Lieferer in der letzten Zeit als sehr unzuverlässig erwiesen hat. Bevor eine endgültige Entscheidung getroffen wird, soll in einem ersten Schritt der Bezugspreis von möglichen Lieferern ermittelt werden.

	A	B	C	D	E
1	Ermittlung des Bezugspreises für den Druckertisch Euratio				
2					
3		Primus GmbH	Jansen OHG	Giesen KG	Bürotec GmbH
4	= Listeneinkaufspreis (netto)	60,00 €	65,00 €	52,00 €	58,00 €
5	- Rabatt				
6	= Zieleinkaufspreis				
7	- Skonto				
8	= Bareinkaufspreis				
9	+ Bezugskosten	9,00 €	7,50 €	- €	- €
10	= Bezugspreis				
11					
12	Der günstigste Bezugspreis beträgt:				
13	Der höchste Bezugspreis beträgt:				

Abbildung 5: *Bezugspreisermittlung*

Arbeitsaufträge:

1. Speichern Sie eine Arbeitsmappe unter dem Namen **Bezugspreisermittlung** ab. Speichern Sie die Datei regelmäßig zwischen, um Datenverluste zu vermeiden.
2. Übertragen Sie die Tabellenvorlage einschließlich **aller Formatierungen** in ein leeres Tabellenblatt. Geben Sie diesem Tabellenblatt den Namen **Ergebnis**.
3. Ermitteln Sie
   a) den Rabatt in Euro (Primus GmbH: 20 %, Jansen OHG: 25 %, Giesen KG: 0 %, Bürotec GmbH: 10 %),
   b) den Zieleinkaufspreis,
   c) das Skonto (Primus GmbH: 2 %, Jansen OHG: 0 %, Giesen KG: 3 %, Bürotec GmbH: 1,5 %),
   d) den Bareinkaufspreis,
   e) den Bezugspreis,
   f) den günstigsten und den höchsten Bezugspreis.
4. Erstellen Sie in einem weiteren Tabellenblatt mit dem Namen **Formeln** die Formelansicht.
5. Für das Drucklayout gelten folgende Vorgaben:
   a) Die Tabellenblätter sollen im Format DIN A4 quer auf je einer Seite ausgedruckt werden.
   b) In der Fußzeile unten links soll automatisch der Dateiname und in der Fußzeile unten rechts soll Ihr Name ausgewiesen werden.
   c) Beide Tabellenblätter sind mit Zeilen- und Spaltenüberschriften sowie mit Gitternetzlinien auszudrucken.

3 Adressierungsarten von Zellen

3.1 Relative Zelladressierung

Situation:
Herr Kurt Taube aus der Abteilung Rechnungswesen möchte in der Spalte G des bestehenden Rechnungsformulars den Rabatt pro Stück in Euro mithilfe einer Formel berechnen lassen. Weiterhin soll sichergestellt werden, dass die in der Zelle G23 erstellte Formel in die Zellen G24 bis G26 kopiert werden kann.

Wenn in dem Tabellenkalkulationsprogramm eine Formel bzw. Funktion in andere Zellen kopiert wird, verschieben sich die in der Formel bzw. Funktion befindlichen Zellbezüge im Regelfall mit. Hierbei ist jedoch zu beachten, ob diese Verschiebung sinnvoll ist. Zellen, die sich beim Kopieren mit verändern sollen, werden als **relative Zellbezüge** bezeichnet.

Im nachstehenden Beispiel lautet die Ausgangsformel in der Zelle G23 wie folgt: =E23*F23/100

	A	B	C	D	E	F	G	H
17	Ausschnitt aus dem Rechnungsformular							
18								
19	Rechnung							
20								
21								
22	Position	Artikel-nummer	Artikel-bezeichnung	Menge (Stück)	Listenpreis pro Stück	Rabatt (%)	Rabatt pro Stück	Gesamt-preis
23	1	13792	Textverarbeitung I	10	14,95 €	0	=E23*F23/100	
24	2	11207	Arbeiten mit dem PC	25	22,40 €	10		
25	3	12430	Tabellenkalkulation I	20	24,90 €	10		
26	4	13080	Präsentieren leichtgemacht	15	16,95 €	10		

Abbildung 1: *Rechnungsformular mit der zusätzlichen Spalte G (Rabatt pro Stück)*

Wenn nun die Formel aus der Zelle G23 in die Zellen G24 bis G26 kopiert wird, werden die Zellbezüge der Ursprungsformel (E23 und F23) ebenfalls angepasst. Wie der obigen Abbildung zu entnehmen ist, ist das Anpassen der Zellen E23 und F23 hier sinnvoll.

Um sicherzustellen, dass beim Kopieren keine Fehler aufgetreten sind, empfiehlt sich die Kontrolle der „letztkopierten" Zelle (hier G26). Wenn die Zelle mit der Maus angewählt wird, reicht ein einfacher Mausklick in die Befehlszeile (optional ist auch ein Doppelklick in die Zelle G26 möglich), und es werden alle für die Zelle G26 verwendeten Zellen farblich dargestellt, sodass mögliche Fehler schnell auffallen.

	A	B	C	D	E	F	G	H
17	Ausschnitt aus dem Rechnungsformular							
18								
19	Rechnung							
20								
21								
22	Position	Artikel-nummer	Artikel-bezeichnung	Menge (Stück)	Listenpreis pro Stück	Rabatt (%)	Rabatt pro Stück	Gesamt-preis
23	1	13792	Textverarbeitung I	10	14,95 €	0	- €	
24	2	11207	Arbeiten mit dem PC	25	22,40 €	10	2,24 €	
25	3	12430	Tabellenkalkulation I	20	24,90 €	10	2,49 €	
26	4	13080	Präsentieren leichtgemacht	15	16,95 €	10	=E26*F26/100	

Abbildung 2: *Vollständig in die Zellen G24 bis G26 kopierte Formel*

Arbeitsauftrag 1:

Ermitteln Sie mithilfe geeigneter Formeln die Ergebnisse für die Spalten G und H.

3.2 Absolute Zelladressierung

Situation:

Frau Schmitz und Herr Marlies haben beschlossen, dass im Rahmen des diesjährigen Unternehmensjubiläums jeder Kunde für Bestellungen auf jeden Artikel einen einheitlichen Rabatt in Höhe von 10 % erhalten soll. Um das Rechnungsformular etwas übersichtlicher zu gestalten, soll nach dem Willen von Herrn Taube die Spalte „Rabatt (%)" wegfallen. Stattdessen soll der allgemeine Rabattsatz in einer gesonderten Zelle (D31) aufgeführt werden. Hierbei soll dafür Sorge getragen werden, dass der Rabatt pro Stück unter Verwendung der Zelle D31 berechnet wird und dass die in Zelle F23 erstellte Formel in die Zellen F24 bis F26 kopiert werden kann.

Wenn in einer Formel oder Funktion ein oder mehrere Zellbezüge vorhanden sind, die beim Kopieren in andere Zellen **nicht** mit verändert werden dürfen, handelt es sich hierbei um **absolute Zellbezüge**. Damit absolute Zellbezüge beim Kopiervorgang unverändert bestehen bleiben, müssen diese **festgesetzt** werden.

Im nachstehenden Beispiel lautet die Ausgangsformel in der Zelle F23 wie folgt: =E23*D31

	A	B	C	D	E	F	G
17	**Ausschnitt aus dem Rechnungsformular**						
18							
19	**Rechnung**						
20							
21							
22	**Position**	**Artikel-nummer**	**Artikel-bezeichnung**	**Menge (Stück)**	**Listenpreis pro Stück**	**Rabatt pro Stück**	**Gesamt-preis**
23	1	13792	Textverarbeitung I	10	14,95 €	=E23*D31	
24	2	11207	Arbeiten mit dem PC	25	22,40 €		
25	3	12430	Tabellenkalkulation I	20	24,90 €		
26	4	13080	Präsentieren leichtgemacht	15	16,95 €		
27							
28							
29	**Ausschnitt aus der Hilfstabelle Rabatte**						
30							
31			Rabatt	10%			

Abbildung 3: *Ursprüngliche Formel in der Zelle F23 (=E23*D31)*

Wenn diese Formel ohne ein Festsetzen in die Zellen F24 bis F26 kopiert wird, ergibt sich hieraus das Problem, dass alle Zellen den Wert Null annehmen. Grund hierfür ist, dass die Zelle D31 (Rabattsatz) für alle Artikel hätte berücksichtigt werden müssen. Die nachstehende Abbildung zeigt allerdings, dass in der Zelle F26 die Formel =E26*D34 steht.

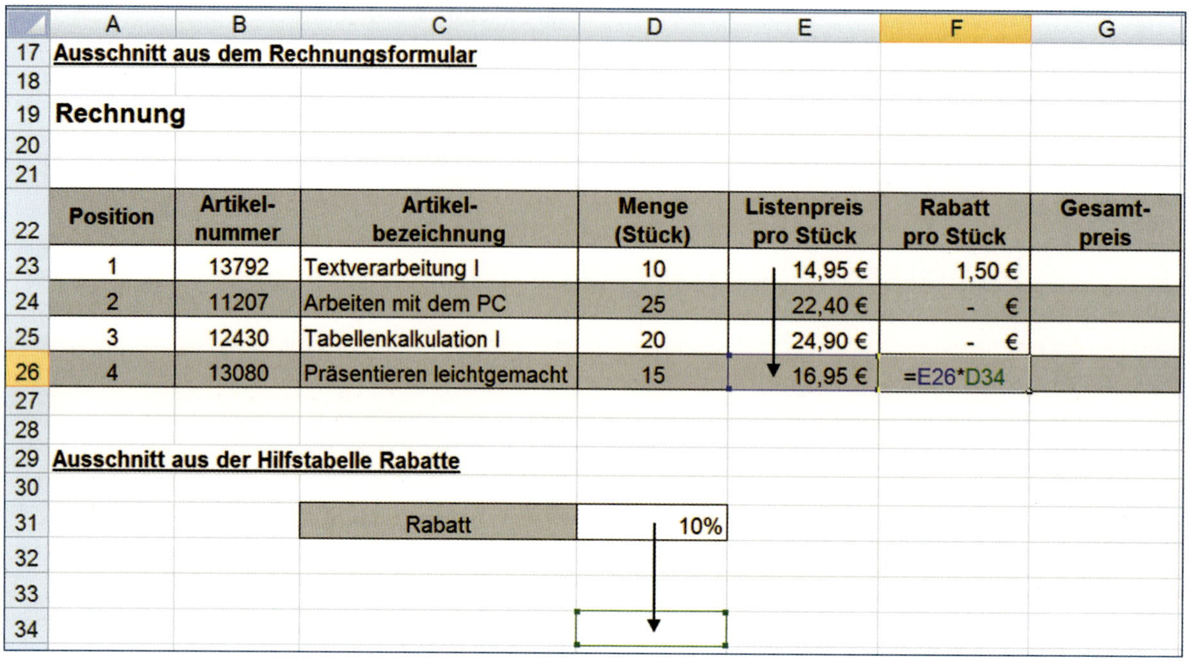

	A	B	C	D	E	F	G
17	Ausschnitt aus dem Rechnungsformular						
18							
19	**Rechnung**						
20							
21							
22	Position	Artikel-nummer	Artikel-bezeichnung	Menge (Stück)	Listenpreis pro Stück	Rabatt pro Stück	Gesamt-preis
23	1	13792	Textverarbeitung I	10	14,95 €	1,50 €	
24	2	11207	Arbeiten mit dem PC	25	22,40 €	- €	
25	3	12430	Tabellenkalkulation I	20	24,90 €	- €	
26	4	13080	Präsentieren leichtgemacht	15	16,95 €	=E26*D34	
27							
28							
29	Ausschnitt aus der Hilfstabelle Rabatte						
30							
31			Rabatt	10%			
32							
33							
34							

Abbildung 4: *Darstellung der beim Kopieren nicht festgesetzten Zelle D31*

Damit der Zellbezug D31 beim Kopieren nicht verändert wird, muss dieser **festgesetzt** werden. Dies wird realisiert, indem der Zellbezug D31 in der Ausgangsformel (Zelle F23) angeklickt wird. Das anschließende Betätigen der **Funktionstaste <F4>** macht aus dem relativen Zellbezug einen **absoluten Zellbezug.**

Eine festgesetzte Zelle wird durch Dollarzeichen vor der Spalten- und der Zeilenangabe kenntlich gemacht (hier $D$31). In der Zelle F23 muss vor dem Kopieren dementsprechend folgende Formel stehen: =E23*$D$31

Wenn die Formel nun in die entsprechenden Zellen kopiert wird, ergibt die anschließende Kontrolle der Zelle F26 folgendes Bild:

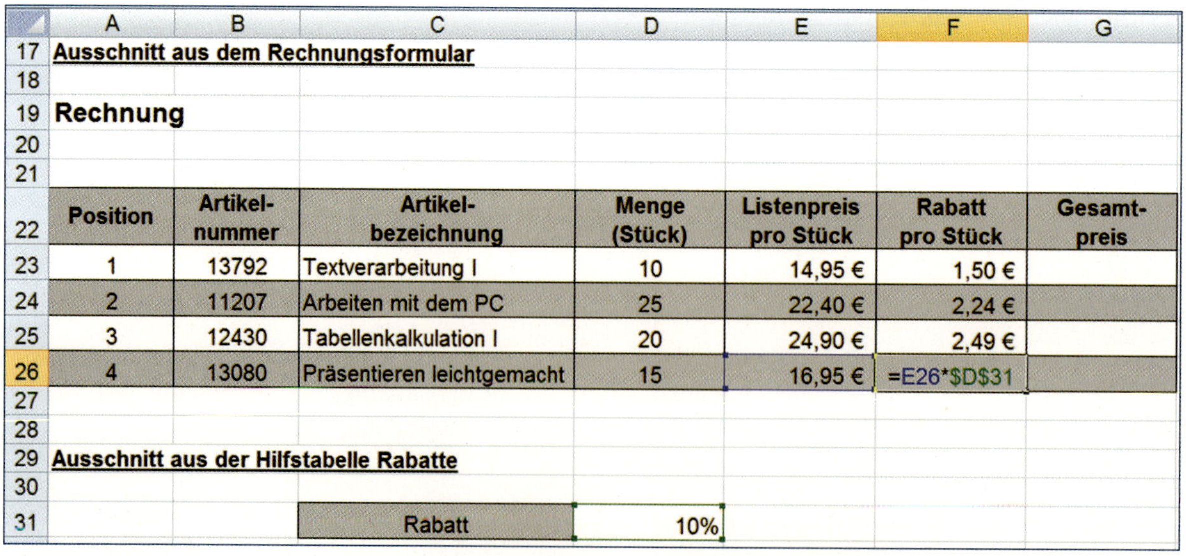

	A	B	C	D	E	F	G
17	Ausschnitt aus dem Rechnungsformular						
18							
19	**Rechnung**						
20							
21							
22	Position	Artikel-nummer	Artikel-bezeichnung	Menge (Stück)	Listenpreis pro Stück	Rabatt pro Stück	Gesamt-preis
23	1	13792	Textverarbeitung I	10	14,95 €	1,50 €	
24	2	11207	Arbeiten mit dem PC	25	22,40 €	2,24 €	
25	3	12430	Tabellenkalkulation I	20	24,90 €	2,49 €	
26	4	13080	Präsentieren leichtgemacht	15	16,95 €	=E26*$D$31	
27							
28							
29	Ausschnitt aus der Hilfstabelle Rabatte						
30							
31			Rabatt	10%			

Abbildung 5: *Darstellung der Formel mit der korrekt festgesetzten Zelle D31*

> **Anmerkung:**
> Um eine Zelle festzusetzen, ist es ohne Bedeutung, ob der Mauszeiger vor oder hinter der Spalten- bzw. Zeilenbezeichnung steht. Soll eine Festsetzung wieder entfernt werden, so muss hierfür lediglich wieder der entsprechende Zellbezug in der Formel bzw. Funktion angeklickt werden, um durch mehrmaliges Betätigen der Funktionstaste <F4> die absolute Zelladressierung aufzuheben.

> **Arbeitsauftrag 2:**
> Verändern Sie Ihr Tabellenblatt so, dass es der Abbildung 5 entspricht. Ermitteln Sie anschließend mithilfe geeigneter Formeln die Ergebnisse für die Spalten F und G. Achten Sie dabei auf die absolute Zelladressierung.

3.3 Gemischte Zelladressierung

Im Kapitel 3.2 wurde die Bedeutung der absoluten Zelladressierung dargestellt. Im Beispiel wurde aufgezeigt, dass sich der Zellbezug D31 (Rabattsatz) beim Herunterkopieren der Formeln nicht verändern darf. Die sicherste Möglichkeit besteht in dem Festsetzen des Zellbezugs D31 als absolutem Zellbezug ($D$31).

Da in dem Beispiel (vgl. Abbildung 5) die Formel =E23*$D$31 nach unten kopiert wird, ändert das Tabellenkalkulationsprogramm von sich aus lediglich die Zeilenangaben (z. B. aus E23 wird E24, E25 und E26). Das Festsetzen der Spaltenangabe E war demnach nicht notwendig. Es ist ausreichend, wenn sich in der ursprünglichen Formel (Zelle F23) der absolute Zellbezug nur auf die Zeile bezieht. Der Zellbezug hat dann das folgende Aussehen: D$31

	A	B	C	D	E	F	G
17	**Ausschnitt aus dem Rechnungsformular**						
18							
19	**Rechnung**						
20							
21							
22	**Position**	**Artikel-nummer**	**Artikel-bezeichnung**	**Menge (Stück)**	**Listenpreis pro Stück**	**Rabatt pro Stück**	**Gesamt-preis**
23	1	13792	Textverarbeitung I	10	14,95 €	1,50 €	
24	2	11207	Arbeiten mit dem PC	25	22,40 €	2,24 €	
25	3	12430	Tabellenkalkulation I	20	24,90 €	2,49 €	
26	4	13080	Präsentieren leichtgemacht	15	16,95 €	=E26*D$31	
27							
28							
29	**Ausschnitt aus der Hilfstabelle Rabatte**						
30							
31			Rabatt	10%			

Abbildung 6: *Formel, in der lediglich die Zeilenangabe 31 festgesetzt worden ist*

Da hier eine Kombination aus relativer und absoluter Zelladressierung vorliegt (Spaltenangabe D = relative Adressierung, Zeilenangabe 31 = absolute Adressierung), wird diese Art der Zelladressierung als **Gemischte Adressierung** bezeichnet.

> **Anmerkung:**
> Wenn die Formel von der Zelle F23 aus in die Zellen G23, H23 usw. kopiert worden wäre, wäre das Festsetzen der Zeile 31 unzureichend gewesen. Stattdessen hätte ein Festsetzen der Spalte D ($D31) erfolgen müssen.

3.4 Zelladressierung durch Namen

Situation:

Um mögliche Probleme beim Festsetzen von Zellbezügen (absolute Zelladressierung) zu vermeiden, möchte Herr Kurt Taube das Rechnungsformular (vgl. Kapitel 3.2) hinsichtlich der Zelladressierung der Zelle D31 weiter vereinfachen. Auch hier soll sichergestellt werden, dass die Formel in die Zellen F24 bis F26 kopiert werden kann.

Das Festsetzen eines Zellbezugs kann nicht nur durch die Verwendung der Dollarzeichen erreicht werden, sondern auch durch die **Verwendung von Namen** für einzelne Zellen oder ganze Zellbereiche. Im nachfolgenden Beispiel wurde der Zellbezug D31 bislang durch die Dollarzeichen festgesetzt, sodass die gesamte Formel in der Zelle F23 bislang wie folgt lautete: =E23*$D$31

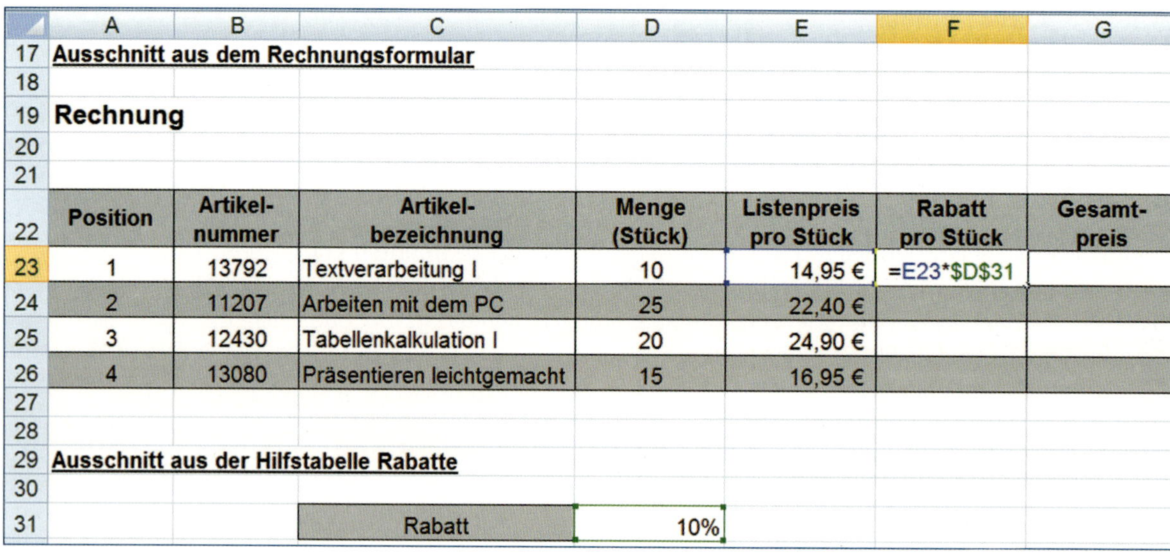

	A	B	C	D	E	F	G
17	Ausschnitt aus dem Rechnungsformular						
18							
19	Rechnung						
20							
21							
22	Position	Artikel-nummer	Artikel-bezeichnung	Menge (Stück)	Listenpreis pro Stück	Rabatt pro Stück	Gesamt-preis
23	1	13792	Textverarbeitung I	10	14,95 €	=E23*$D$31	
24	2	11207	Arbeiten mit dem PC	25	22,40 €		
25	3	12430	Tabellenkalkulation I	20	24,90 €		
26	4	13080	Präsentieren leichtgemacht	15	16,95 €		
27							
28							
29	Ausschnitt aus der Hilfstabelle Rabatte						
30							
31			Rabatt	10%			

Abbildung 7: *Formel, die noch keinen absoluten Zellbezug durch Namen enthält*

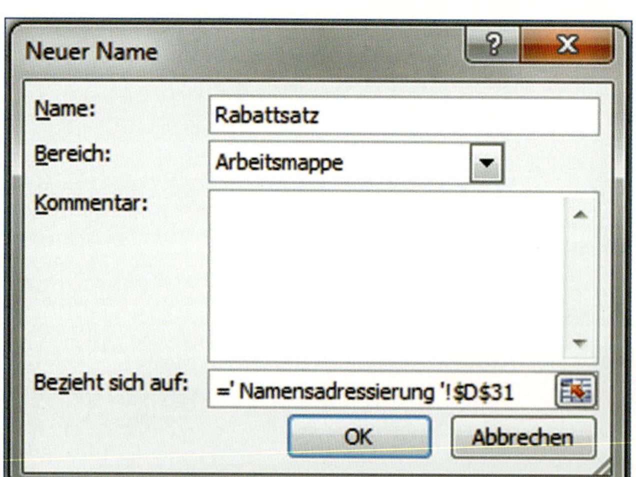

Abbildung 8: *Vergabe des Namens „Rabattsatz" für die Zelle D31*

Um der Zelle D31 einen Namen zuzuweisen und sie somit für alle späteren Kopiervorgänge festzusetzen, muss zunächst die Zelle D31 markiert werden. Anschließend ist folgender Befehlsweg zu gehen:
FORMELN – DEFINIERTE NAMEN – NAMEN DEFINIEREN – Eingabe des Namens (z. B. Rabattsatz).

Nachdem der Name durch die Schaltfläche OK bestätigt wurde, trägt die Zelle den zugewiesenen Namen. Dieser kann jetzt statt des Zellbezugs D31 in den Formeln und Funktionen verwendet werden. Wird die Zelle D31 im Laufe der weiteren Arbeit mit der Maus angeklickt, so erscheint im **Namenfeld** (links oben über der Spalte A) statt der Zellbezeichnung der gewählte Name (vgl. Abbildung 9).

Rabattsatz | fx 10%

	A	B	C	D	E	F	G
17	**Ausschnitt aus dem Rechnungsformular**						
18							
19	**Rechnung**						
20							
21							
22	**Position**	**Artikel-nummer**	**Artikel-bezeichnung**	**Menge (Stück)**	**Listenpreis pro Stück**	**Rabatt pro Stück**	**Gesamt-preis**
23	1	13792	Textverarbeitung I	10	14,95 €	1,50 €	
24	2	11207	Arbeiten mit dem PC	25	22,40 €		
25	3	12430	Tabellenkalkulation I	20	24,90 €		
26	4	13080	Präsentieren leichtgemacht	15	16,95 €		
27							
28							
29	**Ausschnitt aus der Hilfstabelle Rabatte**						
30							
31			Rabatt	10%			

Abbildung 9: *Dokumentation, dass die Zelle D31 den Namen „Rabattsatz" trägt*

Durch diese Namenszuweisung kann die ursprüngliche Formel in der Zelle F23 in =E23*Rabattsatz geändert werden.

Anmerkung:

Um den Zellnamen verwenden zu können, gibt es folgende drei Möglichkeiten:

1. Die Zelle D31 (Rabattsatz) wird mit der Maus angeklickt.
2. Der Name wird per Hand in die Formel bzw. Funktion eingegeben (Achtung: Gefahr von Eingabefehlern!).
3. Während der Formel-/Funktionseingabe wird an der relevanten Stelle die **Funktionstaste <F3>** betätigt. Anschließend öffnet sich ein Fenster, in dem das Programm alle derzeit verwendeten Namen aufführt. Der Anwender kann den gewünschten Namen per Maus auswählen (siehe nachstehende Abbildung).

	A	B	C	D	E	F	G
17	**Ausschnitt aus dem Rechnungsformular**						
18							
19	**Rechnung**						
20							
21							
22	**Position**	**Artikel-nummer**	**Artikel-bezeichnung**	**Menge (Stück)**	**Listenpreis pro Stück**	**Rabatt pro Stück**	**Gesamt-preis**
23	1	13792	Textverarbeitung I	10	14,95 €	=E23*	
24	2	11207	Arbeiten mit dem PC	25			
25	3	12430	Tabellenkalkulation I	20			
26	4	13080	Präsentieren leichtgemacht	15			
27							
28							
29	**Ausschnitt aus der Hilfstabelle Rabatte**						
30							
31			Rabatt	10%			

Namen einfügen

Namen einfügen:

Rabattsatz

OK | Abbrechen

Abbildung 10: *Änderung der ursprünglichen Formel in =E23*Rabattsatz*

Durch die Benennung einer Zelle mit einem Namen weiß das Programm automatisch, auf welche Zelle zugegriffen werden soll, wenn in einer Formel oder Funktion mit diesem Namen gearbeitet wird. Es ist wichtig, dass den Zellen bzw. Zellbereichen sinnvolle und unmissverständliche Namen gegeben werden. Im obigen Fall bietet sich für die Zelle D31 der Name „Rabattsatz" an.

Wird an dieser Stelle die Formel =E23*Rabattsatz in die Zellen F24 bis F26 kopiert, verändert sich nur die relative Zelladressierung von E23 in E24 ... E26. Die Zelle D31 ist bereits durch die Namensgebung als absoluter Zellbezug definiert worden, ohne dass hier zusätzlich mit der **Funktionstaste <F4>** gearbeitet werden muss.

Nachdem die Formel in die entsprechenden Zellen kopiert wurde, ergibt die anschließende Kontrolle der Zelle F26 folgendes Bild:

	A	B	C	D	E	F	G
17	**Ausschnitt aus dem Rechnungsformular**						
18							
19	**Rechnung**						
20							
21							
22	**Position**	**Artikel-nummer**	**Artikel-bezeichnung**	**Menge (Stück)**	**Listenpreis pro Stück**	**Rabatt pro Stück**	**Gesamt-preis**
23	1	13792	Textverarbeitung I	10	14,95 €	1,50 €	
24	2	11207	Arbeiten mit dem PC	25	22,40 €	2,24 €	
25	3	12430	Tabellenkalkulation I	20	24,90 €	2,49 €	
26	4	13080	Präsentieren leichtgemacht	15	16,95 €	=E26*Rabattsatz	
27							
28							
29	**Ausschnitt aus der Hilfstabelle Rabatte**						
30							
31			Rabatt	10%			

Abbildung 11: *In die Zellen F24 bis F26 kopierte Formel unter Verwendung des Zellnamens „Rabattsatz"*

Zu berücksichtigen ist, dass in einem Dokument **derselbe Name nicht für mehrere Zellen vergeben** werden darf. Sind in einem Tabellenblatt beispielsweise mehrere Rabattsätze zu berücksichtigen, müssen diese mit verschiedenen Namen (z. B. **Rabattsatz1**, **Rabattsatz2** usw.) versehen werden.

Abschließend muss noch sichergestellt werden, dass die Namen **keine Leerzeichen** enthalten dürfen, da sie ansonsten nicht vom Programm anerkannt werden (d. h. **Rabattsatz 1** wird nicht erkannt, **Rabattsatz1** hingegen schon).

Anmerkung:

Neben dem aufgezeigten (etwas langen) Befehlsweg FORMELN – DEFINIERTE NAMEN – NAMEN DEFINIEREN, kann der gewünschte Name auch direkt in das Namenfeld eingetragen werden. Um den Namen zu bestätigen, muss die ENTER-Taste betätigt werden.

Sollte versehentlich ein falscher Namen vergeben worden sein, kann dieser Fehler problemlos behoben werden. Um beispielsweise den oben vergebenen Namen für die Zelle D31 (Rabattsatz) wieder zu löschen, wird der Befehlsweg FORMELN – DEFINIERTE NAMEN – NAMENS-MANAGER gewählt.

In dem sich öffnenden Fenster zeigt das Programm alle bislang vergebenen Namen an. Mithilfe der Maus wird der zu löschende Name ausgewählt und durch das Anklicken der Befehlsfläche LÖSCHEN entfernt.

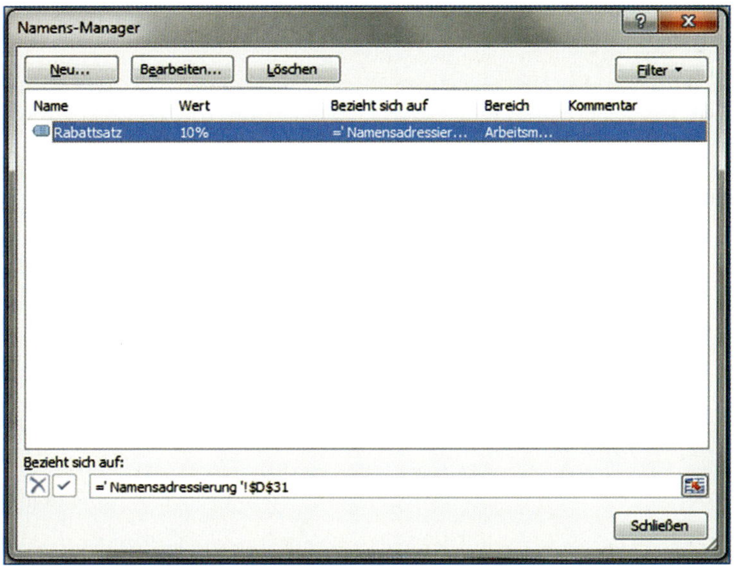

Abbildung 12: *Markierter Zellname „Rabattsatz", bevor dieser gelöscht wird*

Arbeitsauftrag 3:

Vergeben Sie der Zelle D31 den Namen „Rabattsatz". Ändern Sie anschließend die in den Zellen F23 bis F26 stehenden Formeln dahin gehend ab, dass Sie mit dem Namen „Rabattsatz" arbeiten. Löschen Sie anschließend den Namen „Rabattsatz" und überprüfen Sie die auftretende Änderung.

3.5 Übungsaufgaben

3.5.1 Büromittelausgaben

Situation:

Herr Thorsten Klein aus der Abteilung Rechnungswesen/Statistik will untersuchen, wie hoch die Ausgaben für Büromittel im vergangenen Jahr waren. Die hierfür notwendigen Verbrauchszahlen wurden bereits ermittelt, sodass Sie mithilfe der nachstehend dargestellten Tabelle die Kosten für die einzelnen Positionen sowie die aufgeführten besonders interessanten Werte ermitteln sollen.

Arbeitsaufträge:

1. Speichern Sie die Datei unter dem Namen **Büromittelausgaben**. Speichern Sie Ihre Datei **spätestens alle fünf Minuten** ab, um Datenverlust zu vermeiden.
2. Übernehmen Sie die nachstehende Tabelle inklusive aller Werte und Formatierungen in das Tabellenblatt 1 und benennen Sie dieses Tabellenblatt in **Ergebnisse** um.
3. Überlegen Sie, welche Zellen Sie im Laufe der weiteren Arbeit mehrfach gebrauchen und deswegen später festsetzen müssen. Vergeben Sie diesen Zellen sinnvolle Namen, die Sie später – sofern möglich – in den Formeln und Funktionen verwenden.
4. Geben Sie mithilfe einer geeigneten Funktion in der Zelle G4 das heutige Datum aus.

5. Ermitteln Sie mithilfe von geeigneten Formeln die Kosten für
   a) Schreibutensilien in der Spalte C;
   b) Kopierpapier in der Spalte E;
   c) die Position Sonstiges in der Spalte G;
   d) alle Positionen in der Spalte H.
6. Ermitteln Sie durch Verwendung geeigneter Funktionen in der
   a) Zeile 27 die Gesamtwerte für die Spalten B bis H;
   b) Zeile 28 den jeweiligen Durchschnitt der Spalten B bis H.
7. Mithilfe von geeigneten Funktionen ist von Ihnen für die Position Sonstiges in der Zelle
   a) B33 der geringste Wert zu ermitteln;
   b) B34 der höchste Wert zu ermitteln.
8. Übernehmen Sie die Inhalte aus dem Tabellenblatt **Ergebnisse** in das Tabellenblatt 2, benennen Sie dieses in **Formeln** um und wechseln Sie dort in die Formelansicht (STRG + #).
   Richten Sie beide Tabellenblätter so ein, dass diese später alle relevanten Informationen vollständig lesbar anzeigen. Beide Tabellenblätter sollen im Querformat auf jeweils einer Seite ausgedruckt werden, wobei das Tabellenblatt **Formeln** auch die Zeilen- und Spaltenüberschriften enthalten soll. Stellen Sie weiterhin sicher, dass alle später ausgedruckten Tabellenblätter in der Kopfzeile Ihren Namen sowie das aktuelle Datum enthalten.
9. Drucken Sie nach abschließender Kontrolle die Tabellenblätter **Ergebnisse** und **Formeln** aus.

	A	B	C	D	E	F	G	H
1	Ermittlung der Ausgaben für Büromittel							
2								
3								
4	Kosten der Büromittel pro Einheit:						< Datum >	
5								
6	Schreibutensilien:	3,50 €						
7	Kopierpapier:	4,20 €						
8	Sonstiges:	2,80 €						
9								
10								
11	Rechenbereich:							
12								
13		Verbrauchte Einheiten Schreibutensilien	Kosten für Schreibutensilien	Verbrauchte Einheiten Kopierpapier	Kosten für Kopierpapier	Verbrauchte Einheiten Sonstiges	Kosten für Sonstiges	Kosten gesamt
14	Januar	23		17		53		
15	Februar	18		31		67		
16	März	21		45		42		
17	April	32		32		81		
18	Mai	34		38		67		
19	Juni	36		19		74		
20	Juli	28		42		65		
21	August	26		26		59		
22	September	22		28		43		
23	Oktober	29		41		77		
24	November	34		19		68		
25	Dezember	22		22		55		
26								
27	Gesamt							
28	Durchschnitt							
29								
30								
31	Interessante Werte der Büromittelgruppe "Sonstiges":							
32								
33	geringste Kosten:							
34	höchste Kosten:							

Abbildung 13: *Büromittelausgaben; Tabellenblatt „Ergebnisse"*

3.5.2 Telefonkostenermittlung

Situation:

Frau Sandra Berg aus der Abteilung Verwaltung soll im Auftrag der Geschäftsleitung für das vergangene Jahr eine Übersicht über die angefallenen monatlichen Telefonkosten erstellen. Da Frau Berg von Ihren Kenntnissen im Umgang mit dem Tabellenkalkulationsprogramm gehört hat, überträgt Sie Ihnen die Aufgabe, mithilfe einer vorgefertigten Tabelle diese Aufstellung anzufertigen.

Arbeitsaufträge:

1. Speichern Sie diese Aufgabe unter dem Dateinamen **Telefonkostenermittlung** in Ihrem Arbeitsverzeichnis ab. Speichern Sie Ihre Datei **spätestens alle fünf Minuten** ab, um Datenverlust zu vermeiden.
2. Übernehmen Sie die nachstehende Tabelle inklusive aller Werte und Formatierungen in das Tabellenblatt 1. Benennen Sie das Tabellenblatt in **Ergebnisse** um.
3. Vergeben Sie der Zelle B4 sowie den Zellen B7 bis B9 sinnvolle Namen und verwenden Sie diese Namen – sofern möglich – in den späteren Formeln und Funktionen.
4. Weisen Sie mithilfe einer Funktion in der Zelle E7 das aktuelle Datum und die aktuelle Uhrzeit aus.
5. Übernehmen Sie in den Zellen C13 bis C24 per Zellbezug die monatliche Grundgebühr.
6. Ermitteln Sie formelgesteuert in den Zellen D13 bis D24 die Gebühren für die jeweils im Monat verbrauchten Telefoneinheiten. Beachten Sie hierbei, dass die Gebühren pro Einheit im Lauf des Jahres unterschiedlich hoch sind.
7. Ermitteln Sie durch Verwendung einer Funktion in den Zellen E13 bis E24 die Höhe der jeweiligen Monatsrechnung. Diese setzt sich aus der Grundgebühr und der Gebühr für die Einheiten zusammen.
8. Ermitteln Sie in der Zeile 26 funktionsgesteuert die gesamten Werte der Spalten B bis E.
9. In den Zellen B33 bis B35 bzw. E33 bis E34 sind für die zweite Jahreshälfte die geforderten Werte zu ermitteln. Verwenden Sie für deren Ermittlung ausschließlich Funktionen.
10. Formatieren Sie alle Zellen, die Währungsbeträge enthalten, auf das EUR-Format.
11. Kopieren Sie den Inhalt des Tabellenblattes **Ergebnisse** in das Tabellenblatt 2 und wechseln Sie dort in die Formelansicht (STRG + #). Benennen Sie das Tabellenblatt 2 als **Formeln**.
12. Richten Sie die beiden Tabellenblätter so ein, dass Sie diese im Hochformat auf jeweils einer Seite ausdrucken können. Beachten Sie hierbei unbedingt, dass beide Tabellenblätter in der Kopfzeile Ihren Namen sowie das heutige Datum tragen. Weiterhin sollen beide Tabellenblätter auch die Zeilen- und Spaltenüberschriften anzeigen.
13. Drucken Sie nach abschließender Kontrolle die Tabellenblätter **Ergebnisse** und **Formeln** aus.

	A	B	C	D	E
1	**Ermittlung der monatlichen Telefonkosten**				
2					
3					
4	monatliche Grundgebühr	16,00 €			
5					
6	**Gebühren je Einheit:**				
7	Januar - April	0,09 €		Datum/Uhrzeit:	
8	Mai - August	0,08 €			
9	ab September	0,07 €			
10					
11					
12	Monat	Telefon-einheiten	Grundgebühr	Gebühr für Einheiten	Monats-rechnung
13	Januar	12.420			
14	Februar	11.685			
15	März	14.205			
16	April	13.610			
17	Mai	12.990			
18	Juni	10.845			
19	Juli	15.410			
20	August	13.540			
21	September	14.030			
22	Oktober	13.850			
23	November	16.200			
24	Dezember	15.325			
25					
26	Gesamt				
27					
28					
29	**Relevante Werte für den Zeitraum von Juli bis Dezember:**				
30					
31	**Telefoneinheiten:**			**Telefonrechnung:**	
32					
33	kleinste Anzahl:			kleinste Rechnung:	
34	größte Anzahl:			größte Rechnung:	
35	durch. Anzahl:				

Abbildung 14: *Telefonkostenermittlung; Tabellenblatt „Ergebnisse"*

3.5.3 Gewinnverteilung

Situation:

Die Bürodesign GmbH geht neue Wege zur Mitarbeitermotivation. Für ein neu entwickeltes Produkt konnten Mitarbeiter sich an den Entwicklungskosten beteiligen und erhalten dafür im Gegenzug einen Anteil an dem Gewinn aus dem Verkauf dieses Produktes.

Damit die Mitarbeiter auf keinen Fall „leer ausgehen", sagt die Bürodesign GmbH allen Kapitalgebern am Ende des ersten Jahres eine garantierte Mindestzahlung in Höhe von 500,00 EUR zu. Weiterhin will sie allen Mitarbeitern das investierte Kapital mit 6,00 % verzinsen.

Ihre Aufgabe besteht darin, mithilfe der umseitigen Tabelle die Gewinnberechnung für die Mitarbeiter der Bürodesign GmbH durchzuführen.

Arbeitsaufträge:

1. Speichern Sie Ihre Datei unter dem Dateinamen **Gewinnverteilung** ab. Speichern Sie Ihre Datei **spätestens alle fünf Minuten** ab, um Datenverlust zu vermeiden.
2. Übernehmen Sie die nachstehende Tabelle in das Tabellenblatt 1. Benennen Sie das Tabellenblatt in **Ergebnisse** um. Übernehmen Sie die angegebenen Texte und Werte einschließlich der entsprechenden Formatierungen.
3. Vergeben Sie den Zellen B3 bis B5 sinnvolle Namen und verwenden Sie diese – sofern möglich – in den späteren Formeln und Funktionen.
4. Ermitteln Sie in der Zelle C19 mittels einer geeigneten Funktion die Höhe der gesamten Kapitaleinlagen aller Mitarbeiter.
5. Übernehmen Sie in den Zellen D9 bis D17 durch Zellbezüge die den Mitarbeitern zustehende garantierte Zahlung! Ermitteln Sie weiterhin in der Zelle D19 die Summe der Spalte D. Formatieren Sie diese Ergebnisse auf das Format EUR.
6. Ermitteln Sie in den Zellen E9 bis E17 unter Verwendung einer Formel die Verzinsung des von den Mitarbeitern zur Verfügung gestellten Kapitals. Ermitteln Sie weiterhin in der Zelle E19 die Summe aller Zinsen. Formatieren Sie diese Ergebnisse auf EUR.
7. In der Spalte F sind die Gewinne je Mitarbeiter durch eine Funktion zu ermitteln. Auch hier ist der Gesamtwert zu bestimmen und alle Ergebnisse sind auf EUR zu formatieren.
8. In der Spalte G sollen Sie mithilfe einer geeigneten Funktion den prozentualen Anteil am Gesamtgewinn (Zelle B5) je Kapitalgeber ermitteln! Formatieren Sie das Ergebnis auf das Format Zahl mit zwei Nachkommastellen.
9. Abschließend soll in der Zelle B23 der Restgewinn sowie in der Zelle B25 der prozentuale Anteil am Gesamtgewinn – unter Angabe von 2 Nachkommastellen – für die Bürodesign GmbH ermittelt werden.
10. Kopieren Sie den Inhalt Ihres Tabellenblattes **Ergebnisse** in das Tabellenblatt 2. Benennen Sie das Tabellenblatt in **Formeln** um. Wechseln Sie dort in die Formelansicht und richten Sie beide Tabellenblätter so ein, dass diese später jeweils auf einer Seite im Querformat und mit den Zeilen-/Spaltenüberschriften ausgedruckt werden können.
11. Drucken Sie – nach nochmaliger Kontrolle – die beiden Tabellenblätter **Ergebnisse** und **Formeln** aus.

	A	B	C	D	E	F	G
1	**Gewinnverteilung für neues Produkt**						
2							
3	garantierte Zahlung	500,00 €					
4	Verzinsung	6,00%					
5	Gesamtgewinn	45.000,00 €					
6							
7							
8	Name	Vorname	Kapitaleinlage	garantierte Zahlung	Verzinsung	Gewinn je Mitarbeiter	prozentualer Anteil am Gesamtgewinn
9	Schneider	Inge	7.700,00 €				
10	Pyplo	Jutta	4.400,00 €				
11	Hagemann	Mark	6.100,00 €				
12	Wagner	Chris	3.400,00 €				
13	Sanders	Udo	6.900,00 €				
14	Cussét	Chantal	5.200,00 €				
15	Pesch	Stefanie	2.800,00 €				
16	Fahringer	Ute	5.300,00 €				
17	Belke	Michael	3.200,00 €				
18							
19	Gesamt						
20							
21	**Angaben für Bürodesign GmbH**						
22							
23	Restgewinn						
24							
25	prozentualer Anteil am Gesamtgewinn						

Abbildung 15: *Gewinnverteilung; Tabellenblatt „Ergebnisse"*

4 Logische Funktionen

4.1 WENN-Funktion

Situation:

Der Leiter der Abteilung Rechnungswesen, Herr Taube, beauftragt Sie, mithilfe eines Tabellenkalkulationsprogramms die Rabattsätze auf dem Rechnungsformular automatisiert auszugeben bzw. anzeigen zu lassen.

Er teilt Ihnen weiterhin mit, dass ab einer Menge von 20 Stück ein Rabatt von 10 % und bei Mengen unter 20 Stück kein Rabatt gewährt werden soll.

Wenn das Tabellenkalkulationsprogramm in Abhängigkeit einer bestimmten Größe (hier: Menge) zwischen zwei verschiedenen Möglichkeiten (hier: Rabattsatz von 0 % und 10 %) wählen soll, empfiehlt sich die Nutzung der **WENN-Funktion**! Syntax der Funktion: **=WENN(PRÜFUNG;DANN-Wert;SONST-Wert)**

Nachfolgend ist der Aufbau der WENN-Funktion in Form eines Struktogramms dargestellt:

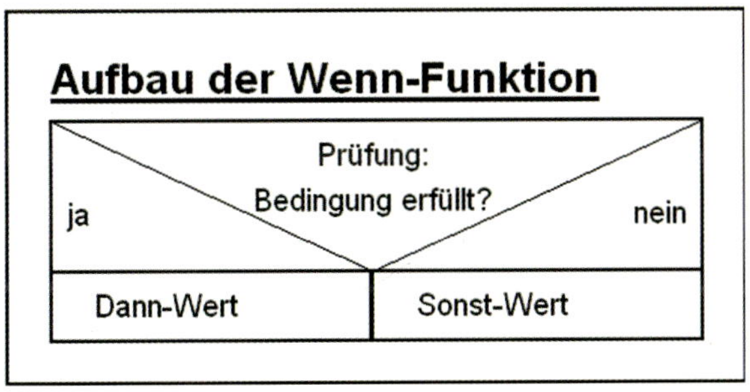

Abbildung 1: *Grundlegendes Struktogramm der WENN-Funktion*

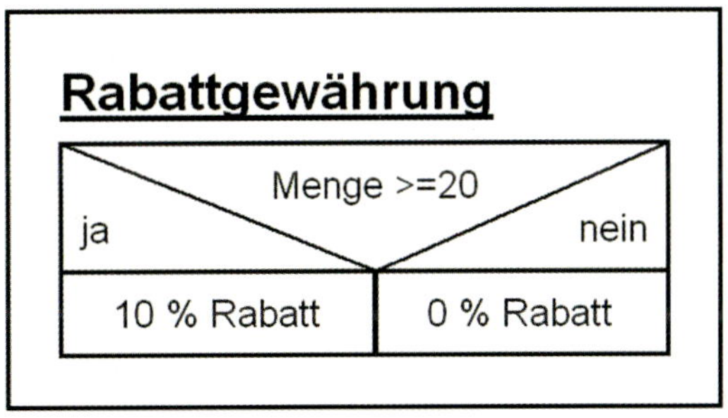

Abbildung 2: *Struktogramm der WENN-Funktion am Beispiel der Rabattgewährung*

Das Tabellenkalkulationsprogramm prüft, ob der jeweilige Artikel in einer Menge von mindestens 20 Stück gekauft wurde. Stehen in der Rechnung zum jeweiligen Artikel weniger als 20 Einheiten, so erhält der Kunde keinen Rabatt. Wenn der Kunde allerdings von dem jeweiligen Artikel mindestens 20 Stück bezogen hat, wird ihm ein Mengenrabatt von 10 % gewährt. Die entsprechende **Prüfung** für die abgebildete Rechnung (siehe Abbildung 3) in Zelle F23 lautet somit: **=WENN(D23>=$A$38;**

Anmerkung:

Ein gemischter Bezug ist hier ausreichend: statt $A$38 ➔ A$38. Im Folgenden wird auf die Unterscheidung von absoluten und gemischten Bezügen nur eingegangen, wenn dies für die Lösung der Problemstellung relevant ist.

Wird diese Prüfung vom Tabellenkalkulationsprogramm als **WAHR** bestätigt, folgt hinter dem ersten Semikolon der dargestellte DANN-**Wert**. Fortführung des obigen Beispiels: =WENN(D23>=$A$38;**$B$38**

Da in diesem Fall die Prüfung allerdings zur Antwort **falsch** führt (denn in Zelle D23 steht die Menge „10“), benötigt das Tabellenkalkulationsprogramm noch die Angabe des sog. **sonst-Wertes**. Dieser wird hinter dem zweiten Semikolon angegeben. Fortführung des obigen Beispiels: =WENN(D23>=$A$38;$B$38;**$B$37**)

> **Anmerkung:**
> Die Zellen A38, B38 und B37 müssen „festgesetzt" bzw. absolut gesetzt werden, damit beim Kopieren der Funktion bei jeder Position im Rechnungsformular die abgebildete Hilfstabelle berücksichtigt wird.

Nachfolgend ist die vollständige Funktion im Ausschnitt der Tabelle Rechnungsformular dargestellt. Die Zeilen 4 bis 18 und 27 bis 31 wurden ausgeblendet.

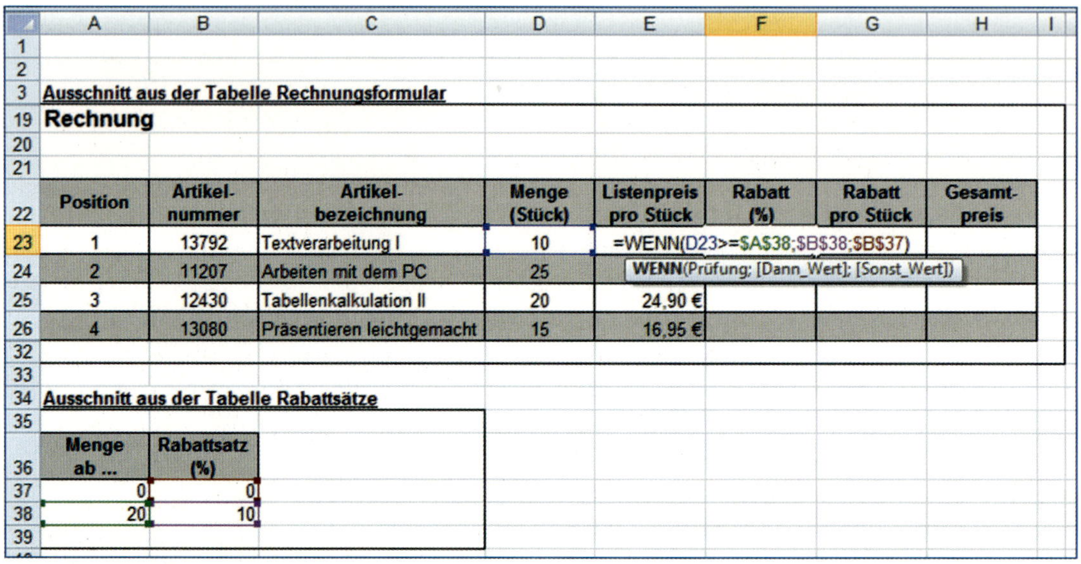

	A	B	C	D	E	F	G	H	I
1									
2									
3	**Ausschnitt aus der Tabelle Rechnungsformular**								
19	**Rechnung**								
20									
21									
22	Position	Artikel-nummer	Artikel-bezeichnung	Menge (Stück)	Listenpreis pro Stück	Rabatt (%)	Rabatt pro Stück	Gesamt-preis	
23	1	13792	Textverarbeitung I	10	=WENN(D23>=$A$38;$B$38;$B$37)				
24	2	11207	Arbeiten mit dem PC	25	WENN(Prüfung; [Dann_Wert]; [Sonst_Wert])				
25	3	12430	Tabellenkalkulation II	20	24,90 €				
26	4	13080	Präsentieren leichtgemacht	15	16,95 €				
32									
33									
34	**Ausschnitt aus der Tabelle Rabattsätze**								
35									
36	Menge ab ...	Rabattsatz (%)							
37	0	0							
38	20	10							
39									

Abbildung 3: *Einführung der WENN-Funktion*

> **Anmerkung:**
> Die folgende Funktion führt **nicht** zum richtigen Ergebnis: =WENN(D23>=$A$37;$B$37;$B$38). Die Prüfung (D23>=$A$37) bedeutet: „Wenn die Menge größer oder gleich 0 ist, dann ...". Alle Mengen (z. B. Position 1 = 10 Stück, Position 4 = 15 Stück usw.) erfüllen diese Bedingung. Für jede Menge wird so kein Rabatt (Rabatt = 0 %) gewährt. Der Grund dafür liegt darin, dass die „Arbeit" der Funktion dann endet, wenn sie eine positive Antwort (WAHR) erhält. Dies ist bei der o. g. Funktion bei 0 und jeder positiven Zahl gegeben.

> **Arbeitsauftrag 1:**
> Stellen Sie die abgebildeten Tabellen in einem Tabellenkalkulationsprogramm dar und tragen Sie die erforderlichen Funktionen ein.

Die WENN-Funktion kann auch mit anderen Funktionen verknüpft werden. Soll in einer Spalte „Anmerkung" (siehe Abbildung 4) die Position bzw. der Artikel mit dem größten Umsatz als „umsatzstärkster Artikel" ausgewiesen werden, muss die WENN-Funktion prüfen, ob der jeweilige Artikel den größten Gesamtpreis aller Artikel aufweist. Ausgangspunkt ist hier wieder die Position 1. Die relevanten Werte sind die Gesamtpreise in den Zellen von H23 bis H26.

Da hier zwei Zustände möglich sind (der Artikel ist der mit dem größten Umsatz **oder** nicht), ist eine WENN-Funktion notwendig. Da der umsatzstärkste Artikel derjenige ist, der den größten Gesamtpreis hat, muss zudem die MAX-**Funktion** verwendet werden.

Die Prüfung in der Zelle I23 lautet somit: **=WENN(H23=MAX($H$23:$H$26);**

> **Anmerkung:**
> Der Zellbereich von H23 bis H26 muss „festgesetzt" bzw. absolut adressiert werden, damit beim Kopieren der Funktion alle Gesamtpreise der jeweiligen Artikel berücksichtigt werden.

Der gewünschte **dann-Wert** muss per Tastatur eingegeben werden. Wenn als **dann-Wert** ein Text ausgegeben werden soll, muss dieser in Anführungszeichen gesetzt werden. Anführungszeichen sind auch notwendig, wenn als Antwort nichts ausgegeben werden soll. Zwei Anführungszeichen ohne Leerzeichen führen zur Ausgabe einer leeren Zelle. Die vollständige Funktion in der Zelle I23 lautet somit:
=WENN(H23=MAX($H$23:$H$26);"umsatzstärkster Artikel";"")

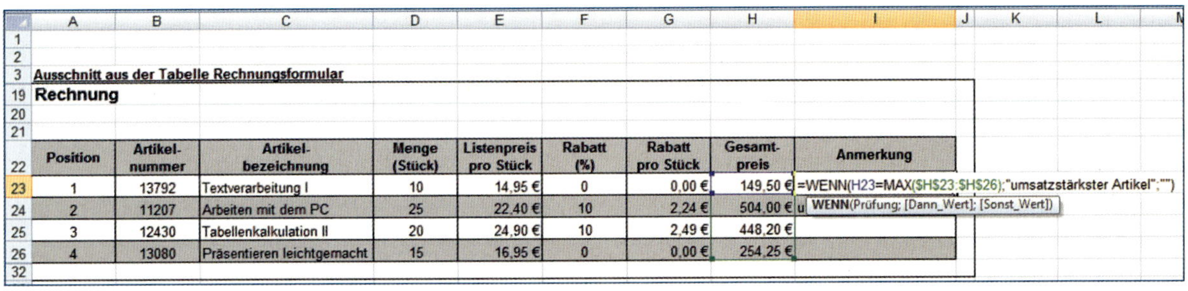

Ausschnitt aus der Tabelle Rechnungsformular

Rechnung

Position	Artikel-nummer	Artikel-bezeichnung	Menge (Stück)	Listenpreis pro Stück	Rabatt (%)	Rabatt pro Stück	Gesamt-preis	Anmerkung
1	13792	Textverarbeitung I	10	14,95 €	0	0,00 €	149,50 €	=WENN(H23=MAX($H$23:$H$26);"umsatzstärkster Artikel";"")
2	11207	Arbeiten mit dem PC	25	22,40 €	10	2,24 €	504,00 €	WENN(Prüfung; [Dann_Wert]; [Sonst_Wert])
3	12430	Tabellenkalkulation II	20	24,90 €	10	2,49 €	448,20 €	
4	13080	Präsentieren leichtgemacht	15	16,95 €	0	0,00 €	254,25 €	

Abbildung 4: *WENN-Funktion in Kombination mit der MAX-Funktion*

> **Arbeitsauftrag 2:**
> Ergänzen Sie die Spalte „Anmerkung" in den Zellen I22 bis I26 und tragen Sie in die Zellen I23 bis I26 die erforderlichen Funktionen ein.

Exkurs: Mathematische Operanden

Häufig treten Probleme bei der Wahl des richtigen mathematischen Zeichens auf, das für die zu erfüllende Aufgabe notwendig ist. Im Folgenden finden Sie einen Überblick über die bedeutendsten Zeichen:

Bedingung:	damit die Bedingung erfüllt ist, muss die Zahl ...	folgende Zahlen erfüllen die Bedingung:
A1 > 10	**größer als** die Zahl 10 sein.	11, 12, 13, ..., 999.999.999
A1 >= 10	entweder **größer als** die Zahl 10 **oder gleich** der Zahl 10 sein.	10, 11, 12, ... , 999.999.999
A1 = 10	**gleich** (identisch mit) der Zahl 10 sein.	10
A1 < 10	**kleiner als** die Zahl 10 sein.	9, 8, 7, ..., -999.999.999
A1 <= 10	entweder **kleiner als** die Zahl 10 **oder gleich** der Zahl 10 sein.	10, 9 , 8, 7, ..., -999.999.999
A1 <> 10	**ungleich** der Zahl 10 sein.	-999.999.999 bis 9,9999999 **bzw.** 10,0000001 bis 999.999.999

4.2 Übungsaufgaben zur WENN-Funktion

4.2.1 Angebotsvergleich 1

Situation:

Frau Helga Pfeiffer aus der Abteilung Beschaffung teilt Ihnen mit, dass ein Flachbettscanner in das Sortiment der Bürodesign GmbH aufgenommen werden soll. Da als mögliche Lieferer mehrere Unternehmen infrage kommen, muss ein Angebotsvergleich durchgeführt werden. Bisher wurden in der Bürodesign GmbH Angebotsvergleiche immer manuell mittels eines Formulars (siehe Abbildung 6: Angebotsvergleich) durchgeführt. Als Auszubildende/r der Bürodesign GmbH erhalten Sie von Frau Pfeiffer den Auftrag, diesen Vorgang mithilfe eines Tabellenkalkulationsprogramms zu automatisieren. Es liegen folgende Angebote vor:

Lieferer	Listeneinkaufspreis in Euro	Rabatt in Prozent	Skonto in Prozent	Lieferzeit in Wochen	Zuverlässigkeit
Bürotec GmbH	120,00	30,0	1,0	2	1
Computec GmbH & Co. KG	112,50	15,0	1,5	4	2
Jansen OHG	117,50	45,0	2,0	4	1
Latex AG	92,50	30,0	0,0	2	3

***Abbildung 5:** Übersicht der Angebote für Angebotsvergleich*

	A/B	C/D	E/F	G/H	I/J
1	Angebotsvergleich				
2					
3	Anbieter	Bürotec GmbH	Computec GmbH & Co. KG	Jansen OHG	Latex AG
4	Artikelbezeichnung	TecScan3000	CT2400	JanSca4001F	LX 90Z
5	Listeneinkaufspreis				
6	- Rabatt				
7	= Zieleinkaufspreis				
8	- Skonto				
9	= Bareinkaufspreis				
10					
11	Lieferzeit (in Wochen)				
12	Zuverlässigkeit				
13					
14	niedrigster Preis				

***Abbildung 6:** Angebotsvergleich*

Arbeitsaufträge:

1. Speichern Sie eine Arbeitsmappe unter dem Namen **Angebotsvergleich_1** ab. Speichern Sie die Datei regelmäßig, um Datenverluste zu vermeiden.
2. Übertragen Sie das Formular einschließlich aller Formatierungen in ein leeres Tabellenblatt. Geben Sie diesem Tabellenblatt den Namen **Ergebnis**.
3. Geben Sie die Daten der vorliegenden Angebote (siehe oben) ein.
4. Ermitteln Sie mithilfe geeigneter Formeln und Funktionen
   a) in Zeile 9 den Bareinkaufspreis pro Lieferer und Artikel,
   b) die Auswertung für die Lieferzeit. Es gilt, dass alle Lieferanten, die innerhalb von zwei Wochen liefern können, in der entsprechenden Zelle (z. B. D11) mit einem „OK" gekennzeichnet werden;

c) die Auswertung für die Zuverlässigkeit. Es gilt, dass alle Lieferanten, deren Zuverlässigkeit bei „1" liegt, mit einem „OK" gekennzeichnet werden. Alle anderen Lieferer bleiben ohne Kennzeichnung;

d) den niedrigsten Preis. Der Lieferer mit dem niedrigsten Preis ist mit einem „X" zu kennzeichnen. Alle anderen Lieferer bleiben ohne Kennzeichnung.

5. Erstellen Sie in einem weiteren Tabellenblatt mit dem Namen **Formeln** die Formelansicht.
6. Fügen Sie unterhalb der Tabelle im Tabellenblatt **Ergebnis** ein Textfeld ein. Entscheiden Sie sich für einen Lieferanten und begründen Sie Ihre Entscheidung mithilfe der berechneten Werte. Formulieren Sie in ganzen Sätzen und achten Sie auf eine gute Ausdrucksweise.
7. Für das Drucklayout gelten folgende Vorgaben:
   a) Die Tabellenblätter sollen im Format DIN A4 quer auf je einer Seite ausgedruckt werden.
   b) In der Fußzeile unten links soll automatisch der Dateiname und in der Fußzeile unten rechts soll Ihr Name ausgewiesen werden.
   c) Beide Tabellenblätter sind mit Zeilen- und Spaltenüberschriften sowie mit Gitternetzlinien auszudrucken.

4.2.2 Lohnberechnung

Situation:

Sie sind im Bereich Personal der Abteilung Verwaltung eingesetzt. Die Bereichsleiterin, Frau Ferl, beauftragt Sie, die monatliche Lohnberechnung für die in der Produktion beschäftigten Arbeitnehmer durchzuführen.

Frau Ferl teilt Ihnen mit, dass sich der Monatslohn der Mitarbeiter aus dem Stückakkord und einer Qualitätsprämie zusammensetzt. Ihre Aufgabe besteht in der Ermittlung des Monatslohns sowie des voraussichtlichen Jahreslohns mithilfe der nachfolgend abgebildeten Tabelle.

	A	B	C	D	E	F	G	H	I
1	Übersicht über den Lohn unserer Mitarbeiter für diesen Monat								
2									
3									
4	Fertigungsmenge ab ... Stück	Lohn pro Stück		fehlerhafte Stückzahl ab ...	Qualitätsprämie pro Monat			Abrechnungs-datum:	
5	0	8,70 €		0	180,00 €				
6	200	9,20 €		5	0,00 €				
7									
8									
9	Mitarbeiter-Nr.	Mitarbeiter-Name	Fertigungsmenge pro Monat	davon waren ... Stück fehlerhaft	Lohn pro Stück	Qualitätsprämie	Gesamtlohn für den aktuellen Monat	voraussichtlicher Jahreslohn	Mitarbeiter mit dem höchsten Monatslohn
10	0012	Albers, Jürgen	208	4					
11	0014	Brahmer, Tanja	196	2					
12	0017	Dinkel, Sabine	224	6					
13	0021	Dietrichs, Bernd	204	3					
14	0022	Ehrmann, Udo	192	1					
15	0024	Franzen, Jasmin	224	5					
16	0027	Gebering, Michael	212	2					
17	0032	Leitz, Manfred	186	1					
18	0035	Nietzke, Anita	204	7					
19	0036	Polling, Elvira	193	2					
20	0039	Quandt, Thorsten	211	4					
21	0041	Wilhelm, Jochen	235	5					
22									
23	Gesamt	-----	-----		-----				
24	Durchschnitt	-----							

Abbildung 7: *Lohnberechnung*

Arbeitsaufträge:

1. Übernehmen Sie die abgebildete Tabelle inklusive aller Werte und Formatierungen in das Tabellenblatt 1 und speichern Sie die Arbeitsmappe unter dem Dateinamen **Lohnberechnung** ab.
2. Ermitteln Sie in der Zelle I4 mithilfe einer Funktion das aktuelle Datum.
3. Ermitteln Sie mithilfe von WENN-Funktionen
   a) den Lohn pro Stück in der Spalte E in Abhängigkeit zur Fertigungsmenge pro Monat,
   b) die Höhe der Qualitätsprämie in der Spalte F in Abhängigkeit zu den Werten in Spalte D.
4. Berechnen Sie mithilfe geeigneter Formeln und Funktionen
   a) in Spalte G den Gesamtlohn für den aktuellen Monat. Berücksichtigen Sie, dass fehlerhafte Produkte nicht vergütet werden;
   b) in Spalte H den voraussichtlichen Jahreslohn.
5. Kennzeichnen Sie unter Verwendung einer WENN-Funktion den Mitarbeiter mit dem höchsten Monatslohn mit einem „X". Die Zellen der übrigen Mitarbeiter sollen leer bleiben.
6. Ermitteln Sie in den Zeilen 23 und 24 mithilfe von geeigneten Funktionen die geforderten Werte. Beachten Sie hierbei, dass die gestrichenen Zellen ohne Berechnung bleiben sollen.
7. Formatieren Sie alle Euro-Werte im Format „Währung" (€) mit zwei Nachkommastellen.
8. Kopieren Sie die Inhalte aus dem Tabellenblatt 1 in das Tabellenblatt 2 und wechseln Sie dort in die Formelansicht.
9. Benennen Sie das Tabellenblatt 1 als **Ergebnis**, Tabellenblatt 2 als **Formeln**.
10. Richten Sie beide Tabellenblätter so ein, dass diese mit **Zeilen- und Spaltenüberschriften** auf jeweils einer Seite im **Querformat** ausgedruckt werden können. Weiterhin sollen beide Tabellenblätter in der Kopfzeile sowohl Ihren **Namen** als auch das **heutige Datum** enthalten.

4.2.3 Gesundheitsbonus

Situation:

Da Sie im Rahmen der Lohnberechnung (siehe Aufgabe 4.2.2) bereits einige Erfahrung gesammelt haben, sollen Sie nun die Gehälter der Mitarbeiter im Monat Januar 02 berechnen.

Als Grundlage dient neben zwei unterschiedlichen Gehaltsklassen noch ein Zuschlag für Mitarbeiter mit geringen Fehlquoten. Diese Gesundheitsprämie wird gemeinsam mit dem Gehalt im Januar des jeweiligen Folgejahres (02) ausgezahlt. Ihre Aufgabe besteht darin, mithilfe der nachfolgenden Tabelle diese Berechnung automatisiert durchzuführen.

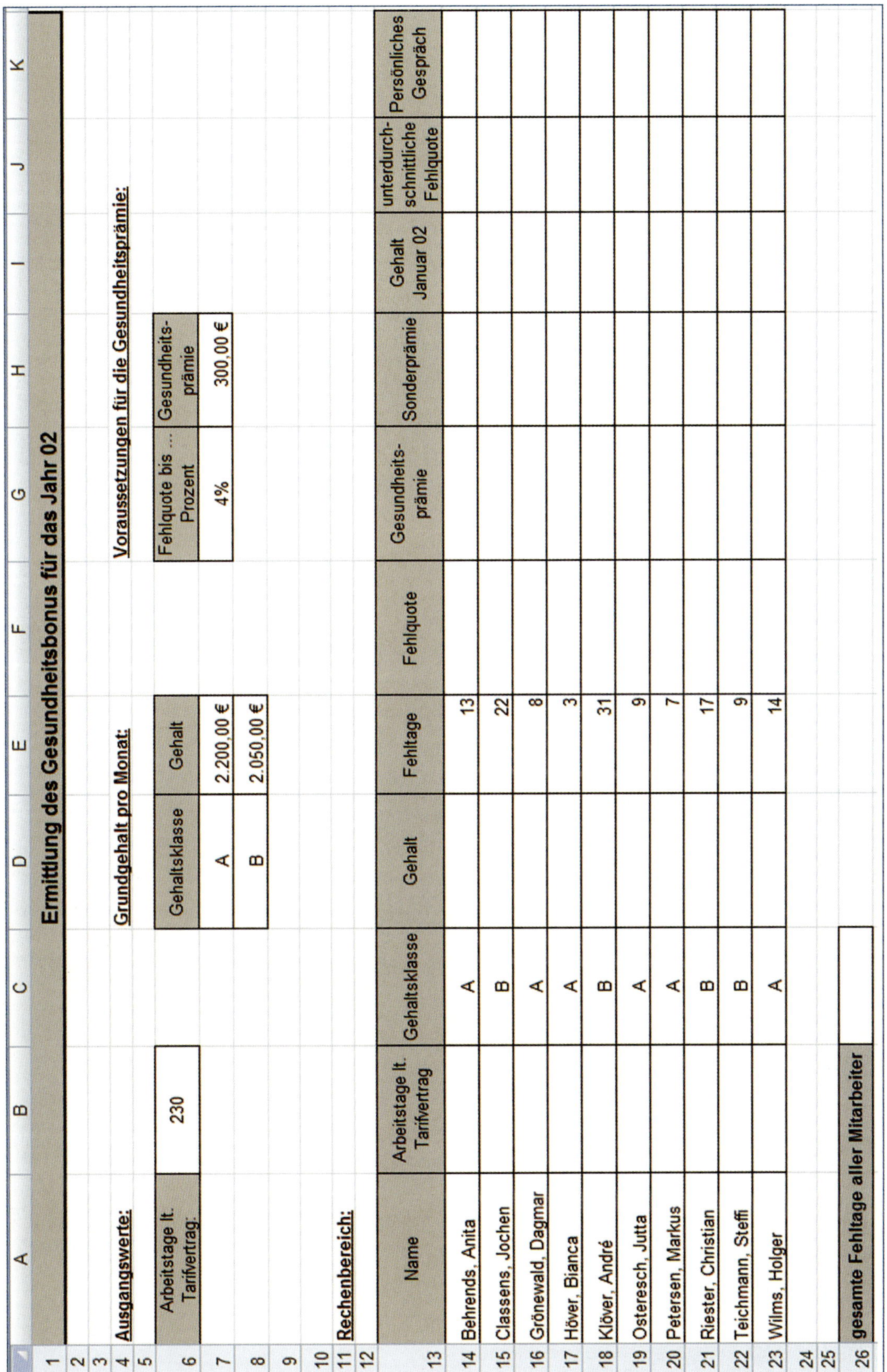

	A	B	C	D	E	F	G	H	I	J	K
1	Ermittlung des Gesundheitsbonus für das Jahr 02										
2											
3											
4	Ausgangswerte:			Grundgehalt pro Monat:			Voraussetzungen für die Gesundheitsprämie:				
5											
6	Arbeitstage lt. Tarifvertrag:	230		Gehaltsklasse	Gehalt		Fehlquote bis ... Prozent	Gesundheits-prämie			
7				A	2.200,00 €		4%	300,00 €			
8				B	2.050,00 €						
9											
10											
11	Rechenbereich:										
12											
13	Name	Arbeitstage lt. Tarifvertrag	Gehaltsklasse	Gehalt	Fehltage	Fehlquote	Gesundheits-prämie	Sonderprämie	Gehalt Januar 02	unterdurch-schnittliche Fehlquote	Persönliches Gespräch
14	Behrends, Anita		A		13						
15	Classens, Jochen		B		22						
16	Grönewald, Dagmar		A		8						
17	Höver, Bianca		A		3						
18	Klöver, André		B		31						
19	Osteresch, Jutta		A		9						
20	Petersen, Markus		A		7						
21	Riester, Christian		B		17						
22	Teichmann, Steffi		B		9						
23	Wilms, Holger		A		14						
24											
25											
26	gesamte Fehltage aller Mitarbeiter										

Abbildung 8: *Gesundheitsbonus*

Web

Logische Funktionen

Arbeitsaufträge:

1. Übernehmen Sie die abgebildete Tabelle inklusive aller Werte und Formatierungen in ein Tabellenblatt und speichern Sie die Arbeitsmappe (Datei) in Ihrem Arbeitsverzeichnis unter dem Namen **Gesundheitsbonus** ab.
2. Speichern Sie Ihre Datei in regelmäßigen Abständen – spätestens jedoch alle fünf Minuten – ab, um Datenverlust zu vermeiden.
3. Benennen Sie das Tabellenblatt 1 als **Ergebnis** und das Tabellenblatt 2 als **Formeln**.
4. Vergeben Sie für die Zellen B6 und H7 sinnvolle Namen und verwenden Sie diese – sofern möglich – in den späteren Formeln und Funktionen.
5. Übernehmen Sie in Spalte B für alle Mitarbeiter per Zellbezug die Arbeitstage, die laut Tarifvertrag pro Jahr zu arbeiten sind.
6. Ermitteln Sie mithilfe von geeigneten Formeln bzw. Funktionen
   a) in der Spalte D das jeweilige Gehalt der Mitarbeiter in EUR,
   b) in der Spalte F die Fehlquote des jeweiligen Mitarbeiters. Die Fehlquote soll als Prozent formatiert mit zwei Nachkommastellen ausgegeben werden;
   c) in der Spalte G die Gesundheitsprämie in EUR. Die Höhe der Prämie hängt von den in den Zellen G6 bis H7 aufgeführten Angaben ab;
   d) in der Spalte H die Sonderprämie in EUR. Die Sonderprämie in Höhe von 500,00 EUR erhält nur der Mitarbeiter, der die kleinste Fehlquote im Jahr 01 hatte. Alle anderen Mitarbeiter erhalten an dieser Stelle keine Zahlung;
   e) in Spalte I die Höhe des Gehaltes in EUR je Mitarbeiter für den Monat Januar 02;
   f) in der Spalte J alle Mitarbeiter, die eine unterdurchschnittliche Fehlquote aufweisen können. Diese Mitarbeiter sollen durch ein „X" gekennzeichnet werden. Die Zellen aller anderen Mitarbeiter sollen leer bleiben;
   g) in der Spalte K den Mitarbeiter, mit dem aufgrund der höchsten Fehlquote der Vorgesetzte ein persönliches Gespräch führen soll. Auch hier soll ein „X" diesen Mitarbeiter kennzeichnen.
7. Ermitteln Sie mithilfe einer geeigneten Funktion in der Zelle C26 die gesamte Anzahl an Fehltagen aller Mitarbeiter für das Jahr 01.
8. Formatieren Sie alle Zellen, in denen Währungsbeträge enthalten sind, im Format „Währung" (€) mit zwei Nachkommastellen.
9. Kopieren Sie den Inhalt des Tabellenblattes **Ergebnis** in das Tabellenblatt **Formeln** und schalten Sie dort in die Formelansicht um. Passen Sie das Tabellenblatt **Formeln** so an, dass alle Formeln und Funktionen vollständig lesbar sind.
10. Richten Sie beide Tabellenblätter so ein, dass diese im **Querformat** ausgedruckt werden können. Die Tabellenblätter sollen neben den **Spalten- und Zeilenüberschriften** auch Ihren **Namen**, **den Dateinamen** und das **heutige Datum** in der Kopfzeile enthalten. Beachten Sie, dass das Tabellenblatt **Formeln** auf 2 Seiten breit ausgedruckt wird.

4.3 Verschachtelte WENN-Funktion

Situation:

Sie sind in die Abteilung Rechnungswesen zurückgekehrt. Herr Taube ist sehr zufrieden mit Ihrer bisherigen Automatisierung des Rechnungsformulars. Die Rabattgewährung soll in Zukunft differenzierter stattfinden, d. h. die Rabattstaffel hat sich erweitert.

Herr Taube teilt Ihnen weiterhin mit, dass bei einer Menge unter 10 Stück kein Mengenrabatt gewährt werden soll. Ab einer Menge von 10 Stück soll ein Rabatt von 10 %, bei Mengen ab 20 Stück ein Rabatt von 15 % gewährt werden. Ihre Aufgabe besteht darin, das Rechnungsformular dahin gehend zu verändern.

Wenn das Tabellenkalkulationsprogramm in Abhängigkeit einer bestimmten Größe (z. B. Abnahmemenge eines Kunden) zwischen **mehr als zwei** verschiedenen Möglichkeiten wählen soll, reicht die Nutzung der einfachen WENN-Funktion nicht mehr aus. In einem solchen Fall kann die Nutzung der **verschachtelten** WENN-**Funktion** zur Lösung des betriebswirtschaftlichen Problems genutzt werden.

Nachfolgend ist der Aufbau der verschachtelten WENN-Funktion in Form eines Struktogramms dargestellt:

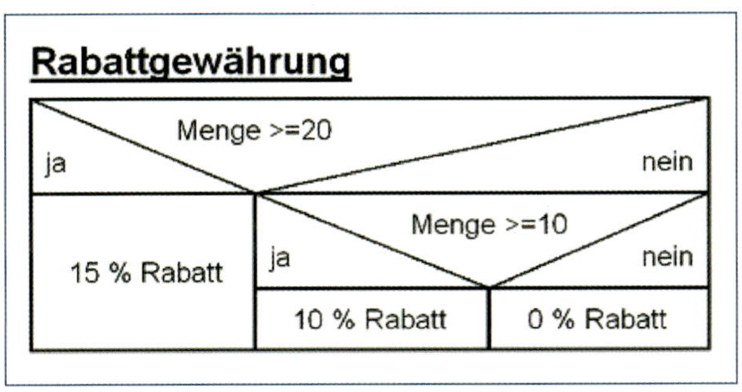

Abbildung 9: *Struktogramm der verschachtelten WENN-Funktion am Beispiel der Rabattgewährung*

Im nachfolgenden Beispiel soll das Tabellenkalkulationsprogramm in den Zellen F23 bis F26 ermitteln, welcher Rabattsatz in Abhängigkeit von der jeweiligen Menge für den jeweiligen Artikel gilt. Für den Artikel mit der Position 1 (Art.-Nr.: 13792) wird aufgrund der Menge von 10 Stück ein Rabattsatz von 10 % gewährt. Zur Lösung des Problems muss zunächst mit der Eingabe der Funktion in der Zelle F23 begonnen werden. Wie aus der „einfachen" WENN-Funktion bekannt, beginnt die Eingabe wie folgt: **=WENN(D23>=$A$39;$B$39;**

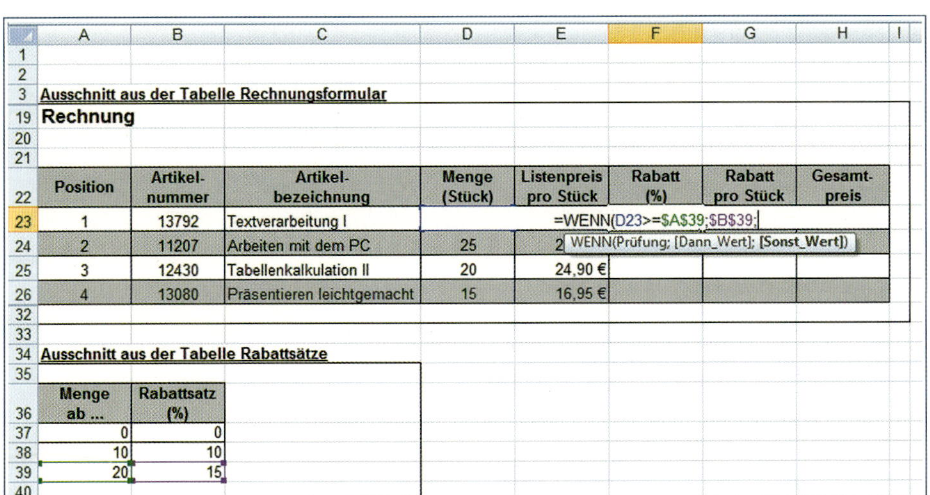

Abbildung 10: *Die verschachtelte WENN-Funktion*

An dieser Stelle führt die Anwendung der „einfachen" WENN-Funktion nicht zum gewünschten Ergebnis. Statt **eines** SONST-Wertes verbleiben in diesem Beispiel noch zwei Möglichkeiten (nämlich 10 % oder 0 %). Bei der Eingabe der Zelle B38 als SONST-Wert würden die Rabattsätze 15 % und 10 % berücksichtigt. Es fehlt allerdings noch der verbleibende **dritte** Wert (0 %). Dieser kann nicht mehr eingetragen werden, da die „einfache" WENN-Funktion durch die Angabe eines DANN-Wertes und eines SONST-Wertes beendet ist.

An dieser Stelle ermöglicht das Tabellenkalkulationsprogramm, nicht nur **eine** Zelle (oder **einen** Wert bzw. Text) als SONST-Wert anzugeben, sondern eine komplett neue WENN-Funktion zu **verschachteln**. Mit dieser **verschachtelten WENN-Funktion** können die noch verbleibenden zwei Möglichkeiten erfasst werden. Die Funktion kann somit wie folgt ergänzt werden:
=WENN(D23>=$A$39;$B$39;**WENN(D23>=$A$38;$B$38;**

Durch den fett hervorgehobenen Teil der WENN-Funktion wurden bereits zwei der drei Möglichkeiten berücksichtigt. Es fehlt nur noch eine Möglichkeit. Der Wert der Zelle B37 kann als SONST-Wert der zweiten WENN-Funktion angehängt werden!
=WENN(D23>=$A$39;$B$39;WENN(D23>=$A$38;$B$38;**$B$37))**
Zu beachten ist abschließend, dass am Ende der Funktion zwei Klammern geschlossen werden müssen, da zuvor zwei Klammern geöffnet worden sind.

Hinweis – häufiger Fehler:

Damit die Funktion zu den richtigen Ergebnissen führt, ist es von großer Bedeutung, in welcher Reihenfolge die Menge geprüft wird. Die folgende Funktion berücksichtigt zwar ebenfalls alle Mengen, kommt aber zu einem falschen Ergebnis:
=WENN(D23>= $A$37 ;$B$37;WENN(D23>=$A$38 ;$B$38 ;$B$39))
=WENN(D23>= 0; 0;WENN(D23>= 10; 10; 15))

Menge

1	2	3	4	5	6	7	8	9	10	11	12	13	14	15	16	17	18	19	20	21	...

Preis pro Erzeugnis

0 [%]	10 [%]	15 [%]	...

Bei Verwendung der oben stehenden Funktion würde auch bei einer Menge von 25 Artikeln die folgende Prüfung erfolgen: =WENN(25>=0; 0; ...

Obwohl festgelegt wurde, dass eine Bestellmenge von 25 Stück zu einem Rabattsatz von 15 % führen soll, würde die WENN-Funktion hier den Rabattsatz von 0 % ausgeben. Der Grund dafür ist, dass die Prüfung (25 größer gleich 0) als wahr betrachtet und so der zugehörige DANN-Wert ausgegeben wird. Bei einer positiven Prüfung wird das zugehörige Ergebnis (DANN-Wert) ausgegeben und an dieser Stelle beendet. Die verbleibenden Bedingungen werden dann nicht mehr „untersucht". Nur wenn die erste zu untersuchende Bedingung zu einer negativen Antwort führt, wird die zweite Bedingung untersucht usw.

Arbeitsauftrag 3:

Stellen Sie die auf Seite 60 abgebildeten Tabellen in einem Tabellenkalkulationsprogramm dar und tragen Sie die erforderlichen Funktionen ein.

4.4 Übungsaufgaben zur verschachtelten WENN-Funktion

4.4.1 Provisionsabrechnung

Situation:

Zurück in der Personalabteilung sollen Sie sich, so Frau Ferl, mit weiteren Entgeltberechnungen beschäftigen. Nun sollen am Ende des Monats Januar – wie jeden Monat – die Provisionsabrechnungen für die Verkaufsmitarbeiter/innen aus der Abteilung Absatz erstellt werden.

Frau Ferl teilt Ihnen mit, dass die Höhe der Provision abhängig von der Höhe des erzielten Umsatzes ist. Ihre Aufgabe ist es, die Provisionsabrechnung mit einem Tabellenkalkulationsprogramm zu automatisieren.

	A	B	C	D	E	F
1	**Provision und Entgelt der Verkaufsmitarbeiter/innen für Januar**					
2						
3	**Fixum**	2.500,00 €				
4						
5	**Mitarbeiter/in**	**Umsatz in Euro**	**anteiliger Umsatz in Prozent**	**Provision in Prozent**	**Provision in Euro**	**Gesamtentgelt in Euro**
6	Grohe	45.000,00				
7	Oberndorf	51.000,00				
8	Üstün	42.000,00				
9	Wutzler	39.000,00				
10	Dose	61.000,00				
11	Feld	54.000,00				
12						
13						
14	**Hilfstabelle**					
15	**Umsatz ab**	**Provision**				
16	40.000,00 €	2,0%				
17	60.000,00 €	3,0%				
18	80.000,00 €	4,0%				

Abbildung 11: *Provisionsabrechnung*

Arbeitsaufträge:

1. Erfassen Sie das oben abgebildete Formular einschließlich aller Formate in einem leeren Tabellenblatt. Geben Sie dem Tabellenblatt den Namen **Ergebnis** und speichern Sie die Mappe unter dem Namen **Provisionsabrechnung** ab. Speichern Sie die Datei regelmäßig, um Datenverluste zu vermeiden.
2. Geben Sie der Zelle B3 den Namen „Fixum" und dem Zellbereich B6 bis B11 den Namen „Umsatz".

3. Ermitteln Sie mithilfe geeigneter Formeln und Funktionen und – sofern möglich – unter Verwendung der Namen
   a) in Spalte C den Umsatzanteil der einzelnen Mitarbeiter am Gesamtumsatz. Formatieren Sie den Wert als „Zahl" mit zwei Nachkommastellen,
   b) in Spalte D die Provision in Prozent. Formatieren Sie den Wert als „Zahl" mit zwei Nachkommastellen,
   c) in Spalte E die Provision in EUR,
   d) in Spalte F das Gesamtentgelt in EUR.
4. Formatieren Sie alle Euro-Beträge als „Zahl" mit zwei Nachkommastellen und „1.000er-Trennzeichen".
5. Erstellen Sie in einem weiteren Tabellenblatt mit dem Namen Formeln die Formelansicht.
6. Für das Drucklayout gelten folgende Vorgaben:
   a) Die Tabellenblätter sollen im Format DIN A4 quer auf je einer Seite ausgedruckt werden.
   b) In der Fußzeile unten links soll automatisch der **Dateiname**, in der Fußzeile unten rechts soll Ihr **Name** und in der Mitte **das aktuelle Datum** ausgewiesen werden.
   c) Beide Tabellenblätter sind mit **Zeilen- und Spaltenüberschriften** sowie mit **Gitternetzlinien** auszudrucken.

4.4.2 Wochenlohn

Situation:

Frau Ferl teilt Ihnen mit, dass einige Mitarbeiter aus der Abteilung Produktion zusätzlich zur jeweiligen Entgeltberechnung wöchentlich über den erarbeiteten Wochenlohn informiert werden sollen.

Dieser Wochenlohn setzt sich neben dem Stückakkord auch aus einer Qualitätsprämie zusammen. Ihre Aufgabe ist es, den Wochenlohn sowie den voraussichtlichen Monatslohns mithilfe der nachstehend abgebildeten Tabelle automatisiert auszugeben.

	A	B	C	D	E	F	G	H	I
1	**Übersicht über den Lohn unserer Mitarbeiter für diese Woche**								
2									
3									
4	Fertigungsmenge ab ... Stück	Lohn pro Stück		fehlerhafte Stückzahl ab ...	Qualitätsprämie pro Woche		Datum/Uhrzeit:		
5	0	8,70 €		0	80,00 €				
6	30	9,20 €		3	30,00 €				
7	50	9,70 €		5	0,00 €				
8									
9									
10	Mitarbeiter-Nr.	Mitarbeiter-Name	Fertigungsmenge pro Woche	davon waren ... Stück fehlerhaft	Lohn pro Stück	Qualitätsprämie	Gesamtlohn für die aktuelle Woche	voraussichtlicher Monatslohn	Mitarbeiter mit überdurchschnittlichen Wochenlohn
11	0017		52	3					
12	0012		47	1					
13	0014		56	5					
14									
15									
16	Mitarbeiter-Nr.	Mitarbeiter-Name							
17	0012	Albers, Jürgen							
18	0014	Brahmer, Tanja							
19	0017	Dinkel, Sabine							

Abbildung 12: *Wochenlohn*

Arbeitsaufträge:

1. Übernehmen Sie zunächst die Tabelle inklusive aller Werte und Formatierungen in das Tabellenblatt 1, geben Sie dem Tabellenblatt den Namen **Ergebnis** und speichern Sie die Arbeitsmappe unter dem Namen **Wochenlohn**.
2. Speichern Sie in regelmäßigen Abständen Ihre Ergebnisse ab – spätestens jedoch alle fünf Minuten –, um sich so vor Datenverlust zu schützen.
3. Ermitteln Sie in der Zelle H4 mithilfe einer geeigneten Funktion das aktuelle Datum sowie die aktuelle Uhrzeit.
4. Ermitteln Sie mithilfe von verschachtelten WENN-Funktionen
   a) den jeweiligen Mitarbeiter-Namen in der Spalte B. Bei fehlerhafter Eingabe einer Mitarbeiter-Nr. soll der Hinweis „Fehleingabe" erfolgen;
   b) den Lohn pro Stück in der Spalte E;
   c) die Höhe der Qualitätsprämie in der Spalte F.
5. Berechnen Sie mithilfe geeigneter Formeln und Funktionen
   a) in Spalte G den Gesamtlohn (inklusive Qualitätsprämie) für die aktuelle Woche. Hierbei ist zu beachten, dass fehlerhafte Erzeugnisse nicht vergütet werden;
   b) in Spalte H den voraussichtlichen Monatslohn.
6. Kennzeichnen Sie unter Verwendung einer WENN-Funktion die Mitarbeiter mit einem überdurchschnittlichen Wochenlohn. Diese sollen jeweils durch ein „X" gekennzeichnet werden. Die Zellen der übrigen Mitarbeiter sollen leer bleiben.
7. Formatieren Sie alle Euro-Werte im Format „Währung" (€) mit zwei Nachkommastellen.
8. Kopieren Sie die Inhalte aus dem Tabellenblatt 1 in das Tabellenblatt 2 und wechseln Sie dort in die Formelansicht.
9. Benennen Sie das Tabellenblatt 2 als **Formeln**.
10. Richten Sie beide Tabellenblätter so ein, dass diese mit **Zeilen- und Spaltenüberschriften** auf jeweils einer Seite im **Querformat** ausgedruckt werden können. Weiterhin sollen beide Tabellenblätter in der Kopfzeile Ihren **Namen, den Dateinamen** und das **heutige Datum** enthalten.

4.4.3 Jubiläumsprämie

Situation:

Die Geschäftsführer der Bürodesign GmbH, Frau Schmitz und Herr Marlies, möchten ihren Mitarbeitern anlässlich des 20-jährigen Unternehmensjubiläums eine Prämie zukommen lassen. Sie sollen Frau Ferl bei der Berechnung der Prämie unterstützen.

Für die Verteilung der Prämie sollen verschiedene Verteilungsschlüssel angewendet werden. Alle Mitarbeiter erhalten zunächst eine Prämie in Abhängigkeit von der Dauer ihrer Betriebszugehörigkeit. Weiterhin sollen alle Mitarbeiter, die seit mindestens 10 Jahren dem Unternehmen angehören, eine Treueprämie in Höhe von 1.200,00 EUR erhalten. Zusätzlich will die Geschäftsleitung noch eine Sonderprämie in Höhe von 42.000,00 EUR auf alle Mitarbeiter im Verhältnis der Jahre ihrer Betriebszugehörigkeit verteilen.

Ihre Aufgabe ist es, die Jubiläumsprämie mithilfe der nachfolgenden Tabellen auf die Mitarbeiter zu verteilen.

	A	B	C	D	E	F	G
1	**Ermittlung der Jubiläumsprämie**						
2							
3							
4	**Eingabetabelle**				**Hilfstabellen**		
5							
6	Name	Betriebszugehörigkeit in Jahren	Monatsgehalt		Betriebszugehörigkeit ab ... Jahren	Prämie auf Monatsgehalt	
7	Bauersfeld	14	2.600,00 €		0	0%	
8	Dietrich	3	2.950,00 €		3	3%	
9	Fahrenholz	7	3.100,00 €		5	5%	
10	Hellmers	16	4.200,00 €		10	10%	
11	Hoppenstedt	24	3.800,00 €		15	15%	
12	Meyer	6	2.300,00 €				
13	Schultze	10	3.200,00 €		Treueprämie	1.200,00 €	
14					Sonderprämie	42.000,00 €	
15					Mindestzugehörigkeit in Jahren	10	
16							
17							
18	**Ausgabetabelle**						
19							
20	Name	Betriebszugehörigkeit in Jahren	Prämie	Treueprämie	Verteilung der Sonderprämie	Gesamtprämie	Verteilung der Prämie
21							
22							
23							
24							
25							
26							
27							
28							
29	Summe						
30	Durchschnitt						

Abbildung 13: *Jubiläumsprämie*

Arbeitsaufträge:

1. Übernehmen Sie die abgebildete Tabelle inklusive aller Werte und Formatierungen in Ihr Tabellenblatt 1. Benennen Sie das Tabellenblatt als **Ergebnis**. Speichern Sie die Arbeitsmappe unter dem Namen **Jubiläumsprämie**.
2. Vergeben Sie den Zellen F13 bis F15 sinnvolle Namen, die Sie – sofern möglich – in den folgenden Funktionen und Formeln verwenden.
3. Übernehmen Sie im Bereich Ausgabetabelle durch Zellbezug zum Bereich Eingabetabelle die Namen der Mitarbeiter sowie die Betriebszugehörigkeit in Jahren.
4. Ermitteln Sie mithilfe von geeigneten Formeln und Funktionen
   a) die von der Dauer der Betriebszugehörigkeit abhängende Prämie in EUR,
   b) die Treueprämie in EUR, die allen Mitarbeitern gewährt wird, die seit mindestens 10 Jahren dem Unternehmen angehören,
   c) die Höhe der Sonderprämie in EUR je Mitarbeiter. Diese Prämie in der Gesamthöhe von 42.000,00 EUR soll im Verhältnis der Jahre der Betriebszugehörigkeit auf die Mitarbeiter verteilt werden,
   d) in Zelle B30 den Durchschnitt der Betriebszugehörigkeit,
   e) die Summe und den Durchschnitt der in den Spalten C bis F ermittelten Werte,
   f) die prozentuale Verteilung der insgesamt an die Mitarbeiter ausgezahlten Prämien je Mitarbeiter. Formatieren Sie dieses Ergebnis als Prozentzahlen und geben Sie dieses mit zwei Stellen nach dem Komma aus,
   g) die Summe und den Durchschnitt der in der Spalte G ermittelten Werte.
5. Formatieren Sie alle Euro-Werte im Format „Währung“ (€) mit zwei Nachkommastellen.

6. Kopieren Sie den Inhalt des Tabellenblattes **Ergebnis** in das Tabellenblatt 2 und benennen Sie dieses als Formeln. Wechseln Sie im Tabellenblatt **Formeln** in die Formelansicht und achten Sie darauf, dass alle Funktionen und Formeln vollständig lesbar sind.
7. Richten Sie beide Tabellenblätter so ein, dass diese im **Querformat** (Tabellenblatt Ergebnis auf einer, Formeln auf zwei Seiten) ausgedruckt werden können. In der Kopfzeile soll jeweils Ihr **Name**, der **Dateiname** und das **aktuelle Datum** erscheinen. Weiterhin sollen beide Tabellen mit **Zeilen- und Spaltenüberschriften** ausgedruckt werden.

4.5 WENN-UND-Funktion und WENN-ODER-Funktion

4.5.1 WENN-UND-Funktion

Situation:

Nach dem mehrwöchigen Aufenthalt im Personalbereich sind Sie wieder in der Abteilung Rechnungswesen eingesetzt, da Herr Taube nochmals Ihre Unterstützung benötigt.

Die Automatisierung des Rechnungsformulars soll nochmals verändert werden. Der Mengenrabatt soll zukünftig nur dem Kunden „Leondörfler GmbH" (Kundennummer: 1008) gewährt werden. Dieser soll bei einer Menge ab 15 Stück einen Rabatt in Höhe von 10 % erhalten.

Bisher wurden betriebswirtschaftliche Problemstellungen mithilfe der WENN-Funktion bzw. der verschachtelten WENN-Funktion gelöst. Dabei musste nur jeweils eine Bedingung erfüllt werden (z. B. Menge >= 10), um einen entsprechenden DANN-Wert auszugeben. Es existieren allerdings auch Problemstellungen, bei denen mindestens zwei Bedingungen erfüllt sein müssen, um einen entsprechenden DANN-Wert auszugeben. Hier führt die Verwendung einer einfachen oder verschachtelten WENN-Funktion nicht zum gewünschten Erfolg, da diese Funktion nur **eine** Prüfung durchführen kann.
Zur Lösung des Problems muss die WENN-UND-**Funktion** genutzt werden. In der o. g. Situation müssen zwei Bedingungen (Wahrheitswerte) erfüllt werden, damit ein Rabatt gewährt wird. Bezogen auf das Rechnungsformular (siehe Abbildung 15) muss der Kunde die Kundennummer 1008 besitzen **und** die Menge einer Position muss größer oder gleich 15 Stück sein. Die WENN-UND-Funktion hat die folgende Syntax:
=WENN(UND(WAHRHEITSWERT1;WAHRHEITSWERT2;...**);DANN-Wert;SONST-Wert)**

Nachfolgend ist der Aufbau der WENN-UND-Funktion in Form eines Struktogramms dargestellt:

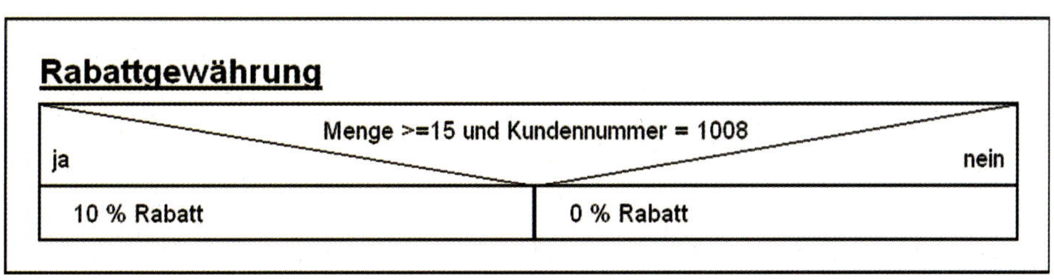

Abbildung 14: *Struktogramm der WENN-UND-Funktion am Beispiel der Rabattgewährung*

In dieser Funktion wird der DANN-Wert nur ausgegeben, wenn alle zuvor aufgestellten Bedingungen erfüllt bzw. Prüfungen als wahr beantwortet worden sind. Trifft nur eine (oder keine) Bedingung zu, wird der SONST-Wert ausgegeben. So wird beispielsweise für den Artikel „Textverarbeitung I" (siehe Abb. 15 Zeile 23) kein Rabatt gewährt. Der Kunde besitzt zwar die Kundennummer 1008 (siehe Zelle H15), die Menge 10 in Zelle D23 ist allerdings kleiner als 15. Die Bedingung ist nicht erfüllt, sodass der SONST-Wert ausgegeben wird. Die Funktion wird im Folgenden dargestellt:

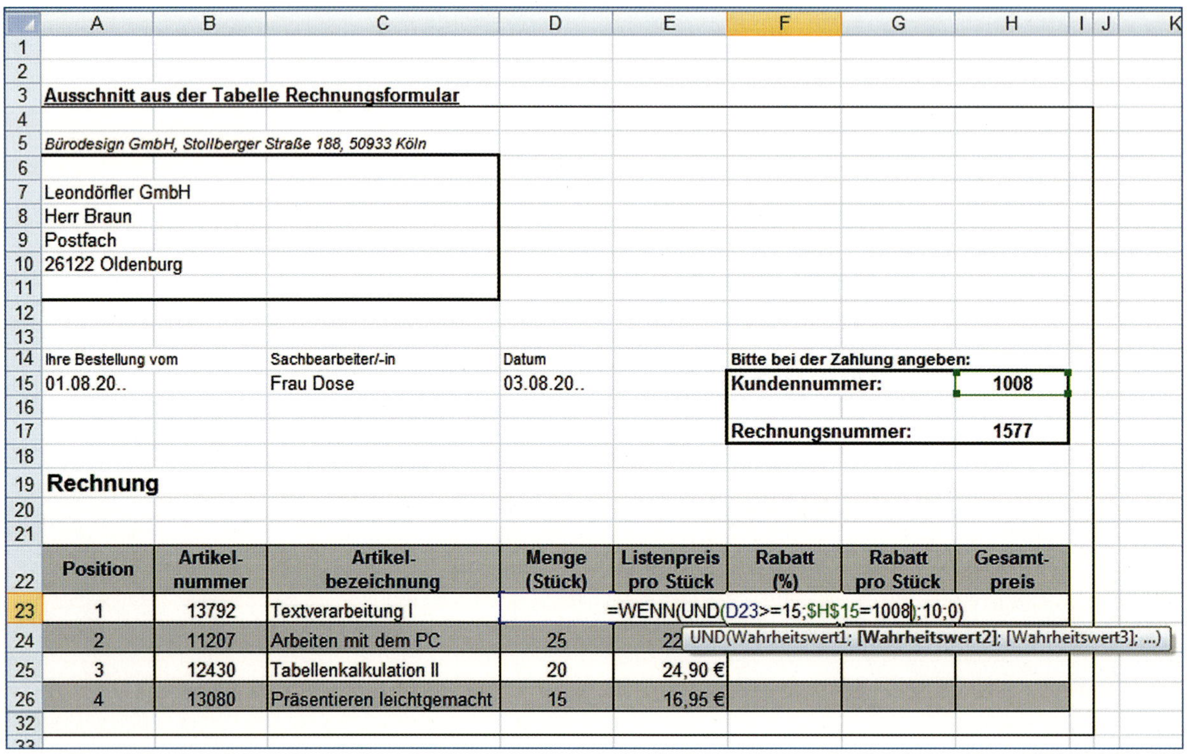

Abbildung 15: *Die WENN-UND-Funktion*

Anmerkung:

Die Zelle H15 muss absolut adressiert werden, damit nach dem logischen Kopieren auch in den darunter liegenden Zeilen 24 bis 26 der Bezug richtig gesetzt ist. Zu beachten ist weiterhin, dass die sich öffnende Klammer hinter dem UND anzeigt, dass an dieser Stelle die Prüfung der Wahrheitswerte beginnt. D. h. die Bedingungen (hier Kundennummer = 1008 und Menge > = 15) werden geprüft, ob sie wahr sind. Damit das Tabellenkalkulationsprogramm zwischen der Prüfung der Wahrheitswerte und dem auszugebenden DANN-Wert unterscheiden kann, muss hinter der letzten Prüfung des Wahrheitswertes (der letzten Bedingung) die Klammer wieder geschlossen werden.

Nach dem Kopieren der vorgenannten Funktion ergibt sich das folgende Resultat:

	A	B	C	D	E	F	G	H	I
1									
2									
3	Ausschnitt aus der Tabelle Rechnungsformular								
4									
5	*Bürodesign GmbH, Stollberger Straße 188, 50933 Köln*								
6									
7	Leondörfler GmbH								
8	Herr Braun								
9	Postfach								
10	26122 Oldenburg								
11									
12									
13									
14	Ihre Bestellung vom		Sachbearbeiter/-in	Datum		**Bitte bei der Zahlung angeben:**			
15	01.08.20..		Frau Dose	03.08.20..		**Kundennummer:**		**1008**	
16									
17						**Rechnungsnummer:**		**1577**	
18									
19	**Rechnung**								
20									
21									
22	**Position**	**Artikel-nummer**	**Artikel-bezeichnung**	**Menge (Stück)**	**Listenpreis pro Stück**	**Rabatt (%)**	**Rabatt pro Stück**	**Gesamt-preis**	
23	1	13792	Textverarbeitung I	10	14,95 €	0			
24	2	11207	Arbeiten mit dem PC	25	22,40 €	10			
25	3	12430	Tabellenkalkulation II	20	24,90 €	10			
26	4	13080	Präsentieren leichtgemacht	15	16,95 €	10			
32									

Abbildung 16: *Die WENN-UND-Funktion (Lösung)*

Arbeitsauftrag 4:

1. Stellen Sie die abgebildete Tabelle in einem Tabellenkalkulationsprogramm dar und tragen Sie die erforderlichen Funktionen ein.
2. Testen Sie Ihre automatisierte Rechnung, indem Sie in die Zelle H15 eine andere Kundennummer eingeben.

4.5.2 WENN-ODER-Funktion

Situation:

Nach dem Einsatz des zuvor erstellten Rechnungsformulars (siehe Kapitel 4.5.1) haben sich mehrere Kunden beschwert und einen Mengenrabatt von 10 % bei Mengen über 15 Stück pro Artikel gefordert. Die Leondörfler GmbH fordert aufgrund der langjährigen Geschäftsbeziehungen generell einen Rabatt von 10 %. Herr Taube möchte, nach Rücksprache mit der Geschäftsleitung, diesen Kundenwünschen entsprechen.

Der Leondörfler GmbH soll immer ein Rabatt in Höhe von 10 % gewährt werden. Alle anderen Kunden sollen nur bei einer Menge ab 15 Stück einen Mengenrabatt von 10 % erhalten.

Im Gegensatz zur WENN-UND-Funktion kommt die **WENN-ODER-Funktion** dann zum Einsatz, wenn lediglich **eine** der Bedingungen (Wahrheitswerte) zutreffen muss, um den DANN-Wert auszugeben. Bezogen auf die Situation bedeutet dies, dass der Kunde entweder die Kundennummer 1008 besitzen muss **oder** ein anderer Kunde Mengen ab 15 Stück gekauft haben muss, um einen Rabatt in Höhe von 10 % zu erhalten.

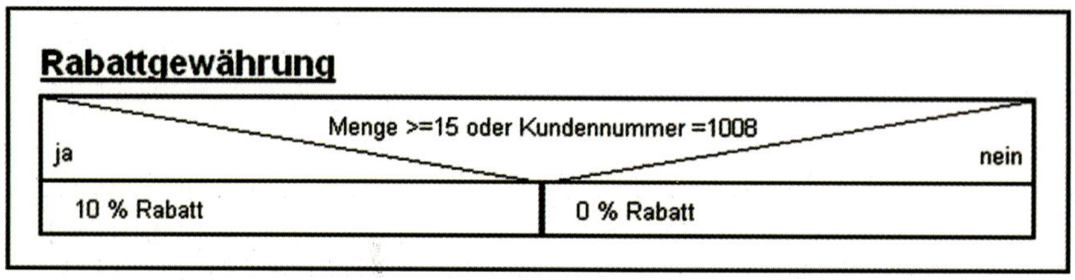

Abbildung 17: *Struktogramm der WENN-ODER-Funktion am Beispiel der Rabattgewährung*

Die Syntax der WENN-ODER-Funktion lautet:
=WENN(ODER(WAHRHEITSWERT1;WAHRHEITSWERT2;...**);DANN-Wert;SONST-Wert)**

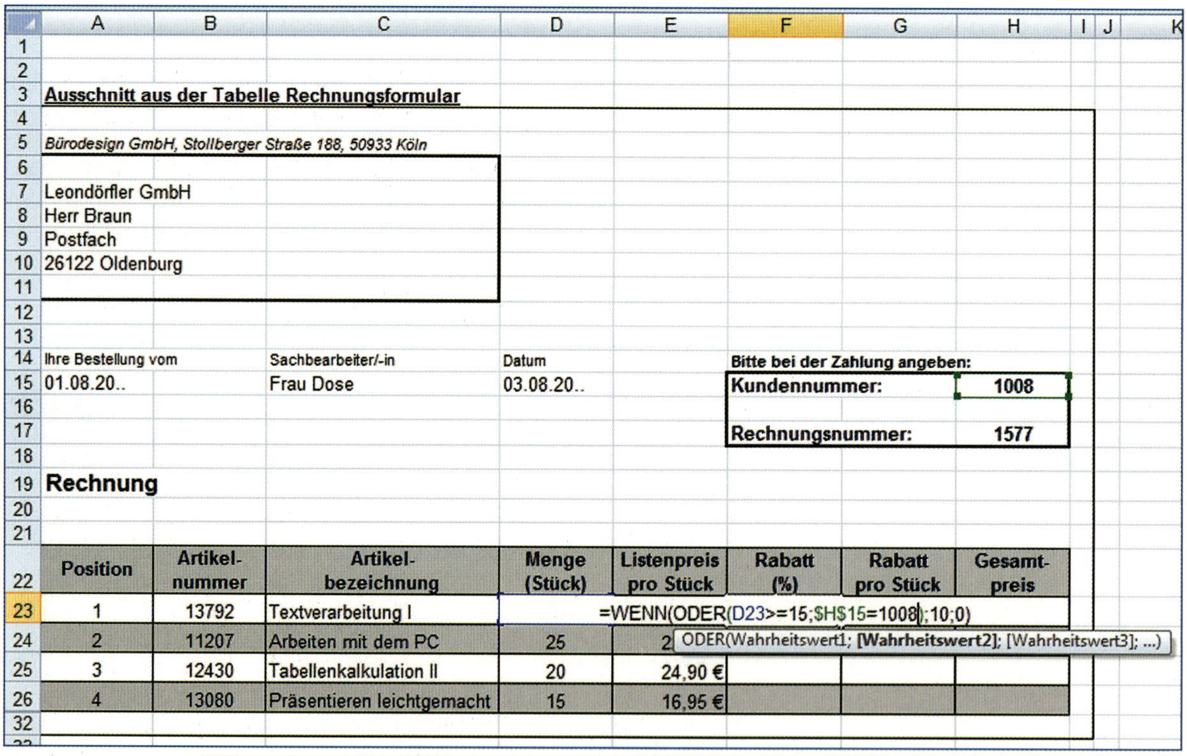

	A	B	C	D	E	F	G	H
1								
2								
3	Ausschnitt aus der Tabelle Rechnungsformular							
4								
5	Bürodesign GmbH, Stollberger Straße 188, 50933 Köln							
6								
7	Leondörfler GmbH							
8	Herr Braun							
9	Postfach							
10	26122 Oldenburg							
11								
12								
13								
14	Ihre Bestellung vom		Sachbearbeiter/-in	Datum		Bitte bei der Zahlung angeben:		
15	01.08.20..		Frau Dose	03.08.20..		Kundennummer:		1008
16								
17						Rechnungsnummer:		1577
18								
19	Rechnung							
20								
21								
22	Position	Artikel-nummer	Artikel-bezeichnung	Menge (Stück)	Listenpreis pro Stück	Rabatt (%)	Rabatt pro Stück	Gesamt-preis
23	1	13792	Textverarbeitung I	=WENN(ODER(D23>=15;$H$15=1008);10;0)				
24	2	11207	Arbeiten mit dem PC	25	2	ODER(Wahrheitswert1; **[Wahrheitswert2]**; [Wahrheitswert3]; ...)		
25	3	12430	Tabellenkalkulation II	20	24,90 €			
26	4	13080	Präsentieren leichtgemacht	15	16,95 €			
32								

Abbildung 18: *Die WENN-ODER-Funktion*

Arbeitsauftrag 5:

1. Stellen Sie die abgebildete Tabelle in einem Tabellenkalkulationsprogramm dar und tragen Sie die erforderlichen Funktionen ein.
2. Testen Sie Ihre automatisierte Rechnung.

4.6 Übungsaufgaben zur WENN-UND- und WENN-ODER-Funktion

4.6.1 Angebotsvergleich 2

Situation:

Vorübergehend in der Abteilung Beschaffung eingesetzt, stoßen Sie nochmals auf die neu in das Sortiment der Bürodesign GmbH aufzunehmenden Flachbettscanner (siehe Aufgabe 4.2.1 Angebotsvergleich 1).

Der bereits durchgeführte Angebotsvergleich reicht Frau Evert nicht aus. Es sollen noch weitere Entscheidungshilfen zum bisherigen Angebotsvergleich hinzugefügt werden. Sie erhalten von Frau Evert den Auftrag, diesen Vorgang mithilfe eines Tabellenkalkulationsprogramms zu automatisieren.

Web

Arbeitsaufträge:

1. Starten Sie das Tabellenkalkulationsprogramm und öffnen Sie die Datei **Angebotsvergleich_1** (siehe Aufgabe 4.2.1 Angebotsvergleich 1) und speichern Sie die Datei unter dem Namen **Angebotsvergleich_2** ab.
2. Erweitern Sie die Tabelle durch folgende Zeilen:

	A	B	C	D	E	F	G	H	I	J
15	Entscheidungshilfe 1									
16	Entscheidungshilfe 2									

***Abbildung 19:** Angebotsvergleich 2*

3. Ermitteln Sie die Entscheidungshilfen unter Verwendung geeigneter Funktionen nach folgenden Vorgaben:
   a) In den entsprechenden Zellen der Entscheidungshilfe 1 soll ein „X" ausgegeben werden, wenn eine der folgenden Bedingungen zutrifft: Bareinkaufspreis kleiner als 90,00 EUR, Lieferzeit nicht länger als zwei Wochen, Zuverlässigkeit mindestens 1.
   b) In den entsprechenden Zellen der Entscheidungshilfe 2 soll ein „X" ausgegeben werden, wenn der Bareinkaufspreis nicht dem höchsten Bareinkaufspreis entspricht. Darüber hinaus darf die Lieferzeit zwei Wochen nicht überschreiten und die Zuverlässigkeit muss mit 1 bewertet worden sein.
4. Fügen Sie unterhalb der Tabelle im Tabellenblatt Ergebnis ein Textfeld ein. Entscheiden Sie sich für einen Lieferanten und begründen Sie Ihre Entscheidung mithilfe der berechneten Werte. Formulieren Sie in ganzen Sätzen und achten Sie auf eine gute Ausdrucksweise.
5. Erstellen Sie in einem weiteren Tabellenblatt mit dem Namen **Formeln** die Formelansicht.
6. Für das Drucklayout gelten folgende Vorgaben:
   a) Beide Tabellenblätter sollen im Format DIN A4 quer auf je **einer Seite** ausgedruckt werden.
   b) In der Fußzeile unten links soll automatisch der **Dateiname**, in der Mitte **das aktuelle Datum** und in der Fußzeile unten rechts soll Ihr **Name** ausgewiesen werden.
   c) Beide Tabellenblätter sind mit **Zeilen- und Spaltenüberschriften** sowie mit **Gitternetzlinien** auszudrucken.

4.6.2 Produktanalyse

Situation:

Sie sind momentan bei Frau Seiler (Assistentin der Geschäftsführung) eingesetzt. Frau Seiler möchte zum Jahresende eine Analyse der Produkte vornehmen. In Abhängigkeit vom prozentualen Umsatzanteil, von der Umsatzentwicklung im Vergleich zum Vorjahr und vom Umsatz soll eine Empfehlung zum Auslisten eines Produktes ausgegeben werden.

	A	B	C	D	E	F	G
1	Produktanalyse						
2							
3							
4	Art.-Nr.	Artikelbezeichnung	Umsätze im aktuellen Jahr	Umsatzanteil am Gesamtumsatz	Veränderung zum Vorjahr	Umsätze des Vorjahes	Pro auslis
5	A22	Notebook	125.000,00 €		2,0%		
6	A24	Laserdrucker	540.000,00 €		3,0%		
7	A25	Beamer	200.000,00 €		2,5%		
8	B10	OHP	654.000,00 €		-8,0%		
9	B15	Kopiergerät	300.000,00 €		-6,0%		
10	11P65	Besucherstuhl STAPLER	510.000,00 €		5,0%		
11	54P98	Konferenztisch LOGO	547.000,00 €		4,5%		
12	30P94	Druckertisch EURATIO	568.000,00 €		-4,0%		
13	10235	Das Office Buch	98.000,00 €		5,5%		
14	10683	Tabellekalkulation I	26.000,00 €		2,0%		
15	11207	Arbeiten mit dem PC	26.000,00 €		5,0%		
16	11874	Internet für Anfänger	29.000,00 €		1,0%		
17	12430	Tabellekalkulation II	34.000,00 €		-5,0%		
18	13080	Präsentieren leicht gemacht	35.000,00 €		3,0%		
19	13792	Textverarbeitung I	98.000,00 €		2,0%		
20	14257	Textverarbeitung II	68.000,00 €		5,0%		

Abbildung 20: *Produktanalyse*

Arbeitsaufträge:

1. Erfassen Sie das abgebildete Formular einschließlich aller Formate in einem neuen Tabellenblatt. Geben Sie dem Tabellenblatt den Namen **Ergebnis** und speichern Sie die Arbeitsmappe unter dem Namen **Produktanalyse** ab. Speichern Sie die Datei regelmäßig, um Datenverluste zu vermeiden.
2. Ermitteln Sie mithilfe geeigneter Funktionen
   a) in Spalte D den Umsatzanteil am Gesamtumsatz. Formatieren Sie die Werte als Prozentzahl mit zwei Nachkommastellen.
   b) in Spalte F den Umsatz des Vorjahres in Euro. Formatieren Sie die Währungsbeträge im Format „Währung" (€) mit zwei Nachkommastellen.
   c) in Spalte G den Vorschlag für das Auslisten eines Produktes. Dies soll durch ein „X" ausgegeben werden, wenn der Umsatzanteil am Gesamtumsatz kleiner als 1,0 % ist, die Umsatzveränderung zum Vorjahr kleiner als 5,0 % ist und der Umsatz des aktuellen Jahres nicht größer oder gleich 100.000,00 € ist.
3. Erstellen Sie in einem weiteren Tabellenblatt mit dem Namen **Formeln** die Formelansicht.
4. Für das Drucklayout gelten folgende Vorgaben:
   a) Die Tabellenblätter sollen im Format DIN A4 quer auf je **einer Seite** ausgedruckt werden.
   b) In der Kopfzeile links soll automatisch der **Dateiname**, in der Mitte **das aktuelle Datum** und rechts Ihr **Name** ausgewiesen werden.
   c) Beide Tabellenblätter sind mit **Zeilen- und Spaltenüberschriften** und **Gitternetzlinien** auszudrucken.

4.6.3 Werbegeschenke

Situation:

Sie sind zurzeit in der Abteilung Absatz eingesetzt. Herr Zwock aus dem Bereich Marketing möchte zum Jahresende eine Auswertung der Jahresumsätze für die Zusendung der Werbegeschenke vornehmen.

Herr Zwock teilt Ihnen mit, dass die Art des Geschenks von verschiedenen Faktoren abhängt. Um sich die Arbeit zu vereinfachen, entschließen Sie sich, die Auswertung mithilfe eines Tabellenkalkulationsprogramms durchzuführen.

	A	B	C	D	E	F	G	H
1	Kundenwerbegeschenke							
2								
3	Kunde	Kunde seit	Umsatz in Euro	Zahlungs-moral	Werbegeschenk			
4					JuiceMaxx	Tischuhr	Mini-Radio	Zettelbox
5	Stadtverwaltung Leipzig	1975	335.000,00	sehr gut				
6	Klöckner-Müller Elektronik AG	2005	115.000,00	gut				
7	Herstadt Warenhaus GmbH	1969	225.000,00	gut				
8	Krankenhaus Leipzig GmbH	1999	45.000,00	gut				
9	Modellux GmbH & Co. KG	1974	68.000,00	ausreichend				
10	Martina van den Bosch	1957	35.000,00	sehr gut				
11	Bürofachgeschäft	1983	107.000,00	gut				
12	Klaus Oswald KG	2001	35.000,00	befriedigend				

Abbildung 21: *Werbegeschenke*

Arbeitsaufträge:

1. Erfassen Sie das abgebildete Formular einschließlich aller Formate in einem neuen Tabellenblatt. Geben Sie dem Tabellenblatt den Namen **Ergebnis** und speichern Sie die Arbeitsmappe unter dem Namen **Werbegeschenke** ab. Speichern Sie die Datei regelmäßig, um Datenverluste zu vermeiden.
2. Ermitteln Sie mithilfe geeigneter Funktionen das entsprechende Werbegeschenk für den jeweiligen Kunden nach folgenden Vorgaben. Dieser Kunde soll mit einem „X" gekennzeichnet werden.
   a) Den JuiceMaxx bekommen alle Kunden, die mindestens seit 1975 bei uns Kunde sind, einen Umsatz von mindestens 250.000,00 EUR erzielt haben und deren Zahlungsmoral mit „sehr gut" bewertet wurde.
   b) Die Tischuhr bekommen alle Kunden, die keinen JuiceMaxx bekommen, wenn sie mindestens seit 1960 Kunde sind oder einen Umsatz von mindestens 200.000,00 EUR erzielt haben oder deren Zahlungsmoral mit „sehr gut" bewertet wurde.
   c) Das Mini-Radio bekommen alle Kunden, die weder den JuiceMaxx noch die Tischuhr bekommen haben, wenn sie seit mindestens 1990 Kunde sind, einen Umsatz von mindestens 100.000,00 EUR erzielt haben und eine Zahlungsmoral haben, die mindestens mit „gut" bewertet wurde.
   d) Die Zettelbox bekommen alle übrigen Kunden, sofern deren Zahlungsmoral nicht mit „ausreichend" bewertet wurde.
3. Erstellen Sie in einem weiteren Tabellenblatt mit dem Namen **Formeln** die Formelansicht.
4. Für das Drucklayout gelten folgende Vorgaben:
   a) Die Tabellenblätter sollen im Format DIN A4 quer auf je **einer Seite** bzw. Formeln auf **zwei Seiten** ausgedruckt werden.
   b) In der Fußzeile unten links soll automatisch der **Dateiname**, in der Mitte **das aktuelle Datum** und in der Fußzeile unten rechts soll Ihr **Name** ausgewiesen werden.
   c) Beide Tabellenblätter sind mit **Zeilen- und Spaltenüberschriften** und **Gitternetzlinien** auszudrucken.

5 Erweiterte Formatierungen

Situation:

Herr Taube aus dem Bereich Rechnungswesen ist sehr zufrieden mit der Funktionalität des Rechnungsformulars. Er bittet Sie allerdings, neben den „einfachen" Formatierungen, wie Rahmen, Schattierungen, Währungsformatierungen usw., auch weitere sogenannte „benutzerdefinierte" und „bedingte" Formatierungen vorzunehmen. Er erhofft sich somit ein professionelleres Aussehen des Rechnungsformulars und eine noch höhere Akzeptanz bei den Kunden.

5.1 Benutzerdefinierte Formatierungen

Für die unterschiedlichen Anwendungsmöglichkeiten stellt ein Tabellenkalkulationsprogramm eine Vielzahl an „standardisierten" Formatierungsmöglichkeiten zur Verfügung. Aufgrund einer Vielzahl von individuell unterschiedlichen Vorstellungen hinsichtlich der Formatierung ist es zum Teil jedoch notwendig, dass der Benutzer seine gewünschten Formatierungen selbst erstellen (definieren) können muss. Damit das Tabellenkalkulationsprogramm die Wünsche genau umsetzen kann, existieren sogenannte Platzhalter. Bislang haben Sie bereits die folgenden Platzhalter kennengelernt:

Platzhalter	Bedeutung
T (bis TTTT)	Tag (1 – 01 – So – Sonntag)
M (bis MMMM)	Monat (1 – 01 – Jan – Januar)
J (bis JJJJ)	Jahr (07 oder 2007)
hh	Stunden (**12**:35)
mm	Minuten (12:**35**)

Ein bedeutender Platzhalter ist die **Null** (0). Die Null ist Platzhalter für alle Zahlen. Sollen in der Rechnung die Artikelnummern in Zelle B23 bis B26 immer 6-stellig ausgegeben werden, müssten die fehlenden Ziffern durch eine Null ersetzt werden. Die einfache Eingabe (z. B. der Artikel-Nummer 013792) würde dazu führen, dass das Tabellenkalkulationsprogramm die erste Null unterdrückt und nur die Zahl 13792 anzeigt.

Ausschnitt aus der Tabelle Rechnungsformular

Rechnung

	A	B	C	D	E	F	G	H
22	Position	Artikel-nummer	Artikel-bezeichnung	Menge (Stück)	Listenpreis pro Stück	Rabatt (%)	Rabatt pro Stück	Gesamt-preis
23	1	13792	Textverarbeitung I	10	14,95 €	10	1,50 €	134,55 €
24	2	11207	Arbeiten mit dem PC	25	22,40 €	10	2,24 €	504,00 €
25	3	12430	Tabellenkalkulation II	20	24,90 €	10	2,49 €	448,20 €
26	4	13080	Präsentieren leichtgemacht	15	16,95 €	10	1,70 €	228,83 €

Abbildung 1: *Einstieg benutzerdefinierte Formatierung*

Um die gewünschte Formatierung herzustellen, muss nach der Markierung der Zellen im Kontextmenü (rechte Maustaste) ZELLEN FORMATIEREN ... gewählt und anschließend die entsprechende Formatierung eingestellt werden. Alternativ kann auch über START – ZELLEN – FORMAT – ZELLEN FORMATIEREN das in Abbildung 2 dargestellte Fenster aufgerufen werden. In der weißen Zeile (TYP:) muss das Format 000000 eingegeben werden. Nach der anschließenden Bestätigung wird die Artikel-Nummer 6-stellig (013792) angezeigt.

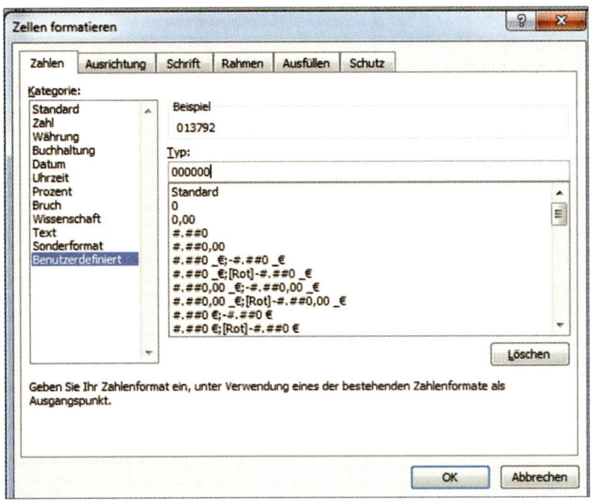

Abbildung 2:
Benutzerdefinierte Formatierung (Null)

	A	B	C	D
1				
2				
3	Ausschnitt aus der Tabelle Rechnungsformular			
19	Rechnung			
20				
21				
22	Position	Artikel-nummer	Artikel-bezeichnung	Menge (Stück)
23	1	013792	Textverarbeitung I	10
24	2	011207	Arbeiten mit dem PC	25
25	3	012430	Tabellenkalkulation II	20
26	4	013080	Präsentieren leichtgemacht	15

Abbildung 3:
Benutzerdefinierte Formatierung (Lösung)

Anmerkung:

Die Zahl 013792 wird lediglich mit führender Null angezeigt. Intern speichert das Tabellenkalkulationsprogramm die Zahl als 13792. Alternativ können die Zellen B23 bis B26 auch als Text formatiert werden. Die angezeigte Zahl wird dann standardmäßig linksbündig dargestellt. Eine Zentrierung ist hier ebenso möglich. Bei anschließender Umwandlung dieses Textes in eine Zahl würde die führende Null nicht mehr angezeigt.

Arbeitsauftrag 1:

Erfassen Sie im Tabellenkalkulationsprogramm den abgebildeten Ausschnitt der Rechnung und vollziehen Sie die Formatierung.

Darüber hinaus ist es möglich, dass durch eine benutzerdefinierte Formatierung in Zellen neben einer Zahl auch Text aufgeführt wird und trotzdem mit dieser Zelle Berechnungen durchgeführt werden können. Dies ist sonst nicht möglich, da das Tabellenkalkulationsprogramm Zellen mit einer Kombination aus Zahlen und Text stets als Text interpretiert und Berechnungen nicht zulässt.
Soll – wie in Abbildung 4 auf Seite 75 – in den Zellen D23 bis D26 neben der Menge auch die Angabe **Stück** in der Zelle erscheinen, so ist die folgende **benutzerdefinierte Formatierung** einzugeben: **0 „Stück"**

Die Eingabe der **Null** interpretiert das Tabellenkalkulationsprogramm als eine beliebige Zahl, die durch das in Anführungszeichen gesetzte Wort (hier „Stück") vervollständigt wird. Auch wenn in den Zellen das Wort „Stück" angezeigt wird, speichert das Tabellenkalkulationsprogramm lediglich die Zahl. Aus diesem Grund ist es möglich – und hier auch erforderlich-, diese Zellen in Berechnungen (z. B. Berechnungen des Gesamtpreises) zu integrieren.

	A	B	C	D	E	F	G	H	I
1									
2									
3	Ausschnitt aus der Tabelle Rechnungsformular								
19	Rechnung								
20									
21									
22	Position	Artikel-nummer	Artikel-bezeichnung	Menge (Stück)	Listenpreis pro Stück	Rabatt (%)	Rabatt pro Stück	Gesamt-preis	
23	1	013792	Textverarbeitung I	10 Stück	14,95 €	10	1,50 €	134,55 €	
24	2	011207	Arbeiten mit dem PC	25 Stück	22,40 €	10	2,24 €	504,00 €	
25	3	012430	Tabellenkalkulation II	20 Stück	24,90 €	10	2,49 €	448,20 €	
26	4	013080	Präsentieren leichtgemacht	15 Stück	16,95 €	10	1,70 €	228,83 €	

Abbildung 4: *Benutzerdefinierte Formatierung („Stück")*

In den Zellen E23 bis E26 und G23 bis H26 soll weiterhin statt der Formatierung mit €-Symbol der Preis in der Schreibweise EUR angezeigt werden. Genau wie im Fall der Menge sind hier die gewünschten Zellen zu markieren und die folgende benutzerdefinierte Formatierung einzugeben: **0,00 „EUR"**

Die Erweiterung des Formats um **,00** bewirkt, dass die Beträge mit jeweils zwei Nachkommastellen angezeigt werden.

Arbeitsauftrag 2:

Ergänzen Sie den abgebildeten Ausschnitt der Rechnung um die angegebenen Formatierungen.

5.2 Bedingte Formatierungen

In vielen betriebswirtschaftlichen Problemstellungen ist es sinnvoll, Werte hervorzuheben bzw. zu kennzeichnen. Sie haben beispielsweise im Rahmen der „WENN-Funktion" (Kapitel 4) den Artikel mit dem **höchsten Umsatz** in Spalte I durch den Eintrag **„umsatzstärkster Artikel"** gekennzeichnet **[Funktion in Zelle I23: =WENN(H23=MAX($H$23:$H$26);"umsatzstärkster Artikel";"")].**

Wenn jedoch auf die zusätzliche Spalte I verzichtet werden soll, können die jeweiligen Artikel mithilfe der „bedingten Formatierung" anschaulich gemacht werden.

	A	B	C	D	E	F	G	H	I	J
1										
2										
3	Ausschnitt aus der Tabelle Rechnungsformular									
19	Rechnung									
20										
21										
22	Position	Artikel-nummer	Artikel-bezeichnung	Menge (Stück)	Listenpreis pro Stück	Rabatt (%)	Rabatt pro Stück	Gesamt-preis	Anmerkung	
23	1	013792	Textverarbeitung I	10 Stück	14,95 €	10	1,50 €	134,55 €		
24	2	011207	Arbeiten mit dem PC	25 Stück	22,40 €	10	2,24 €	504,00 €	umsatzstärkster Artikel	
25	3	012430	Tabellenkalkulation II	20 Stück	24,90 €	10	2,49 €	448,20 €		
26	4	013080	Präsentieren leichtgemacht	15 Stück	16,95 €	10	1,70 €	228,83 €		
32										

Abbildung 5: *Einführung in die „bedingte Formatierung"*

Mithilfe der „bedingten Formatierung" kann die jeweilige Artikelbezeichnung mit dem höchsten Umsatz beispielsweise **fett** dargestellt werden. Nach dem Markieren der Zellen C23 bis C26 muss anschließend das Menü START – BEDINGTE FORMATIERUNG – REGELN ZUM HERVORHEBEN VON ZELLEN – WEITERE REGELN... (Alternativ: BEDINGTE FORMATIERUNG – NEUE REGEL) gewählt werden.

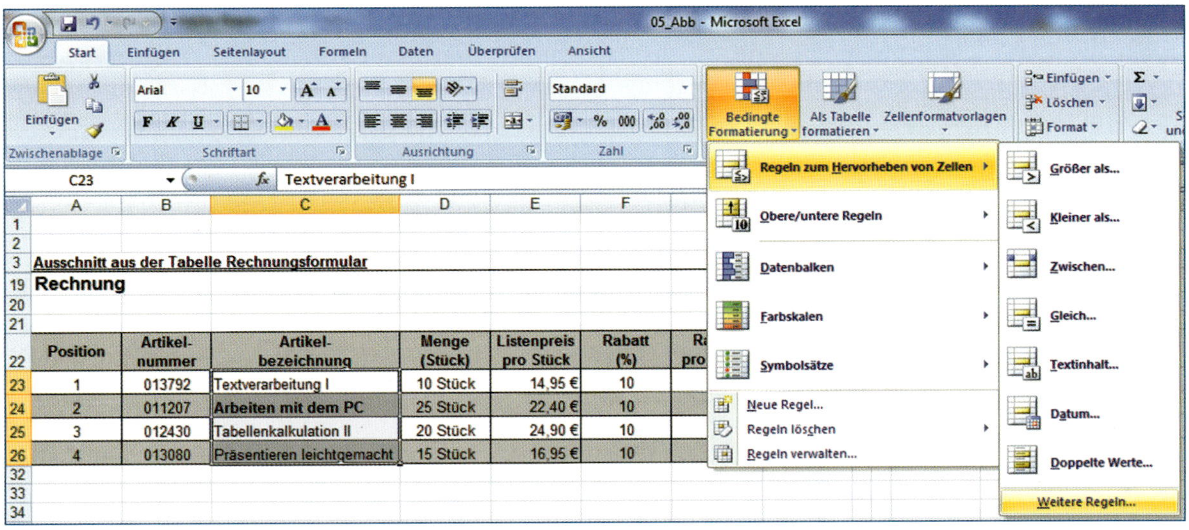

Abbildung 6: *Die formelgesteuerte bedingte Formatierung*

Über REGELTYP AUSWÄHLEN: – FORMELN ZUR ERMITTLUNG DER ZU FORMATIERENDEN ZELLEN VERWENDEN (siehe Abbildung 7) kann nach Eingabe der entsprechenden Formel über die Schaltfläche FORMATIEREN... die jeweilige bedingte Formatierung festgelegt werden:

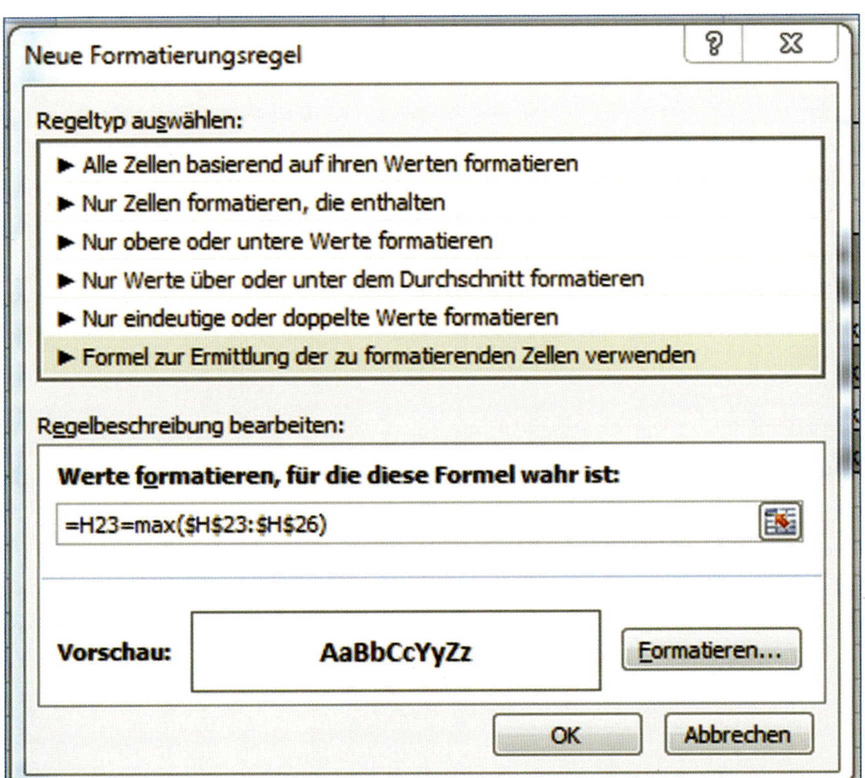

Abbildung 7: *Zellen bedingt formatieren*

Anmerkung:

Durch die Eingabe der Formel **=H23=MAX($H$23:$H$26)**, die für die Zelle C23 gilt, wird die Bedingung für die Zellen C24 bis C26 automatisch, wie beim logischen Kopieren, angepasst. Die Formel für die bedingte Formatierung in der Zelle C26 lautet somit: **=H26=MAX($H$23:$H$26)**

Die WENN-Funktion muss nicht ausgeschrieben werden. Sie ist genau wie die zwei möglichen Antworten (DANN-Wert = Formatierung; SONST-Wert = keine Formatierung) automatischer Bestandteil der bedingten Formatierung. Alternativ zur formelgestützten bedingten Formatierung lässt sich der größte bzw. kleinste Wert eines Zellbereiches auch über den Regeltyp NUR OBERE UND UNTERE WERTE FORMATIEREN (siehe Abbildung 7) entsprechend formatieren.

Es können vielfältige Formatierungen wie **fett**, in **gelber Schriftfarbe** und **grünem Hintergrund** (Registerblatt AUSFÜLLEN) dargestellt werden. Pro Zelle können auch mehrere Regeln zur bedingten Formatierung festgelegt werden. Über das Menü START – BEDINGTE FORMATIERUNG – REGELN VERWALTEN... kann man eine NEUE REGEL... hinzufügen bzw. eine REGEL BEARBEITEN... Weiterhin kann man eine bestehende REGEL LÖSCHEN.

Neben dem zuvor beschriebenen Regeltyp der **formelgesteuerten bedingten Formatierung** (FORMEL ZUR ERMITTLUNG DER ZU FORMATIERENDEN ZELLEN VERWENDEN) lässt sich auch eine Formatierung aufgrund weiterer Regeltypen veranlassen. Soll in der Tabelle in Abbildung 8 ein Gesamtbetrag in den Zellen H23 bis H26 bei über 200,00 EUR **in blauer Schrift** dargestellt werden, so muss ebenfalls das Menü START – BEDINGTE FORMATIERUNG – NEUE REGEL ausgewählt werden. Über den Regeltyp NUR ZELLEN FORMATIEREN, DIE ENTHALTEN kann die entsprechende Regelbeschreibung formatiert werden.

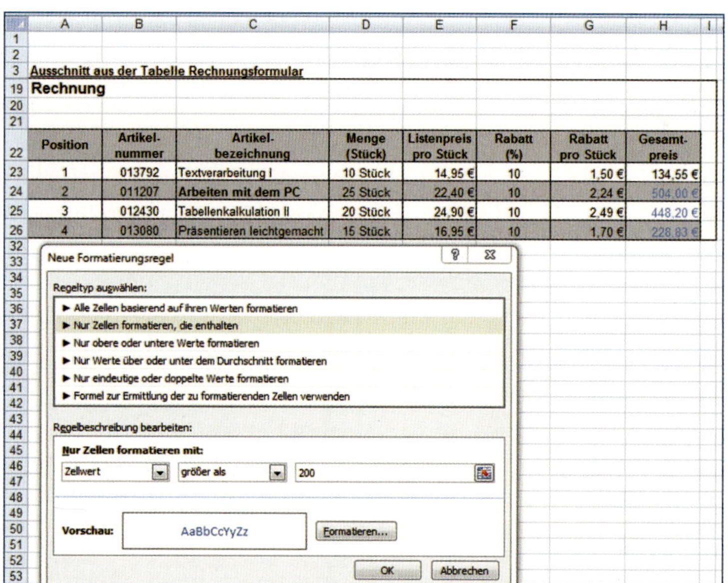

Abbildung 8: *Regeltyp: NUR ZELLEN FORMATIEREN, DIE ENTHALTEN*

Nach erfolgter Erfassung von „größer als" und „200" werden in der Tabelle in den Zellen H23 bis H26 alle Werte, die größer als 200 sind, in blauer Schrift dargestellt.

Arbeitsauftrag 3:

Ergänzen Sie den abgebildeten Ausschnitt der Rechnung um die angegebenen bedingten Formatierungen. Weiterhin sollen die Zellen D23 bis D26 basierend auf ihrem Inhalt mit einer 2-Farben-Skala formatiert werden. Die Zelle mit dem höchsten Wert (größte Menge in Stück) soll dunkelrot und die Zelle mit dem niedrigsten Wert gelb hinterlegt werden.

5.3 Übungsaufgaben

5.3.1 Mietfahrzeuge

Situation:

Sie sind wegen Krankheit eines Kollegen als Unterstützung von Herrn Beck im Bereich Fuhrpark (Abteilung Lager/Versand) eingesetzt. Der Bereich hat in den vergangenen zwölf Monaten den Fuhrpark um vier Mietfahrzeuge ergänzt, um einen zusätzlich aufgetretenen Bedarf an Fahrzeugen decken zu können.
Herr Beck, der bisher die Abrechnung der Kosten für diese Mietfahrzeuge stets manuell erledigt hat, bittet Sie, ihn bei der Kostenermittlung zu unterstützen.
Ihre Aufgabe ist es, mithilfe der nachstehenden Tabellen die Kosten für die vier Fahrzeuge für diesen Monat zu ermitteln.

	A	B	C	D	E	F	G	H	I
1	Kosten der Mietfahrzeuge								
2									
3									
4	Ausgangswerte								
5									
6	Benzinart	Preis pro Liter			Fahrzeugtyp	Grundgebühr	zusätzliche Kosten pro km		
7	Diesel	1,18 €			A	65,00 €	0,30 €		
8	Normal	1,35 €			B	82,50 €	0,25 €		
9	Super	1,38 €			C	47,50 €	0,27 €		
10					D	77,00 €	0,32 €		
11									
12									
13	Berechnung für den Monat Dezember								
14									
15	Fahrzeug	Stand Mietbeginn	Stand Mietende	gefahren	Verbrauch	benötigte Benzinart	verbrauchte Benzinmenge		
16	C	12.800 km	13.650 km		5,9 l/100 km	Super			
17	B	23.550 km	25.400 km		8,8 l/100 km	Normal			
18	D	7.600 km	8.075 km		7,6 l/100 km	Super			
19	A	18.250 km	20.890 km		6,9 l/100 km	Diesel			
20									
21									
22	Fahrzeug	Grundgebühr	Benzinkosten	zus. Kosten für zurückgelegte km	gesamte Kosten des Fahrzeuges	Rabatt	Rechnungsbetrag (netto)	19 % Umsatzsteuer	Rechnungsbetrag (brutto)
23									
24									
25									
26									
27	Gesamt								

Abbildung 9: *Mietfahrzeuge*

Arbeitsaufträge:

1. Speichern Sie die Datei unter dem Namen **Mietfahrzeuge** ab. Speichern Sie Ihre Datei regelmäßig – spätestens jedoch alle 5 Minuten – ab.
2. Übernehmen Sie die Tabelle inklusive aller Werte und Formatierungen in Ihr Tabellenblatt 1 und benennen Sie dieses als **Ergebnis**. Beachten Sie, dass abweichend von einer jeweiligen Anzeige (z. B. 12.800 km) nur die Zahlen (z. B. 12800) in den Zellen gespeichert werden.
3. Ermitteln Sie mithilfe von geeigneten Formeln
   a) in den Zellen D16 bis D19 die im Monat Dezember je Fahrzeug gefahrenen Kilometer,
   b) in den Zellen G16 bis G19 die für die erbrachte Kilometerleistung verbrauchte Benzinmenge.
4. Übernehmen Sie in den Zellen A23 bis A26 mithilfe von Zellbezügen die zum Einsatz gekommenen Fahrzeugtypen.

5. Ermitteln Sie unter Anwendung von verschachtelten WENN-Funktionen
   a) in den Zellen B23 bis B26 die Grundgebühr je Fahrzeugtyp,
   b) in den Zellen C23 bis C26 die Benzinkosten für die insgesamt zurückgelegten Kilometer,
   c) in den Zellen D23 bis D26 die zusätzlichen Kosten für die insgesamt zurückgelegten Kilometer.
6. Berechnen Sie in den Zellen E23 bis E26 die gesamten Kosten der zum Einsatz gekommenen Fahrzeugtypen.
7. Ermitteln Sie mithilfe einer geeigneten Funktion in den Zellen F23 bis F26 den Rabatt in EUR je Fahrzeugtyp. Der Rabatt hängt von den gesamten Kosten (Spalte E) je Fahrzeug ab. Ab einem Betrag von 300,00 EUR gewährt der Fahrzeugvermieter einen Rabatt in Höhe von 5 %, ab einem Betrag von 700,00 EUR einen Rabatt in Höhe von 10 % auf die gesamten Kosten.
8. Berechnen Sie mithilfe von geeigneten Formeln
   a) in den Zellen G23 bis G26 den Netto-Rechnungsbetrag je Fahrzeugtyp;
   b) in den Zellen H23 bis H26 den anfallenden Umsatzsteuerbetrag in EUR. Beziehen Sie sich bei der Berechnung auf die Zelle H22, in der der Umsatzsteuersatz von 19 % (mittels einer benutzerdefinierten Formatierung) gespeichert ist;
   c) in den Zellen I23 bis I26 den Brutto-Rechnungsbetrag je Fahrzeugtyp.
9. Berechnen Sie in der Zeile 27 durch geeignete Funktionen die Gesamtwerte der Spalten B bis I.
10. In den Zellen I23 bis I26 sollen sowohl der kleinste als auch der größte Brutto-Rechnungsbetrag gekennzeichnet werden. Der kleinste Rechnungsbetrag soll in roter Schrift und kursiv, der größte Rechnungsbetrag in blauer Schrift und fett dargestellt werden.
11. Formatieren Sie alle Euro-Werte im Format „Währung" (€) mit zwei Nachkommastellen.
12. Kopieren Sie den Inhalt Ihres Tabellenblattes **Ergebnis** in das Tabellenblatt 2 (umbenennen in **Formeln**) und wechseln Sie dort in die Formelansicht. Drucken Sie beide Tabellenblätter so aus, dass diese jeweils im Querformat (das Tabellenblatt **Formeln** auf mindestens 2 Seiten breit einrichten!) und mit den **Zeilen-/Spaltenüberschriften** ausgedruckt werden. Weiterhin sollen beide Ausdrucke in der Kopfzeile **Ihren vollständigen Namen**, den **Dateinamen** und das **heutige Datum** enthalten.

5.3.2 Urlaubspreise

Situation:

Sie sind kurzfristig im Bereich Sekretariat eingesetzt. Die Chefsekretärin, Frau Bär, bittet Sie um Unterstützung. Sie ist für das Angebot von besonderen Leistungen der Bürodesign GmbH an die Mitarbeiter zuständig.

Die Bürodesign GmbH kooperiert mit einem örtlichen Reisebüro, um seinen Mitarbeitern günstige Reisen anbieten zu können. Beim aktuellen Angebot handelt es sich um eine Reise in die Karibik in drei unterschiedlichen Varianten. Die Mitarbeiter der Bürodesign GmbH können innerhalb der drei Varianten auch individuell die Reisedauer (Anzahl der Wochen und mögliche Verlängerungstage) und die Anzahl der Miettage für einen Mietwagen festlegen. Weiterhin können sie auch eine Preisobergrenze für den Urlaub definieren.

Um Frau Bär die Arbeit in Zukunft zu erleichtern, ist es Ihre Aufgabe, die abgebildete „Ermittlung des günstigsten Urlaubspreises" zu automatisieren.

	A	B	C	D	E	F	G
1	**Ermittlung des günstigsten Urlaubspreises**						
2							
3							
4	Kategorie	Flug	Hotelkosten	Verlängerungs-kosten	Kosten für Essen	Kosten für Mietwagen	
5	all-inclusive	659,00 €	299,00 €/Woche	39,00 €/Tag	0,00 €/Woche	0,00 €/Tag	
6	Halbpension	639,00 €	249,00 €/Woche	35,00 €/Tag	99,00 €/Woche	39,00 €/Tag	
7	economic	559,00 €	239,00 €/Woche	32,00 €/Tag	150,00 €/Woche	45,00 €/Tag	
8							
9							
10	**Übersicht über Rabattgewährung**						
11							
12	**Kosten gesamt ab ...**	**Rabatt in %**					
13	1.000,00 €	3					
14	1.300,00 €	4					
15	1.600,00 €	5					
16							
17							
18	**Eingabebereich:**						
19							
20	Wie viele Wochen soll der Urlaub dauern? (mind. 1):			1			
21	Wie viele Verlängerungstage werden gewünscht?			4			
22	Wie viele Tage soll ein Mietwagen genommen werden?			4			
23							
24	Wie teuer darf der Urlaub maximal werden?			1.200,00 €			
25							
26							
27	**Ausgabebereich/Berechnungen:**						
28							
29	Kostenart	**all-inclusive**	**Halbpension**	**economic**			
30	Flugpreis						
31	Hotelkosten (volle W.)					Die günstigste Reisevariante lautet:	
32	Verlängerungsk. ges.						
33	Kosten für Essen ges.					Ihr Preis beträgt insgesamt:	
34	Kosten für Mietwagen						
35	Kosten gesamt					Die teuerste Reisevariante kostet:	
36	Rabatt						
37	Rechnungsbetrag					Die Ersparnis beträgt somit:	

Abbildung 10: *Urlaubspreise*

Arbeitsaufträge:

1. Speichern Sie die Datei unter dem Namen **Urlaubspreise** ab. Speichern Sie Ihre Datei regelmäßig – spätestens jedoch alle 5 Minuten – ab.
2. Übernehmen Sie die obige Tabelle inklusive aller Werte und Formatierungen in Ihr Tabellenblatt 1. Benennen Sie dieses Tabellenblatt **Ergebnis**. Beachten Sie, dass abweichend von einer jeweiligen Anzeige (z. B. 299,00 €/Woche) nur die Zahlen (z. B. 299) in den Zellen gespeichert werden.
3. Vergeben Sie für die Zellen D20, D21, D22 und D24 sinnvolle Namen, die Sie später – wenn möglich – in den Formeln und Funktionen verwenden.
4. Beachten Sie, dass sich die Reihenfolge der Kategorien in den Zellen B29 bis D29 verändern kann! Ermitteln Sie mithilfe von geeigneten Formeln bzw. Funktionen und unter Beachtung der Werte des Eingabebereiches
   a) den Flugpreis,
   b) die Hotelkosten für die vollen Wochen,

c) die gesamten Verlängerungskosten (ausgehend von den gewünschten Verlängerungstagen),
d) die gesamten Kosten für das Essen. Im Fall von Verlängerungstagen sind die Essenskosten bereits in den Verlängerungskosten je Tag (Zellen D5 bis D7) enthalten;
e) die Kosten für den Mietwagen,
f) die „Kosten gesamt",
g) den Rabatt in Euro,
h) den vom Kunden zu zahlenden Rechnungsbetrag,
i) ob die jeweilige Reisevariante für den Kunden ein „interessantes Angebot" darstellt. Dies ist dann gegeben, wenn der Rechnungsbetrag maximal so groß ist, wie der vom Kunden akzeptierte Höchstpreis. Entsprechende Angebote sollen dadurch gekennzeichnet werden, dass der Hintergrund der jeweiligen Zelle gelb erscheint. Die Zellen, deren Beträge den gewünschten Maximalpreis überschreiten, sollen einen roten Hintergrund erhalten;
j) den Namen der günstigsten Reisevariante,
k) den Preis der günstigsten Reisevariante,
l) den Preis der teuersten Reisevariante,
m) die Ersparnis der günstigsten gegenüber der teuersten Reisevariante.

5. Formatieren Sie alle berechneten Euro-Werte im Format „Währung" (€) mit zwei Nachkommastellen.
6. Kopieren Sie den Inhalt Ihres Tabellenblattes **Ergebnis** in das Tabellenblatt 2 (umbenennen in **Formeln**) und wechseln Sie dort in die Formelansicht. Drucken Sie beide Tabellenblätter so aus, dass diese jeweils im **Querformat** und mit den **Zeilen- und Spaltenüberschriften** ausgedruckt werden. Weiterhin sollen beide Ausdrucke in der Kopfzeile **Ihren vollständigen Namen**, den **Dateinamen** und **das heutige Datum** enthalten.

6 Suchfunktionen

6.1 SVERWEIS

Situation:

Wieder zurück im Bereich Rechnungswesen teilt Herr Taube Ihnen mit, dass aufgrund des Drucks der Mitbewerber die Rabattstaffel nochmals überarbeitet werden muss.

Nun soll der Rabattsatz aus einer Hilfstabelle (siehe Abbildung 1: Der SVERWEIS) entsprechend der jeweiligen Menge in das Rechnungsformular eingetragen werden.

Wenn das Tabellenkalkulationsprogramm in Abhängigkeit einer bestimmten Größe (z. B. der Abnahmemenge eines Kunden) zwischen **mehr als zwei verschiedenen Möglichkeiten** wählen soll, kann neben der verschachtelten WENN-Funktion auch die Suchfunktion SVERWEIS gewählt werden!
Syntax der Funktion: **=SVERWEIS(SUCHKRITERIUM;MATRIX;SPALTENINDEX;[BEREICH_VERWEIS])**

Anmerkung:

Der BEREICH_VERWEIS wird im Rahmen des „einfachen" SVERWEIS nicht benötigt und kann weggelassen werden. Aufgrund dessen wird der BEREICH_VERWEIS erst im Rahmen des „erweiterten SVERWEIS" (Kapitel 6.2) thematisiert.

Wie nachfolgend dargestellt, soll in der Spalte F der Rabattsatz des jeweiligen Artikels in Abhängigkeit der Menge ausgegeben werden. Für den Artikel „Textverarbeitung I" wird aufgrund der Menge von 10 Stück ein Rabatt von 10 % gewährt. Für die Zelle F23 gilt die folgende Funktion:

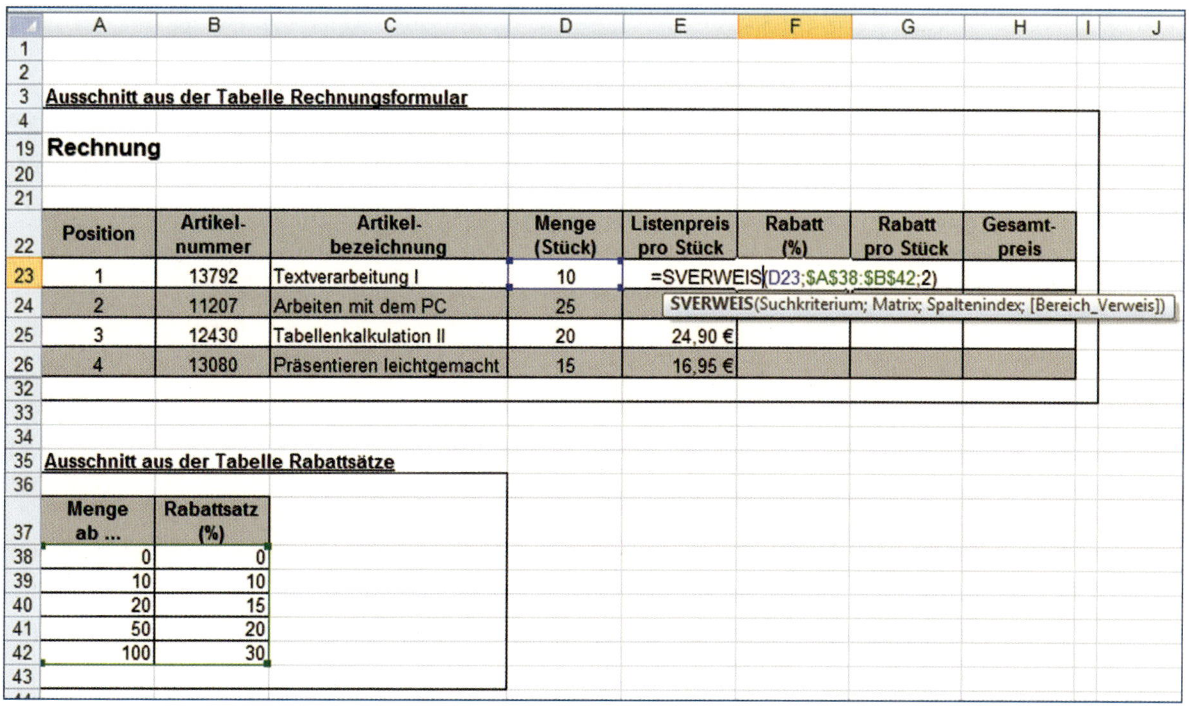

Ausschnitt aus der Tabelle Rechnungsformular

Rechnung

Position	Artikel-nummer	Artikel-bezeichnung	Menge (Stück)	Listenpreis pro Stück	Rabatt (%)	Rabatt pro Stück	Gesamt-preis
1	13792	Textverarbeitung I	10	=SVERWEIS(D23;$A$38:$B$42;2)			
2	11207	Arbeiten mit dem PC	25				
3	12430	Tabellenkalkulation II	20	24,90 €			
4	13080	Präsentieren leichtgemacht	15	16,95 €			

SVERWEIS(Suchkriterium; Matrix; Spaltenindex; [Bereich_Verweis])

Ausschnitt aus der Tabelle Rabattsätze

Menge ab ...	Rabattsatz (%)
0	0
10	10
20	15
50	20
100	30

***Abbildung 1:** Der SVERWEIS*

Das S in der Funktion steht für senkrecht. Der SVERWEIS sucht das SUCHKRITERIUM (Inhalt der Zelle D23) in der angegebenen Matrix bzw. dem angegebenen Suchbereich ($A$38:$B$42) in der 1. Spalte von links, senkrecht von oben nach unten. Dabei geht das Programm wie folgt vor:

Zunächst wird geprüft, ob der Wert des SUCHKRITERIUMS (10) größer oder gleich dem ersten Wert der Matrix bzw. des Suchbereiches (A38) ist. Wenn die Prüfung erfolgreich verläuft, wird geprüft, ob das SUCHKRITERIUM auch größer oder gleich als der zweite Wert des Suchbereiches (A39) ist. Dieses Verfahren wird solange fortgesetzt, bis die Prüfung zu einem negativen Ergebnis führt. Im Beispiel ist das SUCHKRITERIUM D23 (10) größer als der Wert in der Zelle A38 (0) und gleich dem Wert in Zelle A39 (10), aber nicht größer oder gleich dem Wert in der Zelle A40 (20).

Der sogenannte SPALTENINDEX (;2) gibt an, welcher Inhalt der markierten Spalten als Ergebnis ausgegeben werden soll. In diesem Beispiel soll der Rabattsatz ausgegeben werden, sodass als SPALTENINDEX die Zahl 2 eingegeben werden muss. Das Tabellenkalkulationsprogramm wird nun den Wert der Spalte 2 ausgeben, bei dem die Prüfung („Ist die gesuchte Zahl größer oder gleich dem Grenzwert?") das letzte Mal erfolgreich verlaufen ist (hier also den Inhalt der Zelle B39).

Anmerkung:

Als Voraussetzungen für das Funktionieren des SVERWEIS gilt, dass das Suchkriterium nicht unterhalb des kleinsten Wertes der 1. Spalte des Suchbereiches liegen darf, da die Funktion nur prüft, ob das Suchkriterium **größer oder gleich** dem jeweiligen Wert der 1. Spalte des Sachbereiches ist. Weiterhin müssen die Werte der 1. Spalte des Suchbereiches in einer aufsteigenden Reihenfolge (also 0 – 10 – 20 **oder** A – B – C) geordnet sein.

Arbeitsauftrag 1:

Erfassen Sie im Tabellenkalkulationsprogramm den abgebildeten Ausschnitt der Rechnung und sorgen Sie dafür, dass in Abhängigkeit der Menge der jeweilige Rabattsatz ausgegeben wird. Berechnen Sie anschließend den Rabattsatz pro Stück und die jeweiligen Gesamtpreise.

6.2 Erweiterung des SVERWEIS

Situation:

Herr Taube teilt Ihnen mit, dass sich Kunden in der Vergangenheit häufig über falsch geschriebene Namen und Adressen beschwert haben. Teilweise seien Rechnungen gar nicht oder verspätet angekommen.

Herr Taube möchte, dass in einem weiteren Schritt zur Automatisierung der Rechnung – durch Eingabe der Kundennummer in Zelle H15 – der Kundenname und die Adresse im Anschriftenfeld (A7 bis A10) automatisch ausgegeben werden.

Bei dieser Problemstellung muss – abweichend vom Beispiel in Kapitel 6.1 – überprüft werden, ob der Wert, hier die Kundennummer 1019, tatsächlich in der Tabelle Kunden vorhanden ist. Die Kundennummern müssen eindeutig zugeordnet werden. Die Zuordnung zu einem Bereich – z. B. Kundennummer 1019 bis 1023 – wäre hier nicht ausreichend.

Dieses Problem lässt sich durch die Erweiterung des SVERWEIS um ein zusätzliches Argument lösen. Der vollständige Aufbau des SVERWEIS lautet:
=SVERWEIS(SUCHKRITERIUM;MATRIX;SPALTENINDEX**;[BEREICH_VERWEIS]**)

Der BEREICH_VERWEIS gibt an, ob die zur Matrix gehörenden Werte auf eine genaue Übereinstimmung geprüft werden sollen. Weiterhin können so Werte in einer Matrix überprüft werden, die nicht sortiert sind. Wird als BEREICH_VERWEIS FALSCH (oder auch 0) eingetragen, so geht das Programm von der Annahme aus, dass die Werte der ersten Spalte der Matrix auf genaue Übereinstimmung geprüft werden sollen. Der wesentliche Unterschied zum einfachen SVERWEIS besteht darin, dass von der Funktion nun lediglich die Prüfung erfolgt, **ob der gesuchte Wert identisch mit dem Wert in der Matrix ist**. Bei fehlender Übereinstimmung gibt das Tabellenkalkulationsprogramm in der jeweiligen Zelle die Fehlermeldung **#NV** (engl.: non value – übersetzt: der gesuchte Wert ist nicht vorhanden) aus. Die vollständige Funktion für die Zelle A7 lautet: **=SVERWEIS($H$15;$A$37:$E$41;2;FALSCH)**

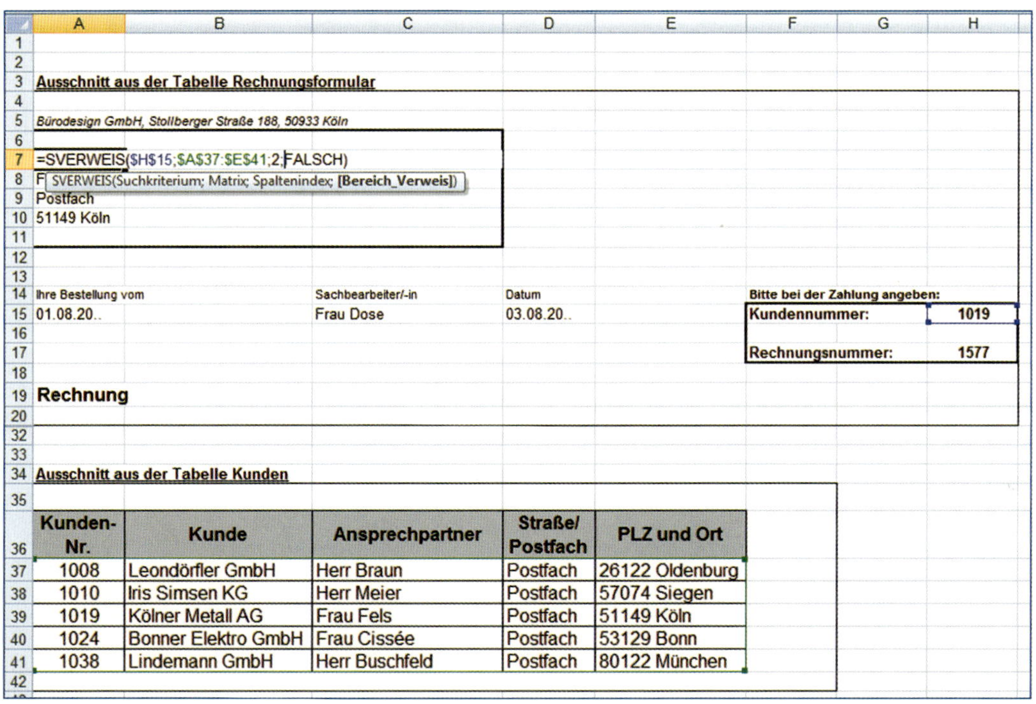

Kunden-Nr.	Kunde	Ansprechpartner	Straße/ Postfach	PLZ und Ort
1008	Leondörfler GmbH	Herr Braun	Postfach	26122 Oldenburg
1010	Iris Simsen KG	Herr Meier	Postfach	57074 Siegen
1019	Kölner Metall AG	Frau Fels	Postfach	51149 Köln
1024	Bonner Elektro GmbH	Frau Cissée	Postfach	53129 Bonn
1038	Lindemann GmbH	Herr Buschfeld	Postfach	80122 München

Abbildung 2: *Die Erweiterung des SVERWEIS*

Anmerkung:

Sind die Werte in der Matrix sortiert und soll ein Bereich überprüft werden (siehe einfacher SVERWEIS), so kann dies durch die Angabe WAHR als BEREICH-VERWEIS angegeben werden. Wird keine entsprechende Angabe gemacht, so geht das Programm ebenfalls von dieser Annahme aus.

Arbeitsauftrag 2:

Übernehmen Sie die Ausschnitte aus den Tabellen **Rechnung** und **Kunden** in ein Tabellenblatt und sorgen Sie dafür, dass die Adresse (Zelle A7 bis A10) durch Eintragen der Kundennummer in Zelle H15 automatisch ausgegeben wird. Beachten Sie, dass die Zellen des Suchbereiches (MATRIX) – hier \$A\$37:\$E\$41 – und in diesem Fall auch das Suchkriterium – hier \$H\$15 – festgesetzt werden müssen, da dieser Bereich für alle Zeilen des Anschriftenfeldes gilt. Ändern Sie lediglich den Spaltenindex.

Exkurs: Anwendungen mit mehreren Tabellenblättern

In komplexen Aufgabenstellungen sind der Rechenbereich und die zugehörigen Hilfstabellen häufig in unterschiedlichen Tabellenblättern untergebracht. Hieraus ergibt sich das Problem, dass bei der Eingabe der Matrix (mithilfe der Maus) zwischen dem Tabellenblatt 1 und dem Tabellenblatt 2 gewechselt werden muss. Nachfolgend sind zwei Tabellenblätter abgebildet:

	A	B	C	D	E	F	G	H	I
1									
2									
3	**Ausschnitt aus der Tabelle Rechnungsformular**								
4									
5	*Bürodesign GmbH, Stollberger Straße 188, 50933 Köln*								
6									
7	Kölner Metall AG								
8	Frau Fels								
9	Postfach								
10	51149 Köln								
11									
12									
13									
14	Ihre Bestellung vom		Sachbearbeiter/-in	Datum		**Bitte bei der Zahlung angeben:**			
15	01.08.20..		Frau Dose	03.08.20..		**Kundennummer:**		**1019**	
16									
17						**Rechnungsnummer:**		**1577**	
18									
19	**Rechnung**								
20									

Abbildung 3: *Tabellenblatt „Rechnung"*

	A	B	C	D	E
1	**Kunden-Nr.**	**Kunde**	**Ansprechpartner**	**Straße/ Postfach**	**PLZ und Ort**
2	1008	Leondörfler GmbH	Herr Braun	Postfach	26122 Oldenburg
3	1010	Iris Simsen KG	Herr Meier	Postfach	57074 Siegen
4	1019	Kölner Metall AG	Frau Fels	Postfach	51149 Köln
5	1024	Bonner Elektro GmbH	Frau Cissée	Postfach	53129 Bonn
6	1038	Lindemann GmbH	Herr Buschfeld	Postfach	80122 München

Abbildung 4: *Tabellenblatt „Kunden"*

Wenn in der Zelle A7 des Tabellenblattes **Rechnung** die Funktion SVERWEIS angewendet werden soll, so muss für den Bezug auf den Suchbereich (MATRIX) in das Tabellenblatt **Kunden** gewechselt werden. Dieser Wechsel wird vom Programm in der Funktion angezeigt. Im folgenden Beispiel geschieht dies, indem der Name des Tabellenblattes in Hochkomma gesetzt und anschließend ein Ausrufezeichen ausgegeben wird. Der SVERWEIS wird nach dem Wechsel auf das Tabellenblatt Kunden und dem Markieren des Zellbereichs von A2 bis E6 wie folgt angezeigt:
=SVERWEIS($H$15;'Kunden'!$A$2:$E$6

Anmerkung:

Die Angabe des Tabellenblattes erfolgt, damit der Anwender nachvollziehen kann, in welchem Tabellenblatt die Hilfstabelle durchsucht wurde. **Damit der SVERWEIS ordnungsgemäß funktioniert, muss – während sich auf dem Tabellenblatt Kunden befunden wird – an dieser Stelle das Semikolon gesetzt werden.** Wird ansonsten wieder in das Tabellenblatt **Rechnung** gewechselt, so verschwindet der Bezug auf die Tabelle. Stattdessen wird in der Funktion der Name des Tabellenblattes **Rechnung** erscheinen [=SVERWEIS($H$15;'Rechnung'!$A$2:$E$6]. Dementsprechend würde das Programm davon ausgehen, dass sich die Hilfstabelle im Tabellenblatt **Rechnung** befindet und so später kein (sinnvolles) Ergebnis ausgeben.

Nach dem Setzen des Semikolons [=SVERWEIS($H$15;'Kunden'!$A$2:$E$6;] kann in das Tabellenblatt **Rechnung** zurückgekehrt werden, um die Funktion zu vervollständigen. Bei einem Blick in die Funktionszeile fällt allerdings auf, dass auch das aktuelle Tabellenblatt angezeigt wird:
=SVERWEIS($H$15;'Kunden'!$A$2:$E$6;'Rechnung'!
Durch dieses Beispiel wird deutlich, dass der ansonsten sehr übersichtliche SVERWEIS durch die Tabellenblattbezeichnungen unübersichtlich werden kann. Die Lösung für dieses Problem besteht in der Nutzung der **Adressierung von Zellen** durch sinnvolle Namen (vgl. Kapitel 3.4 Zelladressierung durch Namen). Weist man beispielsweise den Zellen A2 bis E6 des Tabellenblattes Kunden den Namen **Kunden** zu, so muss das Tabellenblatt Rechnung gar nicht verlassen werden. Möglich wird dies dadurch, dass pro Datei jeder Name nur **einmal** vergeben werden kann. Wie bereits kennengelernt, kann der Name während der Funktionserstellung einfach per Hand eingeben oder mit der Taste <F3> aufgerufen werden. Die Funktion in Zelle A7 des Tabellenblattes Rechnung würde somit wie folgt lauten:
=SVERWEIS($H$15;Kunden;2;FALSCH)

Arbeitsauftrag 3:

Übernehmen Sie die Ausschnitte aus den Tabellen **Rechnung** und **Kunden** in jeweils ein Tabellenblatt und benennen Sie diese Tabellenblätter entsprechend. Sorgen Sie dafür, dass die vollständige Adresse in den Zellen A7 bis A10 durch Eintragen der Kundennummer in Zelle H15 automatisch ausgegeben wird. Vergeben Sie für den Bereich der Kundendaten einen Zellnamen.

6.3 Übungsaufgaben zum SVERWEIS

6.3.1 Onlineversand

Situation:

Sie sind in der Abteilung Absatz eingesetzt. Der Abteilungsleiter, Herr Werner, möchte es den Kunden der Bürodesign GmbH ermöglichen, neben der klassischen schriftlichen Bestellung auch Bücher, Software und andere Medienprodukte online zu bestellen. Der Kunde erhält einige Minuten später eine Rückantwort per E-Mail, in der er nochmals seine bestellten Artikel, den Rechnungspreis sowie das voraussichtliche Zustellungsdatum entnehmen kann.

Ihre Aufgabe ist es, mittels der nachfolgend abgebildeten Tabellenblätter ein Formular für die Aufnahme der Onlinebestellungen zu automatisieren.

	A	B	C	D	E	F	G	H	I	J	K
1	**Online-Versand**										
2											
3											
4											
5	**Kunden-Nr.**	3492		**Bestellungseingang:**							
6											
7											
8											
9											
10											
11	**Lfd. Nr (max. 7)**	**Art.-Nr.**	**Menge**	**Artikel**	**Listenpreis/ Stück**	**Rabatt/ Stück**	**Nettopreis/ Stück**	**Umsatzsteuer-satz**	**Umsatzsteuer/ Stück**	**Bruttopreis/ Stück**	**Bruttopreis für Bestellmenge**
12	1	12430	4								
13	2	23500	1								
14	3	20093	7								
15	4	10683	2								
16	5	13080	1								
17	6	14257	4								
18	7	13792	3								
19										Gesamt-Brutto	
20										zzgl. Versand	
21	**Die Ware wird bei Ihnen voraussichtlich am**				**eintreffen.**					Rechnungsbetrag	

Abbildung 5: *Onlineversand; Tabellenblatt „Formular"*

	A	B	C	D
1	**Kundenübersicht**			
2				
3	**Kunden-Nr.**	**Kunde**	**Kundenklasse**	**Anschrift**
4	3486	Beckertz, Armin	A	53111 Bonn
5	3489	Dahlbruch, Kerstin	B	26113 Oldenburg
6	3490	Hoffenstedt, Anita	B	57074 Siegen
7	3492	Kaiser, Jürgen	A	96442 Coburg
8	3498	Wilms, Ingo	B	80332 München
9	3451	Zopfner, Sabine	B	20446 Hamburg

Abbildung 6: *Onlineversand; Tabellenblatt „Kunden"*

	A	B	C	D
1	**Übersicht über die Artikel und deren Preise**			
2				
3	**Art.-Nr.**	**Artikel**	**Listenpreis**	
4	10235	Das Office Buch	24,95 €	
5	10683	Tabellenkalkulation I	17,98 €	
6	11207	Arbeiten mit dem PC	22,40 €	
7	11874	Internet für Anfänger	12,90 €	
8	12430	Tabellenkalkulation II	24,90 €	
9	13080	Präsentieren leichtgemacht	16,95 €	
10	13792	Textverarbeitung I	14,95 €	
11	14257	Textverarbeitung II	14,95 €	
12	20093	Prüfungswissen Bürokaufleute CD	42,78 €	
13	21147	Deutschland sucht... Kalender	12,50 €	
14	21348	Entspannungsmusik - 2 CD's	14,99 €	
15	22994	Best of Cinema - 12 DVD's	123,98 €	
16	23249	Der virtuelle Jahreskalender - CD	17,98 €	
17	23500	Die große Spielesammlung	17,00 €	

Abbildung 7: *Onlineversand; Tabellenblatt „Artikel"*

Arbeitsaufträge:

1. Speichern Sie Ihre Datei unter dem Namen **Onlineversand**. Speichern Sie Ihre Datei regelmäßig – spätestens jedoch alle 5 Minuten – ab.
2. Übernehmen Sie die Tabellen inklusive aller Werte und Formatierungen in Ihre Arbeitsmappe und benennen Sie die Tabellenblätter wie angegeben.
3. Vergeben Sie auch den Hilfstabellen (Zellbereichen) die Namen „Kunden" und „Artikel". Arbeiten Sie – sofern möglich – mit diesen Namen in den späteren Formeln und Funktionen.
4. Geben Sie in der Zelle B5 des Tabellenblattes **Formular** die Kundennummer 3492 ein.
5. Ermitteln Sie mithilfe einer Suchfunktion in den Zellen B7 und B8 den Kundennamen sowie den Wohnort des Kunden.
6. Geben Sie in der Zelle E5 mithilfe einer geeigneten Funktion das aktuelle Datum im Format TT.MM.JJJJ aus.
7. Ermitteln Sie mithilfe von geeigneten Formeln bzw. Funktionen
   a) in den Zellen der Spalte D den jeweils bestellten Artikel,
   b) in der Spalte E den zugehörigen Listenpreis je Artikel in EUR,
   c) in der Spalte F den Rabatt pro Stück in EUR. Hierbei ist zu beachten, dass der Rabatt in Abhängigkeit von der bestellten Menge gewährt wird. Bei Mengen ab 4 Stück wird ein Rabatt in Höhe von 10 % gewährt;
   d) den Nettopreis je Artikel in EUR, e) den auf den jeweiligen Artikel anzuwendenden Umsatzsteuersatz. Berücksichtigen Sie an dieser Stelle, dass für Artikel mit einer Art.-Nr. bis 19.999 nur 7 %, bei Artikeln mit einer Art.-Nr. ab 20.000 hingegen 19 % fällig werden. Formatieren Sie als „Prozent" ohne Nachkommastellen;
   f) die Umsatzsteuer pro Stück in EUR,
   g) den Bruttopreis pro Stück in EUR,
   h) den Bruttopreis in EUR für die gesamte Bestellmenge,
   i) in der Zelle K19 den gesamten Brutto-Betrag in EUR,
   j) die vom Kunden zu zahlenden Versandkosten in EUR. Bis zu einem Bestellwert von unter 200,00 EUR zahlen die Kunden 4,90 EUR. Ab 200,00 EUR Bestellwert zahlen die Kunden nur noch 2,50 EUR und ab einem Bestellwert von 500,00 EUR trägt der Verkäufer die gesamten Versandkosten;
   k) den endgültigen Rechnungsbetrag in EUR.
8. Ermitteln Sie mithilfe einer Formel in der Zelle D21 das Datum, an dem der Kunde die Lieferung voraussichtlich erhalten wird. Hierfür gilt die Regel, dass die Ware zwei Tage nach dem Eingang der Bestellung beim Kunden ankommt. Formatieren Sie den Wert als Datum (TT.MM.JJ).
9. Formatieren Sie alle Euro-Werte im Format „Währung" (€) mit zwei Nachkommastellen.
10. Kopieren Sie das Tabellenblatt **Formular** in das von Ihnen neu zu erstellende Tabellenblatt **Formeln** und schalten Sie dann auf die Formelansicht um. Passen Sie alle Spalten so an, dass sämtliche Formeln und Funktionen vollständig lesbar sind.
11. Drucken Sie abschließend die Tabellenblätter **Formular** und **Formeln** aus. Beide Tabellen sind **im Querformat** und unter Angabe **des Dateinamens, des aktuellen Datums** und **Ihres Namens** in der jeweiligen Kopfzeile auszudrucken. Weiterhin sollen beide Tabellen die **Zeilen- und Spaltenüberschriften** enthalten. Beim Tabellenblatt **Formeln** ist weiterhin zu beachten, dass dieses auf zwei Seiten breit ausgedruckt wird.

6.3.2 Getränkebestellung

Situation:

Die Bürodesign GmbH organisiert im Rahmen der Personalentwicklung regelmäßig Seminare für ihre Mitarbeiter, die im eigenen Hause durchgeführt werden. Der u. a. für die Bewirtung der Seminarteilnehmer zuständige Bereich „Seminarvorbereitung" überprüft täglich die Lagerbestände an Getränken.
Mithilfe einer Tabelle sollen Sie Frau Ferl unterstützen, indem Sie eine Aufstellung der benötigten Getränke erstellen, die an den Einkauf (Abteilung Beschaffung) weitergeleitet wird. Neben der Bestellmenge sollen hier auch bereits die Preise der Getränke ermittelt werden, um der Abteilung Einkauf die Arbeit zu erleichtern. Ihre Aufgabe ist es, mit den nachfolgend abgebildeten Tabellenblättern das Formular für die Getränkebestellung zu automatisieren.

	A	B	C	D	E	F
1	**Bürodesign GmbH**					
2						
3						
4	**Bedarfsmeldung**					
5						
6	an:	Abteilung Einkauf				
7						
8	von:	Abteilung Seminarvorbereitung				
9						
10						
11						
12	Sehr geehrte Frau Liebig,					
13						
14	für das Seminar "Angewandtes Marketing unter besonderer Berücksichtigung des Produktportfolios"					
15	in der kommenden Woche benötigen wir noch die unten aufgeführten Getränke!					
16						
17	Auch dieses Mal haben wir die hierfür anfallenden Kosten im Voraus berechnet und hoffen, Ihnen hiermit					
18	behilflich gewesen zu sein!					
19						
20	Mit freundlichen Grüßen					
21						
22						
23						
24	Artikel-Nr.	Bezeichnung	Bestellung notwendig?	Bestellmenge	Einzelpreis netto	Gesamtpreis netto
25						
26						
27						
28						
29						
30						
31						
32						
33						
34						
35						
36						
37						
38						
39						
40						
41						
42						
43					Listeneinkaufspreis	
44					Rabatt	
45					Zieleinkaufspreis	
46						
47						
48	Bei Inanspruchnahme von 2 % Skonto vermindert sich der Zieleinkaufspreis nochmals um					
49						
50	Der Bareinkaufspreis würde somit auf insgesamt				reduziert.	

Abbildung 8: *Getränkebestellung; Tabellenblatt „Bestellformular"*

	A	B	C	D	E	F
1	**Ergebnis der monatlichen Inventur im Küchenbereich**					
2						
3	**Artikel-Nr.**	**Artikelbezeichnung**	**aktueller Lagerbestand**	**Meldebestand**	**Mindestbestand**	**Höchstbestand**
4	10101	stilles Wasser	8	9	6	15
5	10102	Mineralwasser	9	9	8	15
6	10201	grüner Tee	9	7	5	10
7	10202	Assam-Tee	8	9	7	12
8	10203	Jasmin-Tee	8	7	5	10
9	10301	Kaffee, koffeinfrei	11	12	10	25
10	10302	Kaffee	13	12	10	25
11	10303	Cappucino	6	7	5	10
12	10304	Espresso	7	5	3	10
13	10401	Coca-Cola	12	13	10	25
14	10402	Pepsi-Cola	11	13	10	25
15	10403	Fanta	14	10	8	20
16	10404	Sprite	15	10	8	20
17	10501	Kölsch	6	7	5	15
18	10502	Pilsener	6	7	5	15
19	10601	Rotwein	8	8	6	12
20	10602	Weißwein	10	8	6	12

Abbildung 9: *Getränkebestellung; Tabellenblatt „Bestandsdaten"*

	A	B	C	D	E	F	G
1	**Preisliste des Getränke-Lieferanten**					**Rabattstaffel**	
2							
3							
4	Artikel-Nr.	Artikelbezeichnung	Preis pro Einheit			ab … Bestellwert	Gewährung von .. % Rabatt
5	10101	stilles Wasser	6,20 €			50,00 €	5,0
6	10102	Mineralwasser	6,10 €			250,00 €	7,5
7	10201	grüner Tee, 250 g.	4,50 €			600,00 €	10,0
8	10202	Assam-Tee, 500 g.	5,60 €				
9	10203	Jasmin-Tee, 250 g.	5,10 €				
10	10301	Kaffee, koffeinfrei	3,50 €				
11	10302	Kaffee, 500 g.	3,60 €				
12	10303	Cappucino	4,20 €				
13	10304	Espresso	4,60 €				
14	10401	Coca-Cola	6,50 €				
15	10402	Pepsi-Cola	6,40 €				
16	10403	Fanta	6,30 €				
17	10404	Sprite	6,30 €				
18	10501	Kölsch	10,10 €				
19	10502	Pilsener	9,80 €				
20	10601	Rotwein	24,20 €				
21	10602	Weißwein	22,50 €				

Abbildung 10: *Getränkebestellung; Tabellenblatt „Preisliste"*

Arbeitsaufträge:

1. Speichern Sie Ihre Datei unter dem Namen **Getränkebestellung**. Speichern Sie Ihre Datei regelmäßig – spätestens jedoch alle 5 Minuten – ab.
2. Übernehmen Sie die Tabellen inklusive aller Werte und Formatierungen in Ihre Arbeitsmappe und benennen Sie die Tabellenblätter wie angegeben.
3. Vergeben Sie für die Tabellen (Zellbereiche) der Tabellenblätter **Bestandsdaten** und **Preisliste** die Namen „Inventur", „Artikel" und „Rabatt". Verwenden Sie diese Namen – sofern möglich – in den jeweiligen Funktionen.
4. In der Zelle F4 Ihres Tabellenblattes **Bestellformular** soll mithilfe einer geeigneten Funktion das heutige Datum ausgegeben werden.
5. Übernehmen Sie in den Spalten A und B des Bestellformulars (per Zellbezug) die Artikel-Nr. und die Artikelbezeichnung aus der Tabelle Inventur.

Hinweis:

Für die nachfolgenden Arbeitsanweisungen gilt jeweils: Nur wenn für das jeweilige Getränk eine Bestellung erforderlich ist, sollen die Zellen der Spalten C – F ausgefüllt werden. Ansonsten sollen diese Zellen leer bleiben.

6. Ermitteln Sie mittels einer geeigneten Funktion in der Spalte C, ob für das jeweilige Getränk eine Bestellung notwendig ist. Dies ist dann der Fall, wenn der aktuelle Lagerbestand kleiner bzw. gleich dem Meldebestand ist. Eine Bestellung soll durch die Ausgabe eines „X" gekennzeichnet werden.
7. In der Spalte D soll die Bestellanzahl ausgewiesen werden. Für die Bestellmenge wird davon ausgegangen, dass durch die Bestellung der jeweilige Höchstbestand erreicht wird.
8. Durch die Verwendung geeigneter Funktionen soll in den Spalten E und F der jeweilige Einzelpreis des bestellten Getränkes bzw. der Gesamtpreis ermittelt werden.
9. Ermitteln Sie mithilfe geeigneter Funktionen
   a) den Listeneinkaufspreis in EUR,
   b) den Rabatt in EUR. Beachten Sie, dass die Tabelle Rabattstaffel nicht bei 0,00 EUR, sondern bei 50,00 EUR beginnt;
   c) den Zieleinkaufspreis in EUR.
10. Ermitteln Sie formel- bzw. funktionsgesteuert in der Zelle F48 die Höhe des möglichen Skontoabzuges und in der Zelle D50 den sich aus dem Skontoabzug ergebenden Bareinkaufspreis.
11. Formatieren Sie alle Euro-Werte im Format „Währung" (€) mit zwei Nachkommastellen.
12. Fügen Sie in Ihre Datei ein neues Tabellenblatt ein. Versehen Sie dieses mit dem Namen **Formeln**. Kopieren Sie den Inhalt des Tabellenblattes **Bestellformular** in dieses neue Tabellenblatt und wechseln Sie in die Formelansicht. Stellen Sie beim Ausdrucken dieser Tabelle sicher, dass alle Funktionen vollständig lesbar sind und die Tabelle auf **zwei DIN-A4-Seiten im Querformat** mit **Ihrem Namen, dem Dateinamen, dem aktuellen Datum** und **Zeilen- und Spaltenüberschriften** ausgedruckt wird.

6.3.3 Vertreterprovision

Situation:

Sie sind zurzeit bei der Abteilungsleiterin der Verwaltung, Frau Berg, eingesetzt. Sie ist für die Berechnung der Jahresprovisionen der im Ausland tätigen Vertreter verantwortlich.

Frau Berg teilt Ihnen mit, dass die Bürodesign GmbH in den USA sieben Vertreter beschäftigt. Für die steuerliche Berücksichtigung in Deutschland müssen allerdings die entsprechenden Jahresgehälter in EUR umgerechnet werden. Mit den nachfolgenden Tabellen sollen Sie die Höhe der Gehälter in EUR ermitteln.

Vertreterprovision für den Zeitraum von 01 bis 05

Rechenbereich

Vertreter	Jahresumsatz im Jahr 05 in US-$	Provision im Jahr 05 in US-$	Anteil an der Gesamtprovision	Anzahl der im Jahr 05 gewonnenen Neukunden	Zulage für Neukunden in US-$	Sonderzulage in US-$	Einkommen im Jahr 05 in US-$	Einkommen im Jahr 05 in EUR	Liegt überdurchschnittl. Jahreseinkommen vor?
Albers	185.600,00			8					
Düker	192.400,00			12					
Heinemann	154.800,00			24					
Markowski	136.800,00			32					
Nietzke	122.800,00			16					
Oswald	147.900,00			4					
Zanker	162.300,00			41					
Gesamt									

Übersicht über die Gehaltsentwicklung von 01 bis 05 in EUR

Vertreter	Gehalt 01	Gehalt 02	Gehalt 03	Gehalt 04	Gehalt 05	Durchschnitt
Albers	26.300,00 €	34.000,00 €	29.300,00 €	31.200,00 €		
Düker	23.400,00 €	27.400,00 €	26.400,00 €	30.900,00 €		
Heinemann	36.100,00 €	33.200,00 €	31.200,00 €	29.400,00 €		
Markowski	42.300,00 €	37.400,00 €	33.900,00 €	31.600,00 €		
Nietzke	27.600,00 €	32.300,00 €	34.700,00 €	29.700,00 €		
Oswald	27.400,00 €	33.600,00 €	35.500,00 €	35.600,00 €		
Zanker	34.900,00 €	29.800,00 €	32.400,00 €	29.400,00 €		
Gesamt						
Durchschnitt						

Abbildung 11: Vertreterprovision; Tabellenblatt „Rechenbereich"

Hilfstabelle Provision

Jahresumsatz ab US-$	Provision
0,00	8%
30.000,00	10%
60.000,00	12%
80.000,00	14%
100.000,00	16%

Hilfstabelle Neukundenzulage

Anzahl von Neukunden (ab...)	Neukundenzulage in US-$
5	1.250,00
10	1.750,00
20	2.500,00
30	3.500,00

Hilfstabelle Wechselkurs/Sonderzulage

Wechselkurs EUR/US-Dollar	
1 EUR =	1,40 US-$

Sonderzulage:	1.000,00 US-$

Abbildung 12: Vertreterprovision; Tabellenblatt „Hilfstabellen"

Arbeitsaufträge:

1. Speichern Sie Ihre Datei unter dem Namen **Vertreterprovision**. Speichern Sie Ihre Datei regelmäßig – spätestens jedoch alle 5 Minuten – ab.
2. Übernehmen Sie die vorgegebenen Tabellen inklusive aller Werte und Formatierungen und benennen Sie die Tabellenblätter wie angegeben.
3. Vergeben Sie den Hilfstabellen sinnvolle Namen und verwenden Sie diese – sofern möglich – in den späteren Formeln und Funktionen.

Hinweis:

Ermitteln Sie für die Aufgabenstellungen 4 a) bis 4 f) jeweils sofort nach Bearbeitung der Teilaufgabe den Gesamtwert in Zeile 15.

4. Ermitteln Sie mithilfe von geeigneten Funktionen
   a) die Provision je Vertreter für das Jahr 05 in US-Dollar;
   b) den prozentualen Anteil je Vertreter an der – vom Unternehmen an alle Vertreter gezahlten – Gesamtprovision, Formatierung in „Prozent" mit zwei Nachkommastellen;
   c) die Höhe der Neukundenzulage je Vertreter in US-Dollar. Die Höhe dieser Zulage ist der entsprechenden Hilfstabelle zu entnehmen. Beachten Sie, dass die Hilfstabelle mit dem Wert 5 beginnt;
   d) die Höhe der Sonderzulage in US-Dollar. Diese wird für den Fall gewährt, dass der jeweilige Vertreter im letzten Jahr mindestens 20 Prozent mehr Neukunden gewonnen hat als der Durchschnitt aller Vertreter;
   e) die Höhe des gesamten Einkommens je Vertreter in US-Dollar;
   f) die Höhe des gesamten Einkommens je Vertreter für das vergangene Jahr in EUR;
   g) ob der jeweilige Vertreter im vergangenen Jahr somit ein überdurchschnittliches Einkommen erzielt hat. Sofern dies der Fall ist, soll die Ausgabe **Ja** erfolgen. Ansonsten soll die jeweilige Zelle leer bleiben;
   h) Formatieren Sie die berechneten Werte im Format „Zahl" mit zwei Nachkommastellen und 1.000er-Trennpunkt.
5. Übernehmen Sie in den Zellen F22 bis F28 durch Zellbezüge das jeweilige Jahreseinkommen der Vertreter in EUR.
6. Ermitteln Sie mithilfe geeigneter Funktionen
   a) das durchschnittliche Jahreseinkommen der Vertreter von 01 bis 05;
   b) die vom Unternehmen geleisteten gesamten Einkommenszahlungen für die Jahre 01 bis 05;
   c) das durchschnittlich vom Unternehmen gezahlte Einkommen pro Vertreter für die Jahre 01 bis 05;
   d) Formatieren Sie alle Euro-Werte als „Währung" (€) mit zwei Nachkommastellen.
7. Fügen Sie unterhalb der Tabelle im Tabellenblatt **Rechenbereich** ein Textfeld ein. Analysieren Sie die Auswirkungen eines schwankenden Wechselkurses auf die Einkommen der Vertreter. Begründen Sie Ihre Entscheidung mithilfe der berechneten Werte. Formulieren Sie in ganzen Sätzen und achten Sie auf eine gute Ausdrucksweise.
8. Erstellen Sie ein weiteres Tabellenblatt, welches Sie mit dem Namen **Formeln** versehen. Kopieren Sie in dieses Tabellenblatt den Inhalt des Tabellenblattes **Rechenbereich** hinein und wechseln Sie in die Formelansicht.
9. Drucken Sie abschließend die Tabellenblätter **Rechenbereich** und **Formeln** aus. Beachten Sie hierbei unbedingt, dass neben den **Zeilen-/Spaltenüberschriften** alle Tabellen mit Ihrem **Namen, dem Dateinamen** und dem **heutigen Datum** in der Kopfzeile versehen sind. Sorgen Sie dafür, dass das Tabellenblatt **Rechenbereich** auf einer Seite und das Tabellenblatt **Formeln** auf zwei Seiten im **Querformat** ausgedruckt wird.

6.4 WVERWEIS

Situation:

Im Rahmen der Automatisierung der Rechnung in der Abteilung Rechnungswesen soll (wie beim SVERWEIS) der Rabattsatz aus einer Hilfstabelle entsprechend der jeweiligen Menge in das Rechnungsformular eingetragen werden. Herr Taube teilt Ihnen mit, dass die Hilfstabelle allerdings nicht wie beim SVERWEIS senkrecht, sondern in Zukunft **waagerecht** angeordnet werden soll.

Mit der Funktion SVERWEIS wurde durch die Eingabe von drei Argumenten ein gewünschter Wert innerhalb einer Hilfstabelle gesucht und der zugehörige Wert/Name etc. ausgegeben. Voraussetzungen für den

SVERWEIS sind zum einen die **aufsteigende Reihenfolge** der Werte innerhalb der Hilfstabelle und zum anderen, dass die Hilfstabelle **senkrecht** aufgebaut ist. Das **S** im Funktionsnamen SVERWEIS besagt demnach, dass in einer **s**enkrechten Hilfstabelle gesucht wird.
Ist die Hilfstabelle nicht senkrecht, sondern waagerecht dargestellt (siehe Abbildung 13), so ist die Verwendung der Funktion SVERWEIS nicht möglich. Alternativ dazu muss die Funktion **WVERWEIS** verwendet werden, die analog aufgebaut ist. Das **W** steht hier für **waagerecht**. Die Syntax der Funktion lautet:
=WVERWEIS(SUCHKRITERIUM;MATRIX;ZEILENINDEX;[BEREICH_VERWEIS])

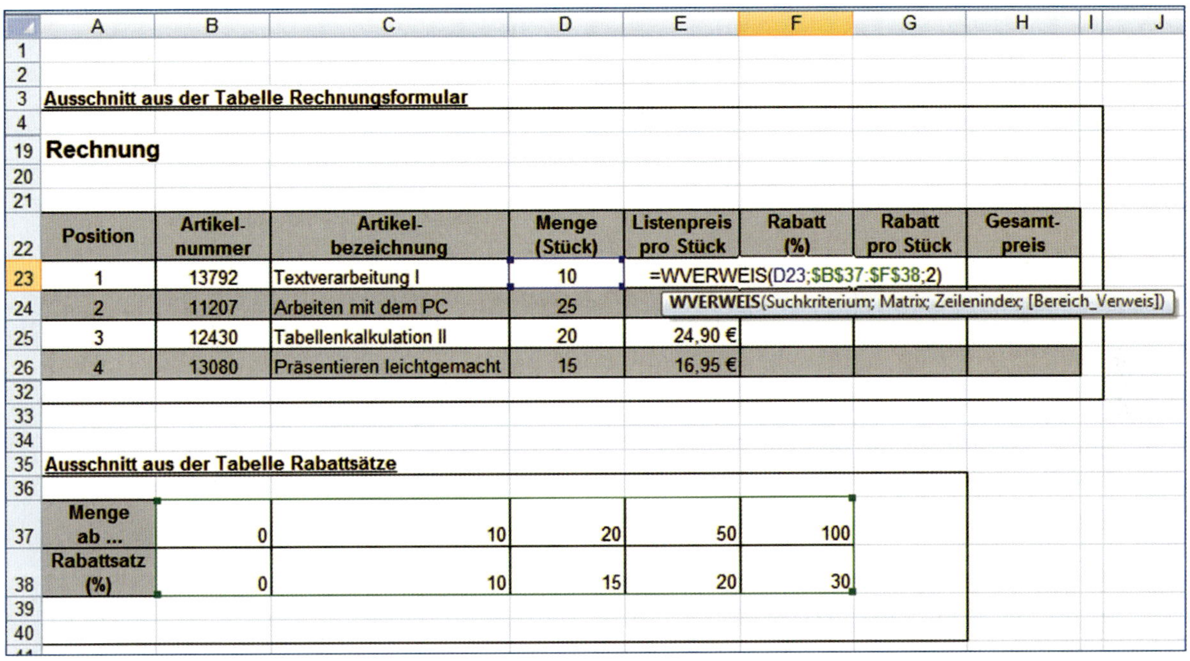

Abbildung 13: *Der WVERWEIS*

Für die Zelle F23 gilt die folgende Funktion: =WVERWEIS(D23;$B$37:$F$38;2)

Anmerkung:
Der BEREICH_VERWEIS wird im Rahmen des „einfachen" WVERWEIS nicht benötigt und kann weggelassen werden. Aufgrund dessen wird der BEREICH_VERWEIS erst im Rahmen des „erweiterten WVERWEIS" (Kapitel 6.5) thematisiert.

Wie beim SVERWEIS sucht auch der **WVERWEIS** den gewünschten Wert (d. h. die Zahl 10 aus der Zelle D23) in der Matrix (Suchbereich) ($B$37:$F$38). Da das Suchkriterium 10 zwar größer ist als die kleinste Zahl des Suchbereiches (hier die Zahl 0) und genau so groß ist wie die nächste Zahl 10, jedoch kleiner als die Zahl 20 ist, wird als Ausgabewert der Inhalt der Zelle C38 ermittelt.

Anmerkung:
Der WVERWEIS unterliegt den selben Einschränkungen wie der SVERWEIS. Damit eine fehlerfreie Funktionsweise gewährleistet ist, muss neben einer **aufsteigenden Reihenfolge innerhalb der MATRIX** auch sichergestellt sein, dass sich das **SUCHKRITERIUM nicht unterhalb der untersten Grenze des Suchbereiches** befindet. D. h. der Wert –1 würde vom WVERWEIS nicht verarbeitet werden, da die Funktion die Suche erst ab der Zahl 0 durchführen kann. Auch die Fragestellung „Ist der gesuchte Wert größer oder gleich dem Grenzwert?" entspricht der des SVERWEIS.

Arbeitsauftrag 4:

Erfassen Sie im Tabellenkalkulationsprogramm den abgebildeten Ausschnitt der Rechnung und sorgen Sie dafür, dass in Abhängigkeit der Menge der jeweilige Rabattsatz ausgegeben wird. Berechnen Sie anschließend die jeweiligen Rabatte pro Stück und Gesamtpreise.

6.5 Erweiterung des WVERWEIS

Wie beim SVERWEIS kann durch das Hinzufügen des vierten Kriteriums – des BEREICH_VERWEIS – der WVERWEIS dazu veranlasst werden, eine ungeordnete Reihenfolge innerhalb der Matrix zu ignorieren. Voraussetzung ist hier allerdings auch, dass der gesuchte Wert in der Matrix vorhanden ist (siehe Beispiel).

In diesem erweiterten WVERWEIS (mit BEREICH_VERWEIS) wird in der Matrix die genaue Übereinstimmung geprüft. Dies wird durch die Ergänzung der Angabe FALSCH (alternativ: 0) durchgeführt. Diese Angabe verändert – genau wie beim SVERWEIS – die Fragestellung von „ist der gesuchte Wert größer bzw. gleich" in „ist der gesuchte Wert identisch" mit dem jeweiligen Wert in der Matrix. Allerdings können somit nur die genauen Werte überprüft werden. Die Eingabe der Kundennummer 1020 in der Zelle H15 führt zu der Fehlermeldung #NV (engl.: **n**on **v**alue), was lediglich bedeutet, dass der gesuchte Wert nicht in der Matrix (Suchbereich) vorhanden ist. Die Fehlermeldung ist in diesem Fall gewünscht, da so die Eingabe einer falschen Kundennummer zu keiner Adressanzeige führt!

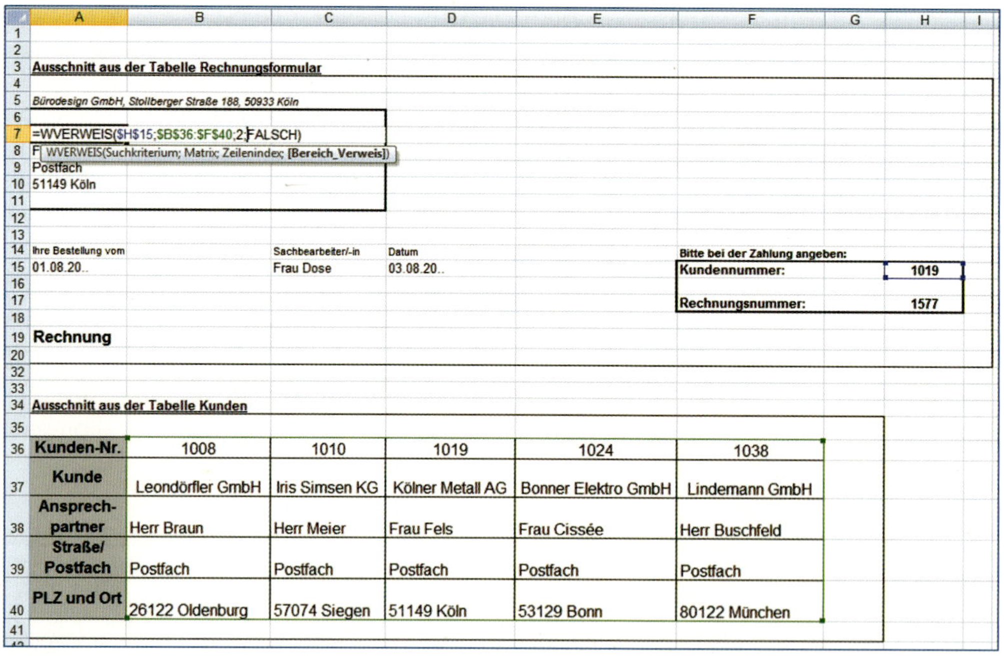

Abbildung 14: *Die Erweiterung des WVERWEIS*

Arbeitsauftrag 5:

Übernehmen Sie die Ausschnitte aus den Tabellen **Rechnung** und **Kunden** in ein Tabellenblatt und sorgen Sie dafür, dass die Adresse (Zelle A7 bis A10) durch Eintragen der Kundennummer in Zelle H15 automatisch ausgegeben wird. Beachten Sie, dass die Zellen festgesetzt (absolut adressiert) werden müssen, da dieser Bereich für alle Zeilen des Anschriftfeldes gilt. Ändern Sie lediglich den ZEILENINDEX.

6.6 Übungsaufgaben zum WVERWEIS

6.6.1 Prämiensystem

Situation:

Da Sie in der Abteilung Personal einen guten Eindruck hinterlassen haben, hat Frau Ferl Sie für die Auswertung des Prämiensystems für die neuen Reisenden angefordert.
Sie teilt Ihnen mit, dass die Bürodesign GmbH für den deutschen Markt fünf Reisende eingestellt hat. Das Entgelt der Reisenden besteht aus einem Fixum. Zusätzlich erhalten die Reisenden eine vom Umsatz abhängige Prämie sowie eine umsatzabhängige Provision. Mit den nachfolgenden Tabellen sollen Sie eine Auswertung des Prämiensystems für den vergangenen Abrechnungszeitraum durchführen.

Web

	A	B	C	D	E	F	G
1	Auswertung eines Prämiensystems für die neuen Reisenden						
2							
3							
4	Reisender	Fixum (EUR)	Umsatz (EUR)	Provision (in EUR)	Prämie (in EUR)	gesamte Vergütung (in EUR)	Prämienanteil an Gesamtvergütung
5	Ebeler	1.800,00	18.000,00				
6	Helmig	1.500,00	22.000,00				
7	Köster	2.000,00	20.500,00				
8	Naomi	1.500,00	24.500,00				
9	Walther	1.700,00	23.000,00				
10							
11	Gesamt						

Abbildung 15: *Prämiensystem; Tabellenblatt „Auswertung"*

	A	B	C	D
1	Provision			
2				
3	Umsatz ab EUR	0	10.000	20.000
4	Provisionssatz	5,00%	7,00%	10,00%

Abbildung 16: *Prämiensystem; Tabellenblatt „Provision"*

	A	B	C	D
1	Prämie			
2				
3	Umsatz ab EUR	0	12.000	23.000
4	Prämie auf die Provision	17,00%	25,00%	35,00%

Abbildung 17: *Prämiensystem; Tabellenblatt „Prämie"*

Arbeitsaufträge:

1. Speichern Sie Ihre Datei unter dem Namen **Prämiensystem**. Speichern Sie Ihre Datei regelmäßig – spätestens jedoch alle 5 Minuten – ab.
2. Übernehmen Sie die vorgegebenen Tabellen inklusive aller Werte und Formatierungen und benennen Sie die Tabellenblätter wie angegeben.
3. Vergeben Sie den Hilfstabellen (Zellbereiche) sinnvolle Namen und verwenden Sie diese – sofern möglich – in den späteren Formeln und Funktionen.
4. Ermitteln Sie mithilfe von geeigneten Funktionen
   a) in Spalte D die Provision je Reisenden,
   b) in Spalte E die Prämie je Reisenden,

c) in Spalte F die Höhe der gesamten Vergütung je Reisenden,
d) in Spalte G den Prämienanteil an der Gesamtvergütung pro Reisenden. Geben Sie den Anteil als Prozentzahl mit zwei Nachkommastellen an;
e) in Zeile 11 die jeweiligen Summen.

5. Formatieren Sie alle Euro-Werte im Format „Zahl" mit zwei Nachkommastellen und 1.000er-Trennpunkt.
6. Erstellen Sie ein weiteres Tabellenblatt, welches Sie mit dem Namen **Formeln** versehen. Kopieren Sie in dieses Tabellenblatt die Werte des Tabellenblattes **Auswertung** hinein und wechseln Sie in die Formelansicht. Sorgen Sie dafür, dass die Formeln und Funktionen vollständig lesbar sind.
7. Drucken Sie abschließend das Tabellenblatt **Formeln** aus. Beachten Sie hierbei unbedingt, dass neben den **Zeilen-/Spaltenüberschriften** die Tabelle mit Ihrem **Namen, dem Dateinamen** und dem **heutigen Datum** in der Kopfzeile versehen ist. Sorgen Sie ebenfalls dafür, dass das Tabellenblatt auf einer Seite im **Querformat** ausgedruckt wird.

6.6.2 Angebotsvergleich 3

Situation:

Bei Ihrer momentanen Tätigkeit in der Abteilung Beschaffung ergibt sich folgende Situation: Herr Hussel aus der Abteilung Lager meldet, dass aufgrund des Abverkaufs des Faxgerätes „Multifax 0912" der Meldebestand von 30 Stück unterschritten ist. Der aktuelle Bestand dieser Handelsware beträgt 25 Stück, der Höchstbestand 100 Stück. Die Bürodesign GmbH muss 75 Stück des Faxgerätes bestellen und sendet Anfragen an drei Lieferer.
Nach Ankunft der Angebote muss ein Angebotsvergleich durchgeführt werden, um den günstigsten Anbieter zu ermitteln. Frau Pfeiffer bittet Sie, die notwendigen Arbeiten zu erledigen. Ihre Aufgabe ist es, anhand der nachfolgend abgebildeten Tabellenblätter einen automatisierten Angebotsvergleich durchzuführen.

	A	B	C	D	E
1	Ermittlung des günstigsten Lieferanten				
2					
3					
4	Bestellmenge	75			
5					
6					
7	Durchführung des Angebotsvergleichs:				
8					
9					
10		Jansen OHG	Brüggemann GmbH	Deppendorf KG	
11	Lieferbedingung				
12	Listeneinkaufspreis/ Stück				
13	Listeneinkaufspreis/ gesamt				
14	Rabatt				
15	Zieleinkaufspreis				
16	Skonto				
17	Bareinkaufspreis				
18	Bezugskosten				
19	Bezugspreis gesamt				
20	Bezugspreis/Stück				
21					
22					
23	Der günstigste Lieferant heißt				
24					
25	Die Ersparnis zwischen dem teuersten und dem günstigsten Lieferanten beträgt:				

Abbildung 18: *Angebotsvergleich 3; Tabellenblatt „Berechnung"*

	A	B	C	D
1	**Übersicht über anfallende Bezugskosten**			
2				
3				
4		Jansen OHG	Brüggemann GmbH	Deppendorf KG
5	Rollgeld I	4,80 €	5,00 €	6,10 €
6	Ladegebühr	2,10 €	3,60 €	2,00 €
7	Fracht	30,00 €	40,00 €	35,00 €
8	Entladegebühr	3,50 €	5,00 €	0,00 €
9	Rollgeld II	7,00 €	6,20 €	4,80 €
10				
11				
12	**Nebenrechnung zur Ermittlung der Bezugskosten**			
13				
14	Beförderungs-bedingung	Jansen OHG	Brüggemann GmbH	Deppendorf KG
15	ab Werk			
16	unfrei			
17	frei Waggon			
18	frachtfrei			
19	frei Haus			

Abbildung 19: *Angebotsvergleich 3; Tabellenblatt „Bezugskosten"*

	A	B	C	D
1	**Übersicht über die Grunddaten unserer Lieferanten**			
2				
3				
4		Jansen OHG	Brüggemann GmbH	Deppendorf KG
5	Listenpreis/Stück	35,80 €	37,20 €	34,95 €
6	Skonto	3%	2%	0%
7	Rabatt	15%	20%	10%
8	Rabattgewährung ab ... Stück	80	50	30
9	Beförderungs-bedingung	unfrei	frachtfrei	frei Haus

Abbildung 20: *Angebotsvergleich 3; Tabellenblatt „Grunddaten"*

Arbeitsaufträge:

1. Speichern Sie Ihre Datei unter dem Namen **Angebotsvergleich_3**. Speichern Sie Ihre Datei regelmäßig – spätestens alle 5 Minuten – ab.
2. Übernehmen Sie die Tabellen inklusive aller Werte und Formatierungen und benennen Sie die Tabellenblätter wie angegeben. Vergeben Sie für die Hilfstabellen (Zellbereiche) sinnvolle Namen.
3. Ermitteln Sie mithilfe von Formeln im Tabellenblatt **Bezugskosten** die jeweiligen Bezugskosten für alle aufgeführten Lieferbedingungen und Lieferanten.
4. Ermitteln Sie im Tabellenblatt **Berechnung** mithilfe von Formeln und Funktionen für alle drei Lieferer
   a) die jeweilige Lieferbedingung (Suchfunktion verwenden),
   b) den Listeneinkaufspreis je Stück und Listeneinkaufspreis insgesamt,
   c) den vom jeweiligen Lieferanten gewährten Rabatt in EUR (Suchfunktion verwenden),
   d) den Zieleinkaufspreis,
   e) den gewährten Skontoabzug in EUR (Suchfunktion verwenden),
   f) den Bareinkaufspreis,
   g) die Bezugskosten (verwenden Sie hierfür u. a. eine Suchfunktion),
   h) den Bezugspreis für die gesamte Bestellmenge,
   i) den Bezugspreis für ein Stück,
   j) den Namen des günstigsten Lieferanten,
   k) die Ersparnis zwischen dem günstigsten und dem teuersten Angebot für die gesamte Bezugsmenge in Prozent (unter Angabe von zwei Nachkommastellen). Beachten Sie hierbei, dass die Funktion auch den Umstand berücksichtigen muss, dass der derzeit günstigste Lieferant auch der teuerste sein könnte.
5. Formatieren Sie alle Euro-Werte im Format „Währung" (€) mit zwei Nachkommastellen.
6. Fügen Sie unterhalb der Tabelle im Tabellenblatt **Berechnung** ein Textfeld ein. Entscheiden Sie sich für einen Lieferanten und begründen Sie Ihre Entscheidung mithilfe der berechneten Werte. Formulieren Sie in ganzen Sätzen und achten Sie auf eine gute Ausdrucksweise.
7. Erstellen Sie ein weiteres Tabellenblatt, welches Sie mit dem Namen **Formeln** versehen. Kopieren Sie in dieses Tabellenblatt die Werte des Tabellenblattes **Berechnung** hinein und wechseln Sie in die Formelansicht.

8. Drucken Sie anschließend das Tabellenblatt **Formeln** aus. Beachten Sie hierbei unbedingt, dass neben den **Zeilen- und Spaltenüberschriften** der Ausdruck mit Ihrem **Namen, dem Dateinamen** und dem **heutigen Datum** in der Kopfzeile versehen ist. Sorgen Sie ebenfalls dafür, dass das Tabellenblatt auf **drei Seiten** im **Querformat** ausgedruckt wird.

6.6.3 Flugtickets

Situation:

Während Ihres Einsatzes in der Geschäftsführung bekommen Sie mit, dass Herr Marlies sechs seiner Mitarbeiter zu einer Fachmesse nach Tokio schicken möchte.

Da die Mitarbeiter – entsprechend ihrer Stellung im Unternehmen – unterschiedliche Wünsche hinsichtlich des Komforts (von **economy** bis **first-class**) haben, wurden Angebote der Fluggesellschaften A und B eingeholt.

Da alle Mitarbeiter Mitglieder in sogenannten Prämiensystemen sind, muss unter Umständen kein Preis für die Ausstellung eines Tickets bezahlt werden. Die Angaben über die vom jeweiligen Mitarbeiter angesammelten „Meilen" und die für die Ausstellung eines Freitickets notwendigen Bonusmeilen finden Sie innerhalb der unten abgebildeten Tabellen. Herr Marlies beauftragt Sie, eine automatisierte Ermittlung der notwendigen Ausgaben für Flugtickets zu erstellen.

Web

	A	B	C	D	E	F	G	H
1	Ermittlung der notwendigen Ausgaben für Flugtickets							
2								
3								
4								
5	Fluggesellschaft A							
6								
7	Buchungsklasse	1	2	3	4			
8	Preis pro Ticket	3.299,00 €	2.469,00 €	1.799,00 €	1.239,00 €			
9	notwendige Bonusmeilen	100.000	80.000	60.000	40.000			
10								
11								
12	Fluggesellschaft B							
13								
14	Buchungsklasse	1	2	3	4			
15	Preis pro Ticket	3.149,00 €	2.369,00 €	1.399,00 €	1.239,00 €			
16	notwendige Bonusmeilen	110.000	85.000	55.000	40.000			
17								
18								
19								
20								
21	Konferenzteilnehmer	gewünschte Fluggesellschaft	gewünschte Buchungsklasse	Preis/Ticket	derzeitige Bonusmeilen	notwendige Bonusmeilen	Ticketkauf notwendig?	notwendige Ausgabe
22	Brandt, Jürgen	B	2		45.000			
23	Hekendorf, Tanje	B	1		130.000			
24	Klaas, Andrea	A	2		32.000			
25	Nadler, Joachim	B	3		46.000			
26	Poschmann, Patrick	A	4		52.000			
27	Rheinhardt, Jochen	B	2		18.000			
28								
29								
30	gesamte Ticketkosten:							
31	durchschnittlicher Ticketpreis:							

Abbildung 21: *Flugtickets; Tabellenblatt „Berechnung"*

Arbeitsaufträge:

1. Speichern Sie Ihre Datei unter dem Namen **Flugtickets**. Speichern Sie Ihre Datei regelmäßig – spätestens jedoch alle 5 Minuten – ab.
2. Übernehmen Sie die Tabelle inklusive aller Werte und Formatierungen und benennen Sie das Tabellenblatt wie angegeben.

> **Hinweis:**
> Beachten Sie, dass ungültige Eingaben bei der gewünschten Fluggesellschaft bzw. der gewünschten Buchungsklasse zur Ausgabe des Hinweises „Fehleingabe" bzw. „#NV" führen sollen.

3. Vergeben Sie den Hilfstabellen sinnvolle Namen und verwenden Sie diese – sofern möglich – in den späteren Formeln und Funktionen.
4. Ermitteln Sie mithilfe von geeigneten Formeln und Funktionen
   a) in den Zellen D22 bis D27 in Abhängigkeit von der gewünschten Fluggesellschaft und der Buchungsklasse den Preis für ein Ticket,
   b) in den Zellen F22 bis F27 die für die Ausstellung eines kostenlosen Tickets notwendigen Bonusmeilen,
   c) in den Zellen G22 bis G27, ob ein Ticketkauf notwendig ist,
   Hier gehen Sie bitte davon aus, dass ein Ticketkauf nur notwendig ist, wenn die bisher gesammelten Bonusmeilen nicht zur Ausstellung eines Freitickets ausreichen. Je nach Antwort soll entweder ein JA oder ein NEIN ausgegeben werden;
   d) in den Zellen H22 bis H27 den Preis für das auszustellende Ticket. Im Fall der Ausstellung eines Freitickets ist als Preis der Wert 0,00 EUR auszugeben;
   e) in der Zelle B30 die tatsächlichen gesamten Kosten für alle sechs Tickets;
   f) in der Zelle B31 die tatsächlichen durchschnittlichen Kosten pro Ticket. Grundlage für diesen Wert sind ebenfalls alle sechs Tickets.
5. Kopieren Sie den Inhalt des Tabellenblattes **Berechnung** in ein neues Tabellenblatt und wechseln Sie dort in die Formelansicht. Benennen Sie das neue Tabellenblatt **Formeln**.
6. Richten Sie die Tabellenblätter **Berechnung** und **Formeln** so ein, dass diese **Zeilen- und Spaltenüberschriften** enthalten und die Ausdrucke auf **einer Seite** (Tabellenblatt Berechnung) bzw. **zwei Seiten** (Tabellenblatt Formeln) im Querformat ausgedruckt werden. Sämtliche Formeln und Funktionen sollen vollständig lesbar sein. Weiterhin sollen beide Tabellenblätter in der Kopfzeile Ihren **Namen,** den **Dateinamen** und das **aktuelle Datum** enthalten.

7 Diagramme

7.1 Erstellen von Diagrammen am Beispiel eines Säulendiagramms

Situation:

Herr Thorsten Klein aus der Abteilung Rechnungswesen/Statistik möchte für die nächste Ausgabe der Betriebszeitung eine Übersicht über die Absatz- und Umsatzzahlen des vergangenen Geschäftsjahres erstellen. Um die reinen Zahlen etwas anschaulicher zu gestalten, soll mithilfe des Tabellenkalkulationsprogramms zunächst eine Gegenüberstellung der Brutto- und Nettoerlöse der gängigsten Artikel erstellt werden.

Arbeitsauftrag 1:

Übernehmen Sie die in der Abbildung 1 stehende Tabelle in Ihr Tabellenblatt 1. Lesen Sie sich die nachfolgenden Seiten sorgfältig durch und vollziehen Sie die aufgezeigten Schritte nach.

Als Ausgangsbasis für das zu erstellende Diagramm dient die folgende Tabelle:

	A	B	C	D	E	F	G
1	Übersicht über den Absatz und den Umsatz des vergangenen Jahres						
2							
3							
4		verkaufte Stückzahlen					
5	Artikel	1. Halbjahr	2. Halbjahr	Verkaufspreis	Bruttoerlöse gesamt	Rabatt gesamt	Nettoerlöse gesamt
6	Das Office Buch	380	420	24,95 €	19.960,00 €	998,00 €	18.962,00 €
7	Tabellenkalkulation II	680	650	17,98 €	23.913,40 €	1.195,67 €	22.717,73 €
8	Arbeiten mit dem PC	420	370	22,40 €	17.696,00 €	884,80 €	16.811,20 €
9	Internet für Anfänger	830	850	12,90 €	21.672,00 €	2.167,20 €	19.504,80 €
10	Präsentieren leichtgemacht	490	590	16,95 €	18.306,00 €	1.372,95 €	16.933,05 €
11	Textverarbeitung I	940	1020	14,95 €	29.302,00 €	2.197,65 €	27.104,35 €
12	Textverarbeitung II	860	870	14,95 €	25.863,50 €	2.586,35 €	23.277,15 €

Abbildung 1: *Ausgangsdaten für die nachfolgend zu erstellenden Diagramme*

In dem zu erstellenden Diagramm sollen die Werte Bruttoerlöse gesamt (Spalte E) sowie Nettoerlöse gesamt (Spalte G) für alle Artikel in Form eines Säulendiagramms dargestellt werden, da diese Darstellungsform den direkten Vergleich unterschiedlicher Werte ermöglicht.

Im ersten Schritt müssen die Werte markiert werden, aus denen das Programm später die Säulen erstellen soll. Im vorliegenden Fall sind dies die Zellen E6 bis E12 sowie G6 bis G12. Da hier ein nicht zusammenhängender Zellbereich vorliegt, empfiehlt es sich, zunächst die Zellen der Spalten E zu markieren. Bei anschließend festgehaltener STRG-Taste können die Zellen der Spalte G markiert werden. Die Werte, die später auf der X-Achse stehen werden (hier die Artikelbezeichnungen), werden an dieser Stelle bewusst nicht mit markiert. Der markierte Bereich hat folgendes Aussehen:

	A	B	C	D	E	F	G
1	**Übersicht über den Absatz und den Umsatz des vergangenen Jahres**						
2							
3							
4		verkaufte Stückzahlen					
5	Artikel	1. Halbjahr	2. Halbjahr	Verkaufspreis	Bruttoerlöse gesamt	Rabatt gesamt	Nettoerlöse gesamt
6	Das Office Buch	380	420	24,95 €	19.960,00 €	998,00 €	18.962,00 €
7	Tabellenkalkulation II	680	650	17,98 €	23.913,40 €	1.195,67 €	22.717,73 €
8	Arbeiten mit dem PC	420	370	22,40 €	17.696,00 €	884,80 €	16.811,20 €
9	Internet für Anfänger	830	850	12,90 €	21.672,00 €	2.167,20 €	19.504,80 €
10	Präsentieren leichtgemacht	490	590	16,95 €	18.306,00 €	1.372,95 €	16.933,05 €
11	Textverarbeitung I	940	1020	14,95 €	29.302,00 €	2.197,65 €	27.104,35 €
12	Textverarbeitung II	860	870	14,95 €	25.863,50 €	2.586,35 €	23.277,15 €

Abbildung 2: *Für das Säulendiagramm notwendiges Zahlenmaterial*

Um aus diesen Werten ein Säulendiagramm zu erstellen, wird mit der Maus der Befehlsweg EINFÜGEN – DIAGRAMME (kleine Schaltfläche am rechten Rand) gewählt. In dem Fenster, das sich nun öffnet, wird der in der Abbildung markierte Säulentyp (GRUPPIERTE SÄULEN) ausgewählt.

Sofern der Anwender sich von vornherein schlüssig über die Auswahl des Diagrammtyps Säule ist, kann er auch den Befehlsweg EINFÜGEN – DIAGRAMME – SÄULE wählen. In dem Fenster, das sich dann öffnet, werden lediglich die unterschiedlichen Säulentypen angezeigt (die Abbildung 4 stellt lediglich einen Auszug der vorhandenen Säulendiagrammtypen dar).

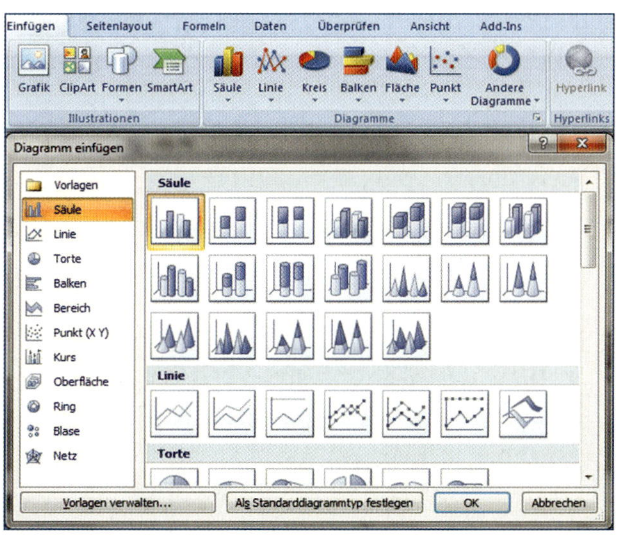

Abbildung 3a: *Auswahl des Diagrammtyps GRUPPIERTE SÄULEN in Excel 2007*

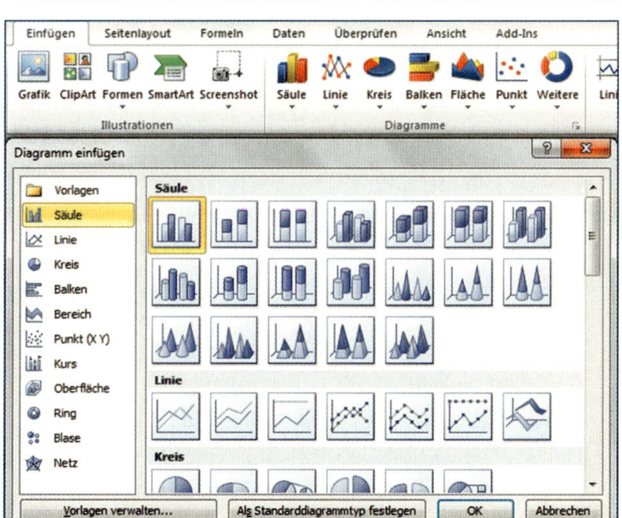

Abbildung 3b: *Auswahl des Diagrammtyps GRUPPIERTE SÄULEN in Excel 2010*

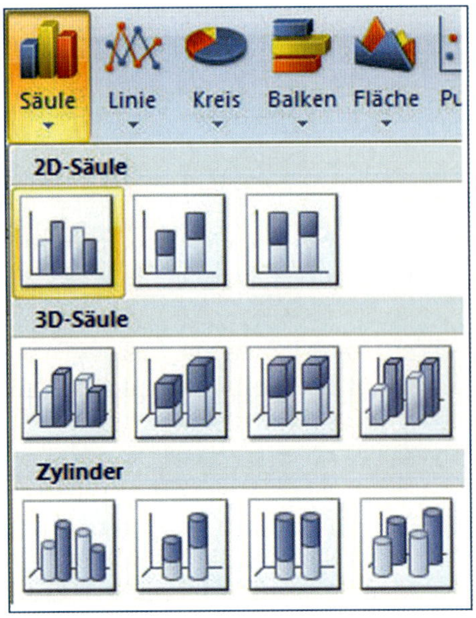

Abbildung 4: *Auswahl des Diagrammtyps GRUPPIERTE SÄULEN über den Befehlsweg EINFÜGEN – DIAGRAMME – SÄULE*

Die unterschiedlichen Diagramm(unter-)typen werden vom Programm erklärt, wenn die Maus einige Sekunden auf der Schaltfläche des gewünschten Diagramms zum Ruhen kommt. Im Fall des ausgewählten Diagramms öffnet sich beispielsweise folgender Kommentar:

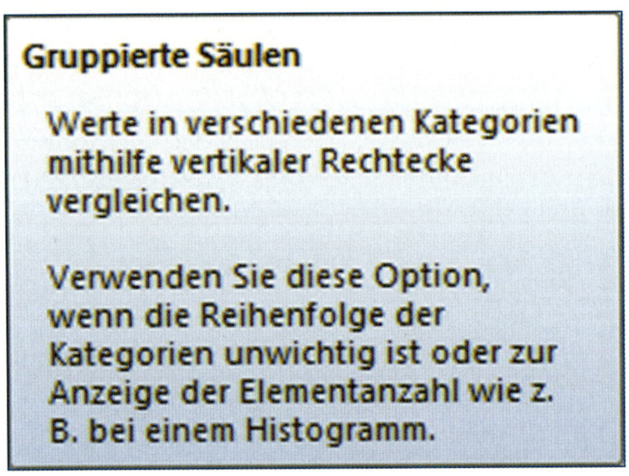

Abbildung 5: *Erklärender Hinweistext zum ausgewählten Diagrammtyp GRUPPIERTE SÄULEN*

Nach der Auswahl des Diagrammtyps wird auf dem Monitor das Diagramm in seiner Grundstruktur dargestellt. Es kann durch die nachstehend beschriebenen Schritte den Wünschen des Anwenders angepasst werden.

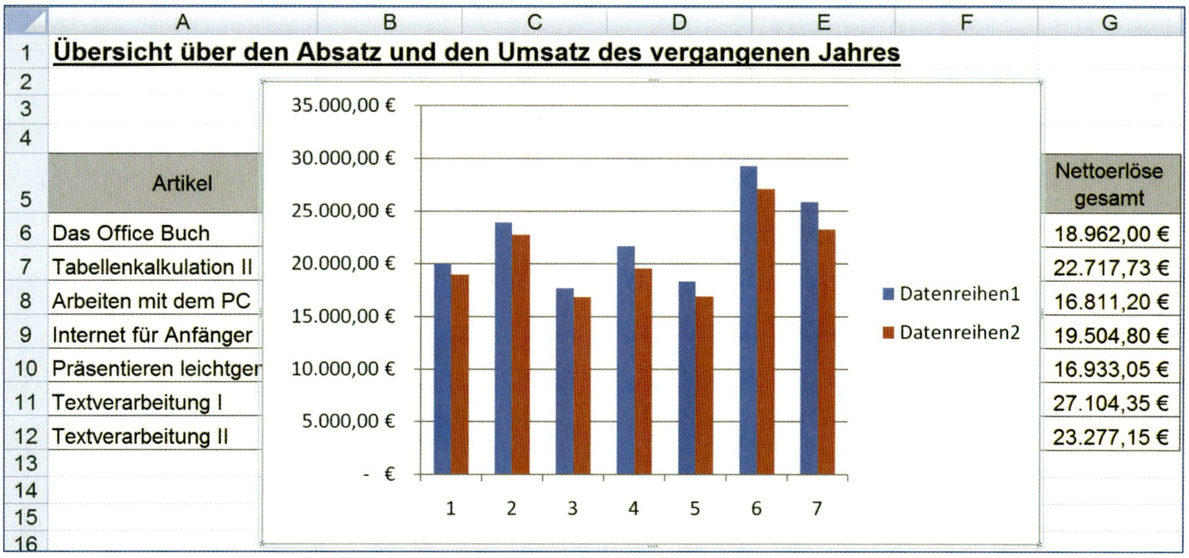

Abbildung 6: *Grundstruktur des Diagrammtyps GRUPPIERTE SÄULEN*

Anmerkung:

Entspricht der ausgewählte Diagrammtyp doch nicht den Erwartungen, kann der Diagrammtyp nach Markierung des Diagramms problemlos über den Befehlsweg ENTWURF – TYP – DIAGRAMMTYP ÄNDERN abgeändert werden.

Zu beachten ist, dass das Programm automatisch in die DIAGRAMMTOOLS gewechselt ist, die aus den Registerkarten ENTWURF, LAYOUT und FORMAT bestehen.

Im Bereich der Registerkarte ENTWURF werden zunächst über die Schaltfläche DATEN AUSWÄHLEN der Legende statt der Bezeichnungen Datenreihen1 bzw. Datenreihen2 die korrekten Bezeichnungen zugewiesen. Nach dem Anklicken der Schaltfläche DATEN AUSWÄHLEN öffnet sich folgendes Fenster:

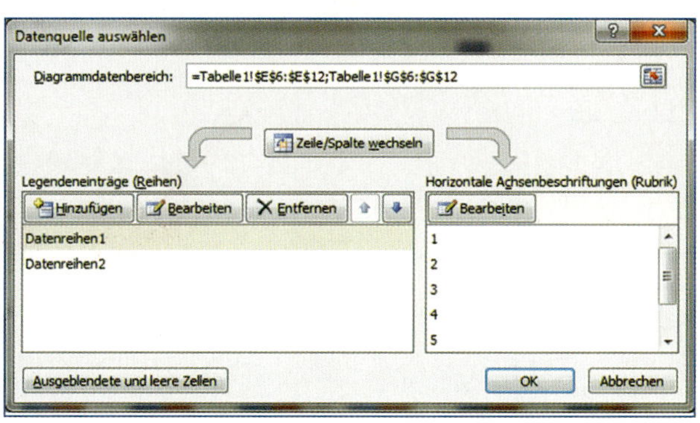

Abbildung 7: *Menü zur Umbenennung der Legende*

Zur Änderung der Bezeichnung Datenreihen1 wird diese mit der Maus angeklickt (sie wird nun blau hinterlegt dargestellt). Durch einen anschließenden Klick auf die Schaltfläche BEARBEITEN öffnet sich das folgende Fenster:

Abbildung 8: *Eingabeaufforderung zur Umbenennung der Datenreihe1*

In diesem Fenster zeigt das Programm im Bereich REIHENWERTE an, dass sich die Datenreihe1 aus den Werten der Zellen E6 bis E12 (aus dem Tabellenblatt Tabelle1) zusammensetzt. An dieser Stelle kann der gewünschte Legendentext (Bruttoerlöse gesamt) per Hand in das freie Feld des Bereichs REIHENNAME eingegeben werden. Eine andere Möglichkeit besteht darin, dass mit der Maus auf das Symbol am rechten Rand des Bereichs REIHENNAME geklickt wird. Im sich nun öffnenden Fenster (vgl. Abbildung 9) kann mit der Maus ein Zellbezug zu der Zelle E5 des Tabellenblattes Tabelle1 hergestellt werden, um hierdurch den gewünschten Legendentext im Diagramm zu erstellen. Die Auswahl wird erneut mit dem Symbol am rechten Rand des nachstehend dargestellten Fensters abgeschlossen.

Abbildung 9: *Durch Zellbezug vorgenommene Auswahl zur Umbenennung der Datenreihe1*

Nachdem auch die Datenreihe2 entsprechend umbenannt worden ist, hat das Diagramm folgendes Aussehen:

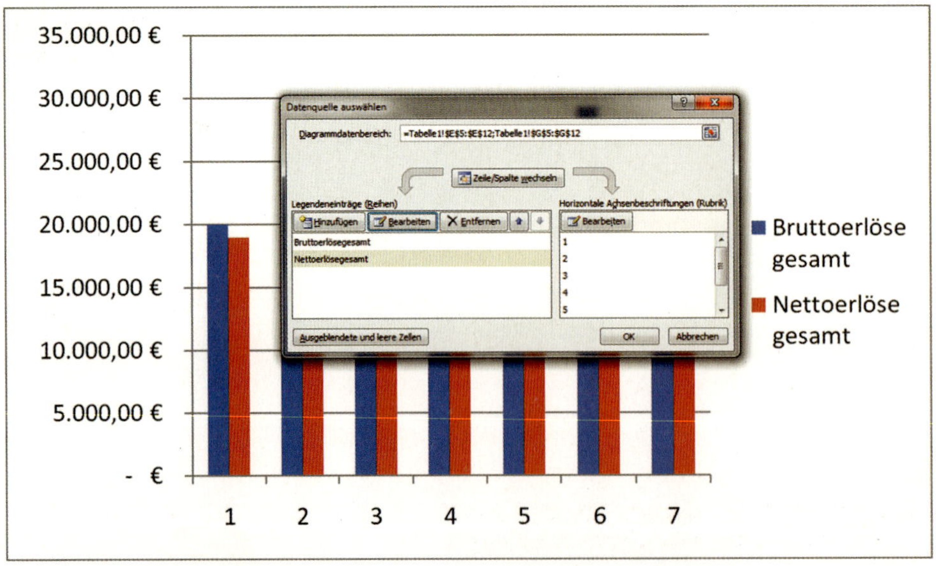

Abbildung 10: *Diagramm nach erfolgter Umbenennung der Datenreihen1 und 2*

Im selben Arbeitsschritt kann auch die fehlerhafte horizontale Achsenbeschriftung (X-Achse) umbenannt werden. Hierfür wird mit der Maus in den rechten Bereich (HORIZONTALE ACHSENBESCHRIFTUNGEN) gewechselt. Durch einen weiteren Klick auf die Schaltfläche BEARBEITEN gelangt man in das nachstehend abgebildete Eingabefenster (vgl. Abbildung 11). In diesem Fenster können mit der Maus die Zellen A6 bis A12 markiert werden, bevor nach Bestätigung der Eingabe das Diagramm das in der Abbildung 12 dargestellte Aussehen annimmt.

Abbildung 11: *Ausgewählte Zellen zur Umbenennung der X-Achse*

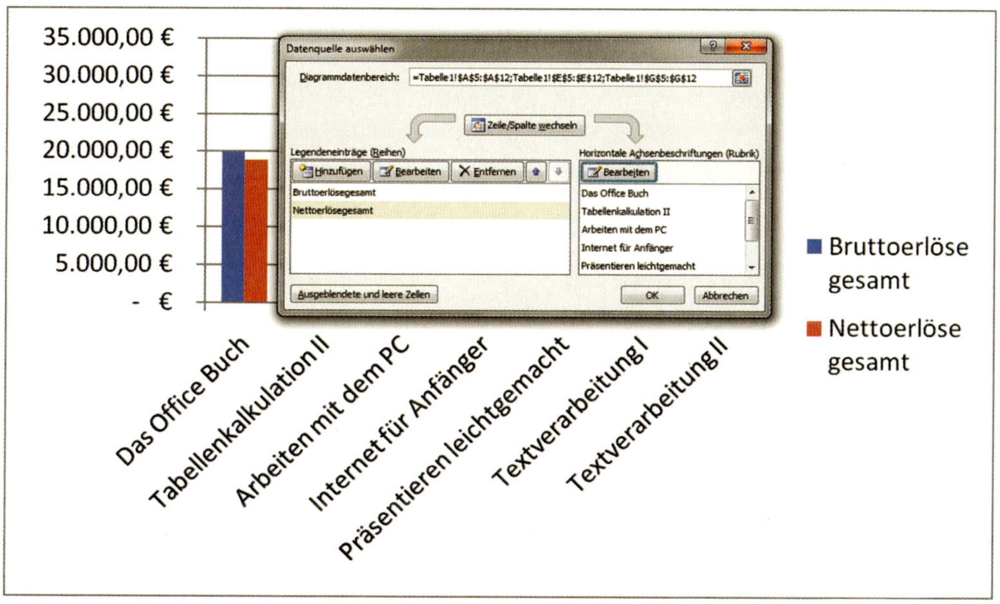

Abbildung 12: *Diagramm nach Umbenennung der X-Achse*

In der Gruppe DIAGRAMMLAYOUTS können unterschiedliche, vorstrukturierte Layouts gewählt werden. Für das hier zu erstellende Diagramm werden allerdings an dieser Stelle keine Änderungen vorgenommen.

Auch die Gruppe DIAGRAMMFORMATVORLAGEN ist sehr anwenderfreundlich strukturiert. Für die weiteren Schritte wird aus den Vorlagen die in der nachstehenden Abbildung dargestellte Formatvorlage (gelbe Umrandung, Formatvorlage 26) ausgewählt:

Abbildung 13: *Auswahl der Formatvorlage 26*

In der letzten Gruppe ORT ist zu entscheiden, ob das Diagramm unter der Tabelle angeordnet (Auswahl der Option OBJEKT IN:) oder auf einem gesonderten Tabellenblatt dargestellt werden soll (Auswahl der Option NEUES BLATT:). Für die weiteren Schritte wird die Option NEUES BLATT ausgewählt. In das freie Feld daneben kann zudem der Name des neu zu erstellenden Tabellenblattes eingegeben werden (hier: Brutto- und Nettoerlöse).

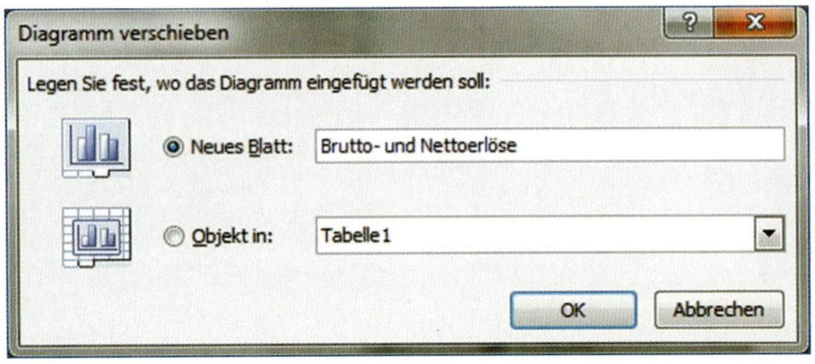

Abbildung 14: *Verschieben des Diagramms auf das neue Tabellenblatt „Brutto- und Nettoerlöse"*

Durch die Darstellung auf einem gesonderten Tabellenblatt hat das Diagramm folgendes Aussehen:

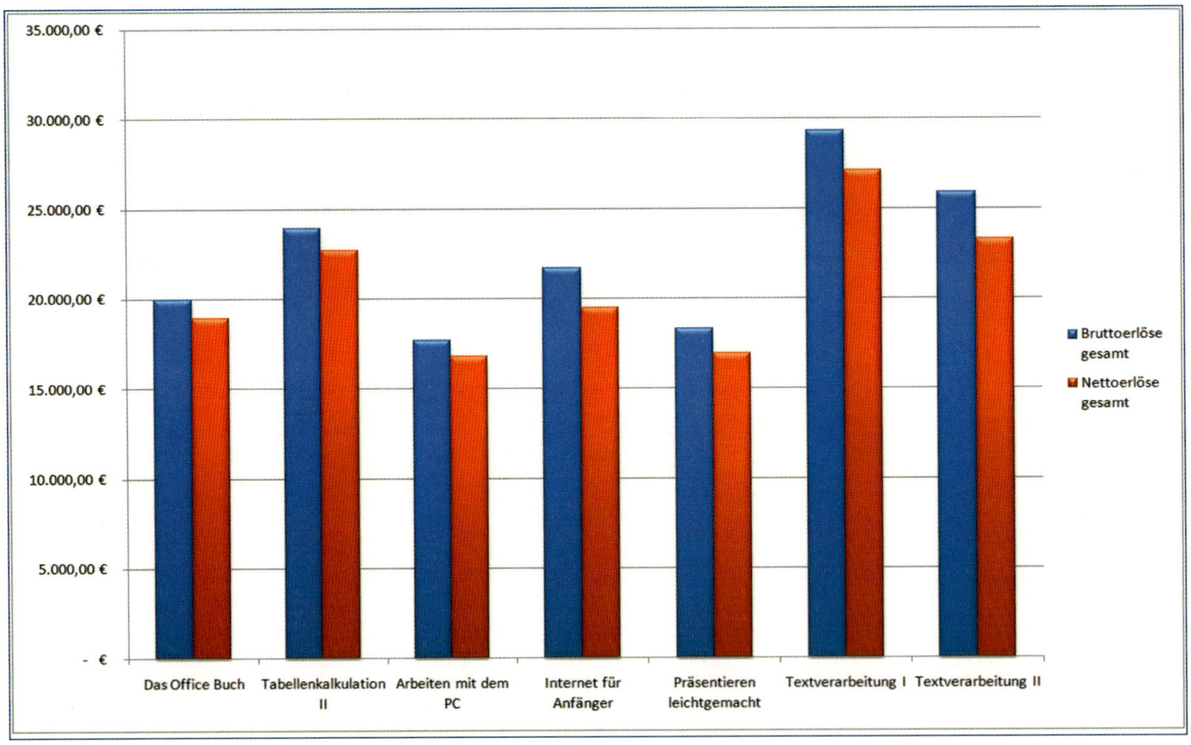

Abbildung 15: *Diagrammdarstellung auf dem neu erstellten Tabellenblatt*

Im Anschluss an die bislang ausgeführten Schritte können in der Registerkarte LAYOUT die fehlenden Angaben (z. B. Überschrift, Achsenbeschriftungen) bzw. Feineinstellungen (z. B. Position der Legende, Gitternetzlinien) vorgenommen werden.

Der Aufbau der einzelnen Menüpunkte wird stellvertretend durch die Schaltfläche DIAGRAMMTITEL (innerhalb der Gruppe BESCHRIFTUNGEN) dargestellt. Nach Auswahl der Schaltfläche DIAGRAMMTITEL öffnet sich das in der nachstehenden Abbildung 16 dargestellte Fenster, aus dem die Option ÜBER DIAGRAMM gewählt wird.

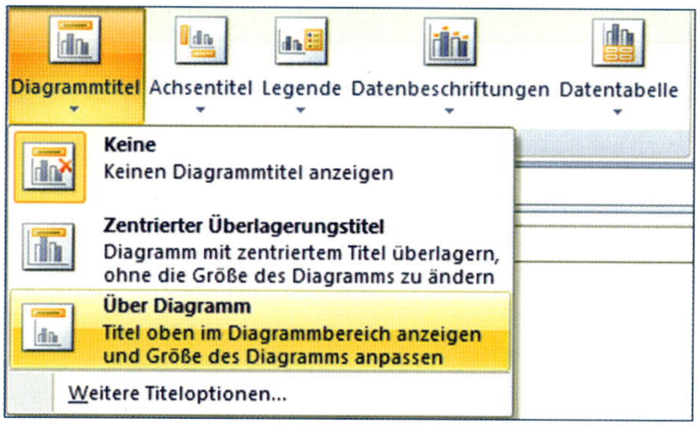

Abbildung 16: *Auswahl der Diagrammtiteloption ÜBER DIAGRAMM*

Der gewünschte Diagrammtitel kann nun entweder in die Bearbeitungsleiste (vgl. nachstehende Abbildung 17) oder direkt in den Bereich DIAGRAMMTITEL innerhalb des Diagramms eingegeben werden. Zu beachten ist, dass die Eingabe über die Bearbeitungsleiste erst nach Betätigung der ENTER-Taste in das Diagramm übertragen wird. Bei der Auswahl des Diagrammtitels ist zu beachten, dass ein externer Betrachter durch das Lesen des Titels grundsätzlich erkennen soll, was mit dem Diagramm dargestellt werden soll. Im Regelfall sollen mehrere W-Fragen in der Überschrift berücksichtigt werden. In diesem Fall bieten sich die Fragen was? (Brutto- und Nettoerlöse), wer? (unsere Erzeugnisse), wann? (für das vergangene Jahr) für die Erstellung eines sinnvollen Diagrammtitels an. Als ein möglicher Diagrammtitel kommt z. B. folgende Formulierung infrage, die in das entsprechende Feld eingetragen wird: „Darstellung der Brutto- und Nettoerlöse unserer Erzeugnisse im vergangenen Jahr".

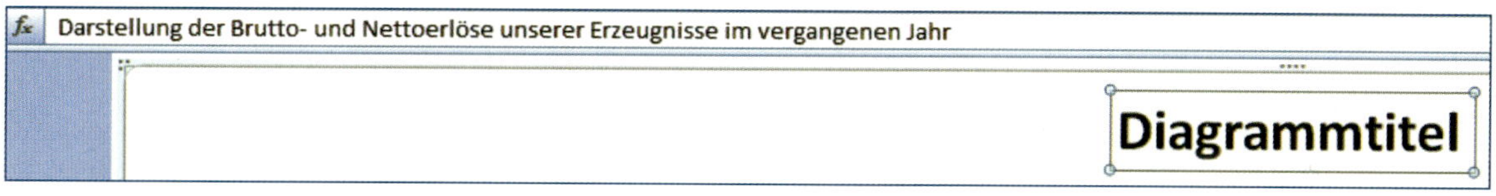

Abbildung 17: *Eingabe des Diagrammtitels in die Bearbeitungsleiste*

Das Diagramm hat jetzt folgendes Aussehen:

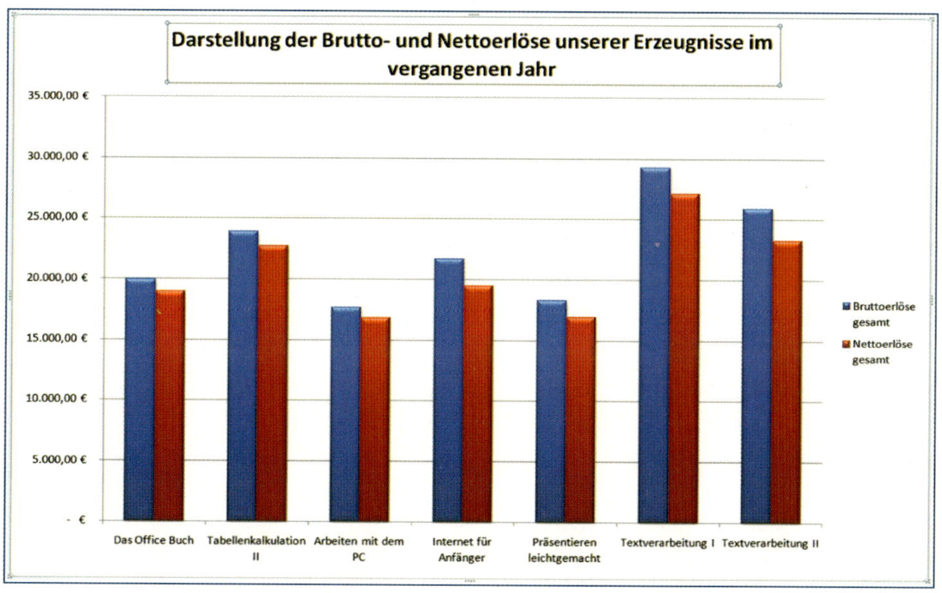

Abbildung 18: *Diagramm nach Eingabe des Diagrammtitels*

Diagramme

Anmerkung:

Der Bereich des Diagrammtitels kann formatiert werden, indem im Menü der Schaltfläche DIAGRAMMTITEL die Auswahl WEITERE TITELOPTIONEN... (vgl. Abbildung 16) gewählt wird.

Für die weiteren Schaltflächen innerhalb der Registerkarte Layout sind folgende Einstellungen vorzunehmen:

- Schaltfläche ACHSENTITEL – TITEL DER HORIZONTALEN PRIMÄRACHSE – TITEL UNTER ACHSE (Eingabe der Bezeichnung „Artikel")
- Schaltfläche ACHSENTITEL – TITEL DER VERTIKALEN PRIMÄRACHSE – GEDREHTER TITEL (Eingabe der Bezeichnung „Erlöse")
- Schaltfläche LEGENDE – LEGENDE OBEN ANZEIGEN
- Schaltfläche DATENBESCHRIFTUNGEN – ENDE AUßERHALB
- Schaltfläche GITTERNETZLINIEN – PRIMÄRE VERTIKALE GITTERNETZLINIEN – HAUPTGITTERNETZE

Nach Umsetzung der zuvor beschriebenen Einstellungen hat das Diagramm folgendes Aussehen:

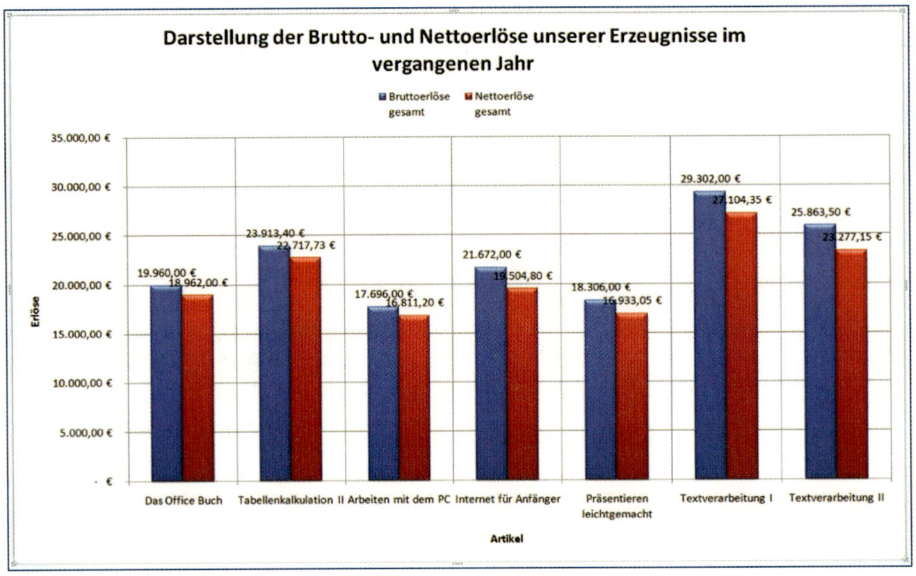

***Abbildung 19:** Diagramm nach Ausführung diverser Diagramm-Layout-Optionen*

7.2 Diagramme formatieren und bearbeiten

Situation:

Um das zuvor dargestellte Diagramm in der Betriebszeitung angemessen veröffentlichen zu können, will Herr Klein abschließende „Feineinstellungen" am Diagramm vornehmen. Hierzu gehören:

1. Versehen der Diagrammfläche mit einer pergamentfarbenen Texturfüllung.
2. Anpassung der Y-Achse dahingehend, dass diese bei 10.000,00 EUR beginnt und bei 30.000,00 EUR endet, sowie Darstellung des Hauptintervalls in 2.500,00 EUR-Schritten.
3. Veränderung der Schriftgröße der Überschrift auf 14 Punkt.
4. Kennzeichnung der langfristigen Mindest-Nettoumsatzerlöse bei einem Wert von 15.000,00 EUR mithilfe einer Linie im Diagramm.
5. Angabe der Bedeutung der eingefügten Linie im unteren, rechten Bereich des Diagramms durch ein Textfeld.

> **Arbeitsauftrag 2:**
> Lesen Sie sich die nachfolgenden Seiten sorgfältig durch und vollziehen Sie die aufgezeigten Schritte nach.

Ausgangspunkt für die Formatierungen ist das im Kapitel 7.1 erstellte Diagramm, welches bislang folgendes Aussehen hat:

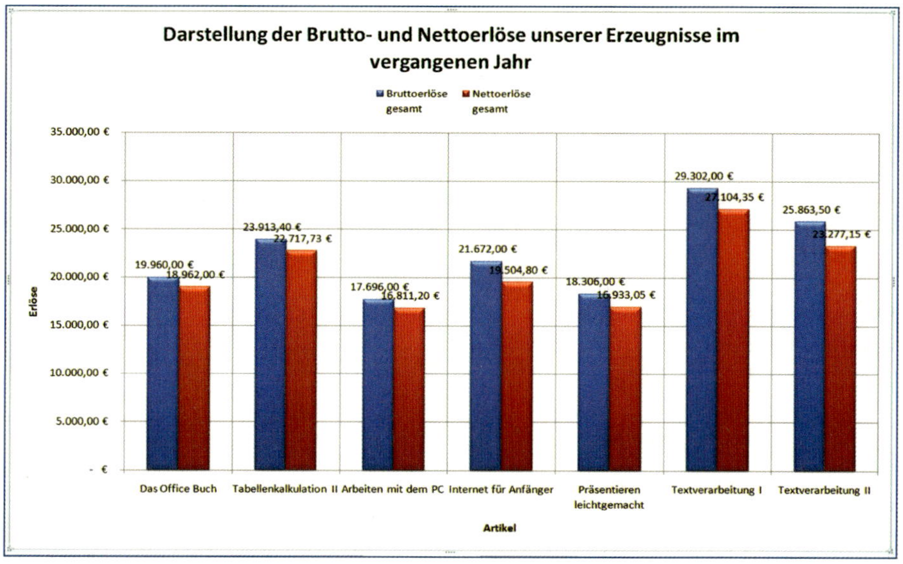

Abbildung 20: *Ausgangspunkt für die weiterführenden Formatierungen*

Für alle vorzunehmenden Änderungen gilt das Prinzip, dass mit der Maus auf den zu verändernden Teil des Diagramms geklickt wird. Für die erste Änderung wird somit in einen beliebigen Teil der derzeit weißen Diagrammfläche geklickt (z. B. links oben neben die Überschrift). Anschließend wird über den Befehlsweg LAYOUT – AKTUELLE AUSWAHL – AUSWAHL FORMATIEREN ein Fenster geöffnet. Durch die Auswahl der Option BILD- ODER TEXTURFÜLLUNG (im Bereich FÜLLUNG) und die Bestimmung der gewünschten Textur (hier: Pergament) kann die gewünschte Diagrammfläche erstellt werden.

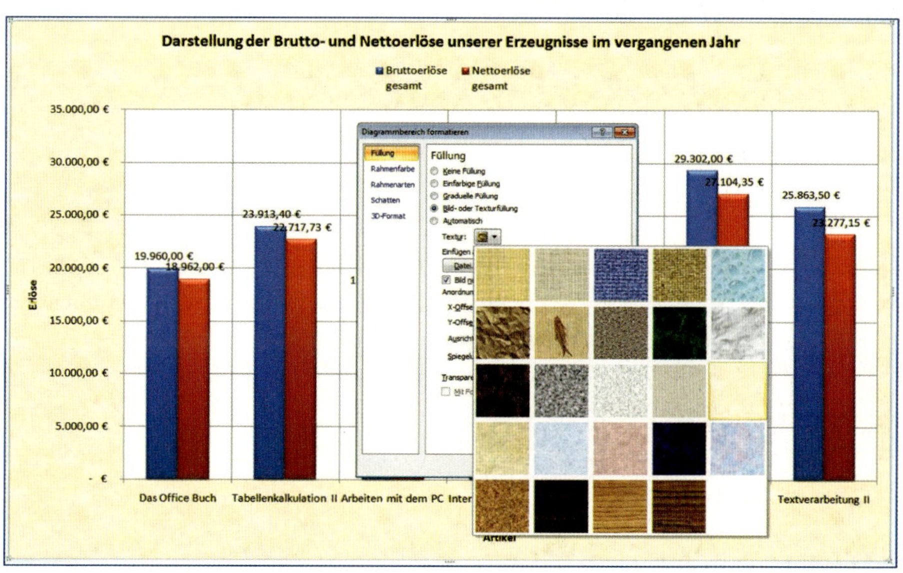

Abbildung 21: *Zuweisung einer pergamentfarbenen Textur für das bestehende Diagramm*

Entsprechend wird auch für die Anpassung der Y-Achse (Skalierung) verfahren. Nach dem Anklicken des entsprechenden Diagrammbereichs (z. B. auf die Zahl 20.000,00 EUR) und der Auswahl des Befehlswegs LAYOUT – AKTUELLE AUSWAHL – AUSWAHL FORMATIEREN – ACHSENOPTIONEN wird das folgende Fenster geöffnet. Durch die Eingabe der gewünschten Werte (vgl. Abbildung 22) kann nun die Y-Achse entsprechend skaliert werden.

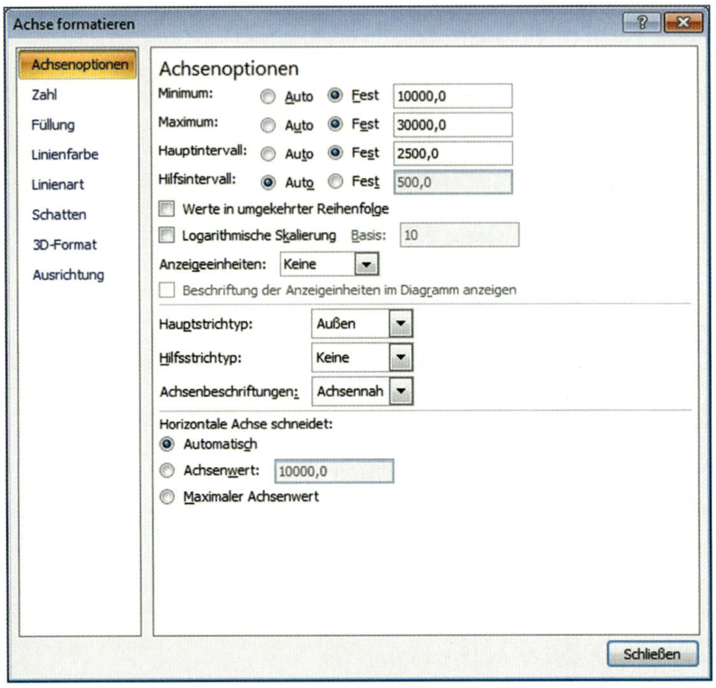

Abbildung 22: *Änderung der Skalierung der Y-Achse*

Für die Änderung der Schriftgröße der Überschrift (auf 14 Punkt) wird der Überschriftenbereich mit der Maus angeklickt. Im Gegensatz zu den zuvor beschriebenen Formatierungsarbeiten ist die Änderung der Schriftgröße über den Befehlsweg START – SCHRIFTART vorzunehmen. Nach Abschluss dieses Schritts hat das Diagramm das nachstehende Aussehen:

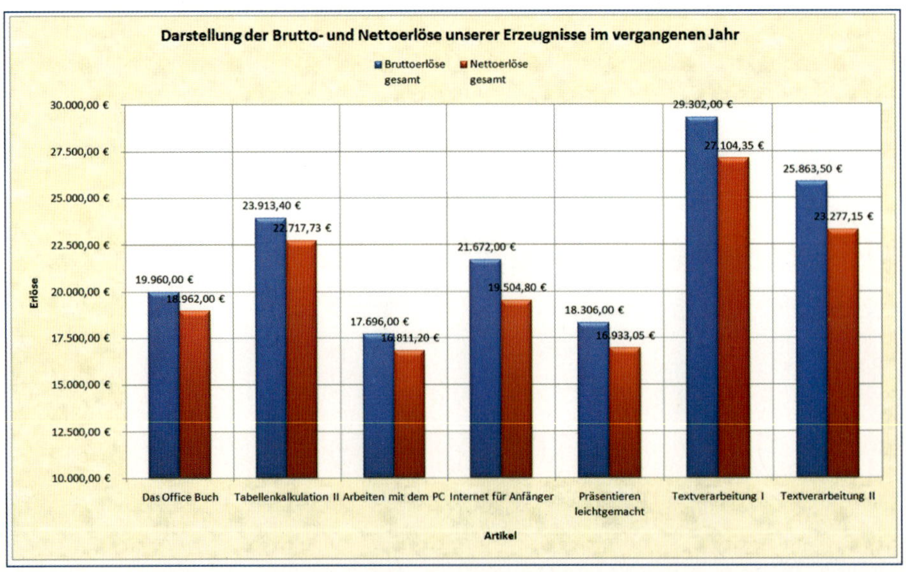

Abbildung 23: *Diagramm nach den vorgenommenen Formatierungen*

Anmerkung:
Wenn nach Fertigstellung des Diagramms Änderungen am Diagramm vorgenommen werden sollen, ist der betreffende Teil des Diagramms mit der Maus zu markieren und die Änderung über die Registerkarten ENTWURF, LAYOUT, FORMAT bzw. START vorzunehmen.

Für den vierten Änderungswunsch (Kennzeichnung der langfristigen Mindest-Nettoumsatzerlöse mithilfe einer Linie im Diagramm) steht in der Registerkarte LAYOUT die Schaltfläche FORMEN (in der Gruppe EINFÜGEN) zur Verfügung. Aufgrund der Vorgabe wird – wie nachstehend dargestellt – eine einfache Linie ausgewählt.

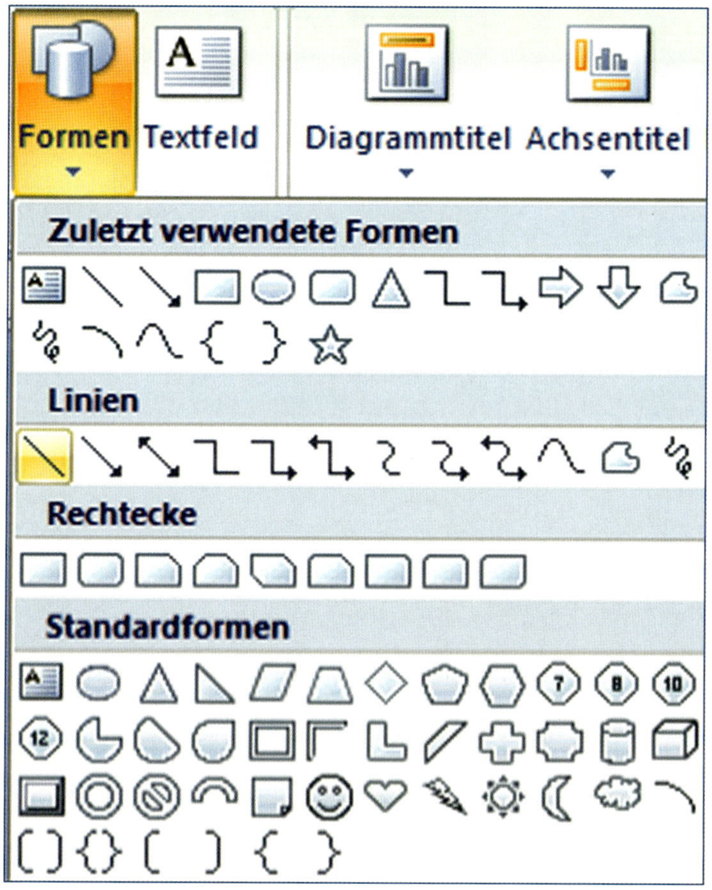

Abbildung 24: *Auszug aus dem Menü der Schaltfläche FORMEN mit ausgewählter LINIE*

Nach der Auswahl der gewünschten Form (hier: einfache Linie) wird die Linie bei festgehaltener linker Maustaste beim Wert von 15.000,00 EUR von der Y-Achse bis zum rechten Diagrammrand gezogen. Sobald die Maustaste losgelassen wird, kennzeichnet das Programm die gezogene Linie durch zwei kleine Kreise an den jeweiligen Enden.

Um die – zunächst nur schwach zu erkennende – Linie optisch anspruchsvoll darstellen zu können, öffnet sich bei markierter Linie in den ZEICHENTOOLS die Registerkarte FORMAT, die im Menüpunkt FORMKONTUR (in der Gruppe FORMENARTEN) unter anderem die Auswahl der STÄRKE ermöglicht. Bei der Auswahl der Linienstärke 1½ Punkt und der zusätzlichen Auswahl der Linienfarbe Schwarz (Menüpunkt FORMKONTUR – DESIGNFARBEN oder STANDARDFARBEN) ergibt sich das aktualisierte – in Abbildung 27 dargestellte – Diagramm.

Abbildung 25: *Auswahl der Linienstärke*

Abbildung 26: *Auswahl der Linienfarbe*

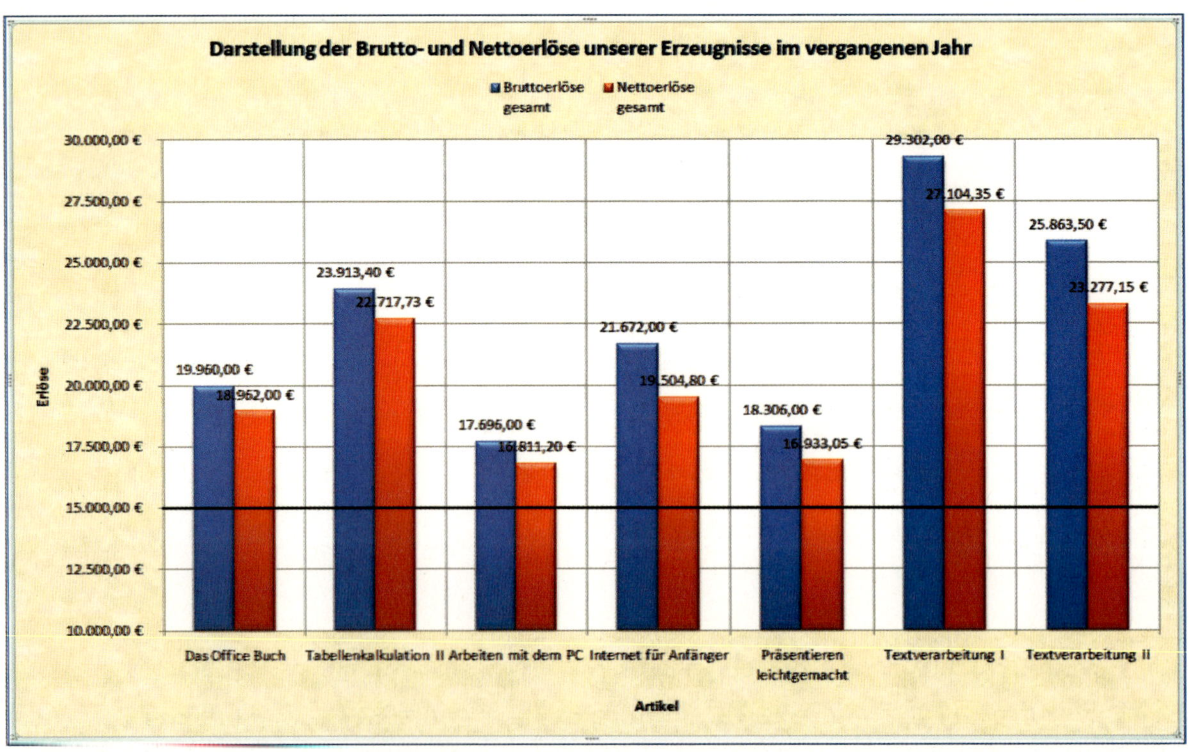

Abbildung 27: *Diagramm nach Einfügen der langfristigen Mindest-Nettoumsatzerlöse bei 15.000,00 EUR*

Abschließend ist im fünften Schritt nur noch im unteren, rechten Bereich des Diagramms ein Hinweis zu geben, welche Bedeutung die zuvor eingefügte Linie hat. Hierfür bietet sich ein Textfeld an (Befehlsweg LAYOUT – EINFÜGEN – TEXTFELD). Nach dem Anklicken des Menüpunkts Textfeld ist – ähnlich wie beim vorherigen Erstellen der Durchschnittslinie – mit der Maus bei festgehaltener linker Maustaste das Textfeld am gewünschten Ort zu erstellen.

Sobald die linke Maustaste losgelassen wird, öffnet sich das Textfeld, in das nun der gewünschte Text (hier: langfristige Mindest-Nettoumsatzerlöse: 15.000,00 EUR) eingefügt werden kann.

Ist diese Eingabe beendet, hat das Diagramm schließlich folgendes, endgültiges Aussehen:

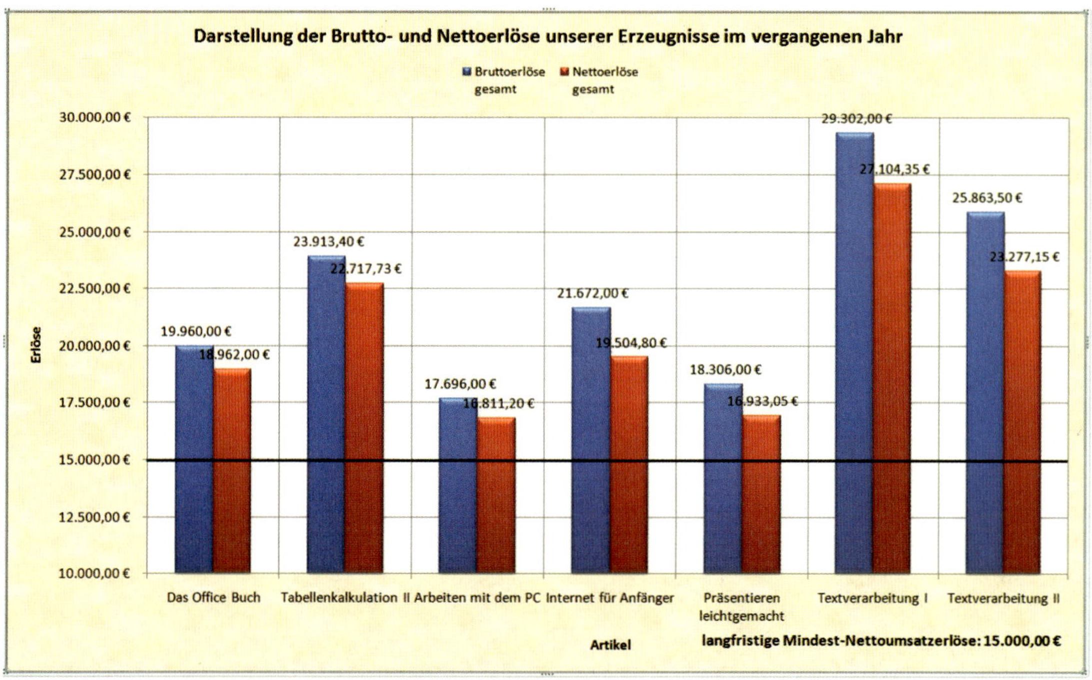

Abbildung 28: *Endgültiges Aussehen des Diagramms*

7.3 Übungsaufgaben

Arbeitsauftrag 3:
Herr Thorsten Klein benötigt für den zu erstellenden Artikel weitere Diagramme. Er beauftragt Sie, anhand der nachstehend beschriebenen Aufgaben jeweils ein Diagramm zu erstellen. Grundlage für die Erstellung der Diagramme sind die Werte und Angaben des bereits von Ihnen erfassten Tabellenblattes 1 (vgl. Abbildung 1). Beachten Sie nicht nur den zu wählenden Diagrammtyp, sondern auch die detaillierten Hinweise im Aufgabentext.

7.3.1 Verkaufszahlen gesamt

Erstellen Sie ein Säulendiagramm **(2D-Gestapelte Säulen)**, aus dem die Höhe der gesamten Verkaufszahlen (d.h. 1. und 2. Halbjahr) der Artikel hervorgeht. Weisen Sie dem Diagramm eine sinnvolle Überschrift zu und sorgen Sie dafür, dass die Legende oberhalb des Diagramms steht. Zusätzlich sollen die jeweiligen Werte in den Säulen aufgeführt werden.

Die Y-Achse soll sinnvoll beschriftet werden. Die Werte auf der Y-Achse sollen bei 300 anfangen und der Abstand des Hauptintervalls soll bei jeweils 100 Stück liegen. Während die Größe der Überschrift 14 Punkt betragen soll, reicht für alle anderen Angaben die Schriftgröße 11 Punkt aus. Weiterhin soll der Diagrammbereich durch eine einfarbige, hellgrüne Farbe gefüllt werden. Schließlich soll das Diagramm auf einem extra hierfür angelegten Tabellenblatt erscheinen, welches den Namen **Verkaufszahlen gesamt** trägt.

7.3.2 Anteil der Nettoerlöse je Artikel in Prozent

Erstellen Sie ein Kreisdiagramm (**2D-Kreis, einfach**), aus dem der prozentuale Anteil der unterschiedlichen Artikel an den gesamten Nettoerlösen ersichtlich wird. Weisen Sie dem Diagramm eine sinnvolle Überschrift in Schriftgröße 14 Punkt zu. Tragen Sie Sorge dafür, dass die Legende unterhalb des Diagramms erscheint. An den Kreissegmenten sollen die Prozentzahlen unter Angabe von zwei Nachkommastellen ausgewiesen werden. Weiterhin soll in einem Textfeld unterhalb der Überschrift die Höhe der gesamten Nettoerlöse ausgewiesen werden.

Versehen Sie den Diagrammbereich mit einer zeitungspapierfarbenen Texturfüllung. Speichern Sie das Diagramm auf einem eigenen Tabellenblatt, welches den Namen **Prozentualer Anteil an den Nettoerlösen je Artikel** trägt.

7.3.3 Entwicklung Verkaufszahlen

Erstellen Sie ein Liniendiagramm (**einfaches Liniendiagramm**), aus dem die Höhe der gesamten Verkaufszahlen (d. h. 1. und 2. Halbjahr) der Artikel hervorgeht. Weisen Sie dem Diagramm eine sinnvolle Überschrift zu und sorgen Sie dafür, dass die Legende oberhalb des Diagramms steht. Die X- und die Y-Achse sollen sinnvoll beschriftet werden. Während die Größe der Überschrift 14 Punkt betragen soll, reicht für alle anderen Angaben die Schriftgröße 11 Punkt aus.

Die Artikelbezeichnungen auf der X-Achse sollen im Winkel von 270 Grad zur X-Achse stehen (Befehlsweg LAYOUT – ACHSEN – ACHSEN – HORIZONTALE PRIMÄRACHSE – WEITERE OPTIONEN FÜR HORIZONTALE PRIMÄRACHSE – AUSRICHTUNG – TEXTRICHTUNG – GESAMTEN TEXT UM 270 GRAD DREHEN). Schließlich soll das Diagramm auf einem extra hierfür angelegten Tabellenblatt erscheinen, welches den Namen **Entwicklung Verkaufszahlen** trägt.

7.3.4 Rabatte und Nettoerlöse

a) Erstellen Sie ein Diagramm (**2D-Gruppierte Säulen**), aus dem neben dem gewährten Rabatt je Artikel auch die jeweiligen Nettoerlöse hervorgehen.
   Versehen Sie das Diagramm mit einem aussagekräftigen Diagrammtitel. Die Achsen sollen jeweils sinnvoll beschriftet werden. Die Legende soll unterhalb des Diagramms stehen. Tragen Sie Sorge dafür, dass die Größe der Überschrift 15 Punkt beträgt, während die Beschriftungen der Achsen 12 Punkt groß sein sollen. Außerdem soll das Diagramm auf einem extra hierfür angelegten Tabellenblatt erscheinen, welches den Namen **Rabatte und Nettoerlöse** trägt.

Anmerkung:

Da aufgrund der großen Zahlenunterschiede (gewährter Rabatt zum Teil < 900,00 EUR; Nettoerlöse gesamt > 16.900,00 EUR) eine vernünftige Darstellung in einem „einfachen" Diagramm unmöglich ist, sind in den folgenden Teilaufgaben b) bis d) noch einige Änderungen am Diagramm vorzunehmen.

b) Markieren Sie im Diagramm eine Säule für die Rabatte gesamt, sodass alle Rabatt-Säulen durch vier runde Punkte markiert werden. Wählen Sie anschließend aus der Registerkarte ENTWURF die Schaltfläche DIAGRAMMTYP ÄNDERN (im Bereich TYP) und wählen Sie den Diagrammtyp LINIE aus. Nach erfolgter Bestätigung mittels der OK-Schaltfläche sollte Ihr Diagramm folgendes Aussehen haben:

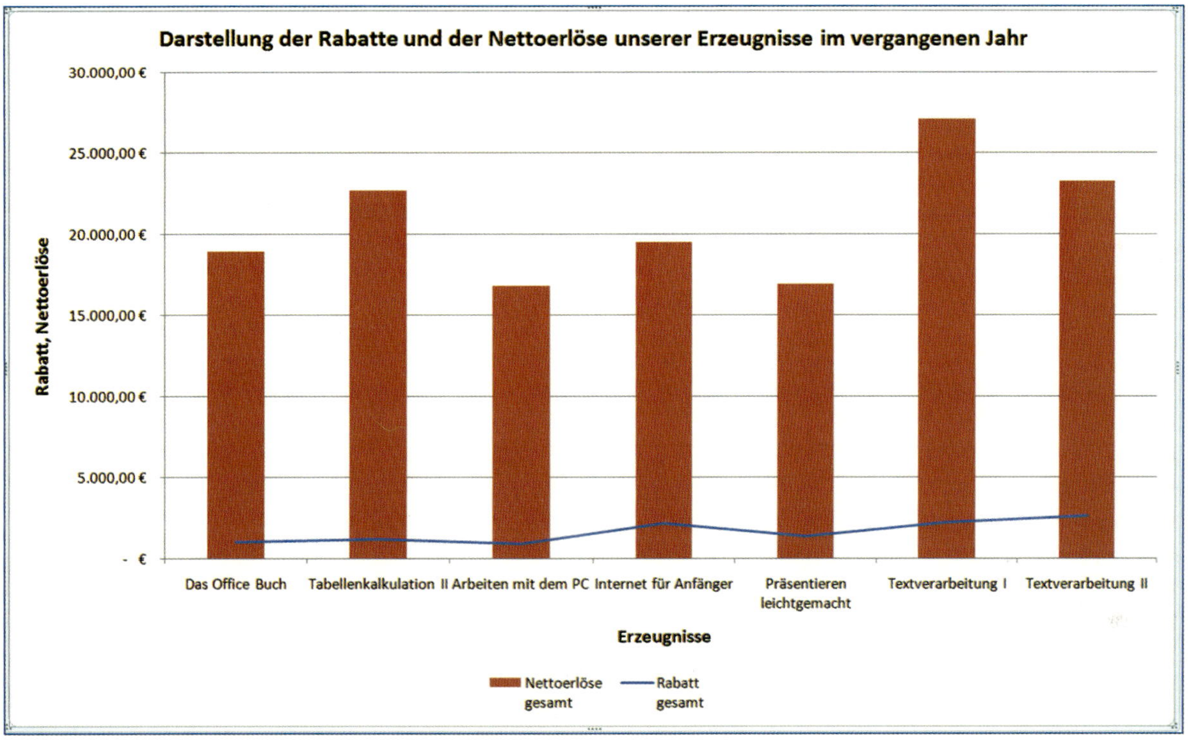

Abbildung 29: *Diagramm nach Änderung des Rabatts in LINIE*

Anmerkung:

Die vorgenommene Änderung hilft zwar dabei, die Datenreihen besser auseinanderhalten zu können. An dem Problem der nur unzureichenden Ablesbarkeit der Rabattwerte an der Y-Achse hat sich hingegen noch nichts getan. Dieses Problem wird durch die Teilaufgabe c) gelöst.

c) Markieren Sie die Linie für Rabatt gesamt (diese wird nun durch vier sehr eng beieinander liegende runde Punkte gekennzeichnet) und wechseln Sie in die Registerkarte FORMAT. Wählen Sie aus der Gruppe AKTUELLE AUSWAHL die Schaltfläche AUSWAHL FORMATIEREN, setzen Sie im Menüpunkt REIHENOPTIONEN die Auswahl (Datenreihe zeichnen auf) SEKUNDÄRACHSE und schließen Sie den Menüpunkt. Ihr Diagramm sollte nun folgendes Aussehen haben:

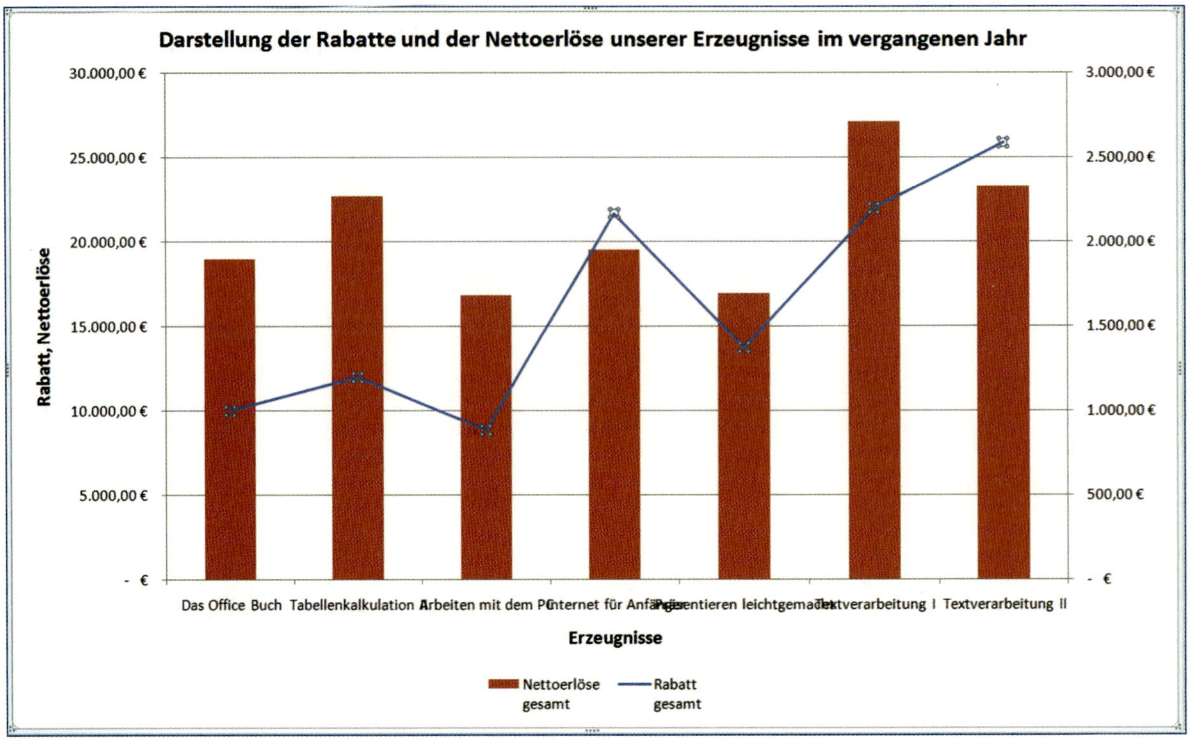

Abbildung 30: *Diagramm nach dem Hinzufügen einer zweiten Y-Achse (sekundäre Y-Achse)*

▶ **Anmerkung:**

Durch das Einfügen einer zweiten Y-Achse (sekundäre Y-Achse) tritt eine deutliche Verbesserung hinsichtlich der Lesbarkeit der Rabatte ein. Es stellt sich allerdings noch das Problem dar, dass auf der ersten Y-Achse (primäre Y-Achse) die Angaben für die Rabatte sowie die Nettoerlöse stehen. Zusätzlich sind die Achsenbeschriftungen der X-Achse zum Teil ineinander geschoben und somit unlesbar geworden. Diese letzten Probleme sollen gemeinsam mit abschließenden Formatierungsarbeiten in der Teilaufgabe d) gelöst werden.

d) Führen Sie zur Optimierung des Diagramms folgende Schritte durch:
- Änderung der bestehenden primären Y-Achsenbeschriftung auf „Nettoerlöse",
- Beschriftung der sekundären Y-Achsenbeschriftung auf „Rabatt",
- Änderung der Textausrichtung der X-Achse um 270 Grad,
- Versehen des Diagrammbereichs mit einer hellgrünen Füllfarbe,
- Skalierung der primären Y-Achse dahingehend, dass diese bei 10.000,00 EUR anfängt, bei 30.000,00 EUR endet und das Hauptintervall 2.500,00 EUR groß ist.

Präsentieren mit PowerPoint

Lernsituation

Erstellung einer professionellen Unternehmenspräsentation für die neuen Auszubildenden der Bürodesign GmbH

Die Bürodesign GmbH beabsichtigt zum nächsten Einstellungstermin weitere Auszubildende einzustellen. Ihre Ausbilderin – Frau Ferl – möchte, dass Sie den neuen Auszubildenden das Unternehmen ausführlich vorstellen. Dies soll mithilfe des Präsentationsprogramms PowerPoint geschehen. Sie sollen eine PowerPoint-Präsentation erstellen, die die folgenden Inhalte abdeckt und in ansprechender Form darstellt.

Als Auszubildende/r der Bürodesign GmbH erhalten Sie von Herrn Werner die Aufgabe, ein Formular für die Ausgangsrechnungen zu erstellen und Schritt für Schritt zu automatisieren. Neben einem einheitlichen Formular lauten die Anforderungen wie folgt:

- Branche
- Standort
- Rechtsform
- Unternehmensstruktur (Organigramm)
- Unternehmensziele
- Unternehmenskennzahlen (z. B. Umsatzentwicklung in Form eines Diagramms)
- Produktpalette
- Absatzmärkte (Länder, Regionen etc.)
- Kunden
- Lieferer
- Werbung
- Umweltschutz im Unternehmen

Die neuen Auszubildenden sollen einen detaillierten und fundierten Überblick über die Bürodesign GmbH bekommen. Die fertige PowerPoint-Präsentation soll während einer Einführungswoche von Ihnen vorgestellt werden. Frau Ferl möchte, dass Sie auf ein einheitliches Layout in Bezug auf das „Corporate Design" und die „Corporate Identity" achten.

Erstellen Sie eine zielgruppenadäquate Präsentation. Das heißt, dass Sie eine Präsentation für etwa gleichaltrige Jugendliche bzw. junge Erwachsene erstellen. Dennoch soll die Präsentation professionell und nicht zu spielerisch gestaltet und animiert sein.

Die Präsentation soll einen Umfang von zehn bis 15 Folien umfassen. Bereiten Sie sich auf die Situation vor, die Unternehmensvorstellung in einem Zeitraum von 15 bis 20 Minuten präsentieren zu können.

1 Einführung in das Präsentationsprogramm PowerPoint

Situation:

Da Sie sich mit dem Programm PowerPoint noch nicht (ausreichend) auskennen, sollen Sie in einem ersten Schritt den Bildschirmaufbau kennenlernen. Anschließend werden Sie die erste Seite, die sogenannte Titelfolie, beschriften und eine zweite Folie erstellen.

Da die neuen Auszubildenden zu Beginn der Präsentation über die Inhalte informiert werden sollen, ist es sinnvoll als zweite Folie eine Gliederung zu erstellen, von der später direkt auf die jeweiligen weiteren Folien verzweigt bzw. gesprungen werden kann. Dazu später mehr.

1.1 Bildschirmaufbau

Starten Sie PowerPoint. Es öffnet sich eine leere Präsentation. Standardmäßig ist als sogenanntes Folienlayout für die erste Folie eine Titelfolie gewählt worden.

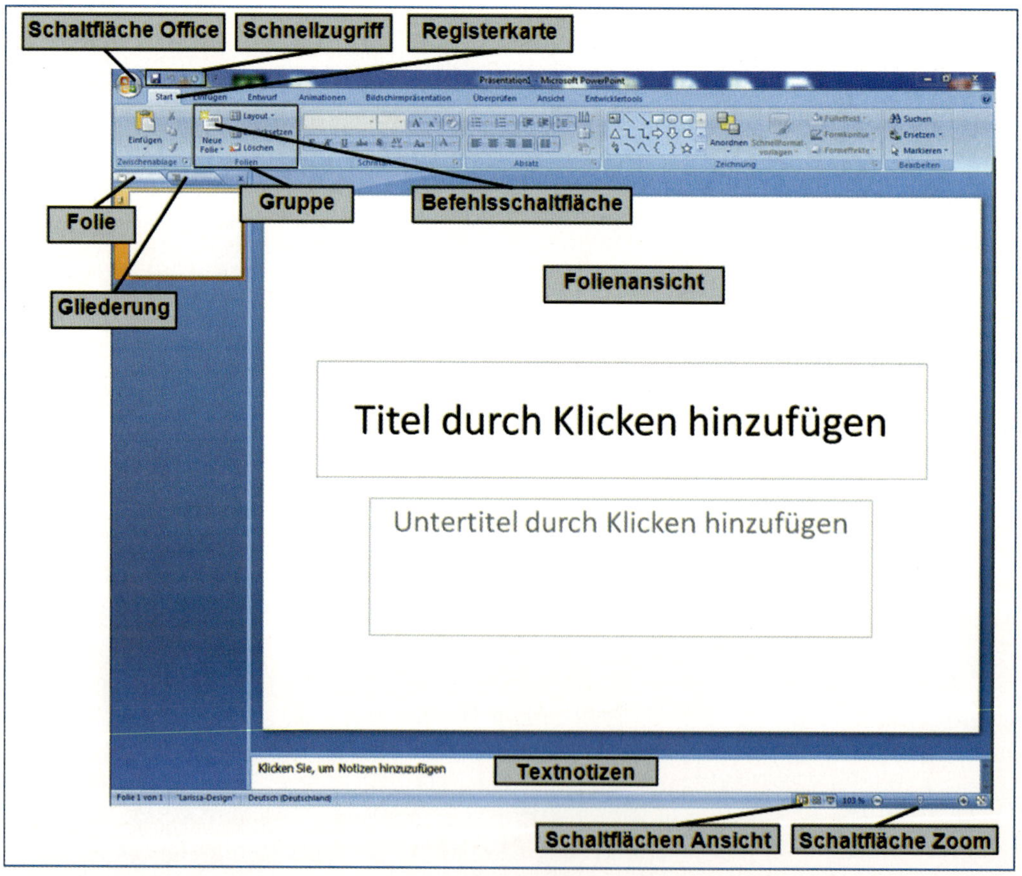

Abbildung 1: *Bildschirmaufbau (PowerPoint 2007)*

Ein Unterschied in der Struktur des Bildschirmaufbaus in der Version MS PowerPoint 2010 besteht darin, dass die „Schaltfläche Office" als Registerkarte „DATEI" integriert wurde.

Im oberen Teil der Abbildung 1 sehen Sie das ab Office 2007 neu gestaltete Ribbon-Menü mit Registerkarten, die sich an die jeweilige Aktivität anpassen. Auf der Registerkarte START befinden sich Befehlschaltflächen bzw. Gruppen, die für die Erstellung einer Präsentation von großer Bedeutung sind. In der Gruppe FOLIEN lassen sich neue Folien einfügen, vorhandene Folien löschen oder das Layout der Folien verändern. Weitere Gruppen sind ZWISCHENABLAGE, SCHRIFTART, ABSATZ, ZEICHNUNG und BEARBEITEN.

Oben links ist eine direkt beschreibbare GLIEDERUNG zu sehen, in die die jeweiligen Texte der einzelnen Folien auch eingegeben bzw. korrigiert werden können. Standardmäßig im Vordergrund dieser Register sieht man eine verkleinerte Ansicht der FOLIEN. Sowohl über das Register GLIEDERUNG als auch über FOLIEN lassen sich die einzelnen Folien markieren und dann in der Reihenfolge verschieben bzw. löschen.

Weiterhin ist unterhalb der FOLIENANSICHT (Mitte), in der Texte und Medien eingegeben werden können, die Möglichkeit gegeben, eine Eingabe von TEXTNOTIZEN vorzunehmen. Dieser Bereich kann verwendet werden, wenn Sie einen „Spickzettel" für einen Vortrag benutzen möchten. Rechts unten, links neben der Schaltfläche ZOOM, befindet sich die Schaltfläche ANSICHT. Hiermit kann von der standardmäßigen Normalansicht, in die Foliensortierung und in die Bildschirmpräsentation umgeschaltet werden. In der Version MS PowerPoint 2010 befindet sich hier zusätzlich die Schaltfläche LESEANSICHT.

1.2 Eingabe von Texten

In der FOLIENANSICHT sind zwei – durch gestrichelte Linien gekennzeichnete – Text- bzw. Eingabefelder zu sehen. Diese werden als Platzhalter bezeichnet. Sie sind durch das sog. Layout – hier Titelfolie – vorgegeben. Durch Klicken mit der linken Maustaste in diese Felder ist es möglich, sie jeweils zu beschriften. Im oberen Textfeld kann ein Titel, im unteren ein Untertitel eingegeben werden.

Anmerkung:
Es sollte immer mit den vorgegebenen Textfeldern gearbeitet werden, da so eine einheitliche Formatierung aller Folien der Präsentation möglich wird.

Arbeitsauftrag 1:
Beschriften Sie die Titelfolie in Ihrer PowerPoint-Präsentation. Geben Sie einen sinnvollen Titel und als Ergänzung einen Untertitel für Ihre Präsentation an. Bedenken Sie, dass die neuen Auszubildenden einen ersten Eindruck der Inhalte des Vortrags erhalten sollen.

1.3 Einfügen von Folien und Folienlayout

Im Textverarbeitungsprogramm Word werden neue Seiten automatisch angelegt, im Programm PowerPoint müssen neue Seiten – Folien genannt – extra eingefügt bzw. angelegt werden. Eine Folie kann eingefügt werden, indem im Register START, in der Gruppe FOLIEN, die Schaltfläche NEUE FOLIE gewählt wird. Alternativ kann auch die Tastenkombination STRG + M gedrückt werden.

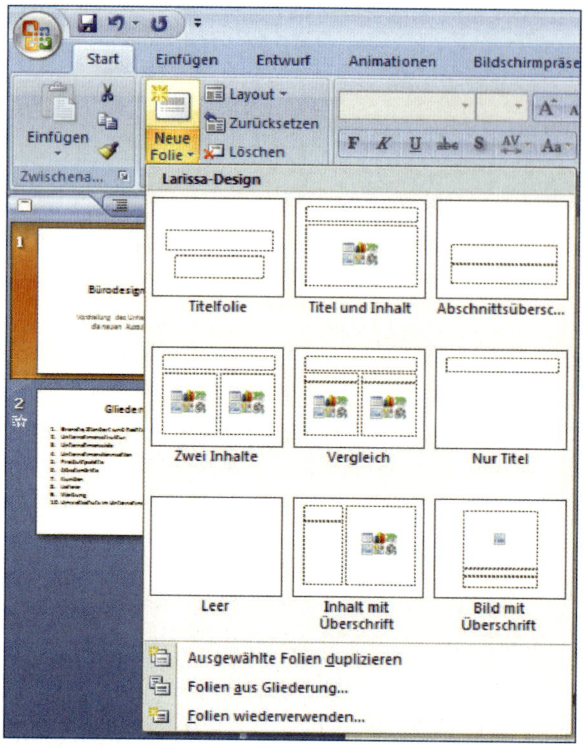

Abbildung 2: *Wahl des Layouts einer neuen Folie*

Standardmäßig wird nun eine neue Folie als Layout TITEL UND INHALT dargestellt. Ein abweichendes Layout – wie beispielsweise ABSCHNITTSÜBERSCHRIFT VERGLEICH – kann über START – FOLIEN – LAYOUT (siehe Abbildung 2) gewählt werden. Alternativ kann durch Klicken auf den unteren Teil des Symbols NEUE FOLIE das Layout für eine neue Folie direkt gewählt werden.

Anmerkung:

Das im aufgeklappten Menü über der Titelfolie dargestellte Wort „Larissa-Design" (in PowerPoint 2010 „Larissa") bezeichnet die Designfarben der Präsentation. Diese sind standardmäßig auf „Larissa" eingestellt. Die Veränderung der Designfarben wird in **Kapitel 6.1 Farben** thematisiert.

Arbeitsauftrag 2:

Geben Sie in den Titel der neuen Folie (Textlayout TITEL UND INHALT) die Folienüberschrift „Gliederung" und im Textfenster die Auflistung der geforderten Inhalte (siehe Lernsituation) ein. Fassen Sie die Punkte Branche, Standort und Rechtsform zu einem Gliederungspunkt zusammen. Es wird automatisch eine Liste entstehen. Dies liegt an der Voreinstellung durch die Layout-Auswahl. Sorgen Sie für eine aufsteigende Nummerierung der Gliederungspunkte (START – ABSATZ – NUMMERIERUNG). Speichern Sie Ihre Präsentation – wenn nicht schon geschehen – unter dem Namen **Bürodesign_GmbH**. Speichern Sie Ihre Präsentation regelmäßig ab, um Datenverluste zu vermeiden.

1.4 Vorführen einer Bildschirmpräsentation

Die Präsentation kann auf verschiedenen Wegen, z. B. am Monitor oder mit einem Beamer auf einer Leinwand, dargestellt werden. Über das Register BILDSCHIRMPRÄSENTATION – BILDSCHIRMPRÄSENTATION STARTEN – VON BEGINN AN oder über die Taste F5 kann die Präsentation „von Beginn an" gestartet werden. Soll die Präsentation ab der aktuellen Folie vorgeführt werden, muss auf dem Register auf das entsprechende Symbol, auf die Schaltfläche BILDSCHIRMPRÄSENTATION (siehe Abbildung 1 – Schaltflächen ANSICHT), geklickt oder die Tastenkombination UMSCH+F5 gedrückt werden.

Abbildung 3: *Bildschirmpräsentation starten*

Die Version PowerPoint 2010 sieht links neben der Schaltfläche BILDSCHIRMPRÄSENTATION (Schaltflächen ANSICHT) die sog. LESEANSICHT vor. Diese stellt die Präsentation als Fenster und nicht zwangsläufig als Vollbild dar.

Mit der Schaltfläche BILDSCHIRMPRÄSENTATION – BILDSCHIRMPRÄSENTATION STARTEN – BILDSCHIRMPRÄSENTATION ÜBERTRAGEN lassen sich Bildschirmpräsentationen über das Internet übertragen und somit mit einem Webbrowser ansehen. Auf diese Möglichkeit wird im Weiteren nicht eingegangen.

Die erste bzw. die aktuelle Folie wird über die Tastenkombination F5 oder UMSCH+F5 in voller Bildschirmgröße sichtbar. Durch Klicken mit der linken Maustaste oder durch Drücken der Eingabetaste erscheint die nächste Folie. Nochmaliges Klicken zeigt einen schwarzen Bildschirm. Die Präsentation ist damit beendet.

Anmerkung:
In der Ansicht der Bildschirmpräsentation können keine Eingaben vorgenommen werden. Neben der Erstellung einer Bildschirmpräsentation können in PowerPoint auch Folien für einen Overheadprojektor erstellt und anschließend ausgedruckt werden. Dazu später mehr.

Im Register BILDSCHIRMPRÄSENTATION existieren neben BILDSCHIRMPRÄSENTATION STARTEN die Gruppen EINRICHTEN und BILDSCHIRME. In der Gruppe EINRICHTEN lässt sich u. a. die Art der Bildschirmpräsentation (volle Bildschirmgröße bzw. im Fenster) variieren und die Auswahl der Folien einschränken. In der Gruppe BILDSCHIRME lässt sich mit dem Befehl AUFLÖSUNG die Auflösung anpassen.

2 Exkurs: Kriterien für eine professionelle Präsentation

Situation:

Mit der Erstellung der Bildschirmpräsentation für die Einführungswoche der neuen Auszubildenden kommen Sie gut voran. Sie haben eine Titelfolie und als zweite Folie eine Gliederung erstellt. Bevor Sie nun mit der Gestaltung und der Erstellung weiterer Folien fortfahren, bittet Sie Frau Ferl, sich zunächst mit den Kriterien einer professionellen Präsentation auseinander zu setzen. Nachfolgend hat sie wichtige Punkte für Sie zusammengestellt.

Bei der Erstellung einer professionellen Präsentation ist es von großer Wichtigkeit, die Zielgruppe zu beachten. Die Wortwahl, der Inhalt und unter Umständen die Seriosität sind entscheidend, denn es ist ein Unterschied, ob eine Präsentation der Geschäftsführung oder Auszubildenden vorgeführt werden soll.

Um dem Publikum einen Überblick über die Inhalte der Präsentation und einen „roten Faden" zu liefern, ist eine sinnvolle Gliederung wichtig. Die Folien sollten übersichtlich und nicht überfrachtet, die Animationen (dazu später mehr) und die Anzahl der Folien angemessen sein. Da der Zuhörer nicht vom Inhalt der Folien abgelenkt, sondern das Präsentierte ihn beim Zuhören unterstützen soll, dürfen auf den Folien keine vollständigen Sätze stehen. Vielmehr ist es sinnvoll nur Halbsätze bzw. Stichpunkte zu formulieren, die vom Zuhörern schnell aufgefasst werden können und das „gesprochene Wort" unterstützen.

Als weiteres Kriterium lässt sich festhalten, dass eine Schriftgröße von mindestens 20 verwendet werden sollte. Es sollten Schriftarten ohne Serifen (siehe unten stehende Anmerkung) und mit klarem Schriftbild (z. B. Arial, Tahoma, Verdana) gewählt werden. Bei der Wahl von Hintergrund und Schriftfarbe sollten möglichst gute Kontraste, aber keine rot-grünen Kontraste verwendet werden, da sie für das menschliche Auge schlecht zu lesen sind (Download unter BuchPlusWeb: Kriterien.ppx).

Web

Anmerkung:

Als Serifen werden die feinen Linien bzw. Striche bezeichnet, die einen Buchstaben am Anfang, am Ende oder quer abschließen. Die bekannteste Schrift mit Serifen ist Times New Roman.

Arbeitsauftrag 3:

1. Überlegen Sie zunächst in Einzelarbeit, welche Kriterien einer professionellen Präsentation für Sie die wichtigsten sind und welche Sie als weniger wichtig erachten. Überlegen Sie sich auch weitere Kriterien.
2. Stellen Sie ein Ranking auf und halten Sie es schriftlich fest (siehe nächste Seite).
3. Analysieren Sie anschließend gemeinsam mit ein bis zwei Mitschülern Ihre Rankings und einigen Sie sich auf **eine** Reihenfolge.

Persönliches Ranking	Gruppenranking
1.	1.
2.	2.
3.	3.

Raum für weitere Notizen:

3 Folienmaster

Situation:

Frau Ferl erinnert Sie daran, dass eine einheitliche Schriftart, -größe, -farbe usw. von großer Bedeutung für eine professionelle Präsentation sind. Nun möchten Sie nicht jede Folie einzeln formatieren. Von einem Auszubildenden aus dem 3. Ausbildungsjahr erfahren Sie von der Möglichkeit der Nutzung des sogenannten Folienmasters, um Formatierungen nur einmal für die gesamte Präsentation vornehmen zu müssen.

Formatierungen und sonstige Änderungen wie Schriftarten, -größe, -farbe usw., die sich auf alle (bisherigen und zukünftigen) Folien der Präsentation beziehen sollen, können mit dem sogenannten Folienmaster vorgenommen werden. Dieser kann, wie in Abbildung 1 dargestellt, über das Menü ANSICHT – PRÄSENTATIONSANSICHTEN – FOLIENMASTER (PowerPoint 2010: Menü ANSICHT – MASTERANSICHTEN – FOLIENMASTER) aufgerufen werden. Einstellungen, die hier vorgenommen werden, gelten für alle Folien oder alle Folien eines Layouts, sofern mit den vorgegebenen Folienlayouts gearbeitet wird. Zusätzliche Textfelder und Einstellungen werden hingegen nicht verändert. Mit dem Folienmaster kann somit nachträglich – oder auch vorher – das Layout der gesamten Präsentation bestimmt werden.

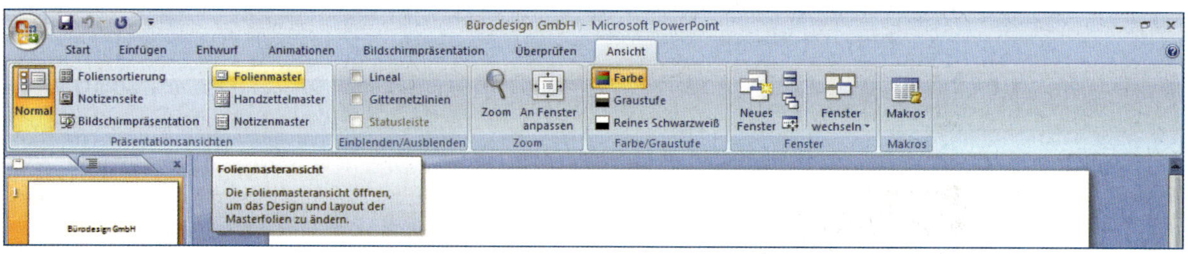

Abbildung 1: *Menü ANSICHT – PRÄSENATIONSANSICHTEN – FOLIENMASTER*

Um im **Folienmaster** Formatierungen vornehmen zu können, muss der Text oder der Platzhalter markiert werden. Anschließend kann wie in einem Textverarbeitungsprogramm der Text formatiert werden. In der linken Spalte können die Veränderung kontrolliert werden.

Nach dem Öffnen des Folienmasters erscheinen in der linken Spalte verschiedene Layouts, als Folienansicht die zu ändernden Formatierungen und das Register FOLIENMASTER (siehe Abbildung 2). Standardmäßig ist in der linken Spalte das Layout der Folie markiert, die zuletzt in der Normalansicht markiert war (hier Titelfolie). Soll nun beispielsweise die Schriftgröße für alle Titelfolien geändert werden, muss der jeweilige Platzhalter bzw. der jeweilige Text markiert und die entsprechende Formatierung über das Menü START – SCHRIFTART – SCHRIFTGRAD VERGRÖSSERN gewählt

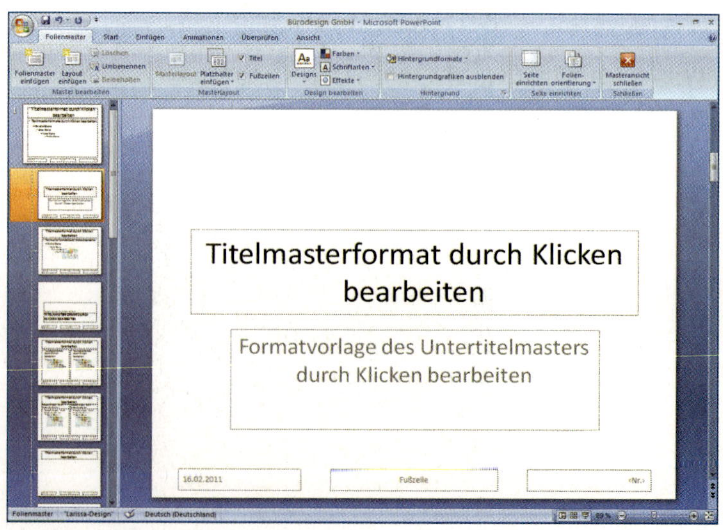

Abbildung 2: *Folienmasteransicht*

werden. Alternativ kann in der linken Spalte auch ein anderes Layout wie beispielsweise TITEL UND INHALT formatiert werden, oder es können durch Anklicken der an erster Stelle stehenden Folie für das Masterlayout sämtliche Layouts in einem Schritt formatiert werden. Die jeweiligen Auswirkungen lassen sich in der linken Spalte beobachten. Neben der zuvor beispielhaft dargestellten Änderung der Schriftgröße können im Folienmaster auch der Hintergrund (Kapitel 4.1), die Farben (Kapitel 4.2), das Design (Kapital 4.3), Animationen (Kapitel 5), usw. einheitlich formatiert bzw. geändert werden.

Anmerkung:

Sollte es passieren, dass ein Platzhalter für den Titel, den Text, das Datum, die Fußzeile oder die Foliennummer versehentlich gelöscht wird, kann dieser über das Register FOLIENMASTER – MASTERLAYOUT – PLATZHALTER EINFÜGEN wieder in die Folie integriert werden.

Anmerkung:

Auf den Handzettelmaster wird im **Kapitel 12 Drucken** eingegangen.

Arbeitsauftrag 4:

1. Skizzieren Sie, wie die Folien Ihrer Präsentation aussehen sollen. Legen Sie dazu fest, welche Schriftart und -größe Ihr Text bzw. Titeltext haben und ob die Überschrift beispielsweise mit einem Schatten versehen werden soll.
   Das Logo der Bürodesign GmbH (Download unter BuchPlusWeb: Logo.bmp) soll in die Präsentation eingefügt werden. Suchen Sie einen angemessenen Platz dafür.

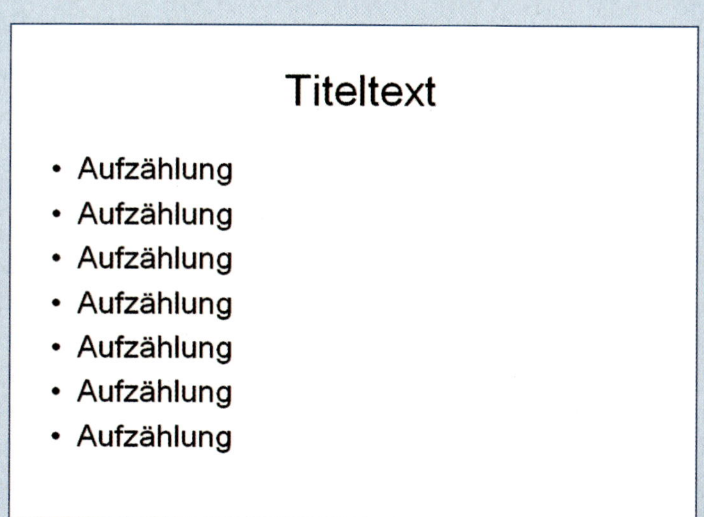

Abbildung 3: *Skizze einer Beispielfolie*

2. Sorgen Sie mithilfe des Folienmasters dafür, dass die gesamte Präsentation einheitlich formatiert wird. Fügen Sie das Logo ein, sodass es auf jeder Folie, außer auf der Titelfolie, angezeigt wird.

Anmerkung:

Grafiken bzw. Bilder können über das Register EINFÜGEN – ILLUSTRATIONEN – GRAFIK eingefügt werden.

4 Entwurf

Situation:

Frau Ferl ist sehr angetan von Ihrer bisherigen Arbeit. Sie sollen neben einer einheitlichen Schriftgröße, -farbe und -art auch dafür sorgen, dass der Hintergrund einheitlich und im Sinn des „Corporate Design" ist. Die neuen Auszubildenden sollen so gleich an das einheitliche Unternehmensbild auf Schildern, Werbeartikeln und eben auch auf Präsentationen gewöhnt und eingestimmt werden.

4.1 Hintergrund

Standardmäßig ist der Hintergrund einer neuen Präsentation weiß. Soll der Hintergrund farbig gestaltet oder eine Grafik als Hintergrund einfügt werden, muss das Register ENTWURF – HINTERGRUND – HINTERGRUNDFORMATE gewählt werden. Hier steht zunächst eine Auswahl von zwölf Farben (Formatvorlagen) zur Verfügung.

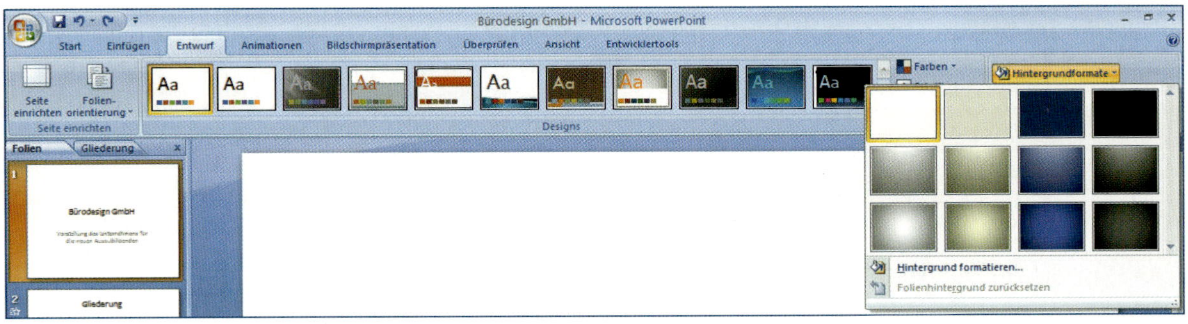

Abbildung 1: *Hintergrundformate*

Durch klicken auf HINTERGRUND FORMATIEREN ... (siehe Abbildung 1), öffnet sich das in Abbildung 2 dargestellte Dialogfeld. Hier kann dem Hintergrund eine weitere EINFARBIGE FÜLLUNG bzw. Farbe zugewiesen werden. Durch Klicken auf das Symbol FARBE: öffnet sich das Fenster mit weiteren Design-, Standardfarben und WEITERE FARBEN... Der Schieberegler TRANZPARENZ: kann von 0 % bis 100 % eingestellt werden.

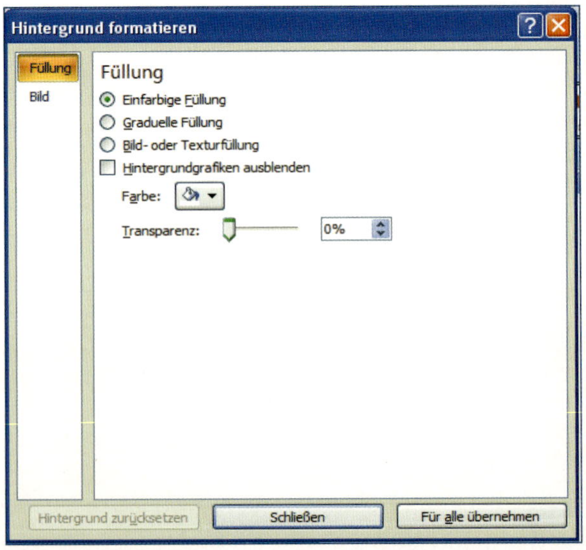

Abbildung 2: *Hintergrund formatieren – EINFARBIGE FÜLLUNG*

Anmerkung:
Durch Auswahl einer Hintergrundfarbe wird vom Programm automatisch die Schriftfarbe angepasst.

Das Optionsfeld GRADUELLE FÜLLUNG (PowerPoint 2010: FARBVERLAUF) bietet zusätzlich eine Vielzahl von Möglichkeiten. Wie in Abbildung 3 zu sehen ist, kann der Hintergrund mehrfarbig mit verschiedenen VOREINGESTELLTEN FARBEN: und weiteren unterschiedlichen Einstellungen, wie TYP:, RICHTUNG:, WINKEL:, usw. gestaltet werden. Über das Optionsfeld BILD- ODER TEXTURFÜLLUNG kann der Hintergrund beispielsweise mit einem Bild versehen und unter BILD weiter formatiert werden.

Die Änderungen des Hintergrunds können sowohl auf einer einzelnen Folie (Schaltfläche SCHLIESSEN) als auch auf allen vorhandenen und zukünftigen Folien der Präsentation (Schaltfläche FÜR ALLE ÜBERNEHMEN) vollzogen werden. Die Schaltfläche HINTERGRUND ZURÜCKSEZTEN macht die vorgenommen Änderungen rückgängig. In der Version PowerPoint 2010 stehen noch zusätzliche Möglichkeiten der Hintergrundgestaltung zur Verfügung.

Abbildung 3: *Hintergrund formatieren – GRADUELLE FÜLLUNG (PowerPoint2010: FARBVERLAUF)*

Anmerkung:
Achten Sie auf angemessene Kontraste von Hintergrund und Text und vermeiden Sie Rot-Grün-Kontraste.

Arbeitsauftrag 5:
Verändern Sie den Hintergrund Ihrer Präsentation. Die Farben und die einzelnen Registerkarten der FÜLLEFFEKTE... können Sie in Ruhe ausprobieren, die Wirkung beobachten und entscheiden, ob nur die jeweilige Folie oder alle Folien den gewählten Hintergrund haben sollen. Beachten Sie auch an dieser Stelle den Hinweis von Frau Ferl bezüglich des „Corporate Design".

4.2 Designs

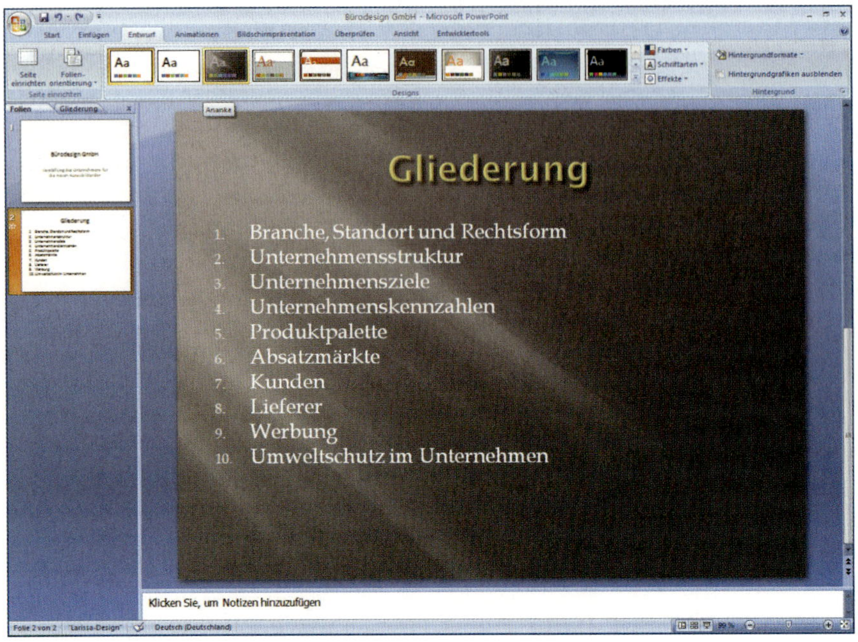

Abbildung 4: *Designs*

Mit den Designs kann neben dem einheitlichen Design von Hintergrund, Titeltext, Text, Linien, Schatten und Hyperlinks zusätzlich die Positionierung von Platzhaltern und Grafiken verändert bzw. festgelegt werden. Es besteht zum einen die Möglichkeit aus einer Vielzahl von Designs zu wählen. Zum anderen kann eine selbst erstellte Präsentation auch als Design (PowerPoint-Vorlage) abgespeichert werden, um es für weitere Präsentationen nutzen zu können.

Designs können über das Register ENTWURF – DESIGNS ausgewählt werden (siehe Abbildung 4). Sobald ein Design angewendet wird, fügt das Programm das Design zum Folienmaster der Präsentation hinzu bzw. ersetzt – falls vorhanden – den bisherigen Folienmaster.

Soll eine Präsentation als Design bzw. PowerPoint-Vorlage gespeichert werden, kann die Speicherung über SPEICHERN UNTER erfolgen.

Wie in Abbildung 5 zu sehen ist, muss der DATEITYP: PowerPoint-Vorlage gewählt werden. Der Dateiname verändert sich dann automatisch und die Dateiendung lautet anschließend „.potx". Es ändert sich unter SPEICHERN IN: (Abbildung 5) auch der Speicherort. Die PowerPoint-Vorlage wird im dafür vorgesehenen Ordner „Templates" oder in einem selbst gewählten Ordner gespeichert und kann für weitere Präsentationen erneut aufgerufen werden.

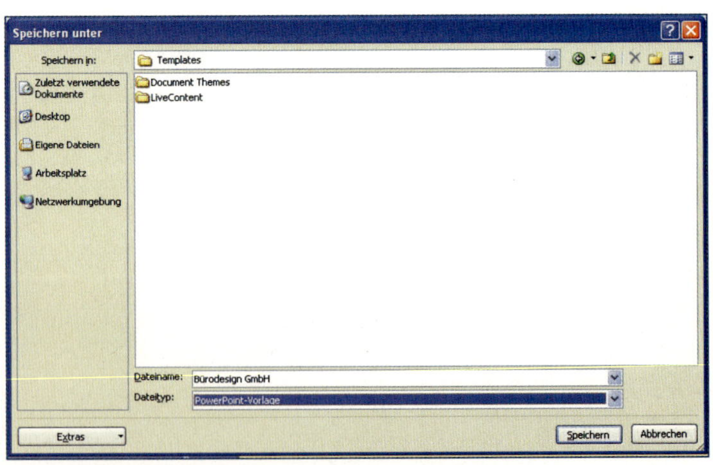

Abbildung 5: *PowerPoint-Vorlage – Speichern unter*

Arbeitsauftrag 6:

Fügen Sie der Präsentation neue Folien hinzu und vergeben Sie jeder Folie zunächst jeweils **nur** einen **Titeltext** gemäß den Inhalten der Lernsituation (Branche, Standort, Rechtsform usw.).

Testen Sie die Anwendung verschiedener Designs. Über das Menü BEARBEITEN – RÜCKGÄNGIG bzw. STRG+Z können Sie diesen Schritt jeweils wieder rückgängig machen.

Speichern Sie letztendlich Ihr eigenes Design als PowerPoint-Vorlage und als Design (ENTWURF – DESIGNS – AKTUELLES DESIGN SPEICHERN...) ab. Beachten Sie den Speicherort und versuchen Sie, anschließend die Vorlage und das Design zu öffnen.

Anmerkung:

Die Reihenfolge der Folien kann im Nachhinein jederzeit über ANSICHT – PRÄSENTATIONSANSICHTEN – FOLIENSORTIERUNG verändert werden. Über das Register ANSICHT – PRÄSENTATIONSANSICHTEN – NORMAL kann zur normalen Ansicht zurückgekehrt werden.

4.3 Farben

Über die Einstellung der Farben bzw. Designfarben können neben der Farbe für den Hintergrund (siehe Kapital 4.1) auch die Farben für Titeltext, Text, Linien, Schatten und Hyperlinks festgelegt bzw. die zuvor ausgewählen Designs verändert werden.

Anmerkung:

Als Hyperlink wird eine Verknüpfung (Querverweis) bezeichnet, mit der man auf ein anderes Dokument (z. B. andere Folie einer Präsentation) verweisen bzw. springen kann. Das Verzweigen mit Hyperlinks wird in Kapitel 10 ausführlich behandelt.

Farben bzw. Designfarben lassen sich über das Register ENTWURF – DESIGNS – FARBEN anzeigen. Die jeweils ausgewählte Designfarbe ist markiert (siehe Abbildung 6).

Farben bzw. Designfarben wirken sich auf alle Folien der Präsentation aus. Über Schaltfläche NEUE DESIGNFARBEN ERSTELLEN... (siehe Abbildung 6 unten) können die Farben bearbeitet werden.

Arbeitsauftrag 7:

Testen Sie die verschiedenen Designfarben. Verändern Sie das von Ihnen gewählte Design nach Ihren Vorstellungen.

***Abbildung 6:** Designfarben*

5 Animationen

Situation:

Ihre Präsentation nimmt erste Formen an. Frau Ferl bittet Sie, die Präsentation ein wenig „aufzupeppen", indem Sie Animationen integrieren.

Unter Animationen wird das Erscheinen oder Bewegen von Objekten, Texten und Bildern verstanden. Es können neben vordefinierten Animationsschemas auch benutzerdefinierte Animationen erstellt werden.

Animationsschemas lassen sich u. a. über das Register ANIMATIONEN in der Gruppe ANIMATIONEN aufrufen. Um eine Folie zu animieren, muss zunächst ein Objekt bzw. Platzhalter markiert werden. Anschließend lässt sich über ANIMATIONEN – ANIMATIONEN – ANIMIEREN: ein Animationsschema auswählen (siehe Abbildung 1a). Nach Auswahl einer entsprechenden Animation zeigt das Programm die entsprechende Vorschau der Animation an.

Benutzerdefinierte Animationen können in PowerPoint 2007 über ANIMATIONEN – ANIMATIONEN – BENUTZERDEFINIERTE ANIMATION aufgerufen werden (PowerPoint 2010: ANIMATIONEN – ERWEITERTE ANIMATION – ANIMATIONSBEREICH). Hier lassen sich für einzelne Objekte (Platzhalter, Grafiken usw.) einer Folie gesondert Animationen festlegen und verändern.

***Abbildung 1a:** Vordefinierte Animationen (PowerPoint 2007)*

In der Version PowerPoint 2010 existiert der Begriff der benutzerdefinierten Animation nicht. Um ein Objekt, beispielsweise einen Platzhalter, zu animieren, muss nach Markieren des Objektes das Register ANIMATIONEN – ANIMATION gewählt werden. Hier lassen sich eine Vielzahl von Animationen per Klick auf das entsprechende Symbol direkt auswählen (siehe Abbildung 1b). Als Ersatz für den in PowerPoint 2007 verwendeten Begriff der „benutzerdefinierten Animation" lassen sich in PowerPoint 2010 über ANIMATIONEN – ERWEITERTE ANIMATION – ANIMATIONSBEREICH die bereits erstellten Animationen anpassen bzw. verändern.

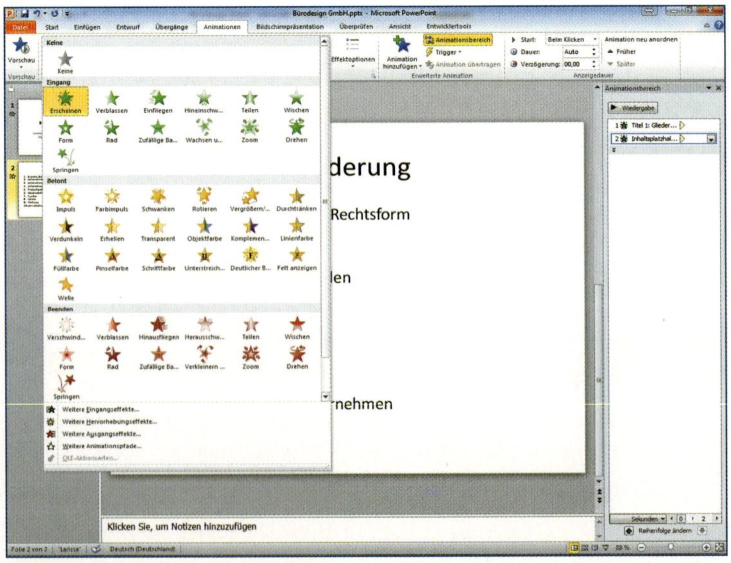

***Abbildung 1b:** Vordefinierte Animationen (PowerPoint 2010)*

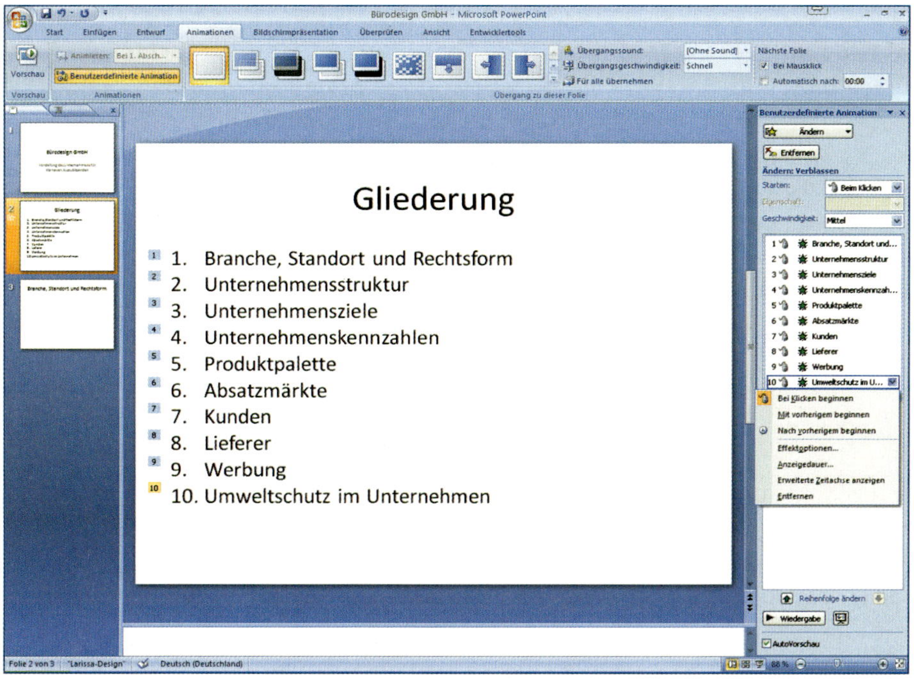

Abbildung 2a: *Benutzerdefinierte Animation (Powerpoint 2007)*

Über die Schaltfläche ÄNDERN (siehe Abbildung 2a – rechts oben) lassen sich die einzelnen Animationsmöglichkeiten, die auch in Abbildung 3 zu sehen sind, einzeln zuordnen bzw. ändern. Über die Schaltfläche ENTFERNEN können diese entfernt werden. Im Dropdown-Feld STARTEN: kann festgelegt werden, wann die Animation ausgelöst wird. In der Version PowerPoint 2010 lassen sich die Einstellungen über das Register ANIMATION in den Gruppen ERWEITERTE ANIMATION und ANZEIGENDAUER oder wie in der Version 2007 über das Kontextmenü (rechte Maustaste) verändern (siehe Abbildung 2b).

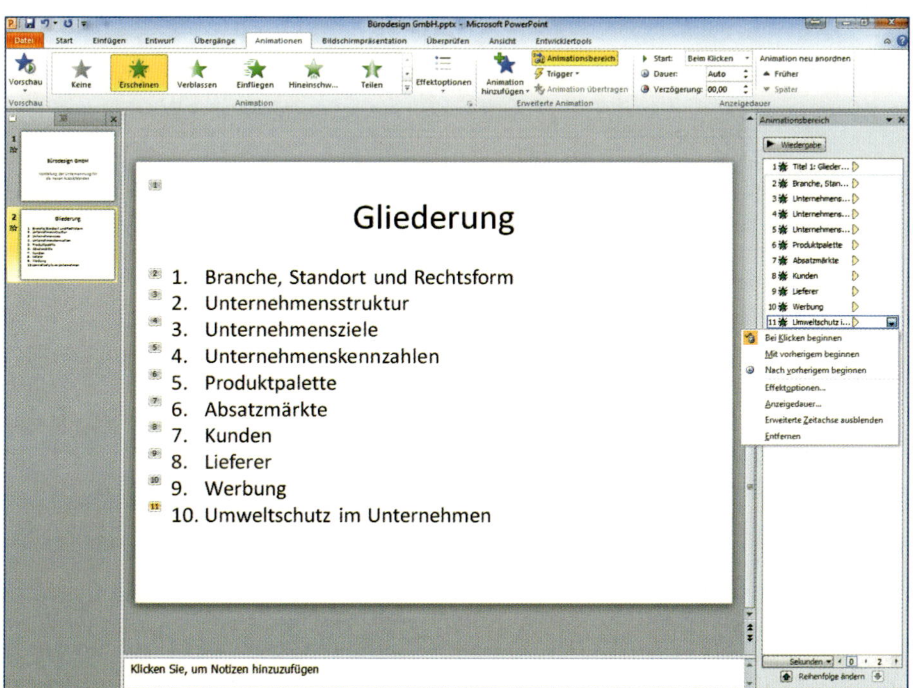

Abbildung 2b: *Erweiterte Animation (PowerPoint 2010)*

In den weiteren Dropdown-Feldern lassen sich die EIGENSCHAFT und die GESCHWINDIGKEIT bestimmen. Im darunter liegenden Fenster kann die Reihenfolge der einzelnen zu animierenden Objekte gesteuert werden. Dazu stehen auch die beiden Pfeile unterhalb des Fensters zur Verfügung. Über die Schaltfläche WIEDERGABE bzw. das Symbol BILDSCHIRMPRÄSENTATION VON AKTUELLER FOLIE (UMSCH+F5) kann wie bei den Animationsschemas die Auswirkung – je nach dem, ob das Auswahlfeld AUTOVORSCHAU aktiviert ist oder nicht – erstmalig bzw. nochmals angesehen werden.

Durch einen Klick auf die jeweils animierte Position – hier „1 Titel 1: Gliederung" – gelangt man zum sog. Kontextmenü (siehe Abbildung 3). Neben der Möglichkeit auch hier beispielsweise den „Auslöser" für die entsprechende Animation festzulegen, lassen sich u. a. EFFEKTOPTIONEN... definieren.

Nachfolgend werden beispielhaft die Effektoptionen für das „Erscheinen" des Titels „Gliederung" gezeigt. Die EFFEKTOPTIONEN... können über das Kontextmenü (rechte Maustaste) aufgerufen werden (siehe Abbildung 2a und 2b). Im Register EFFEKT (siehe Abbildung 3) lassen sich ein Sound hinzufügen, ein Abblenden des Textes bzw. Objektes erreichen und weitere Eigenschaften zu animiertem Text festlegen. In den weiteren Registerblättern lassen sich die ANZEIGEDAUER und die TEXTANIMATION variieren. Je nachdem, ob Text oder Objekt und welche Animation gewählt wird, verändern sich die jeweiligen Registerüberschriften und -inhalte. Im Kapitel 9 „Einfügen von Diagrammen" wird darauf nochmals eingegangen.

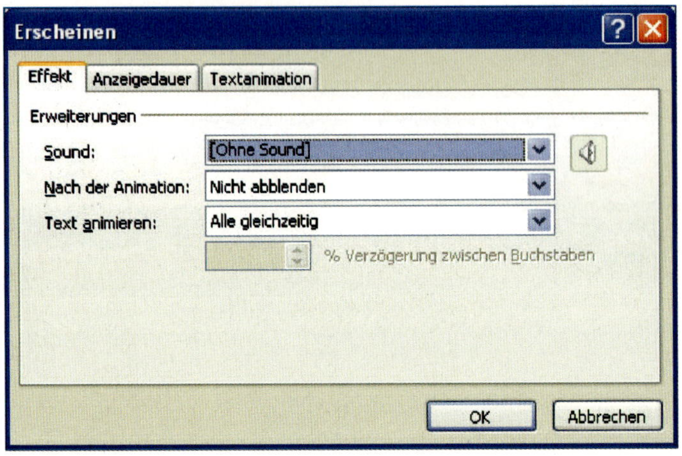

Abbildung 3: *EFFEKTOPTIONEN...*

Arbeitsauftrag 8:

Gestalten Sie die Folie 2 (Gliederung) so, dass die Aufzählungszeilen animiert sind. Testen Sie die verschiedenen Animationen und passen Sie diese nach Ihren Vorstellungen an. Für die Erstellung einer einheitlichen Animationen empfiehlt sich die Nutzung des Folienmasters. Beachten Sie bezüglich der letztendlichen Animation die Zielgruppe der Unternehmenspräsentation.

6 Folienübergänge

Situation:

Frau Ferl bittet Sie, Ihr die bisherige Präsentation vorzustellen. Sie ist von Ihrem Design begeistert, allerdings findet sie die Übergänge zwischen den einzelnen Folien nicht fließend. Sie bittet Sie daher die Folienübergänge harmonischer zu gestalten.

Als Folienübergang bezeichnet man die Art des Wechsels zwischen den einzelnen Folien. Über das Menü ANIMATION – ÜBERGANG ZU DIESER FOLIE (PowerPoint 2010: ÜBERGÄNGE – ÜBERGANG ZU DIESER FOLIE) können die Übergänge zwischen den Folien im Rahmen einer Präsentation mit Effekten versehen werden. Wie in Abbildung 1a bzw. 1b dargestellt gibt es in PowerPoint eine Vielzahl von Effekten. Standardmäßig sind keine Effekte (KEIN ÜBERGANG) eingestellt.

Abbildung 1a: *Folienübergänge*

Die zur Verfügung gestellten Übergänge können auch in der Geschwindigkeit verändert oder mit einem Sound hinterlegt werden. Weiterhin kann ein Übergang über einen Mausklick (BEI MAUSKLICK) oder automatisch nach einer bestimmten Zeit ausgelöst werden. Folienübergänge können für einzelne und auch alle Folien (FÜR ALLE FOLIEN ÜBERNEHMEN) eingestellt werden.

Nach der Auswahl eines Übergangs wird dieser im Rahmen einer Vorschau angezeigt.

Abbildung. 1b: *Folienübergänge (PowerPoint 2010)*

Arbeitsauftrag 9:

1. Testen Sie die verschiedenen Folienübergänge und sorgen Sie letztendlich für angemessene Folienübergänge. Nutzen Sie auch hier den Folienmaster.
2. Überlegen Sie gemeinsam mit einem Mitschüler, für welche Fälle die nächste Folie bei Mausklick bzw. automatisch erscheinen sollte. Halten Sie Ihre Ergebnisse schriftlich (in Stichpunkten) fest.

Notizen:

7 Formatierung der Kopf- und Fußzeile

Situation:

Nachdem Sie die Folienübergänge harmonischer gestaltet haben, möchte Frau Ferl, dass Sie Ihre Präsentation weiter professionalisieren.
Beispielweise sollten dafür auf jeder Folie das aktuelle Datum, die Autoren und die jeweilige Foliennummer erscheinen.

In PowerPoint lassen sich die Kopf- und Fußzeile der Folien bzw. der Notizblätter und Handzettel formatieren. Die Möglichkeit zur Formatierung der Kopf- und Fußzeile erreicht man über das Menü EINFÜGEN – TEXT – KOPF- UND FUSSZEILE. Unter dem Register FOLIE (siehe Abbildung 1) lassen sich als Darstellungsformen für Datum und Uhrzeit AUTOMATISCH AKTUALISIEREN oder FEST vorgeben. Weiterhin kann ausgewählt werden, ob die FOLIENNUMMER und in der FUSSZEILE (mittlerer Bereich) sonstige Angaben, wie beispielsweise der Autor der Präsentation, dargestellt werden. Ein weiteres Auswahlfeld (AUF TITELFOLIE NICHT ANZEIGEN) steht zur Verfügung, um festzulegen, ob die Angaben auf der Titelfolie erscheinen sollen. Abschließend kann gewählt werden, ob diese Angaben für alle Folien (FÜR ALLE ÜBERNEHMEN) oder nur für die aktuelle Folie (ÜBERNEHMEN) übernommen werden sollen.

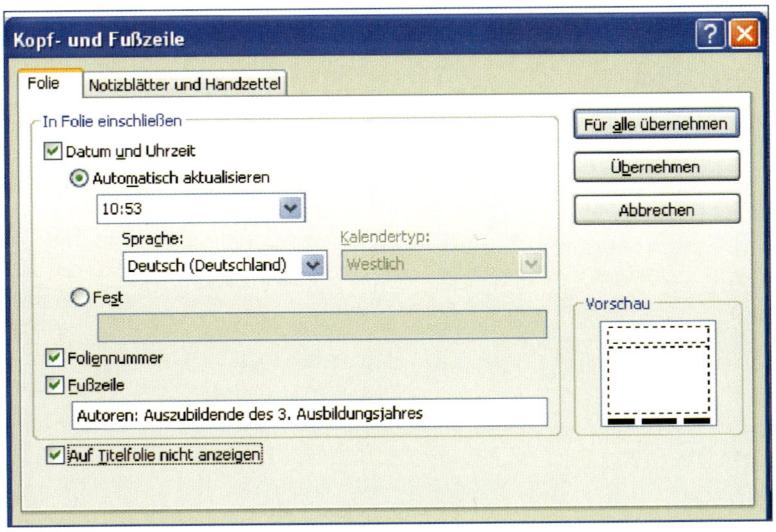

Abbildung 1: *Kopf- und Fußzeile*

Anmerkung:

- Über das Register FOLIE lässt sich eigentlich nur die Fußzeile formatieren. Möchte man auch Teile der „Kopfzeile" formatieren – z. B. den Autor in die Kopfzeile setzen – muss dieser Platzhalter im Folienmaster entsprechend in den oberen Teil der Folie geschoben werden.
- Das Register NOTIZBLÄTTER UND HANDZETTEL wird im Zusammenhang mit dem Drucken (Kapitel 12) noch thematisiert.

Arbeitsauftrag 10:

1. Versehen Sie Ihre Präsentation mit einer einheitlichen Kopf- und Fußzeile, die nicht auf der Titelfolie angezeigt wird. Stellen Sie das jeweils aktuelle Datum (TT.MM.JJJJ) und die jeweilige Foliennummer in der Fußzeile dar. Oben links (Kopfzeile) sollen die Autoren der Präsentation erscheinen. Achten Sie auf einen angemessenen Kontrast der Kopf- und Fußzeile zum Hintergrund und eine ausreichende Größe der Platzhalter. Verändern Sie – wenn notwendig – die Schriftfarbe und die Größe der Platzhalter.
2. Bevor Sie im nächsten Kapitel erfahren, wie Sie die Unternehmensstruktur (Organigramm) der Bürodesign GmbH angemessen darstellen können, füllen Sie bitte zunächst die Folien zur Branche, zum Standort und zur Rechtsform mit Inhalt. Sie können die Inhalte auch auf einer Folie zusammenfassen. Möglicherweise müssen Sie dann eine doppelte bzw. überflüssige Folie löschen (siehe dazu auch Kapitel 1.1 Bildschirmaufbau).

8 Einfügen von Organigrammen

Situation:

Frau Ferl hat Ihnen unter Anderem die Darstellung der Unternehmensstruktur in Form eines Organigramms vorgegeben. Sie könnten die hierarchische Struktur nun mit Zeichenelementen auf einer Folie darstellen. PowerPoint bietet allerdings einen Organigrammassistenten, mit dessen Hilfe Sie relativ einfach ein Organigramm erstellen können.

Um eine hierarchische Unternehmensstruktur grafisch darzustellen, gibt es in PowerPoint die sogenannten SmartArt-Grafiken. Soll ein Organigramm auf einer neuen Folie eingefügt werden, muss das Symbol SMARTART-GRAFIK EINFÜGEN angeklickt werden (siehe Abbildung 1).

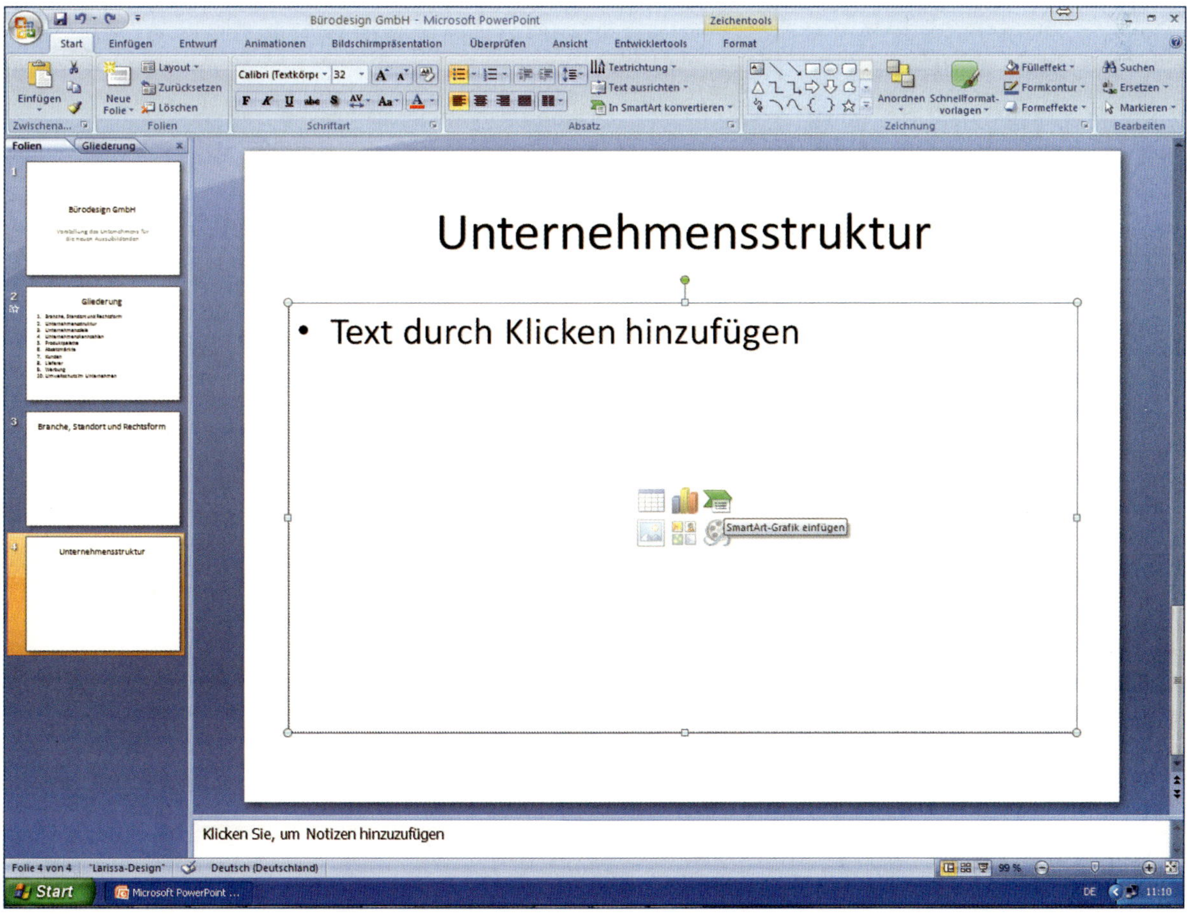

Abbildung 1: *SmartArt-Grafik einfügen*

Zum Erstellen eines Organigramms auf einer Folie muss unter SMARTART-GRAFIK AUSWÄHLEN (siehe Abbildung 2) HIERARCHIE – ORGANIGRAMM ausgewählt werden. Neben dem Organigramm stellt PowerPoint noch weitere sog. Diagrammtypen zur Verfügung, auf die hier nicht weiter eingegangen wird.

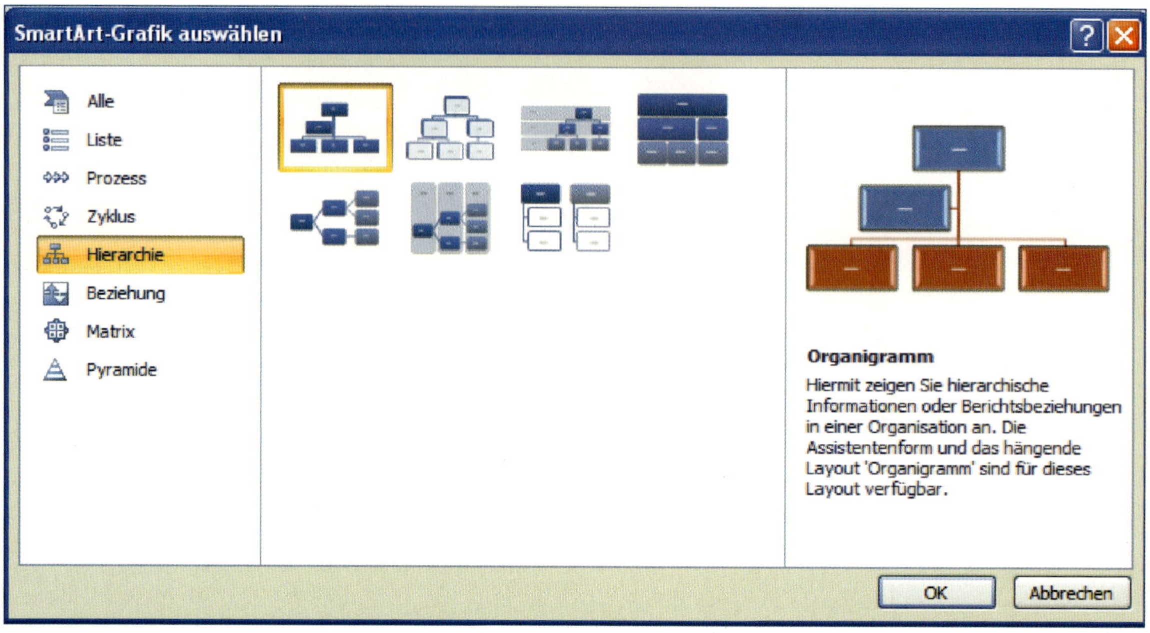

Abbildung 2: *SmartArt-Grafik auswählen*

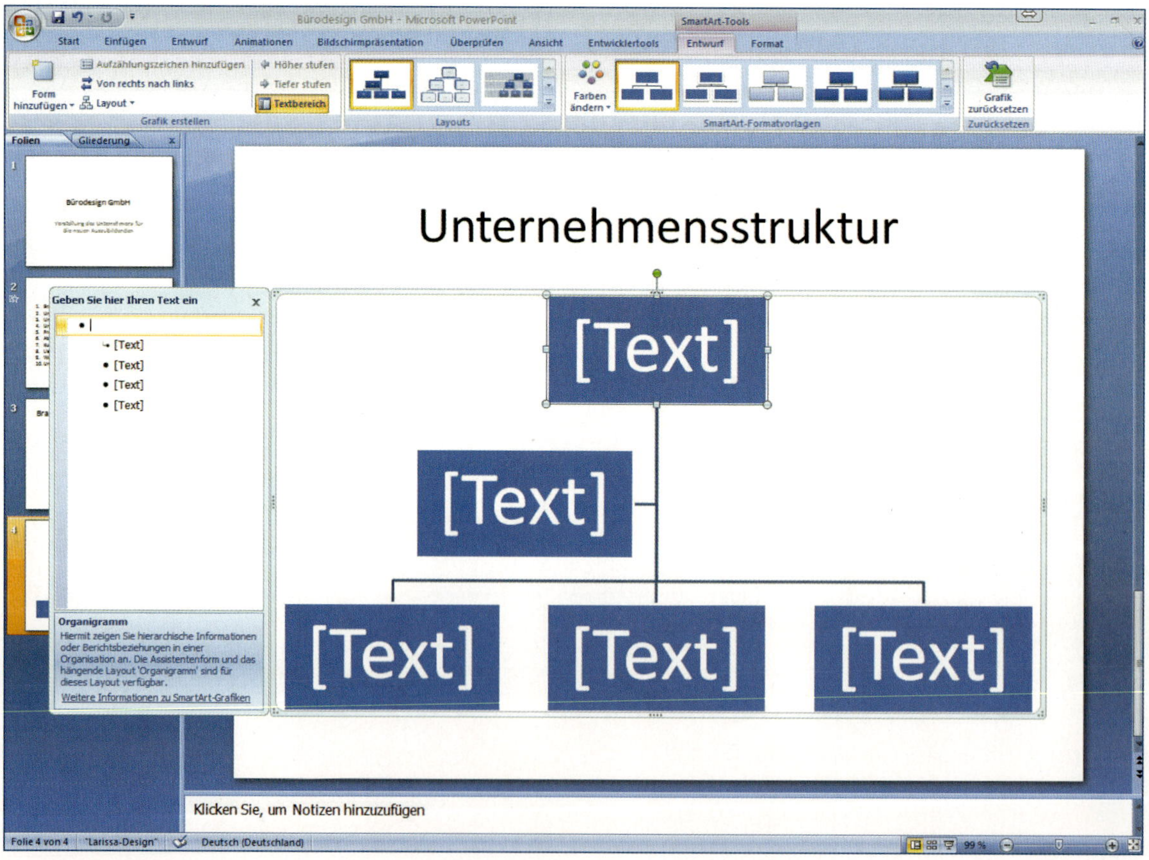

Abbildung 3: *SMARTART-TOOLS – ENTWURF*

Anmerkung:

Das Menü SMARTART-TOOLS mit den Registern ENTWURF und FORMAT ist nur sichtbar, wenn zuvor SMARTART--GRAFIK EINFÜGEN ausgewählt wurde.

Über SMARTART-TOOLS – ENTWURF – Grafik erstellen – FORM HINZUFÜGEN können Formen und Assistenten zum bestehenden Organigramm hinzugefügt werden. Dazu muss das jeweilige Element des Organigramms markiert sein. Die Schaltfäche LAYOUT bietet die Möglichkeit neben dem dargestellten STANDARD die Elemente beispielsweise „hängend" anzuordnen. Auch dazu muss das jeweilige Element markiert sein. Nach Eingabe von Text in die jeweiligen Elemente, wie zum Beispiel Geschäftsleitung, Beschaffung, Produktion usw., wird die optimale Schriftgröße ermittelt und der Text in den Elementen entsprechend formatiert. Über die Gruppe SMARTART-FORMATVORLAGEN lässt sich das Organigramm in der Farbe und im Aussehen entsprechend verändern. Unter SMARTART-TOOLS – Entwurf – LAYOUTS lässt sich im Nachhinein das Layout der SmartArt-Grafik verändern.

Arbeitsauftrag 11:

1. Stellen Sie gemäß den Angaben zum Modellunternehmen die hierarchische Unternehmensstruktur der Bürodesign GmbH dar. Frau Ferl teilt Ihnen mit, dass es aufgrund der Lesbarkeit ausreicht, neben der Geschäftsleitung und den beiden Stabsstellen (Assistenten) die Abteilungen darzustellen. Die jeweiligen Gruppen und Stellen sollen somit nicht dargestellt werden. Sorgen Sie für eine optimierte Schriftgröße (fett) innerhalb der Elemente.
2. Stellen Sie in einer **weiteren Folien** die Unternehmensziele dar. Orientieren Sie sich dabei ebenfalls am Kapitel zum Modellunternehmen.

9 Einfügen von Diagrammen

Situation:

Frau Ferl erwartet von Ihnen, dass den neuen Auszubildenden auch Unternehmenszahlen in ansprechender Form grafisch aufbereitet präsentiert werden. Da Sie aus Ihrem Unterricht bereits gute Kenntnisse im Bereich eines Tabellenkalkulationsprogramms besitzen, sollte Ihnen auch das Erstellen von Diagrammen in PowerPoint keine großen Probleme bereiten.

Durch die Auswahl des Symbols DIAGRAMM EINFÜGEN in einer neuen Folie (siehe Abbildung 1) erscheint das in Abbildung 2 dargestellte und aus Excel bekannte Fenster. Hier kann aus der Vielzahl von Diagrammtypen ausgewählt werden. Nach Auswahl eines Diagrammtypen startet automatisch das Tabellenkalkulationsprogramm Excel mit einer mit Beispieldaten gefüllten Tabelle. Sie können diese Daten entweder überschreiben oder löschen und neue Daten einfügen. Das Diagramm passt sich entsprechend Ihren Eingaben an. Die sonstige Bearbeitung entspricht der im Teil „Tabellenkalkulation mit Excel", Kapitel 7 beschriebenen Vorgehensweise.

Abbildung 1: *Einfügen eines Diagramms*

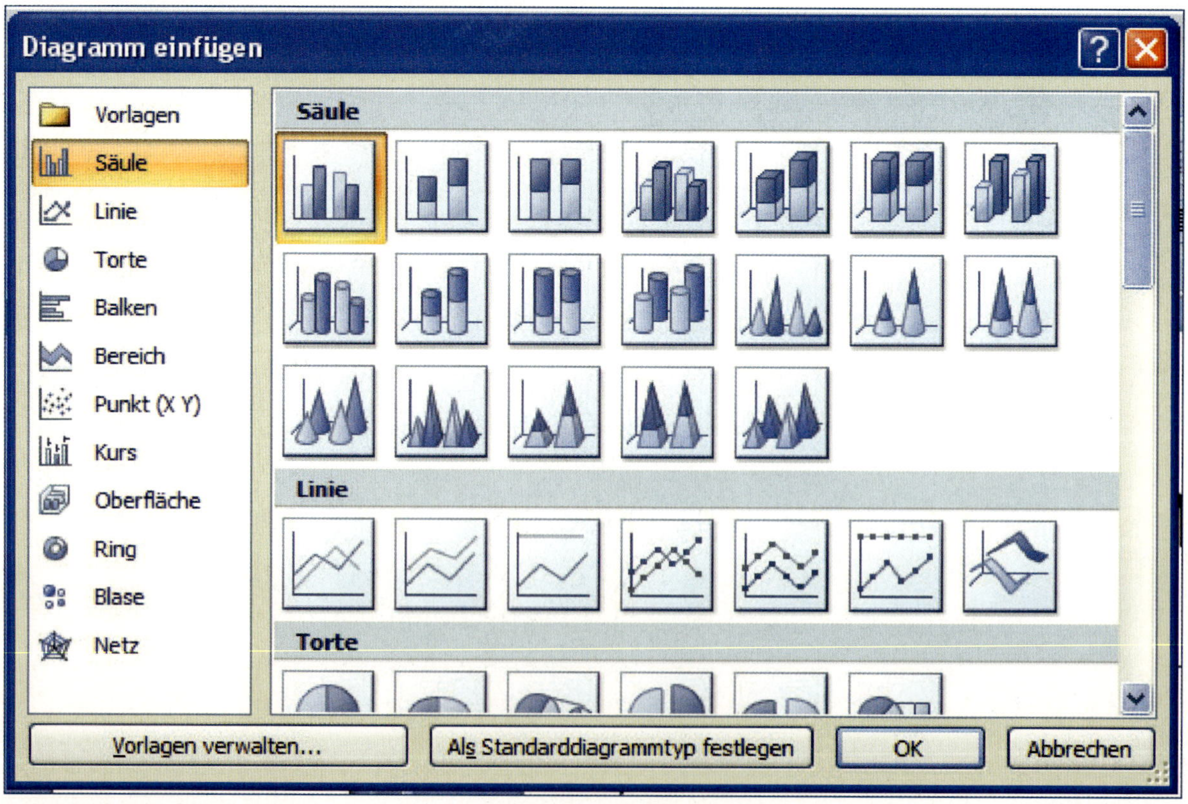

Abbildung 2: *DIAGRAMM EINFÜGEN*

Auch Diagramme lassen sich animieren. Beispielsweise kann bei einem Säulendiagramm jeweils durch einen Klick die nächste Säule eingeblendet werden. Zur Animation eines Säulendiagramms muss es zunächst durch Anklicken markiert werden. Anschließend muss die benutzerdefinierte Animation (PowerPoint 2010: Animationsbereich) aufgerufen und dem Diagramm eine passende Eingangsanimation (z. B. Erscheinen) zugewiesen werden. Über die rechte Maustaste kann man dann die EFFEKTOPTIONEN... aufrufen (siehe auch Abbildung 2a und 2b in Kapitel 5) und über das Register DIAGRAMMANIMATION die gewünschte Einstellung (z. B. nach Kategorie) vornehmen.

Anmerkung:

- Es ist zu beachten, dass die richtige „Eingangsanimation" gewählt wird, denn nicht jede Eingangsanimation lässt ein Animieren von Diagrammelementen (Säulen, Kreiselemente usw.) zu.
- Das Animieren von Diagrammen lässt sich auch auf Organigramme übertragen.

Arbeitsauftrag 12:

Stellen Sie die Umsätze der letzten Jahre der Bürodesign GmbH als animiertes Säulendiagramm und die prozentuale Mitarbeiterverteilung des aktuellen Jahres abteilungsbezogen als animiertes Kreisdiagramm auf jeweils einer Folie dar. Als Daten verwenden Sie die im Kapitel zum Modellunternehmen dargestellten Werte.

10 Verzweigen mithilfe von Hyperlinks

Situation:

Ihre Präsentation wird immer umfangreicher. Um den neuen Auszubildenden als Zuhörer der Präsentation einen roten Faden zu geben, bittet Frau Ferl Sie, in die Präsentation die Möglichkeit zu integrieren, von der Gliederung auf die einzelnen Folien der Präsentation direkt mit einem Klick springen zu können. Es soll auch die Möglichkeit bestehen von den jeweiligen Folien auf die Gliederung zu verzweigen, um so den nächsten Gliederungspunkt auszuwählen usw.

Um von einer Folie direkt zu einer anderen Folie springen zu können, kann ein sogenannter Hyperlink verwendet werden. Mit einer solchen Verlinkung ist es beispielsweise möglich, innerhalb der Präsentationsansicht durch Klicken auf einen Text bzw. Objekt, Bild, Diagramm, Form oder WordArt direkt zur entsprechenden Folie zu „springen".

Zur Erstellung des Hyperlinks muss beispielsweise der Text zunächst markiert werden. Anschließend muss die rechte Maustaste und dann die Option HYPERLINK... angeklickt werden (alternativ: EINFÜGEN – HYPERLINKS – HYPERLINK). Im Fenster „Hyperlink einfügen" können Sie nun die Verlinkung angeben.

In der linken Spalte „Link zu:" kann, wie in Abbildung 1 dargestellt ist, AKTUELLES DOKUMENT ausgewählt und so einen Hyperlink zu den verschiedenen Folien der aktuellen Präsentation hergestellt werden. Im kleinen Fenster „Folienvorschau:" sieht man eine Vorschau der jeweils ausgewählten Folie. Nach Bestätigung der Auswahl durch Klick auf die Schaltfläche OK erscheint der Text als Hyperlink. Er ist unterstrichen und in einer anderen Farbe dargestellt.

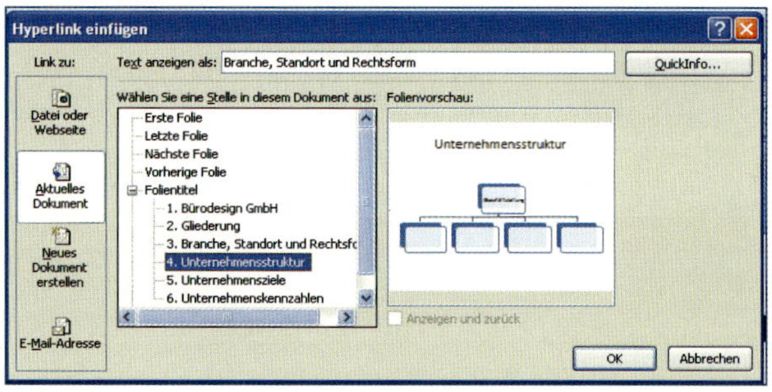

***Abbildung 1:** Hyperlink einfügen*

Anmerkung:

Die Funktion des Hyperlinks wird erst in der Präsentationsansicht wirksam. Wie in Abbildung 1 dargestellt, gibt es auch die Möglichkeit des Einfügens eines Hyperlinks zu einer anderen DATEI ODER WEBSITE. Weiterhin kann NEUES DOKUMENT ERSTELLEN und E-MAIL-ADRESSE gewählt werden.

Unter Umständen kann es sinnvoll sein, die Farbe der Hyperlinks zu ändern, damit sie (auch nach einmaliger Nutzung) gut sichtbar sind bzw. bleiben. Dazu muss im Register ENTWURF – DESIGNS – FARBEN – NEUE DESIGNFARBEN ERSTELLEN... (siehe auch Kapital 4) gewählt werden.

Im Fenster NEUE DESIGNFARBEN ERSTELLEN (siehe Abbildung 2) können die Designfarben für HYPERLINK und BESUCHTER HYPERLINK durch Klick auf die jeweilige Schaltfläche modifiziert werden. HYPERLINK bezeichnet die Farbe des Hyperlinks, der noch nichtbesucht (angeklickt) wurde, BESUCHTER HYPERLINK die Schemafarbe für den bereits besuchten (angeklickten) Link. Durch Klick auf die Schaltfläche SPEICHERN werden die geänderten Farben übernommen. ABBRECHEN macht die getätigten und noch nicht übernommenen Änderungen rückgängig.

> **Anmerkung:**
> Um einen bereits besuchten (angeklickten) Hyperlink als *nicht besucht*, d.h. in der Farbe eines nicht besuchten Hyperlinks darzustellen, muss im Browser, z.B. Internet Explorer, Firefox, der sogenannte Verlauf (Internetoptionen) gelöscht werden.

Hyperlinks können auch über sogenannte Interaktive Schaltflächen in eine PowerPoint-Präsentation implementiert werden. Interaktive Schaltflächen können über das Menü EINFÜGEN – ILLUSTRATIONEN – FORMEN – INTERAKTIVE SCHALTFLÄCHEN aufgerufen und anschließend in das Dokument eingefügt werden.

Wie in Abbildung 3 unten dargestellt, existieren zwölf verschiedenen Interaktive Schaltflächen, die bereits mit bestimmten Hyperlinks voreingestellt

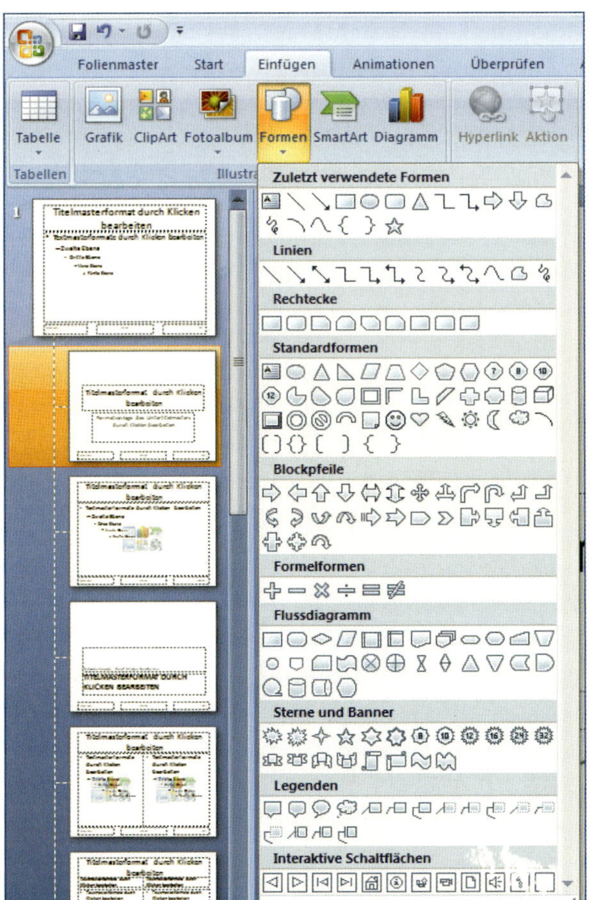

Abbildung 3: *Interaktive Schaltflächen*

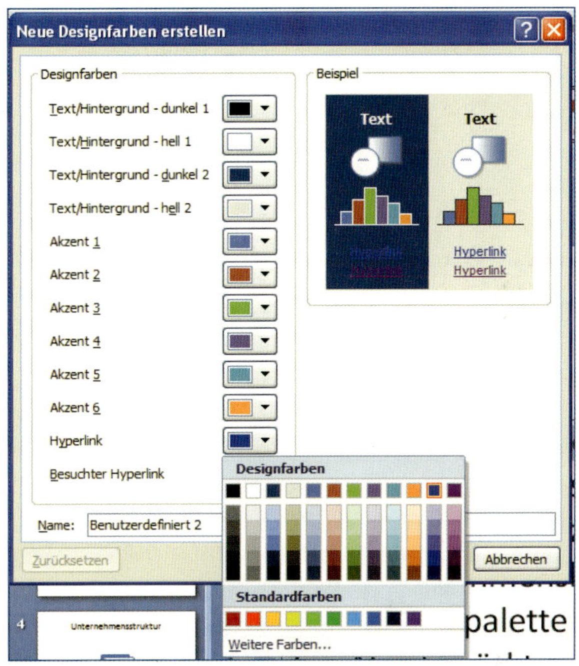

Abbildung 2: *Neue Designfarben erstellen*

sind. Diese voreingestellten Hyperlinks können allerdings problemlos geändert bzw. angepasst werden.

Zum Einfügen muss zunächst die gewünschte Interaktive Schaltfläche ausgewählt werden. Anschließend kann durch Drücken und Festhalten der linken Maustaste die Schaltfläche in gewünschter Größe und an gewünschter Position auf die Folie gezeichnet werden. Nach Loslassen der linken Maustaste erscheint das Fenster AKTIONSEINSTELLUNGEN (siehe Abbildung auf S. 148). Im Register MAUSKLICK kann über das Dropdown-Feld HYPERLINK ZU: unter anderem die standardmäßig ERSTE FOLIE oder auch die LETZTE FOLIE bzw. die weiter unten FOLIE... gewählt werden. Wird im Registerblatt MAUSKLICK – FOLIE... gewählt, so erscheint anschließend das in Abbildung 5 dargestellte Fenster, in dem ein Folienti-

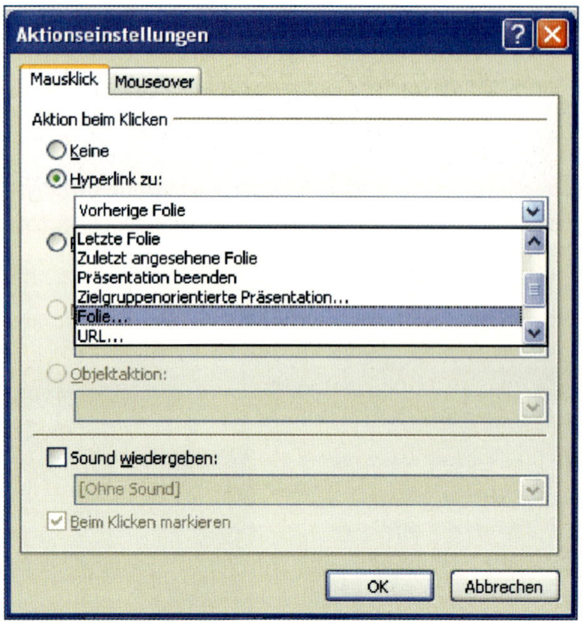

Abbildung 4: *Aktionseinstellungen*

Abbildung 5: *Hyperlink zur Folie*

tel der aktuellen Präsentation ausgewählt werden kann, zu dem verzweigt werden soll. Die Aktion des Hyperlinks wird in der Bildschirmpräsentation beim Klicken mit der linken Maustaste auf das jeweilige Element (Text oder Objekt) ausgelöst. Weiterhin kann in diesem Registerblatt auch eingestellt werden, dass beim Klicken ein Programm ausgeführt oder ein Sound wiedergegeben wird. Die gleichen Funktionen stehen auch im Registerblatt MOUSEOVER (siehe Abbildung 4) zur Verfügung. Diese Aktionen werden in der Präsentationsansicht ausgelöst, indem man den Mauspfeil über die Schaltfläche bewegt.

Sollen Hyperlinks und/oder Interaktive Schaltflächen auf jeder Folie einer Präsentation erscheinen, können diese über den Folienmaster eingebaut werden. Siehe dazu Kapitel 3.

Anmerkung:

Die in Abbildung 4 dargestellte Möglichkeit der ZIELGRUPPENORIENTIERTEN PRÄSENTATION bietet die Möglichkeit **eine** Präsentation für verschiedene Zielgruppen wie z. B. Auszubildende, Kunden und Lieferer zu erstellen. Bei der Präsentation werden dann nur die jeweils gewünschten Folien dargestellt, einige Folien bleiben – wenn gewünscht – ausgeblendet. Auf die Möglichkeit der zielgruppenorientierten Präsentation wird in diesem Buch nicht näher eingegangen.

Arbeitsauftrag 13:

Stellen Sie per Hyperlinks jeweils Verlinkungen von der Gliederung zu den entsprechenden Folien her. Fügen Sie über den Folienmaster interaktive Schaltflächen in die Präsentation ein, mit denen man auf die Gliederung direkt verzweigen kann. Passen Sie – falls erforderlich – die Farben an.

Arbeitsauftrag 14:

Füllen Sie die verbleibenden Folien mit Inhalt und stellen Sie Ihre Präsentation fertig. Lassen Sie anschließend Ihre Präsentation von einem Mitschüler ansehen und sehen Sie sich seine Präsentation an.

a) Geben Sie Ihrem Mitschüler ein Feedback und holen Sie sich ein Feedback über Ihre Präsentation ein. Als Grundlagen gelten die von Ihnen in Arbeitsauftrag 3 aufgestellten **Kriterien einer professionellen Präsentation**. Machen Sie sich Notizen.

b) Nehmen Sie ggf. die Anregungen Ihres Mitschülers in die Präsentation auf.

Notizen:

11 Speichern und Verpacken auf CD bzw. USB-Stick

Situation:

Sie haben einige Hinweise Ihrer Kollegin bzw. Ihres Kollegen in die Präsentation integriert. Bald steht die Präsentation vor den neuen Auszubildenden an. Sie möchten die Präsentation auf CD bzw. USB-Stick speichern, um sie im großen Konferenzsaal der Bürodesign GmbH mit einem Notebook und einem Beamer vorführen zu können. Nach Rücksprache mit Frau Ferl erfahren Sie, dass auf dem Notebook, mit dem Ihre Präsentation vorgeführt werden soll, wahrscheinlich kein PowerPoint installiert ist. Frau Ferl ist sich nicht sicher und bittet Sie, die Präsentation so zu speichern, dass Sie auf einem Notebook ohne PowerPoint bzw. in einer anderen Version von PowerPoint vorgeführt werden kann.

Häufig soll eine PowerPoint-Präsentation nicht auf dem PC oder Notebook vorgeführt werden, auf dem sie erstellt wurde. Daraus kann sich das Problem ergeben, dass auf dem Präsentations-Computer eine andere oder keine Version von PowerPoint vorhanden ist. Um eine Inkompatibilität der Versionen zu vermeiden und sicherzustellen, dass die Präsentation auch vorgeführt werden kann, gibt es in PowerPoint die Möglichkeit der computerunabhängigen Speicherung der Präsentation.

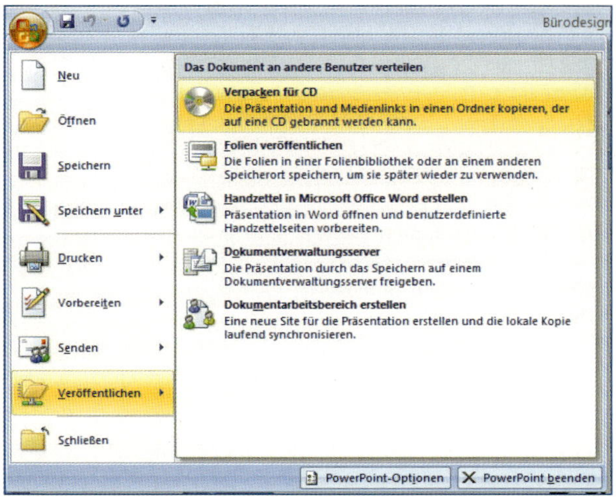

Abbildung 1: *DATEI – VERPACKEN FÜR CD...*

Generell kann die Präsentation über SPEICHERN bzw. SPEICHERN UNTER gespeichert werden. Wird SPEICHERN UNTER gewählt, kann die Präsentation – neben einer Vielzahl von Formaten – auch als selbstständig ablaufende Präsentation unter dem DATEITYP: POWERPOINT-BILDSCHIRMPRÄSENTATION (*.PPSX) gespeichert werden. Bei dieser Datei mit der Endung „ppsx" wird die Bildschirmpräsentation durch Doppelklick auf die Datei sofort gestartet und schließt sich automatisch nach Beendigung. Um dieses Dateiformat nutzen zu können muss PowerPoint oder der sogenannte PowerPoint-Viewer auf dem entsprechenden Computer installiert sein.

Abbildung 2: *Verpacken für CD*

Um eine vollkommen computerunabhängige Präsentation zu erstellen, sollte man folgendermaßen vorgehen: Wird über den Office-Button VERÖFFENTLICHEN – VERPACKEN FÜR CD (PowerPoint 2010: DATEI – SPEICHERN UND SENDEN – BILDSCHIRMPRÄSENTATION FÜR CD VERPACKEN – VERPACKEN FÜR CD) gewählt, öffnet sich anschließend das in Abbildung 1 dargestellte Fenster. Nun besteht die Möglichkeit eine CD zu brennen, deren Name als Standard mit „Präsentation" vorgegeben ist. Es können über die Schaltfläche DATEIEN HINZUFÜGEN... (PowerPoint 2010: Schaltfläche HINZUFÜGEN) noch weitere Dateien ergänzt werden. Über die Schaltfläche OPTIONEN... muss – wie in Abbildung 2 dargestellt – der POWERPOINT VIEWER hinzugefügt und kann beispielsweise eine automatisierte Wiedergabe der CD voreingestellt werden (in der Version PowerPoint 2010 gibt es keine Option, den PowerPoint Viewer automatisch hinzuzufügen). Darüber hinaus können – falls erforderlich – VERKNÜPFTE DATEIEN bzw. EINGEBETTETE TRUETYPE-SCHRIFTARTEN zusätzlich auf die CD kopiert werden. Die Vergabe eines Kennwortes ist möglich. Durch setzen des Häkchens bei PRÄSENTATIONEN HINSICHTLICH UNPASSENDER ODER PRIVATER INFORMATIONEN ÜBERPRÜFEN wird die Datei auf ausgeblendete Daten und persönliche Informationen überprüft.

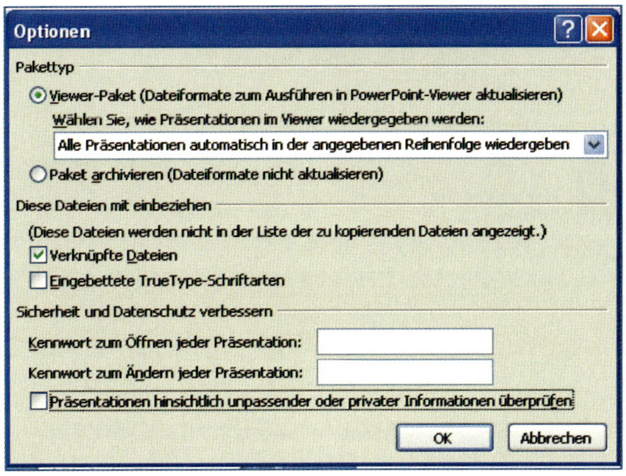

Abbildung 3: *Optionen (Verpacken für CD)*

Neben der Kopie auf einer CD kann die Präsentation inklusive des PowerPoint Viewers über die Schaltfläche IN ORDNER KOPIEREN... (siehe Abbildung 2) auch auf einem USB-Stick, einer externen Festplatte oder Ähnlichem bzw. in einem anderen Ordner auf der lokalen Festplatte gespeichert werden. In der Version PowerPoint 2010 gibt es – wie bereits geschrieben – keine Möglichkeit , den PowerPoint Viewer automatisch hinzuzugefügen. Durch Aufruf des html-Dokuments **PresentationPackage.html** im automatisch erstellten Ordner Präsentation\PresentationPackage gelangt man allerdings direkt zum Download des PowerPoint Viewers.

Anmerkung:

Der **PowerPoint Viewer** kann auch als separate Datei auf der Internetseite von Microsoft heruntergeladen werden.

Arbeitsauftrag 15:

Speichern Sie Ihre Präsentation in einem Ordner mit dem Namen „Präsentation" auf dem Desktop ab. Sorgen Sie dafür, dass auch der **PowerPoint Viewer** für die Präsentation zur Verfügung steht bzw. laden Sie den PowerPoint Viewer aus dem Internet herunter.

12 Drucken

Situation:

Sie sind bereits gut vorbereitet auf die Präsentation. Frau Ferl bittet Sie allerdings noch darum, an die neuen Auszubildenden ein Handout zu verteilen, damit sie sich Notizen machen können und die Präsentation zusätzlich in Schriftform vorliegen haben.

Beim Drucken einer PowerPoint-Präsentation gibt es eine Vielzahl von Möglichkeiten. Es können Folien gedruckt werden, die anschließend über einen Overhead-Projektor dargestellt werden können. Weiterhin können sogenannte Handzettel als Handout, Notizenseiten und eine Gliederungsansicht gedruckt werden.

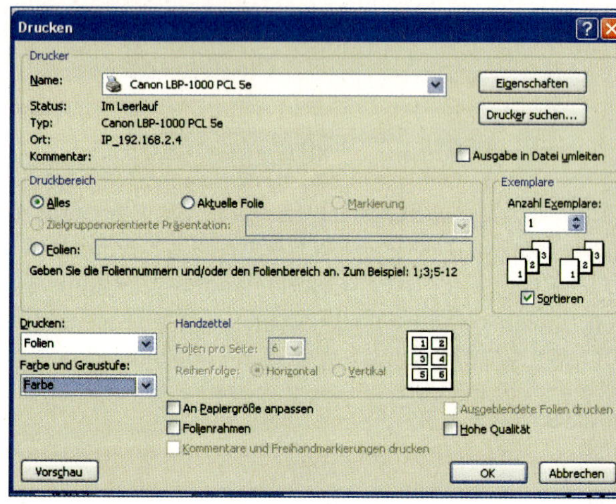

Abbildung 1a: *Drucken (PowerPoint 2007)*

Soll eine PowerPoint-Präsentation oder sollen Teile davon gedruckt werden, muss man über den Office-Button DRUCKEN (PowerPoint 2010: DATEI – DRUCKEN) gehen. Neben den aus Word bekannten Einstellungen können im unteren Teil des Fensters (siehe Abbildung 1a) PowerPoint spezifische Einstellungen zum Drucken vorgenommen werden. Im Dropdown-Feld DRUCKEN: kann neben Folien, Handzettel sowie Notizseiten und eine Gliederungsansicht ausgewählt werden. Unter dem Dropdown-Feld FARBE UND GRAUSTUFEN: lässt sich unter anderem auch ein reiner Schwarz-Weiß-Druck einstellen.

Im Programm PowerPoint 2010 besteht – wie in Abbildung 1b dargestellt – unter EINSTELLUNGEN die Möglichkeit unter FOLIEN: nur bestimmte Folie(nummern) zu drucken. Standardmäßig werden GANZSEITIGE FOLIEN gedruckt. Als DRUCKLAYOUT lassen sich neben GANZSEITIGE FOLIEN auch NOTIZENSEITEN und GLIEDERUNG auswählen. Zusätzlich besteht in diesem Menü die Möglichkeit, Handzettel mit einer und bis zu neun Folien pro Seite zu drucken. Neben dem Ausdruck in FARBE besteht können die Folien auch in GRAUSTUFEN und als REINES SCHWARZWEISS gedruckt werden.

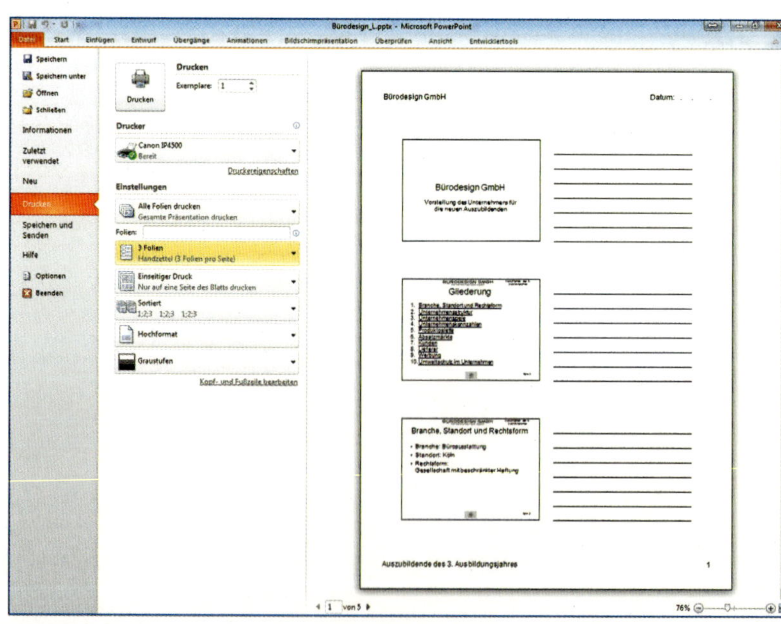

Abbildung 1b: *Drucken (PowerPoint 2010)*

Für den Druck von Handzetteln als Handout können verschiedene Anzahlen von Folien pro Seite (1, 2, 3, 4, 6 oder 9) angegeben werden. Die jeweilige Darstellung der Folien lässt sich in der Vorschau verfolgen. Weiterhin können die Folien AUF SEITENFORMAT SKALIERT angepasst sowie mit einem Folienrahmen versehen werden.

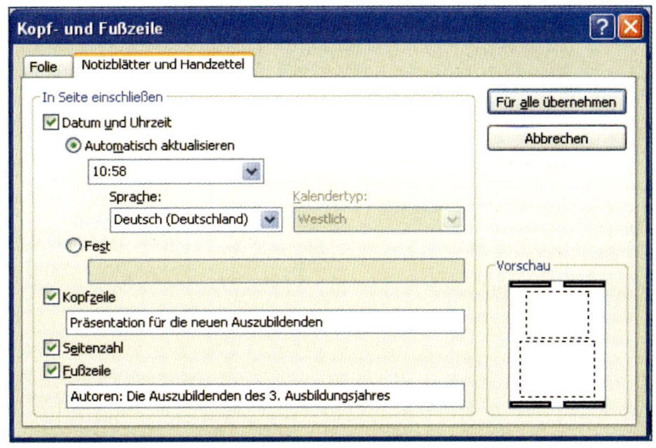

Abbildung 2: *Kopf- und Fußzeile*

Über das Menü EINFÜGEN – TEXT – KOPF- UND FUSSZEILE (PowerPoint 2010: Alternativ DATEI – DRUCKEN – KOPF- UND FUSSZEILE BEARBEITEN; siehe Abbildung 1b) lassen sich die Seiten des Handouts weiter formatieren. Wie in Abbildung 2 dargestellt, kann man im Register NOTIZBLÄTTER UND HANDZETTEL das DATUM UND UHRZEIT entweder AUTOMATISCH AKTUALISIEREN oder FEST eingeben. Datum und Uhrzeit erscheinen standardmäßig auf dem Handzettel rechts oben. In die KOPFZEILE (erscheint links oben) kann ein beliebiger Inhalt eingetragen werden. Die SEITENZAHL steht – wenn gewünscht – standardmäßig rechts unten, die FUSSZEILE links unten. Soll die Position oder die Größe der Platzhalter für Datum und Uhrzeit, Kopfzeile, Seitenzahl und Fußzeile innerhalb der Handzettel verändert werden, muss über das Menü ANSICHT – PRÄSENTATIONSANSICHTEN – HANDZETTELMASTER (PowerPoint 2010: ANSICHT – MASTERANSICHTEN – HANDZETTELMASTER) die gewünschte Änderung durchgeführt werden (siehe dazu auch Kapitel 3). Das endgültige Ergebnis lässt sich über den Office-Button DRUCKEN – VORSCHAU (siehe Abbildung 1a) kontrollieren. In PowerPoint 2010 wird die Vorschau direkt im Druckfenster angezeigt (siehe Abbildung 1b).

Arbeitsauftrag 16:

Bereiten Sie die Handzettel für die Präsentation vor. Sorgen Sie dafür, dass jeweils drei Folien mit Folienrahmen auf einer Seite abgebildet sind. Im Handzettel soll als Kopfzeile „Präsentation" für die neuen Auszubildenden und das aktuelle Datum mit gedruckt werden. In der Fußzeile des Handzettels sollen Sie als Autor der Präsentation und die Seitenzahl mit dem vorangestellten Wort „Seite" stehen. Passen Sie ggf. im Handzettelmaster die Kopf- und Fußzeile an. Kontrollieren Sie die Ansicht des Handzettels vor dem Ausdruck.

Arbeitsauftrag 17:

Bereiten Sie sich auf die eigentliche Präsentation vor. Fertigen Sie sich ggf. Karteikarten an. Bedenken Sie bei der Vorbereitung, dass Sie für die Präsentation 15 bis 20 Minuten Zeit haben. Simulieren Sie die Präsentation – wenn möglich – am Computer und Beamer, mit dem präsentiert werden soll, und stoppen Sie die Zeit.
Sprechen Sie während der Präsentation laut und deutlich und in ganzen Sätzen. Beachten Sie bei der Wortwahl die Zielgruppe. Viel Erfolg!

Datenbankmanagementsystem mit Access 2007 bzw. 2010

Lernsituation

Erstellung einer Datenbank für die Personalverwaltung in der Bürodesign GmbH

Die Abteilung Verwaltung hat im Bereich Personal unter der Führung von Frau Ferl die Daten der Mitarbeiter bisher in mehreren Tabellen in einem Tabellenkalkulationsprogramm gespeichert. In der Vergangenheit ist es deshalb wiederholt vorgekommen, dass Daten doppelt bzw. mehrfach erfasst wurden. Weiterhin kam es durch die wiederholte Erfassung dazu, dass Daten zu ein und demselben Mitarbeiter unterschiedlich (z. B. unterschiedliche Postleitzahlen) erfasst wurden.

Die Leiterin der Abteilung Verwaltung, Frau Berg, gibt Ihnen den Auftrag, in Rücksprache mit Frau Ferl eine Lösung des Problems zu entwickeln. Sie sollen sich mit Unterstützung des Fachinformatikers der Bürodesign GmbH, Herrn Steinbruch, mit der Entwicklung einer Datenbank beschäftigen. Die Datenbank soll die Eingabe der Mitarbeiterdaten über Formulare ermöglichen. Es sollen jederzeit gezielt Informationen über Abfragen angesehen bzw. ausgedruckt werden können. Es wurde der folgende Anforderungskatalog (Lastenheft) festgelegt:

Aufgaben der Datenbank

- Erfassung der Mitarbeiterdaten (Personalnummer, Name, Vorname, Straße, PLZ und Ort, Telefonnummer, Geburtsdatum, Eintrittsdatum)
- Erfassung der Stelle, der Abteilung und der Qualifikation des Mitarbeiters
- Erfassung der Lohn- bzw. Gehaltsgruppe des Mitarbeiters (Lohn bzw. Gehalt pro Gehaltsklasse)
- Erfassung der Steuerklasse des Mitarbeiters
- jederzeitige Möglichkeit zur Abfragen der Daten der Personalverwaltung
- Möglichkeit zur automatischen Änderung bei tariflichen Lohn- bzw. Gehaltserhöhungen
- automatische Berechnung des Nettoentgeltes (Entgeltabrechnung)
- automatische Berechnung des Urlaubs- und Weihnachtsgeldes
- Ausdruck von Personallisten mit auswählbaren Inhalten (z. B. Mitarbeiter einer Gehaltsgruppe, Mitarbeiter aus einem Postleitzahlenbereich usw.)

Sonstige Anforderungen

- einfache Benutzerführung durch menügesteuerte Oberfläche und Befehlsschaltflächen
- ergonomisch gestaltete Formulare und Eingabehilfen
- Übersichtlichkeit
- Reduktion notwendiger Eingaben auf ein Minimum
- weitgehende Absicherung von Eingabefehlern
- Anwender benötigt keine Kenntnis von Microsoft Access

1 Einführung in die Datenbanksystematik

1.1 Struktur einer Datenbank

Situation:

Bevor Sie sich mit dem Datenbankprogramm MS Access beschäftigen, möchte Ihre Ausbilderin Frau Ferl, dass Sie sich über den grundsätzlichen Aufbau einer Datenbank informieren. Außerdem ist sie der Auffassung, dass Sie ein Grundverständnis für die Fachbegriffe aus dem Bereich der Datenbanken haben sollen. Frau Ferl verspricht sich davon, dass Sie die nachfolgenden Arbeiten effizienter bewältigen können. Von Frau Ferl erhalten Sie die folgenden Ausführungen mit dem Hinweis, diese sorgfältig durchzuarbeiten.

In fast allen mittleren und großen Unternehmungen werden die täglich anfallenden Arbeiten in verschiedenen Abteilungen (z. B. Beschaffung, Absatz, Verwaltung) erledigt. Die Mitarbeiter dieser Abteilungen benötigen für ihre Arbeit Informationen (z. B. Kundendaten, Liefererdaten, Personaldaten, Artikeldaten). In der Regel benötigen die Mitarbeiter der einzelnen Abteilungen aber nicht alle Daten (z. B. benötigen die Mitarbeiter der Personalabteilung keine Kundendaten). Anderseits gibt es Daten, die für Mitarbeiter aus unterschiedlichen Abteilungen gleichermaßen von Bedeutung sind (z. B. die Postleitzahl und der Ort). Aus diesem Sachverhalt ergibt sich die Notwendigkeit, die Datenbestände nach einer bestimmten Struktur zu erfassen. Diese Struktur muss es ermöglichen, die Daten für die spätere Arbeit zu selektieren und auszuwerten. Die Struktur bzw. der Aufbau einer Datenbank kann folgendermaßen dargestellt werden:

Datenbank

Eine Datenbank ist ein Verbundsystem, welches die Daten einer Unternehmung umfasst und deren Bearbeitung und Auswertung ermöglicht.

Tabellen

Eine Tabelle ist Bestandteil einer Datenbank, d. h. eine Datenbank besteht aus mehreren Tabellen. Tabellen beinhalten die Daten zu einem bestimmten Sachgebiet (z. B. enthält die Artikeldatentabelle alle Artikeldaten einer Unternehmung).

Datensatz

Ein Datensatz ist eine Einheit von zusammengehörigen Daten einer bestimmten Tabelle. Tabellen enthalten in der Regel viele Datensätze. Ein Datensatz der Artikeldatentabelle setzt sich z. B. aus der Artikel-Nr., der Artikelbezeichnung, dem Artikelpreis und der Produktgruppen-Nr. zusammen.

Datenfeld

Ein Datenfeld (z. B. der Artikelpreis) ist der kleinste selbstständige Teil eines Datensatzes, d. h. mehrere Datenfelder bilden einen Datensatz.

Zeichen

Ein Zeichen (Ziffer, Buchstabe, Sonderzeichen) ist Bestandteil eines Datenfeldes. In der Regel setzt sich ein Datenfeld aus mehreren Zeichen zusammen. Die Artikel-Nr. 54P98 setzt sich demnach aus fünf Zeichen zusammen.

Abbildung 1: *Datenhierarchie (Struktur) einer Datenbank*

Das konkrete Erscheinungsbild einer in MS Access erstellten (Artikeldaten-)Tabelle kann Abbildung 2 entnommen werden. Die rot umrandeten Bereiche zeigen am Beispiel die Begriffe Feldname (Attribut), Datensatz (Tupel) und Datenfeld. Für jeden Feldnamen kann eine Vielzahl von Eigenschaften (z. B. Felddatentyp, Feldgröße, Format, Gültigkeitsregel und -meldung) festgelegt werden (siehe hierzu Kapitel 3.1). Jedes Datenfeld hat einen bestimmten Inhalt und ist mit Zeichen gefüllt (z. B. 14,95 €). Die zusammengehörenden Daten werden als Datensatz bezeichnet. Sie stehen in einer Zeile nebeneinander. Die Beispieltabelle in Abbildung 2 enthält insgesamt elf Datensätze.

Artikel-Nr	Artikelbezeichnung	Artikelpreis	Produktgruppen-Nr
10235	Das Office Buch	24,95 €	3
10683	Tabellenkalkulation 2000	17,98 €	3
11207	Arbeiten mit dem PC	22,40 €	3
11874	Internet für Anfänger	12,90 €	3
11P65	Besucherstuhl STAPLER	160,00 €	2
12430	Tabellenkalkulation 2003	24,90 €	3
13080	Präsentieren leichtgemacł	16,95 €	3
13792	Textverarbeitung I	14,95 €	3
14257	Textverarbeitung II	14,95 €	3
30P94	Druckertisch EURATIO	99,00 €	2
54P98	Konferenztisch LOGO	310,00 €	2

***Abbildung 2:** Beispielhafter Aufbau einer Artikeldatentabelle*

Arbeitsauftrag 1:

In der Abteilung Absatz der Bürodesign GmbH arbeiten die Mitarbeiter bereits mit einer Datenbank. Die Tabelle mit den Kundendaten enthält unter anderem die Kunden-Nr., den Kundennamen, die Straße, die Postleitzahl, die Telefonnummer, die Faxnummer, die E-Mail-Adresse und die Internetadresse.

Beschreiben Sie die aufgezählten Elemente der Kundentabelle mit den Begriffen Attribut, Tupel, Datenfeld und Zeichen. Überlegen Sie im Anschluss, welche zusätzliche Information zu einem Kunden noch erfasst und eventuell in die Tabelle oder Datenbank mitaufgenommen werden sollten.

1.2 Vorüberlegungen bei der Planung einer relationalen Datenbank

Situation:

Die Mitarbeiter der Abteilung Absatz hatten vor der Einführung der Datenbank ähnliche Probleme wie der Bereich Personal. Daten von Kunden wurden mehrfach in unterschiedlichen Dateien eines Tabellenkalkulationsprogramms erfasst bzw. gespeichert. Kunden beschwerten sich über nicht oder falsch zugestellte Waren, da Adressen bei Änderungen nicht an jeder Stelle aktualisiert wurden. Herr Werner und Herr Steinbruch erläutern Ihnen die Gründe für die Nutzung einer relationalen (relational = in Beziehung bzw. Verbindung zueinander stehend) Datenbank.

Probleme bei der Speicherung großer Datenmengen entstehen meist durch die mehrfache Speicherung von Daten. Adressdaten werden beispielsweise mehrfach in verschiedenen Dateien gespeichert. Solche mehrfachen Speicherungen von Daten werden Redundanzen (lat. redundare = im Überfluss vorhanden sein) genannt. Nachteile von Redundanzen sind

- Speicherplatzverschwendung durch die mehrfache, unnötige Speicherung von Daten,
- ein hoher Aktualisierungsaufwand, da beispielsweise Adressänderungen an mehreren Stellen durchgeführt werden müssen, und
- eine hohe Fehleranfälligkeit, wenn beispielsweise eine Adressänderung nicht an allen Stellen durchgeführt wird.

Um Redundanzen zu vermeiden und damit Daten nur einmal zu speichern, müssen für die Daten Tabellen angelegt werden. Diese Tabellen müssen so angelegt werden, dass sie später über ein gemeinsames Attribut verbunden werden können. Bei dieser Art der Datenspeicherung ist das Resultat eine relationale Datenbank. Abbildung 3 zeigt den Aufbau einer relationalen Datenbank nach den beschriebenen Vorgaben.

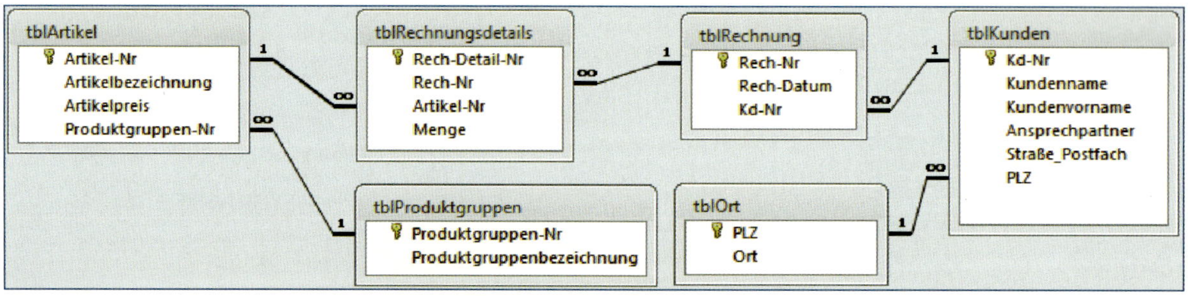

Abbildung 3: *Aufbau einer relationalen Datenbank im Absatzbereich*

Anmerkung:

Die Beschriftungen der Verbindungslinien zwischen den Tabellen (1 bzw. ∞) verdeutlichen, dass beispielsweise auf der Seite der 1 in der Tabelle tblArtikel (Mastertabelle) eine Artikel-Nr nur **einmal** vorkommt. Hingegen kann eine Artikel-Nr in der Tabelle tblRechnungsdetails (Detailtabelle) **unendlich** oft vorkommen. Diese sog. referenzielle Integrität wird im weiteren Verlauf noch erläutert.

Die Daten eines Kunden, wie Kundenname, PLZ usw., müssen nur einmal in der Tabelle tblKunden gespeichert und somit in die Datenbank eingegeben werden. Bei der Erfassung eines Verkaufs muss beispielsweise nur noch in der Tabelle tblRechnung die Kd-Nr des Kunden angegeben werden. So lassen sich auch jederzeit alle Käufe eines Kunden nachvollziehen. Jeder Kunde wird über seine Kd-Nr eindeutig zugeordnet bzw. identifiziert. Weiterhin wird durch diese Art der Speicherung in einer relationalen Datenbank sichergestellt, dass kein Fehlverhalten der Datenbank, sog. Anomalie (griech. anomalia = Unregelmäßigkeit) auftritt. Das heißt, dass eine Neueingabe, eine Änderung oder eine Löschung von Daten nicht zu fehlerhaften bzw. fehlenden Datenbeständen und/oder sich widersprechenden Daten (Inkonsistenzen, lat. in con sistere = nicht zusammen halten) führt.

Am Beispiel der Datenbank aus Abbildung 3 wird nachfolgend der Begriff der Anomalien verdeutlicht. Es werden die Einfüge-Anomalie, die Lösch-Anomalie und die Aktualisierungs-Anomalie unterschieden. Diese Arten von Anomalien werden in der folgenden Tabelle dargestellt.

Art der Anomalie	Erklärung	Beispiel
Einfüge-Anomalie	... tritt auf, wenn bei der Neueingabe von Daten diese fälschlich hinzugefügt werden.	Ein Kunde wird bei der Erfassung eines Verkaufs trotz vorhandenem Datenbestand nochmals erfasst.
Lösch-Anomalie	... tritt auf, wenn durch das Löschen eines Datensatzes mehr Informationen als gewünscht gelöscht werden.	Durch das Löschen eines fehlerhaft erfassten Verkaufs werden gleichzeitig alle Kundendaten eines Kunden gelöscht.
Aktualisierungs-Anomalie	... tritt auf, wenn nicht alle zusammengehörigen Daten zugleich geändert werden. Dies kann zu widersprüchlichen Daten (Inkonsistenzen) führen.	Die Adresse eines Kunden hat sich geändert und wird nicht bei allen zugehörigen Daten bzw. in allen Tabellen geändert.

Aus diesen Vorüberlegungen lassen sich einige Regeln für die Planung von relationalen Datenbanken ableiten:

- Daten dürfen nicht doppelt erfasst werden, d. h. gleiche Daten dürfen nicht in verschiedenen Tabellen erfasst werden (z. B. der Kundenname).
- Jedes Datenfeld soll immer nur einen Eintrag enthalten (z. B. werden für Kundenname und Kundenvorname zwei Datenfelder vorgesehen).
- In allen Datenfeldern soll ein Eintrag vorhanden sein (Datenfelder ohne Eintragungen sind zu vermeiden).
- Jede Tabelle muss über ein Attribut verfügen, über welches ein Datensatz eindeutig identifizierbar (Primärschlüssel) ist (z. B. die Artikelnummer in der Artikeltabelle).

Im Rahmen der Einhaltung dieser Regeln finden sich in der weiterführenden Literatur zu den relationalen Datenbanken die Begriffe Erste, Zweite und Dritte Normalform. Eine nähere Erläuterung der zum Teil sehr komplexen Zusammenhänge findet in diesem Lehrbuch nicht statt.

Arbeitsauftrag 2:

Erläutern Sie mithilfe der Personaltabellen (Abbildungen 4 und 5) die Begriffe Redundanz, Inkonsistenz, Einfüge-, Lösch- und Aktualisierungs-Anomalie.

Tabelle Personal

Pers-Nr	Name	Vorname	Straße	PLZ	Ort	Ortsnetz-kennzahl	Teilnehmer-rufnummer	Geb-Datum	Eintritts-Datum	Abt.-Nr	Abteilung	St.-Nr	Stelle
1	Malies	Marcus	Annaberger Straße 130	53175	Bonn	0228	1437388	12.12.1959	01.01.1999	1	Geschäftsleitung	1	Geschäftsführer/in
2	Schmitz	Simone	Danziger Straße 3	53175	Bonn	0228	2846731	30.04.1964	01.01.1999	1	Geschäftsleitung	1	Geschäftsführer/in
3	Seiler	Nicole	Germaniastraße 176	51065	Köln	0228	6824917	14.01.1968	01.01.1999	1	Geschäftsleitung	2	Assisten/in der GL
4	Grün	Norbert	Wielstraße 27	53115	Bonn	0228	3791648	19.10.1955	01.04.2000	1	Geschäftsleitung	2	Assisten/in der GL
5	Evert	Ilona	Koernickestraße 24	53123	Bonn	0228	2198675	21.07.1953	01.01.1999	2	Beschaffung	3	Abteilungsleiter/in
6	Stahl	Hermann	Argelanderstraße 116	53115	Bonn	0228	3398754	12.04.1970	01.06.2002	2	Beschaffung	4	Sachbearbeiter/in
7	Wolff	Waldemar	Kennedybrücke 6	53225	Bonn	0228	4759687	27.02.1974	01.07.2002	2	Beschaffung	4	Sachbearbeiter/in
8	Förster	Jürgen	Hugo-Eckener-Straße 12	51147	Köln	02203	28974568	01.03.1959	01.01.2003	2	Beschaffung	4	Sachbearbeiter/in
9	Pfeiffer	Helga	Klommenberg 12	42655	Solingen	0212	65668	17.06.1959	01.01.1999	2	Beschaffung	4	Sachbearbeiter/in
10	Abel	Dietmar	Gustav-Heinemann-Straße 47	51377	Leverkusen	0214	782364	07.07.1956	01.01.1999	3	Lager/Versand	3	Abteilungsleiter/in
11	Hussel	Adelheid	Im Bonnet 12	53229	Bonn	0228	8527416	17.05.1961	01.09.1999	3	Lager/Versand	5	Facharbeiter/in
12	Buhle	Jörn	Breite Straße 56	53111	Bonn	0228	2435678	31.12.1962	01.01.2001	3	Lager/Versand	4	Sachbearbeiter/in
13	Schlemmer	Horst	Wesendonckstraße 11	53115	Bonn	0228	4657823	24.04.1957	01.01.2002	3	Lager/Versand	4	Sachbearbeiter/in
14	Stengel	Michael	Klever Straße 25	40477	Düsseldorf	0211	6857423	11.11.1948	01.03.1999	3	Lager/Versand	4	Sachbearbeiter/in
15	Beck	Lutz	Schieffelingsweg 25	53123	Bonn	0228	3126458	20.10.1963	01.10.1999	3	Lager/Versand	6	Kraftfahrer/in
16	Lamm	Rainer	Combahnstraße 40	53225	Bonn	0228	4326519	19.08.1951	01.01.1999	4	Produktion	7	Betriebsleiter/in
17	Schütz	Dieter	Franz-Linz-Straße 19	53175	Bonn	0228	3974325	07.06.1970	01.11.1999	4	Produktion	8	Arbeitsvorbereitung
18	Land	Ulrich	Weberstraße 179	53347	Alfter	02222	52346	04.02.1956	01.05.2000	5	Schreinerei	5	Facharbeiter/in
19	Schäfer	Andreas	Laurentiusweg 11	53347	Alfter	02222	29871	19.05.1972	01.06.1999	5	Schreinerei	5	Facharbeiter/in
20	Seidel	Karlheinz	Olsdorf 69	53347	Alfter	02222	41356	29.04.1968	01.05.2001	5	Schreinerei	5	Facharbeiter/in
21	Dasbach	Heinz	Fürstenwall 177	40215	Düsseldorf	0211	4361527	19.01.1977	01.01.1999	6	Schlosserei	5	Facharbeiter/in
22	Jahnke	Holger	Heppinger Straße 77a	53501	Grafschaft	02641	25436	10.10.1958	01.01.2000	6	Schlosserei	5	Facharbeiter/in
23	Merker	Bernd	Eduard-Rhein-Straße 10	53639	Königswinter	02244	46529	08.08.1975	01.04.2004	6	Schlosserei	5	Facharbeiter/in
24	Curth	Rosa	Rennenberer Straße 50	53639	Königswinter	02223	79856	21.11.1973	01.11.2000	7	Polsterei	5	Facharbeiter/in
25	Pfefferkorn	Bernd	Kurhausstraße 20	53773	Hennef	02242	46513	06.12.1971	01.01.1999	7	Polsterei	5	Facharbeiter/in
26	Pfeiffer	Andreas	Zum alten Feld 6	53773	Hennef	02242	25487	16.08.1976	01.06.1999	8	Lackiererei	5	Facharbeiter/in
27	Hoffmann	Dieter	Lindenstraße 109	53721	Siegburg	02241	76153	11.04.1969	01.05.2000	8	Lackiererei	5	Facharbeiter/in
28	Guth	Helmut	Ölbergstraße 8	53840	Troisdorf	02241	51387	25.09.1961	01.01.1999	4	Produktion	9	Fertigungskontrolle
29	Jung	Heiko	Klosteraue9	53359	Rheinbach	02226	13579	23.12.1965	01.01.2004	4	Produktion	8	Arbeitsvorbereitung
30	Werner	Fritz	Heerstraße 10	53359	Rheinbach	02226	54136	01.04.1960	01.01.2000	9	Absatz Inland	3	Abteilungsleiter/in
31	Grohe	Heinrich	Schwanenweg 31	53859	Niederkassel	02208	54698	30.10.1966	01.12.1999	9	Absatz Inland	4	Sachbearbeiter/in
32	Oberndorf	Rudolf	Spicher Straße 28	53859	Niederkassel	02208	29765	02.09.1972	01.06.1999	9	Absatz Inland	4	Sachbearbeiter/in
33	Üstün	Mustufa	Auf dem Radacker 37	50389	Wesseling	02236	41635	10.12.1964	01.01.2000	9	Absatz Inland	4	Sachbearbeiter/in
34	Wutzler	Olga	Hessenweg 1	50389	Wesseling	02236	71935	07.03.1959	01.04.2001	9	Absatz Inland	4	Sachbearbeiter/in
35	Dose	Heike	Zum Donnerbach 22	50321	Brühl	02232	58792	20.11.1971	01.01.1999	9	Absatz Inland	4	Sachbearbeiter/in
36	Feld	Veronika	Kurfürstenstraße 18	50321	Brühl	02232	13599	07.06.1972	01.11.2000	10	Absatz Ausland	4	Sachbearbeiter/in
37	Zwock	Dieter	Nauheimer Straße 28	50969	Köln	0221	5679813	19.10.1981	01.04.2000	11	Werbung	3	Abteilungsleiter/in
38	Berg	Sandra	Rösrather Straße 655	51107	Köln	0221	51287689	04.07.1981	01.01.1999	12	Personal	4	Sachbearbeiter/in
39	Fus	Sven	Stolberger Straße 382	50933	Köln	0221	46731527	20.01.1963	01.06.1999	12	Personal	4	Sachbearbeiter/in
40	Bär	Andreas	Dürener Straße 293	50935	Köln	0221	22367856	15.01.1955	01.01.1999	12	Personal	4	Sachbearbeiter/in
41	Platzer	Heike	Elisenstraße 93	51149	Köln	0221	47583145	18.05.1979	01.04.2001	12	Personal	4	Sachbearbeiter/in
42	Ferl	Erika	Regentenstraße 60	51063	Köln	0221	56548135	26.07.1973	01.01.1999	12	Personal	3	Abteilungsleiter/in
43	Maschke	Gretel	Bonner Straße 459a	50968	Köln	0221	89977865	14.01.1955	01.10.1999	13	Finanzbuchhaltun	4	Sachbearbeiter/in
44	Taube	Kurt	Neusser Straße 850	50737	Köln	0221	66657889	09.09.1975	01.01.1999	13	Finanzbuchhaltun	4	Sachbearbeiter/in
45	Happich	Richard	Corneliustraße 1	40215	Düsseldorf	0211	32165498	21.11.1956	01.11.1999	13	Finanzbuchhaltun	4	Sachbearbeiter/in
46	Kohl	Heidi	Luxemburger Straße 228	50937	Köln	0221	25814736	16.06.1968	01.01.1999	13	Finanzbuchhaltun	4	Sachbearbeiter/in
47	Reiter	Uwe	Odenthaler Straße 14	51069	Köln	0221	36925874	07.04.1970	01.01.2000	13	Finanzbuchhaltun	3	Abteilungsleiter/in
48	Steinbruch	Daniel	Jakob-Rasquin-Straße 1	51105	Köln	0221	65498754	01.10.1966	01.01.1999	14	Datenverarbeitung	3	Abteilungsleiter/in
49	Brock	Iljana	Wilhelmstraße 41	50996	Köln	0221	32178954	01.04.1984	01.01.1999	14	Datenverarbeitung	4	Sachbearbeiter/in

Abbildung 4: *Tabelle Personal – 1. Teil*

Tabelle Personal

Pers-Nr	Gehalts-gruppe	Gehalt p. Monat	Zuschl.-gruppe	Prozent Urlaubsgeld	Prozent Weihnachtsgeld	Qu.-Nr	Qualifikation	T.-Nr	Tätigkeitsbezeichnung	St.-Klasse	Steuerklassen-Beschreibung	Steuer-satz
1	10	5.460,00 €	1	50,0	25,0	1	Diplom-Ingenieur/in	99	keine	1	ledige, verwitwete, geschiedene Arbeitnehmer	38,0
2	10	5.460,00 €	1	50,0	25,0	2	Diplom-Kaufmann/frau	99	keine	1	ledige, verwitwete, geschiedene Arbeitnehmer	38,0
3	30	3.447,60 €	2	70,0	40,0	3	Diplom-Betriebswirt/in	1	Datenschutzbeauftragter	1	ledige, verwitwete, geschiedene Arbeitnehmer	38,0
4	30	3.447,60 €	2	70,0	40,0	3	Diplom-Betriebswirt/in	2	Umweltbeautragter	1	ledige, verwitwete, geschiedene Arbeitnehmer	38,0
5	20	4.108,00 €	1	50,0	25,0	2	Diplom-Kaufrau/mann	99	keine	1	ledige, verwitwete, geschiedene Arbeitnehmer	38,0
6	40	3.023,28 €	2	70,0	40,0	4	Industriekaufmann/frau	3	Brandschutzbeauftragter	1	ledige, verwitwete, geschiedene Arbeitnehmer	38,0
7	40	3.023,28 €	2	70,0	40,0	4	Industriekaufmann/frau	4	Ersthelfer/in	1	ledige, verwitwete, geschiedene Arbeitnehmer	38,0
8	40	3.023,28 €	2	70,0	40,0	5	Großhandelskaufmann/frau	99	keine	1	ledige, verwitwete, geschiedene Arbeitnehmer	38,0
9	40	3.023,28 €	2	70,0	40,0	5	Großhandelskaufmann/frau	5	Gleichstellungsbeauftragte	1	ledige, verwitwete, geschiedene Arbeitnehmer	38,0
10	20	4.108,00 €	1	50,0	25,0	4	Industriekaufmann/frau	6	Betriebsratsmitglied	1	ledige, verwitwete, geschiedene Arbeitnehmer	38,0
11	40	3.023,28 €	2	70,0	40,0	6	Handelsfachpacker/in	99	keine	2	wie Steuerklasse 1, mindestens ein Kind	28,0
12	40	3.023,28 €	2	70,0	40,0	4	Industriekaufmann/frau	99	keine	2	wie Steuerklasse 1, mindestens ein Kind	28,0
13	40	3.023,28 €	2	70,0	40,0	7	Bürokaufmann/frau	99	keine	2	wie Steuerklasse 1, mindestens ein Kind	28,0
14	40	3.023,28 €	2	70,0	40,0	7	Bürokaufmann/frau	99	keine	2	wie Steuerklasse 1, mindestens ein Kind	28,0
15	50	2.492,88 €	3	85,0	50,0	8	angelernt	4	Ersthelfer/in	2	wie Steuerklasse 1, mindestens ein Kind	28,0
16	20	4.108,00 €	1	50,0	25,0	1	Diplom-Ingenieur/in	99	keine	2	wie Steuerklasse 1, mindestens ein Kind	28,0
17	40	3.023,28 €	2	70,0	40,0	9	Techniker/in	99	keine	2	wie Steuerklasse 1, mindestens ein Kind	28,0
18	40	3.023,28 €	2	70,0	40,0	10	Schreiner/in	99	keine	2	wie Steuerklasse 1, mindestens ein Kind	28,0
19	40	3.023,28 €	2	70,0	40,0	11	Schreinermeister/in	3	Brandschutzbeauftragter	2	wie Steuerklasse 1, mindestens ein Kind	28,0
20	40	3.023,28 €	2	70,0	40,0	10	Schreiner/in	99	keine	2	wie Steuerklasse 1, mindestens ein Kind	28,0
21	40	3.023,28 €	2	70,0	40,0	12	Schlossermeister/in	99	keine	3	verheiratete Arbeitnehmer, Ehegatte in Steuerklasse	25,0
22	40	3.023,28 €	2	70,0	40,0	13	Schlosser/in	6	Betriebsratsmitglied	3	verheiratete Arbeitnehmer, Ehegatte in Steuerklasse	25,0
23	40	3.023,28 €	2	70,0	40,0	8	angelernt	99	keine	3	verheiratete Arbeitnehmer, Ehegatte in Steuerklasse	25,0
24	40	3.023,28 €	2	70,0	40,0	14	Polstermeister/in	5	Gleichstellungsbeauftragte	3	verheiratete Arbeitnehmer, Ehegatte in Steuerklasse	25,0
25	40	3.023,28 €	2	70,0	40,0	8	angelernt	99	keine	3	verheiratete Arbeitnehmer, Ehegatte in Steuerklasse	25,0
26	40	3.023,28 €	2	70,0	40,0	15	Lackierer/in	6	Betriebsratsmitglied	3	verheiratete Arbeitnehmer, Ehegatte in Steuerklasse	25,0
27	40	3.023,28 €	2	70,0	40,0	8	angelernt	99	keine	3	verheiratete Arbeitnehmer, Ehegatte in Steuerklasse	25,0
28	40	3.023,28 €	2	70,0	40,0	16	Industriemeister/in	99	keine	3	verheiratete Arbeitnehmer, Ehegatte in Steuerklasse	25,0
29	40	3.023,28 €	2	70,0	40,0	9	Techniker/in	2	Umweltbeautragter	3	verheiratete Arbeitnehmer, Ehegatte in Steuerklasse	25,0
30	20	4.108,00 €	1	50,0	25,0	2	Diplom-Kaufmann/frau	99	keine	3	verheiratete Arbeitnehmer, Ehegatte in Steuerklasse	25,0
31	40	3.023,28 €	2	70,0	40,0	4	Industriekaufmann/frau	99	keine	4	verheiratete Arbeitnehmer (beide in Steuerklasse 4)	30,0
32	40	3.023,28 €	2	70,0	40,0	5	Großhandelskaufmann/frau	6	Betriebsratsmitglied	4	verheiratete Arbeitnehmer (beide in Steuerklasse 4)	30,0
33	40	3.023,28 €	2	70,0	40,0	4	Industriekaufmann/frau	99	keine	4	verheiratete Arbeitnehmer (beide in Steuerklasse 4)	30,0
34	40	3.023,28 €	2	70,0	40,0	7	Bürokaufmann/frau	99	keine	4	verheiratete Arbeitnehmer (beide in Steuerklasse 4)	30,0
35	40	3.023,28 €	2	70,0	40,0	4	Industriekaufmann/frau	99	keine	4	verheiratete Arbeitnehmer (beide in Steuerklasse 4)	30,0
36	40	3.023,28 €	2	70,0	40,0	3	Diplom-Betriebswirt/in	99	keine	4	verheiratete Arbeitnehmer (beide in Steuerklasse 4)	30,0
37	20	4.108,00 €	1	50,0	25,0	17	Werbekaufmann/frau	99	keine	4	verheiratete Arbeitnehmer (beide in Steuerklasse 4)	30,0
38	40	3.023,28 €	2	70,0	40,0	4	Industriekaufmann/frau	99	keine	4	verheiratete Arbeitnehmer (beide in Steuerklasse 4)	30,0
39	40	3.023,28 €	2	70,0	40,0	4	Industriekaufmann/frau	4	Ersthelfer/in	4	verheiratete Arbeitnehmer (beide in Steuerklasse 4)	30,0
40	40	3.023,28 €	2	70,0	40,0	18	Kaufmann/frau für	99	keine	4	verheiratete Arbeitnehmer (beide in Steuerklasse 4)	30,0
41	40	3.023,28 €	2	70,0	40,0	4	Industriekaufmann/frau	99	keine	5	verheiratete Arbeitnehmer, Ehegatte in Steuerklasse	35,0
42	20	4.108,00 €	1	50,0	25,0	3	Diplom-Betriebswirt/in	99	keine	5	verheiratete Arbeitnehmer, Ehegatte in Steuerklasse	35,0
43	40	3.023,28 €	2	70,0	40,0	4	Industriekaufmann/frau	99	keine	5	verheiratete Arbeitnehmer, Ehegatte in Steuerklasse	35,0
44	40	3.023,28 €	2	70,0	40,0	4	Industriekaufmann/frau	99	keine	5	verheiratete Arbeitnehmer, Ehegatte in Steuerklasse	35,0
45	40	3.023,28 €	2	70,0	40,0	7	Bürokaufmann/frau	6	Betriebsratsmitglied	5	verheiratete Arbeitnehmer, Ehegatte in Steuerklasse	35,0
46	40	3.023,28 €	2	70,0	40,0	7	Bürokaufmann/frau	99	keine	5	verheiratete Arbeitnehmer, Ehegatte in Steuerklasse	35,0
47	20	4.108,00 €	1	50,0	25,0	19	Bilanzbuchhalter/in	99	keine	5	verheiratete Arbeitnehmer, Ehegatte in Steuerklasse	35,0
48	20	4.108,00 €	1	50,0	25,0	20	Diplom-Wirtschaftsinformatiker	99	keine	5	verheiratete Arbeitnehmer, Ehegatte in Steuerklasse	35,0
49	40	3.023,28 €	2	70,0	40,0	21	IT-Systemkaufmann/frau	1	Datenschutzbeauftragter	5	verheiratete Arbeitnehmer, Ehegatte in Steuerklasse	35,0

Abbildung 5: *Tabelle Personal – 2. Teil*

2 Erstellung einer Datenbank

2.1 Anlegen einer neuen Datenbank oder Öffnen einer bestehenden Datenbank

Situation:

Nachdem Sie sich intensiv mit der Datenbanksystematik beschäftigt haben, möchten Sie endlich zur Tat schreiten und eine Datenbank anlegen. Von Herrn Steinbruch erhalten Sie Informationsmaterial, welches Ihnen die Arbeit erleichtert.

Nach dem Start des Datenbankprogramms MS Access erscheint – in Abhängigkeit der vorliegenden Version – eines der folgenden Fenster:

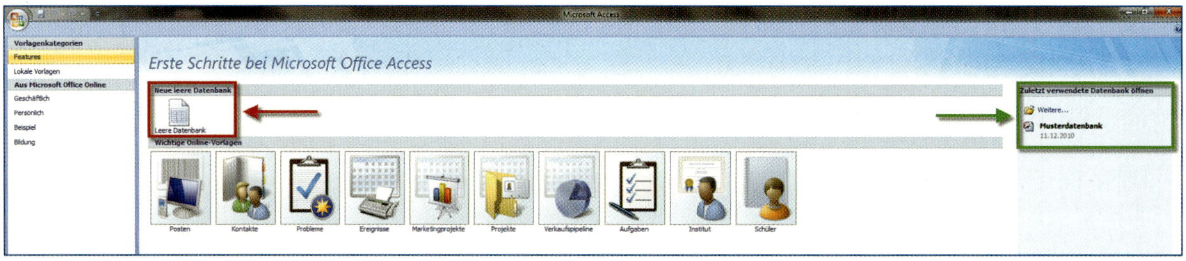

Abbildung 1a: *Startbildschirm in Access 2007*

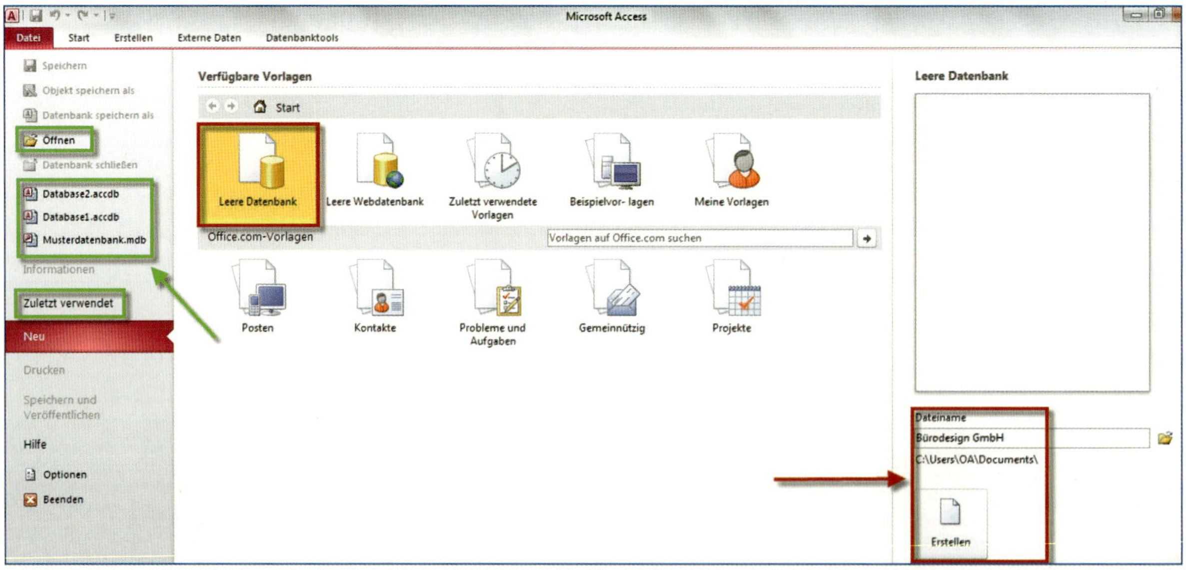

Abbildung 1b: *Startbildschirm in Access 2010*

In beiden Startfenstern besteht die Möglichkeit eine bestehende Datenbank durch einen Mausklick auf die zuletzt verwendete Datenbank (hier: Musterdatenbank) oder durch einen Mausklick auf den Eintrag WEITERE... (Access 2007) bzw. ÖFFNEN (Access 2010) zu öffnen (siehe grün markierter Bereich). Die Erstellung einer neuen Datenbank erfolgt über den Eintrag LEERE DATENBANK (siehe rot markierter Bereich). In Access 2010 kann der zu vergebende Dateiname (hier: Bürodesign GmbH) direkt im rechten Bereich des Bildschirms eingetragen werden, um die Datenbank dann mit der Schaltfläche ERSTELLEN zu starten. In Access 2007 verändert sich nach der Auswahl der Möglichkeit LEERE DATENBANK der Startbildschirm und öffnet im rechten Bildschirmbereich folgendes Fenster, in welchem der Dateiname (hier: Bürodesign GmbH) und der Speicherort ausgewählt werden kann (hier: Laufwerk C:\...\Documents\).

Abbildung 2: *Anlegen der neuen Datenbank „Bürodesign GmbH" in Access 2007*

Arbeitsauftrag 3:

Wählen Sie als Speicherort Ihren Arbeitsordner aus. Geben Sie der Datenbank den Namen „Bürodesign GmbH". Bestätigen Sie Ihre Auswahl und Eingabe mit einem Mausklick auf die Schaltfläche ERSTELLEN.

2.2 Aufbau des Arbeitsbildschirms von MS Access

Nach dem Anlegen einer neuen respektive Öffnen einer bestehenden Datenbank erscheint der Arbeitsbildschirm von MS Access.

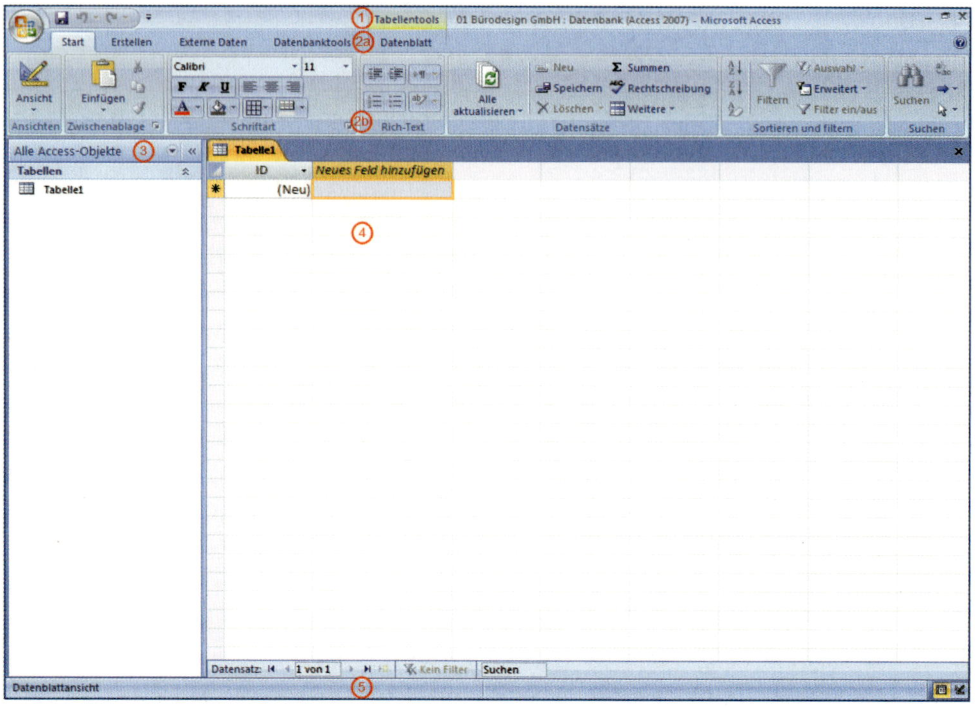

Abbildung 3: *Arbeitsbildschirm von Access 2007*

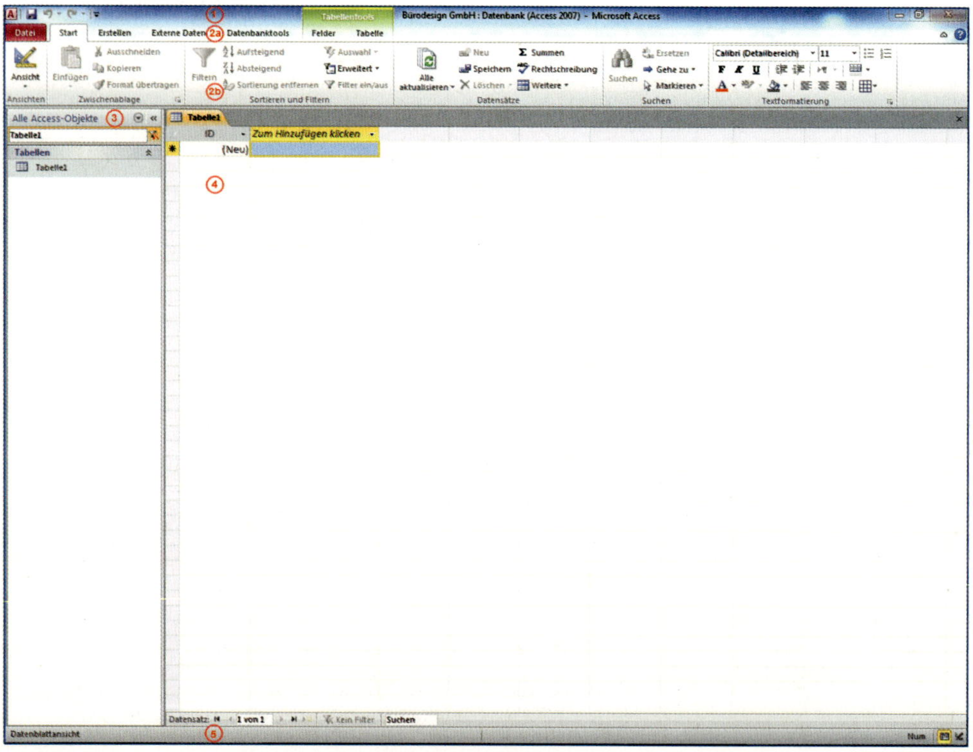

Abbildung 4: *Arbeitsbildschirm von Access 2010*

Der Arbeitsbildschirm von Access besteht aus verschiedenen Elementen. Diese sind in den Abbildungen 3 und 4 jeweils mit roten Kreisziffern (1 bis 5) versehen. Die Elemente des Arbeitsbildschirms enthalten Befehle und Informationen, die für die Bedienung des Programms elementar sind.

Das Aussehen des Aufbaus des Arbeitsbildschirmes der beiden Versionen (siehe Abbildung 3 und 4) ist ähnlich. Die Eintragungen und Anordnungen im Bereich der einzelnen Elemente sind jedoch zum Teil unterschiedlich. Die Unterschiede, die für die Bearbeitung und das Verständnis der Aufgaben in diesem Lehrbuch von Bedeutung sind, werden an geeigneter Stelle erläutert.

2.2.1 Elemente der Titelleiste ①

Der Aufbau der Titelleiste von MS Access 2007 weicht von der Titelleiste der Version 2010 des Programms ab. Die folgende Abbildung zeigt die Titelleiste von MS Access 2007. Die Unterschiede zu der Titelleiste von MS Access 2010 werden im Rahmen der Erklärung der einzelnen Bereiche der Titelleiste (Kreisziffern 1 bis 5) erläutert.

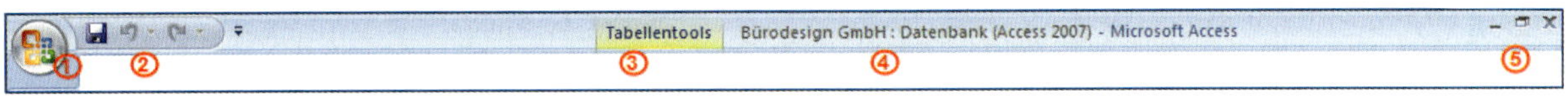

***Abbildung 5:** Elemente der Titelleiste von MS Access 2007*

① Office-Schaltfläche
Ein Mausklick auf die Office-Schaltfläche öffnet das folgende Fenster:

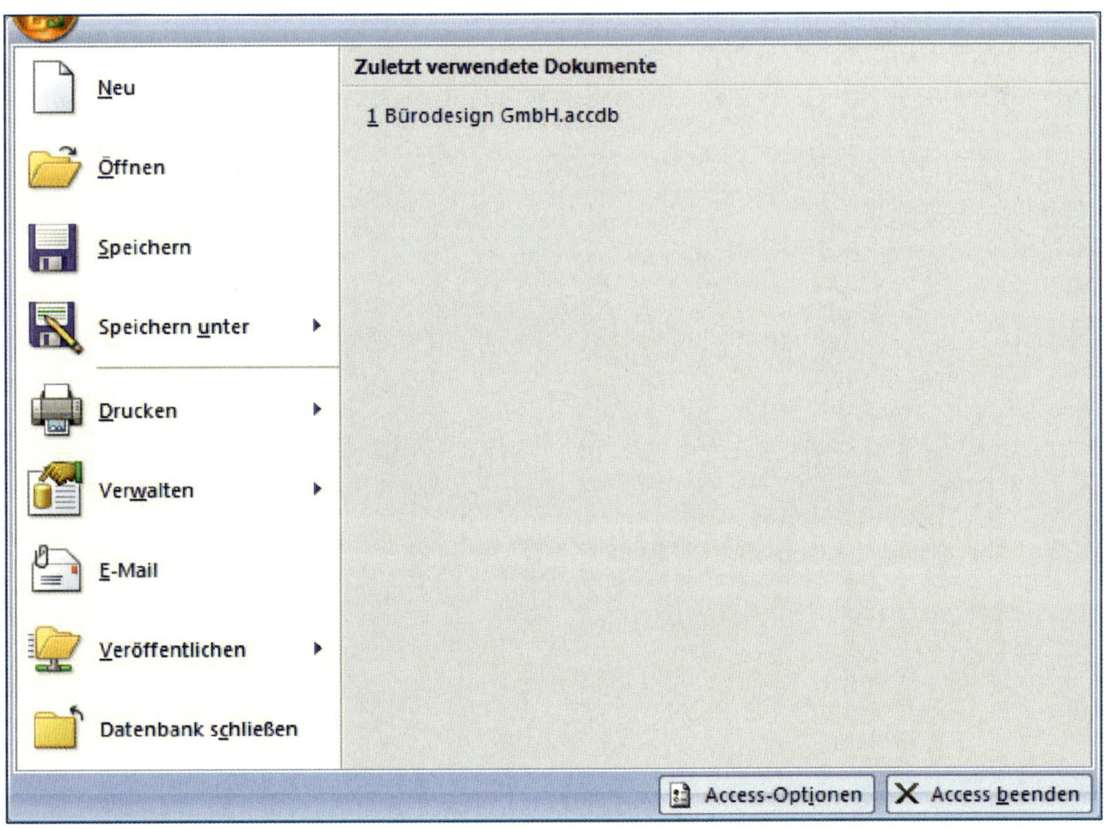

***Abbildung 6:** Auswahlmöglichkeiten der Office-Schaltfläche*

Das sich darstellende Fenster ist zweigeteilt. Im linken Teil befinden sich Befehle, die bei der Arbeit mit MS Access häufig benötigt werden (z. B. NEU, ÖFFNEN, SPEICHERN, DRUCKEN einer Datenbank). Im rechten Teil des Fensters befindet sich die Liste mit den zuletzt verwendeten Datenbanken. Durch einen Mausklick auf eines der Dokumente öffnet sich dieses unmittelbar. Ein erneuter Mausklick auf die Office-Schaltfläche bewirkt, dass das Fenster wieder geschlossen wird.

Anmerkung:

In der Version MS Access 2010 gibt es die Office-Schaltfläche nicht mehr. Stattdessen befindet sich in der Registerkartenleiste der rot hinterlegte Eintrag DATEI. Durch einen Mausklick auf dieses Symbol öffnet sich ein Fenster. Die Auswahlmöglichkeiten in diesem Fenster entsprechen im Wesentlichen denen der Office-Schaltfläche.

② Symbolleiste für den Schnellzugriff

Die Symbolleiste für den Schnellzugriff enthält Schaltflächen für Befehle, die bei der Arbeit mit dem Datenbankprogramm häufig benötigt werden. Nach der Installation sind die Symbole für SPEICHERN, RÜCKGÄNGIG und WIEDERHERSTELLEN voreingestellt. Die Eintragungen in der Symbolleiste sind an die individuellen Bedürfnisse anpassbar. Hierzu ist ein Mausklick auf den kleinen Pfeil am rechten Ende der Symbolleiste notwendig.

③ Register für Datenbankobjekte

Für die Arbeit mit MS Access stehen unterschiedliche Datenbankobjekte (z. B. Tabellen, Formulare, Abfragen) zur Verfügung. Für jedes Datenbankobjekt bietet das Programm spezielle Werkzeuge zur Erstellung und Gestaltung. In Abhängigkeit vom ausgewählten Datenbankobjekt erscheint in der Titelleiste eine Registerkarte (in Abbildung 5 ist dies die Registerkarte TABELLENTOOLS). Durch einen Mausklick auf diese Registerkarte werden die jeweiligen Auswahlmöglichkeiten in der Multifunktionsleiste (Bereich unter der Registerkartenleiste) sichtbar.

④ Dokumenten- und Programmname

Im mittleren Bereich der Titelleiste befinden sich der Dokumentenname (z. B. Bürodesign GmbH) und der Name des Programms (hier: Microsoft Access). Wird beim Speichern des Dokuments ein neuer Name vergeben, dann wird der zuvor ausgegebene Dokumentenname durch den neu gewählten Dokumentennamen ersetzt.

⑤ Fenster-Schaltflächen

Die drei Schaltflächen dienen der Steuerung eines Fensters. Nach einem Klick auf das Symbol MINIMIEREN ( ) wird das aktuelle Fenster vom Bildschirm entfernt und erscheint als Schaltfläche z. B. in der Taskleiste. Ein Mausklick auf diese Schaltfläche lässt das Fenster wieder im Vordergrund erscheinen.

Das mittlere Symbol verändert sich nach einem Mausklick. Befindet sich ein Fenster im Vollbildmodus, dann erscheint Symbol für den Teilbildmodus ( ). Befindet sich ein Fenster im Teilbildmodus, dann erscheint das Symbol für den Vollbildmodus ( )

Mit einem Mausklick auf das rechts liegende Symbol ( ) wird das Fenster geschlossen bzw. das Programm beendet.

An der Stelle, an der sich in der Version MS Access 2007 die Office-Schaltfläche befindet, ist in der Version 2010 ein Access-Symbol ( ). Ein Mausklick auf dieses Symbol öffnet ein Fenster, welches Eintragungen enthält, mit denen sich der Arbeitsbildschirms in Position und Größe verändern und schließen lässt.

2.2.2 Elemente der Registerkarten- (2a) und Multifunktionsleiste (2b)

Unterhalb der Titelleiste befindet sich die Leiste mit den Registerkarten und die Multifunktionsleiste.

Abbildung 7: *Leiste mit den Registerkarten*

Die Einträge (z. B. START, ERSTELLEN, EXTERNE DATEN) in der Registerkartenleiste sind aufgabenorientiert. Sie können durch einen einfachen Mausklick ausgewählt werden. Die ausgewählte bzw. aktivierte Registerkarte ist daran zu erkennen, dass deren Bezeichnung hellblau hinterlegt ist und etwas im Vordergrund steht.

Unterhalb der Registerkarten befindet sich die Multifunktionsleiste. Die Multifunktionsleiste umfasst eine Gruppe von Befehlen (zumeist durch Symbole, die sich auf Schaltflächen befinden, dargestellt) zu der jeweils ausgewählten Registerkarte. Die Darstellung verändert sich mit dem Wechsel der Registerkarten.

Abbildung 8: *Einträge auf der Multifunktionsleiste am Beispiel der Registerkarte START*

> **Anmerkung:**
> Auf die Funktionen der einzelnen Einträge auf der Multifunktionsleiste wird in den folgenden Kapiteln eingegangen.

2.2.3 Elemente des Navigationsbereichs (3)

Das Datenbankprogramm MS Access stellt für die Arbeit mit einer Datenbank verschiedene Datenbankobjekte (z. B. Tabellen, Formulare, Abfragen) zur Verfügung. Die bereits erstellten Datenbankobjekte werden im Navigationsbereich aufgerufen. Der Navigationsbereich befindet sich am linken Rand des Arbeitsbildschirms und ist vielfältig konfigurierbar.

Durch einen Mausklick auf das Symbol öffnet sich ein Fenster, in dem das gewünschte Datenbankobjekt ausgewählt werden kann. Darüber hinaus kann in dem Fenster eingestellt werden, nach welchem Kriterium die bereits erstellten Datenbankobjekte im Navigationsbereich angezeigt werden sollen (z. B. nach Objekttyp, nach Änderungsdatum).

Wie in Abbildung 9 ersichtlich, kann auch nach einem bestimmten Datenbankobjekt gesucht werden. Zu diesem Zweck muss der Name des gewünschten Datenbankobjekts in das dafür vorgesehene Suchfeld (Suchen...) eingegeben werden.

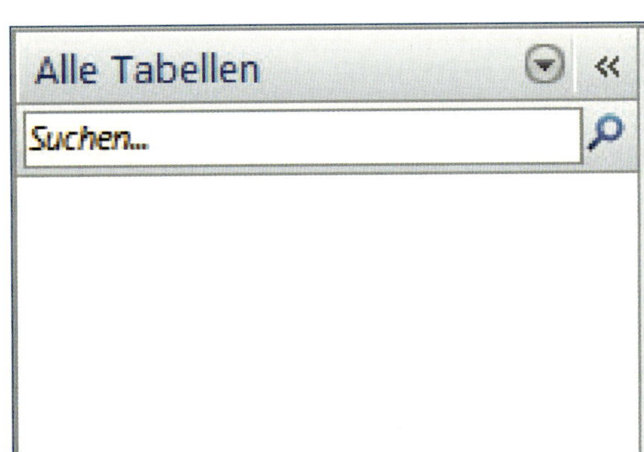

Abbildung 9: *Navigationsbereich*

Für die Dateneingabe oder Datenausgabe ist es häufig sinnvoll möglichst viel Platz im Arbeitsfenster (siehe Kapitel 2.2.4) zu haben. Um für diesen Bereich mehr Platz zu haben, kann der Navigationsbereich minimiert werden. Hierzu ist ein Mausklick auf das Symbol « notwendig. Wenn der Navigationsbereich wieder in voller Größe erscheinen soll, kann dies durch einen Mausklick auf das Symbol » veranlasst werden.

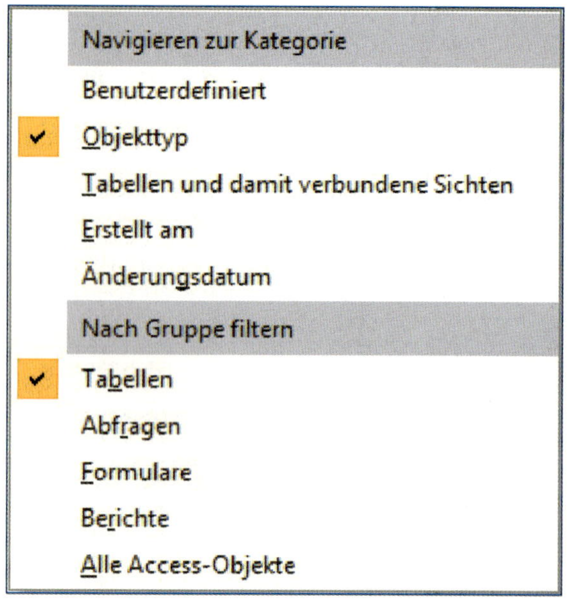

Abbildung 10: *Auswahlmöglichkeiten im Datenbankobjektfenster*

2.2.4 Elemente des Arbeitsfensters ④

Den größten Bereich des Arbeitsbildschirms bildet das Arbeitsfenster. In diesem Fenster vollzieht sich die eigentliche Arbeit im Rahmen der Erstellung und der Arbeit mit einer Datenbank. Je nachdem, welches Datenbankobjekt bearbeitet wird, ändert sich die Darstellung in diesem Arbeitsfenster. In dem in Abbildung 11 dargestellten Arbeitsfenster wurde die Erstellung einer Tabelle ausgewählt.

Abbildung 11: *Inhalt des Arbeitsfensters nach der Auswahl zur Erstellung einer Tabelle*

Die im Arbeitsfenster geöffneten Objekte werden standardmäßig als Register angezeigt.

2.2.5 Elemente der Statusleiste

Die Statusleiste befindet sich am unteren Bildschirmrand des Arbeitsbildschirms.

Abbildung 12: *Statusleiste*

Die Statusleiste enthält Informationen zu der gerade durchgeführten Arbeit. Aus der in Abbildung 12 dargestellten Statusleiste geht hervor, dass sich der Arbeitsbildschirm in der Datenblattansicht befindet. Die Abkürzung NUM weißt darauf hin, dass der Zehnerblock der Tastatur für die Arbeit zur Verfügung steht. Mit den beiden Symbolen auf der rechten Seite der Statusleiste kann zwischen der Datenblattansicht und der Entwurfsansicht gewechselt werden. Die Eintragungen auf der Statusleiste verändern sich je nach Bearbeitungsstand.

3 Tabellenanlage und Datenerfassung in der Datenblattansicht der Tabelle

Situation:

Sie haben es geschafft. Ihre Datenbank hat nun einen Namen. Vor Ihnen erscheint der Arbeitsbildschirm des Datenbankprogramms. Bisher enthält die Datenbank noch keine Daten der Mitarbeiter der Bürodesign GmbH. Deshalb wenden Sie sich an das Projektteam. Dort erhalten Sie den Hinweis, dass vor der Datenerfassung zunächst Tabellen angelegt werden müssen.

3.1 Erstellung einer Tabelle in der Entwurfsansicht

Für die Arbeit mit einem Datenbankprogramm stehen dem Anwender mehrere Datenbankobjekte zur Verfügung. Diese Datenbankobjekte können unter dem Registerkarteneintrag ERSTELLEN ausgewählt werden. Hier befindet sich auch eine Schaltfläche für das Erstellen des Datenbankobjekts TABELLE. Nach einem Mausklick auf die Schaltfläche TABELLE (Tabelle) verändert sich das Arbeitsfenster.

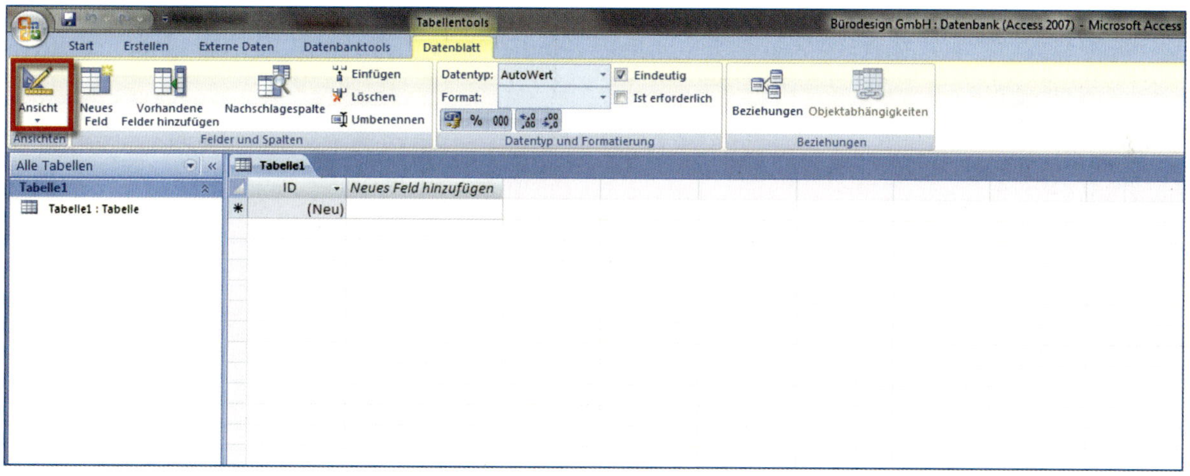

Abbildung 1: *Arbeitsfenster des Datenbankobjekts TABELLEN in der Datenblattansicht*

Abbildung 1 zeigt das Datenbankobjekt TABELLEN im Arbeitsfenster in der Datenblattansicht. In der Datenblattansicht eines Datenbankobjekts werden die Daten einer Datenbank eingegeben, verändert und ausgegeben. In der zu erstellenden Personaldatenbank der Bürodesign GmbH können beispielsweise die Mitarbeiterdaten eingegeben und/oder bearbeitet werden.

Anmerkung:

Nachdem eine Datenbank neu angelegt wurde, ist das Objekt TABELLEN standardmäßig im Arbeitsbildschirm aktiviert.

Um eine Tabelle zu erstellen, ist der Wechsel in die ENTWURFSANSICHT notwendig. In der Entwurfsansicht kann eine Tabelle nach den individuellen Vorstellungen und Erfordernissen kreiert werden. Der Wechsel von der Datenblattansicht in die Entwurfsansicht ist per Mausklick auf die Schaltfläche ANSICHT () möglich. Diese Schaltfläche befindet sich in der Multifunktionsleiste (linker Rand) der Registerkarte START. Darüber hinaus kann die ENTWURFSANSICHT per Mausklick auf die Schalfläche (Registerkarte ERSTELLEN) aktiviert werden.

Im Unterschied zu der Schaltfläche TABELLENENTWURF verlangt das Programm nach dem Mausklick auf die Schaltfläche ANSICHT einen Namen für die zu erstellende Tabelle.

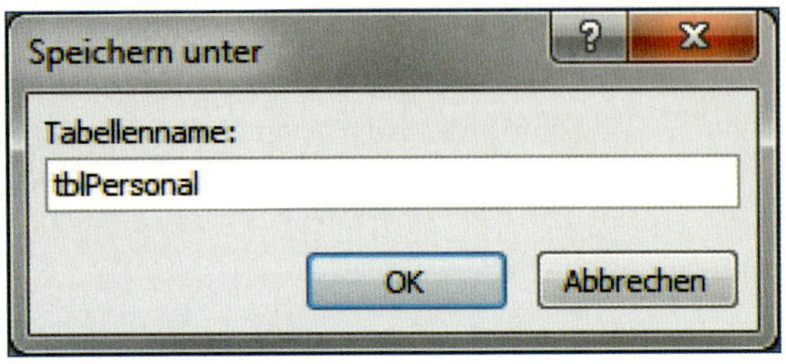

Abbildung 2: *Speichervorgang der Tabelle tblPersonal*

Arbeitsauftrag 4:
Wechseln Sie in die Entwurfsansicht und geben Sie der zu erstellenden Tabelle den Namen „tblPersonal". Bestätigen Sie die Eingabe mit einem Mausklick auf die Schaltfläche OK.

Im Anschluss an den Speichervorgang erscheint die in Abbildung 3 dargestellte ENTWURFSANSICHT.

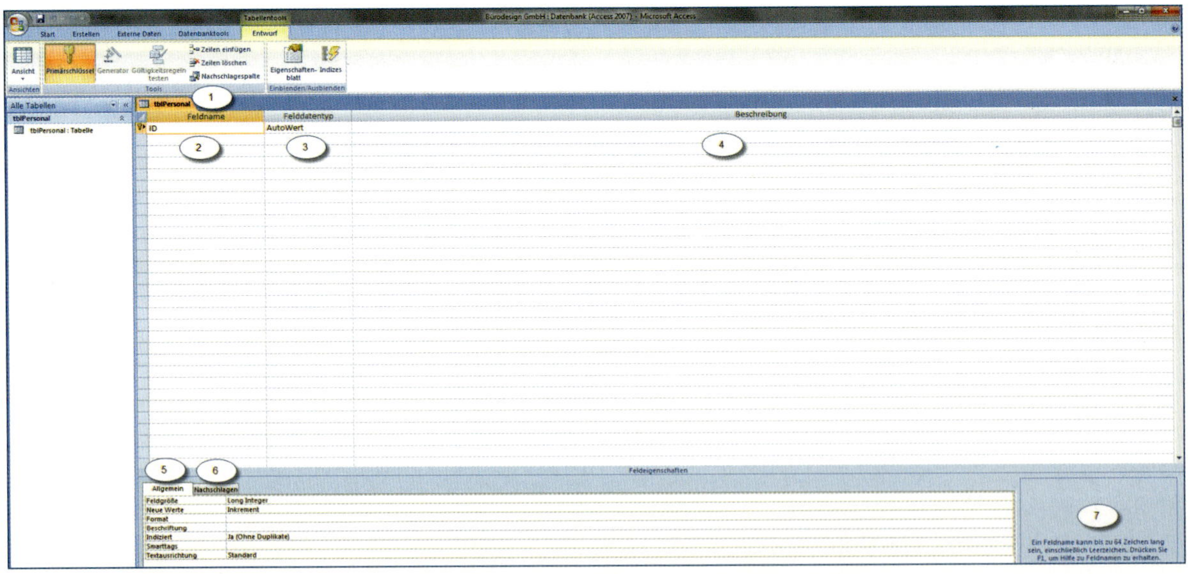

Abbildung 3: *Entwurfsansicht – Möglichkeiten zum Erstellen einer Tabelle*

Das Fenster ist in verschiedene Bereiche eingeteilt. In den Bereichen finden sich sowohl Eingabe- und Ausgabemöglichkeiten als auch ein Informations- bzw. Hilfefeld:

① Titelleiste
Die Titelleiste zeigt den Namen, den die Tabelle hat (hier: tblPersonal).

② Feldname

Der Feldname ist die Überschrift einer Spalte der Tabelle. Für eine Spalte, in der die Nummern stehen, unter denen die Mitarbeiter in der Bürodesign GmbH geführt werden, eignet sich beispielsweise der Feldname „Personalnummer“. Die Länge eines Feldnamens darf einschließlich der Leerzeichen maximal 64 Zeichen betragen. Punkte (.), Ausrufezeichen (!) und eckige Klammern ([ ]) können in den Namen nicht mit aufgenommen werden. Der Feldname wird auch als Attribut bezeichnet.

③ Felddatentyp

Jedem Feldnamen muss ein Felddatentyp zugeordnet werden. In Abhängigkeit von dem gewählten Felddatentyp können dem späteren Eintrag Formatierungen zugewiesen oder es können Berechnungen mit den Inhalten der Zelle durchgeführt werden. Durch einen Mausklick auf den Pfeil ganz rechts in der Zelle dieser Spalte kann eine Auswahl aus elf (MS Access 2007) bzw. zwölf (MS Access 2010) Eintragungen vorgenommen werden. Erklärungen zu den verschiedenen Felddatentypen finden sich in der nachfolgenden Tabelle.

Abbildung 4: *Felddatentypen (MS Access 2007)*

Abbildung 5: *Felddatentypen (MS Access 2010)*

Felddatentyp	Erklärung
Text	Als Feldinhalt ist eine alphanumerische Zeichenfolge mit bis zu 255 Zeichen erlaubt.
Memo	Als Feldinhalt ist eine alphanumerische Zeichenfolge mit bis zu 65.536 Zeichen erlaubt.
Zahl	Mit dem Feldinhalt können Rechenoperationen durchgeführt werden, d. h. es handelt sich um numerische Werte.
Datum/Uhrzeit	Als Feldinhalt ist eine Datums- oder Zeitangabe in verschiedenen Formaten möglich.
Währung	Der Feldinhalt ist eine Währungsangabe. Der Inhalt kann mit einem Währungszeichen versehen werden und es sind Rechenoperationen möglich.

Felddatentyp	Erklärung
AutoWert	Der Feldinhalt wird bei jedem neuen Datensatz um den Wert eins erhöht. Jede Tabelle kann nur ein AutoWert-Feld enthalten. AutoWerte können bei der Dateneingabe nicht geändert werden.
Ja/Nein	Als Feldinhalt sind nur zwei Zustände (trifft zu oder trifft nicht zu) möglich.
OLE-Objekt	Der Feldinhalt ist ein Objekt aus einer anderen Anwendung (z.B. Bild- oder Sounddatei), das in die Tabelle eingebettet wird.
Hyperlink	Der Feldinhalt verweist auf eine Datei oder eine Webadresse. Beim Anklicken wird der entsprechende Hyperlink geöffnet.
Anlage	Durch die Auswahl dieses Felddatentyps können einem Datensatz eine oder mehrere Dateien (bis zu 70) angehängt werden.
Berechnet (nur MS Access 2010)	Mit den Werten, die in einer Tabelle eingegeben wurden, kann in Spalten dieses Felddatentyps gerechnet werden.
Nachschlage-Assistent...	Die Eingabe des Feldinhalts kann über eine Nachschlageliste erfolgen.

④ Beschreibung
In diesem Bereich können Informationen eingegeben werden, die den Feldnamen detaillierter erklären.

⑤ Feldeigenschaften – Allgemein
Die Felddatentypen bieten viele verschiedene Einstellungsmöglichkeiten. Dabei sind die Einstellungsmöglichkeiten je nach Felddatentyp unterschiedlich. Die wichtigsten Feldeigenschaften werden in der folgenden Übersicht kurz beschrieben:

<table>
<tr><th>Feldeigenschaft</th><th>Beschreibung</th></tr>
<tr><td>FELDGRÖSSE</td><td>
<u>Eingabemöglichkeiten beim Felddatentyp: TEXT</u>
Der Standardwert ist auf 50 Zeichen eingestellt, d. h. obwohl der Felddatentyp TEXT 255 Zeichen erlaubt, wird die Eingabe auf max. 50 Zeichen limitiert.

<u>Auswahlmöglichkeiten beim Felddatentyp: ZAHL</u>
<table>
<tr><th>Einstellung</th><th>Zahlenbereich</th><th>Dezimalstellen</th><th>Speichergröße</th></tr>
<tr><td>Byte</td><td>0 bis 255</td><td>keine</td><td>1 Byte</td></tr>
<tr><td>Integer</td><td>–32.76 bis 32.767</td><td>keine</td><td>2 Byte</td></tr>
<tr><td>Long Integer</td><td>–2.147.483.648 bis 2.147.483.647</td><td>keine</td><td>4 Byte</td></tr>
<tr><td>Single</td><td>–3,4E38 bis 3,4E38</td><td>7</td><td>4 Byte</td></tr>
<tr><td>Double</td><td>–1,79E308 bis 1,79E308</td><td>15</td><td>8 Byte</td></tr>
<tr><td>Dezimal</td><td>–10E28-1 bis 10E28-1</td><td>28</td><td>12 Byte</td></tr>
</table>
Die Festlegung der Feldgröße auf die voraussichtlich notwendige Länge des Feldinhalts kann insbesondere bei großen Datenbanken viel Speicherplatz sparen.
</td></tr>
</table>

<table>
<tr><th>Feldeigenschaft</th><th>Beschreibung</th></tr>
<tr><td>FORMAT</td><td>Hier kann das Ausgabeformat für die Felder eingestellt werden. Besonders häufig werden Formate für den Felddatentyp ZAHL und DATUM/UHRZEIT festgelegt.

<u>Auswahlmöglichkeiten beim Felddatentyp: ZAHL</u>
<table>
<tr><td>Allgemeine Zahl</td><td>3456,789</td></tr>
<tr><td>Währung</td><td>3.456,79 €</td></tr>
<tr><td>Euro</td><td>3.456,79 €</td></tr>
<tr><td>Festkommazahl</td><td>3456,79</td></tr>
<tr><td>Standardzahl</td><td>3.456,79</td></tr>
<tr><td>Prozentzahl</td><td>123,00%</td></tr>
<tr><td>Exponentialzahl</td><td>3,46E+03</td></tr>
</table>
<u>Auswahlmöglichkeiten beim Felddatentyp: DATUM/UHRZEIT:</u>
<table>
<tr><td>Standarddatum</td><td>19.06.2007 17:34:23</td></tr>
<tr><td>Datum, lang</td><td>Dienstag, 19. Juni 2007</td></tr>
<tr><td>Datum, mittel</td><td>19. Jun. 07</td></tr>
<tr><td>Datum, kurz</td><td>19.06.2007</td></tr>
<tr><td>Zeit, lang</td><td>17:34:23</td></tr>
<tr><td>Zeit, 12Std</td><td>05:34</td></tr>
<tr><td>Zeit, 24Std</td><td>17:34</td></tr>
</table>
</td></tr>
<tr><td>DEZIMALSTELLEN</td><td>Für den Felddatentyp ZAHL und WÄHRUNG kann hier die Anzahl der Dezimalstellen festgelegt werden.</td></tr>
<tr><td>EINGABEFORMAT</td><td>Im Gegensatz zu der Feldeigenschaft FORMAT wird hier nicht das Ausgabeformat sondern das Eingabeformat bestimmt. Möglich ist dies für die Felddatentypen TEXT, ZAHL, WÄHRUNG und DATUM/UHRZEIT. Die Festlegung eines Eingabeformats soll dem Anwender die Dateneingabe erleichtern. Sinnvoll ist dies bei Feldinhalten, die immer den gleichen Aufbau haben. Beispiel:
<table>
<tr><th>Feldinhalt</th><th>Eingabeformat</th><th>Eingabe</th><th>Ausgabe</th></tr>
<tr><td>Artikelnummer (erst drei Ziffern, dann ein Leerzeichen, dann zwei Ziffern</td><td>000 00</td><td>12345</td><td>123 45</td></tr>
<tr><td>Postleitzahlen müssen immer fünfstellig sein</td><td>00000</td><td>04234</td><td>04234</td></tr>
</table>
</td></tr>
<tr><td>BESCHRIFTUNG</td><td>Der Feldname wird durch eine andere Beschriftung ersetzt.</td></tr>
<tr><td>STANDARDWERT</td><td>Der Feldinhalt weist automatisch den Standardwert aus, sodass eine Eingabe nur beim Abweichen vom Standardwert notwendig ist.</td></tr>
<tr><td>GÜLTIGKEITS-REGEL</td><td>Es wird eine Regel formuliert, durch die die Eingabemöglichkeiten beschränkt werden. Gültigkeitsregeln dienen der Vermeidung von Eingabefehlern. Beispiel: Es können nur Personalnummern zwischen 100 und 999 eingegeben werden.</td></tr>
<tr><td>GÜLTIGKEITS-MELDUNG</td><td>Der Text, der bei einem Verstoß gegen die Gültigkeitsregel ausgegeben werden soll, muss hier eingegeben werden.</td></tr>
</table>

Feldeigenschaft	Beschreibung
EINGABE ERFORDERLICH	Mit dieser Feldeigenschaft wird festgelegt, ob eine Dateneingabe in dem betreffenden Feld zwingend erforderlich ist.
TEXTAUS-RICHTUNG	Bei fast allen Felddatentypen kann die horizontale Textausrichtung festgelegt werden. Zur Auswahl stehen beispielsweise RECHTSBÜNDIG oder ZENTRIERT.

Unabhängig von den vorgegebenen Formaten ist es auch möglich benutzerdefinierte Formate (auch für den Felddatentyp TEXT) zu erstellen. Hierfür stehen verschiedene Platzhalter zur Verfügung:

Platzhalter	Beschreibung	Beispiel
0	Platzhalter für eine Ziffer zwischen 0 und 9, eine Eingabe muss erfolgen.	Eingabeformat: 00000 In dem betreffenden Feld (z. B. Postleitzahl) müssen immer fünf Ziffern eingegeben werden.
9	Platzhalter für eine Ziffer zwischen 0 und 9 oder für ein Leerzeichen, eine Eingabe muss nicht erfolgen.	Eingabeformat: 99999 In dem betreffenden Feld können maximal fünf Ziffern (mit Leerzeichen) eingegeben.
#	Platzhalter für eine Ziffer zwischen 0 und 9, ein Leerzeichen oder ein Plus- bzw. Minuszeichen, eine Eingabe muss nicht erfolgen.	Eingabeformat: ### In dem betreffenden Feld können maximal drei zulässige Zeichen eingegeben werden.
,	Das Dezimalkomma wird automatisch an einer bestimmten Stelle ausgegeben.	Eingabeformat: 999,99 In dem betreffenden Feld (z. B. Listenverkaufspreise) kann maximal ein dreistelliger Wert mit zwei Nachkommastellen eingegeben werden. Das Dezimalkomma wird automatisch vorgegeben.
.	Der Tausenderpunkt wird automatisch an einer bestimmten Stelle ausgegeben.	Eingabeformat: 9.999 In dem betreffenden Feld wird die Eingabe mit einem Tausenderpunkt ausgegeben.
:	Der Doppelpunkt wird automatisch an einer bestimmten Stelle ausgegeben.	Eingabeformat: 00:00 In dem betreffenden Feld kann z. B. eine Uhrzeit eingegeben werden.
%	Der eingegebene Wert erhält als Anhang das Prozentzeichen und ist damit eine Prozentzahl.	Eingabeformat: 999% In dem betreffenden Feld können maximal drei Ziffern eingegeben werden, die von dem Datenbankprogramm dann als Prozentzahl gespeichert werden.
/	Platzhalter für Datumstrennzeichen.	Eingabeformat: 00/00/0000 In dem betreffenden Feld kann ein Datum im Format 10.10.2010 eingegeben werden.
\	Die dem Schrägstrich folgenden Zeichen werden als Konstante ausgegeben.	Eingabeformat: 99 \Wochen In dem betreffenden Feld kann maximal ein zweistelliger Wert eingegeben werden. Der Wert erhält immer die Einheit „Wochen".
&	Platzhalter für ein beliebiges Zeichen, eine Eingabe muss erfolgen.	Eingabeformat: &&&&& Die Eingabe muss fünf Zeichen umfassen.

Platzhalter	Beschreibung	Beispiel
C	Platzhalter für ein beliebiges Zeichen, eine Eingabe muss nicht erfolgen.	Eingabeformat: CCCCC Die Eingabe kann maximal fünf Zeichen umfassen.
<	Es können nur Kleinbuchstaben eingegeben werden.	Eingabeformat: <CCC Es können nur (maximal drei) Kleinbuchstaben eingegeben werden.
>	Es können nur Großbuchstaben eingegeben werden.	Eingabeformat: >CCC Es können nur (maximal drei) Großbuchstaben eingegeben werden.
„Text"	Der Text in den Anführungszeichen wird angezeigt.	Eingabeformat: 99 „Stunden pro Tag" In der betreffenden Zelle können maximal zwei Ziffern eingegeben werden. Dem Wert wird automatisch die Einheit „Stunden pro Tag" zugewiesen.

⑥ Feldeigenschaften – Nachschlagen
Hier finden sich detaillierte Informationen zu den definierten Nachschlagelisten.

Anmerkung:
Auf Erstellung und den Umgang mit Nachschlagelisten geht dieses Lehrbuch zu einem späteren Zeitpunkt ein.

⑦ Informations- bzw. Hilfefeld
In diesem Bereich stehen Einträge, die kurze Informationen zu dem Feld darstellen, in dem der Mauszeiger aktuell positioniert ist.

Die Entwurfsansicht weist als ersten Feldnamen „ID" auf (vgl. hierzu auch Abbildung 6). Dies ist ein vom Programm automatisch erstellter Feldname, der als Primärschlüssel dienen soll. Auf die Bedeutung des Primärschlüssels wird erst zu einem späteren Zeitpunkt eingegangen. Aus diesem Grund findet sich im Folgenden eine kurze Beschreibung, wie der Feldname „ID" aus der TABELLE entfernt werden kann.

Zunächst muss der Feldname „ID" mit der Maus angeklickt werden. Anschließend muss die dem Attribut automatisch zugewiesene Eigenschaft des Primärschlüssels aufgehoben werden. Hierzu ist ein Mausklick auf die Schaltfläche PRIMÄRSCHLÜSSEL (Registerkarte ENTWURF) notwendig (siehe Abbildung 6).

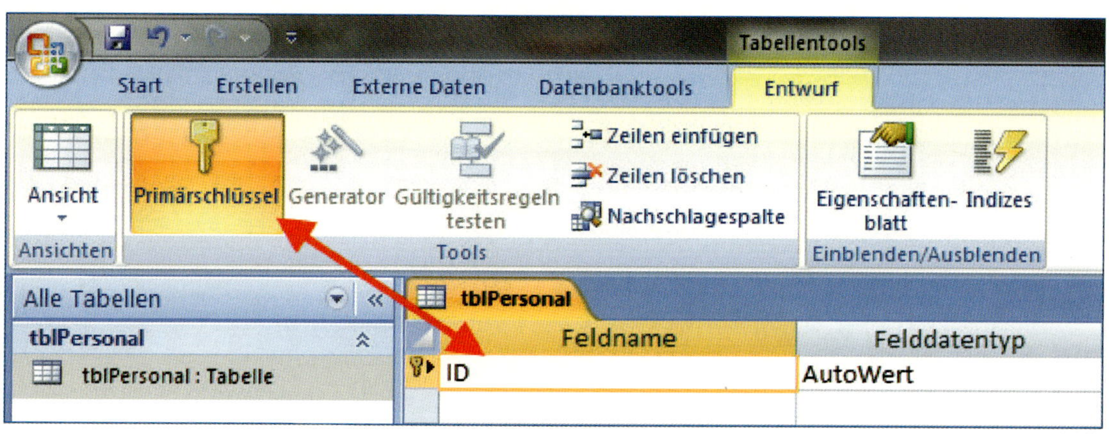

Abbildung 6: *Löschen des bestehenden Primärschlüssels „ID"*

Wie der nachstehenden Abbildung 7 zu entnehmen ist, verschwindet nach der Betätigung der Schaltfläche PRIMÄRSCHLÜSSEL das Schlüsselsymbol vor dem Feldnamen „ID", sodass dieser Feldname gelöscht werden kann.

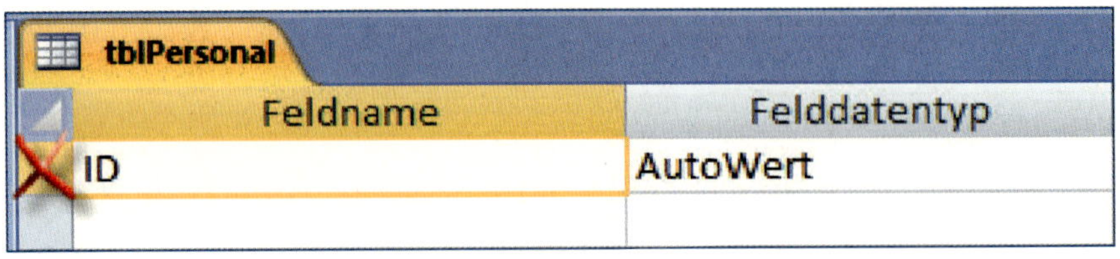

Abbildung 7: *Feldname „ID", nachdem der Primärschlüssel gelöscht worden ist*

Arbeitsauftrag 5:

Löschen Sie – wie vorstehend beschrieben – den Primärschlüssel des Feldnamen „ID". Klicken Sie anschließend auf das – durch ein rotes Kreuz in der Abbildung 7 gekennzeichnete – Feld und führen Sie einen Klick mit der **rechten Maustaste** aus. Wählen Sie anschließend den Befehl ZEILEN LÖSCHEN, um den unnötigen Feldnamen dauerhaft zu löschen.

Die erste Tabelle in der Datenbank soll die Mitarbeiterdaten enthalten. Der Datensatz soll mit der Personalnummer beginnen. Als Felddatentyp empfiehlt sich die ZAHL, um später bessere Auswertungsmöglichkeiten zu haben. Für die Feldgröße ist das BYTE ausreichend. Das EINGABE- und AUSGABEFORMAT soll dreistellig sein und eine Eingabe ist zwingend erforderlich. Auf Dezimalstellen kann verzichtet werden. Die folgenden Abbildungen veranschaulichten die notwendigen Eingaben:

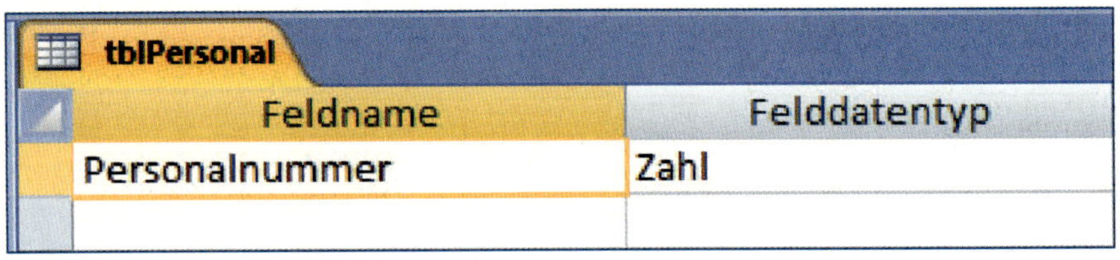

Abbildung 8: *Eingabe eines Feldnamens und Felddatentyps in der tblPersonal*

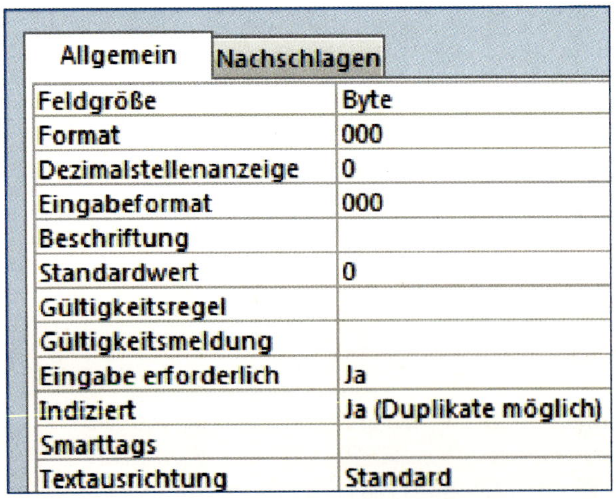

Abbildung 9: *Feldname, Felddatentyp und Feldeigenschaften für die Personalnummer*

Arbeitsauftrag 6:
Vervollständigen Sie die Entwurfsansicht der geöffneten Tabelle tblPersonal durch folgende Eingaben:

Feldname	Felddatentyp	Feldeigenschaften
Personalnummer	Zahl	Feldgröße: Byte Format: 000 Eingabeformat: 000 Dezimalstellen: 0 Eingabe erforderlich: ja
Name	Text	Feldgröße: 20
Vorname	Text	Feldgröße: 20
Straße	Text	Feldgröße: 30
PLZ	Zahl	Format: 00000 Dezimalstellen: 0 Eingabeformat: 00000
Ortsnetzkennzahl	Text	Feldgröße: 10
Teilnehmer-Nr	Text	Feldgröße: 10
Geb-Datum	Datum/Uhrzeit	Format: Datum, kurz Eingabeformat: 00/00/0000
Eintritt	Datum/Uhrzeit	Format: Datum, kurz Eingabeformat: 00/00/0000
Abteilung-Nr	Zahl	Feldgröße: Byte Format: 00 Dezimalstellen: 0 Eingabeformat: 00
Stellen-Nr	Zahl	Feldgröße: Byte Format: 00 Dezimalstellen: 0 Eingabeformat: 00
Qualifikation-Nr	Zahl	Feldgröße: Byte Format: 00 Dezimalstellen: 0 Eingabeformat: 00
Tätigkeit-Nr	Zahl	Feldgröße: Byte Format: 00 Dezimalstellen: 0 Eingabeformat: 00

3.2 Erfassung von Daten in der Datenblattansicht einer Tabelle

Die Datenerfassung in einer Tabelle ist nur in der DATENBLATTANSICHT möglich. Der Wechsel in die Datenblattansicht erfolgt über das in Abbildung 10 abgebildete Symbol, sodass anschließend die in Abbildung 11 dargestellte Datenblattansicht der Tabelle tblPersonal erscheint:

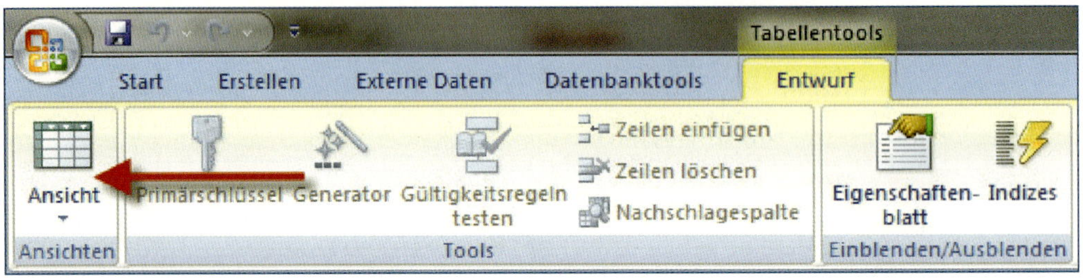

Abbildung 10: *Symbol „Ansicht", um in die Datenblattansicht zu wechseln*

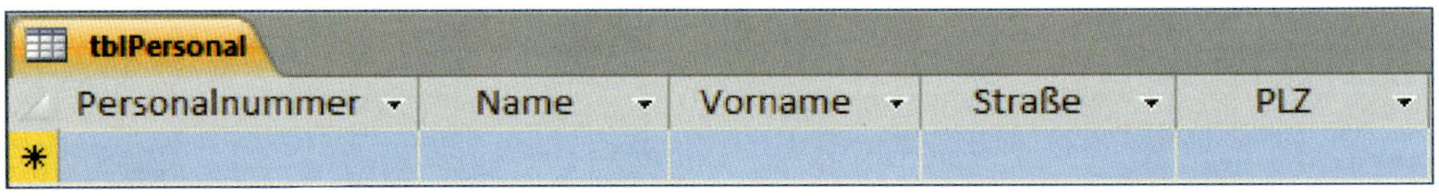

Abbildung 11: *Ausschnitt aus der Datenblattansicht der Tabelle tblPersonal*

Arbeitsauftrag 7:

Geben Sie die Daten für die Mitarbeiter der Personalnummer 001 bis 010 in die Tabelle ein. Ändern Sie die Einträge in den Datenfeldern Abteilung-Nr, Stelle-Nr, Qualifikation-Nr und Tätigkeit-Nr nicht. Speichern Sie die Dateneingabe nach der Eingabe ab und **schließen** Sie die Tabelle.

Nach dem Schließen einer Tabelle (durch das schwarze X im rechten, oberen Bildschirmbereich) erscheint im linken Bereich eine Übersicht über die bislang erstellten Tabellen (hier wird lediglich die Tabelle tblPersonal angezeigt – siehe Abbildung 12). Die Tabelle tblPersonal kann geöffnet werden, indem der Tabellenname doppelt anklickt wird. Es ist auch möglich die Tabelle mit der rechten Maustaste anzuklicken. In dem sich öffnenden Fenster kann ausgewählt werden, ob die Tabelle in der Datenblattansicht (Befehl: ÖFFNEN) oder in der Entwurfsansicht geöffnet werden soll.

Abbildung 12: *Übersicht über die derzeit bestehende Tabelle tblPersonal*

3.3 Bearbeitungsmöglichkeiten der Daten in der Datenblattansicht einer Tabelle

Die Daten einer Tabelle können in der Datenblattansicht nicht nur eingegeben, sondern auch verändert, gelöscht und sortiert werden. Um einen Datensatz zu ändern, muss das betreffende Datenfeld angeklickt werden. Die gewünschte Änderung kann mittels der Tastatur eingegeben werden. Das Ändern eines Datenfeldes ist auch möglich, indem über die Menüleiste (Befehlsfolge: START – SUCHEN – ERSETZEN) das Fenster SUCHEN UND ERSETZEN aufgerufen wird.

Bevor ein Datensatz gelöscht werden kann, muss er markiert werden. Die Markierung eines oder mehrer Datensätze erfolgt mit der Maus, indem der Mauszeiger auf den linken Rand des Fensters (Datenblattansicht der Tabelle) bewegt wird. Der Mauszeiger verändert sich in dem beschriebenen Bereich in einen nach rechts ausgerichteten Pfeil. Durch einen Mausklick in der Höhe des zu löschenden Datensatzes wird die betreffende Zeile farblich hinterlegt. Sollen mehrere Datensätze gelöscht werden, ist die Maus bei gedrückter linker Maustaste nach oben oder nach unten zu bewegen. Das Löschen wird durch einen Mausklick auf das Symbol X Löschen oder durch einen Mausklick mit der rechten Taste und der Wahl des Menüpunktes DATENSATZ LÖSCHEN ausgelöst. Bevor die Daten endgültig gelöscht werden, erscheint eine Sicherheitsabfrage, ob die ausgewählten Datensätze wirklich gelöscht werden sollen. Wenn diese Frage mit JA beantwortet wird, werden die markierten Datensätze gelöscht.

Personalnummer	Name	Vorname	Straße	PLZ	Ortsnetzkennzahl
001	Malies	Marcus	Annaberger Straße 130	53175	0228
002	Schmitz	Simone	Danziger Straße 3	53175	0228
003	Seiler	Nicole	Germaniastraße 176	51065	0221
004	Grün	Norbert	Wielstraße 27	53115	0228
005	Evert	Ilona	Koernickestraße 24	53123	0228
006	Stahl	Hermann	Argelanderstraße 116	53115	0228
007	Wolff	Waldemar	Kennedybrücke 6	53225	0228
008	Förster	Jürgen	Hugo-Eckener-Straße 12	51147	02203
009	Pfeiffer	Helga	Klommenberg 12	42655	0212
010	Abel	Dietmar	Gustav-Heinemann-Straße 47	51377	0214

Abbildung 13: *Markierungen in dem Auszug der Datenblattansicht*

Zur Sortierung von Datensätzen muss zunächst die Spalte, in der sich die zu sortierenden Daten befinden durch einen Mausklick auf den Datenfeldnamen markiert werden. Durch einen weiteren Klick auf das Symbol (in der Multifunktionsleiste der Registerkarte START) werden die ausgewählten Daten in aufsteigender Reihenfolge sortiert. Ein Klick auf das Symbol bewirkt eine absteigende Sortierung.

4 Formularerstellung und Datenerfassung mithilfe des Formulars

Situation:
In einem Zwischenbericht wurde der Geschäftsleitung der derzeitige Arbeitsstand des Projekts mitgeteilt. In der Geschäftsleitung ist man zufrieden mit dem Fortschritt der Arbeiten. Es wurde jedoch der Wunsch geäußert, dass für die Dateneingabe eine komfortablere Methode gefunden werden soll. Wünschenswert sei es, so Frau Schmitz, dass alle Eingabedaten zu einem Mitarbeiter auf dem Bildschirm sichtbar sind, ohne über die Bildlaufleisten scrollen zu müssen. Mit diesem Wunsch und der Bitte eine Lösung auszuarbeiten wendet sich Herr Steinbach an Sie.

4.1 Erstellung eines Formulars

In einem Datenbankprogramm können Daten nicht nur in der Datenblattansicht einer Tabelle erfasst werden. Eine weitere Möglichkeit der Datenerfassung besteht in der Verwendung eines Formulars. Da die Art der einzugebenden Daten von Datenbank zu Datenbank unterschiedlich ist, kann das Programm keine voreingestellten Formulare verwenden. Formulare müssen für jede Anwendung vom Ersteller oder Benutzer der Datenbank neu generiert werden.

In Datenbankprogramm Access existieren seit der Version 2007 zwei grundsätzlich unterschiedliche Möglichkeiten zur Erstellung von Formularen, die nachstehend beide dargestellt werden.

4.1.1 Erstellung eines Formulars mit dem Formular-Assistenten

Vor der Erstellung eines Formulars ist der Wechsel in die Objektkategorie FORMULARE erforderlich. Um in diese zu gelangen, wird im Startbildschirm der Pfeil neben der derzeit aktivierten Objektkategorie Tabellen (siehe roter Pfeil in Abbildung 1) angeklickt, um im sich anschließend öffnenden Fenster die Objektkategorie FORMULARE auszuwählen.

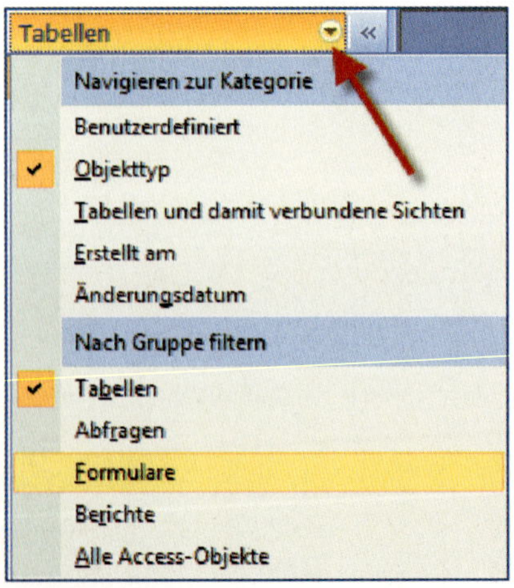

***Abbildung 1:** Wechsel in die Objektkategorie Formulare*

Die Erstellung eines neuen Formulars kann in der Entwurfsansicht oder mithilfe des Formular-Assistenten erfolgen. Da die Erstellung eines Formulars mit dem Assistenten komfortabler ist, erfolgt die Beschreibung der Vorgehensweise anhand der letztgenannten Möglichkeit.

Der Formular-Assistent wird in der Version MS Access 2007 über den Befehlsweg ERSTELLEN – WEITERE FORMULARE – FORMULAR-ASSISTENT gestartet (siehe Abbildung 2).

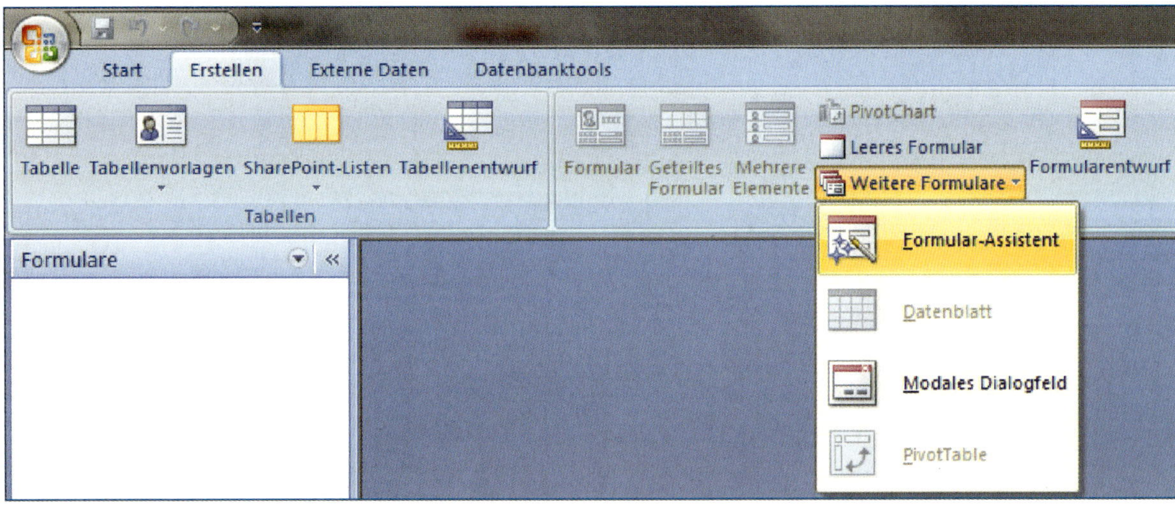

Abbildung 2: *Start des Formular-Assistenten (MS Access 2007)*

In der Version MS Access 2010 wird der Formular-Assistent in der Multifunktionsleiste der Registerkarte ERSTELLEN aufgerufen. Jedoch sieht die Multifunktionsleiste hierfür eine eigene Schaltfläche vor.

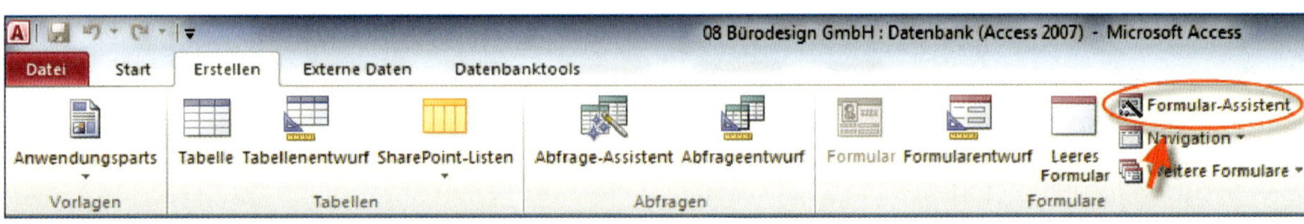

Abbildung 3: *Start des Formular-Assistenten (MS Access 2010)*

Nach dem Start erscheint folgendes Fenster auf dem Bildschirm:

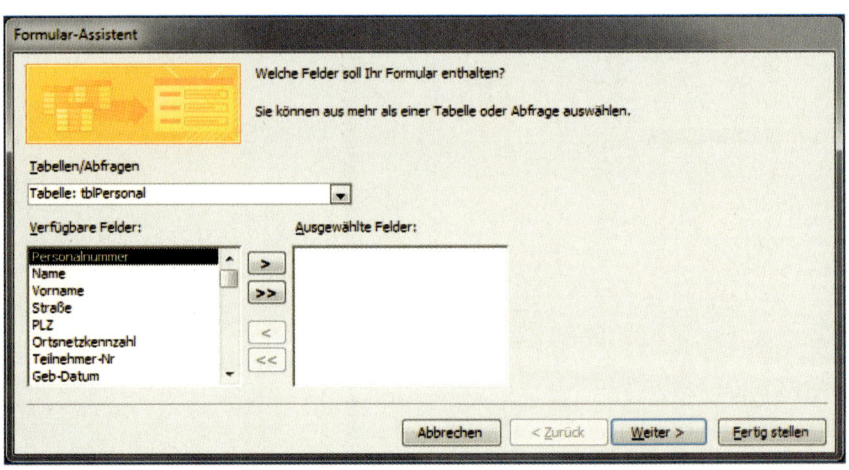

Abbildung 4: *Formular-Assistent – Auswahl der Datenquelle und der Felder*

Zunächst muss im Bereich TABELLEN/ABFRAGEN ausgewählt werden, welche Tabelle bzw. Abfrage die Grundlage für das Formular bilden soll. Im Anschluss sind aus dem Bereich VERFÜGBARE FELDER die Felder auszuwählen, die das Formular enthalten soll. Durch einen Klick auf das Symbol [>] wird das markierte Feld in den Bereich AUSGEWÄHLTE FELDER übertragen. Ein Klick auf das Symbol [>>] bewirkt, dass alle Felder dem Bereich AUSGEWÄHLTE FELDER zugefügt werden. Zu beachten ist, dass die Dateneingabe im

Formular in der Reiheinfolge der Übertragung der Felder erfolgt. Die Entfernung einzelner bzw. aller Felder aus dem Bereich AUSGEWÄHLTE FELDER erfolgt mit den Symbolen [<] bzw. [<<].

Nachdem alle gewünschten Felder ausgewählt wurden erscheint nach einem Mausklick auf die Schaltfläche WEITER das folgende Fenster:

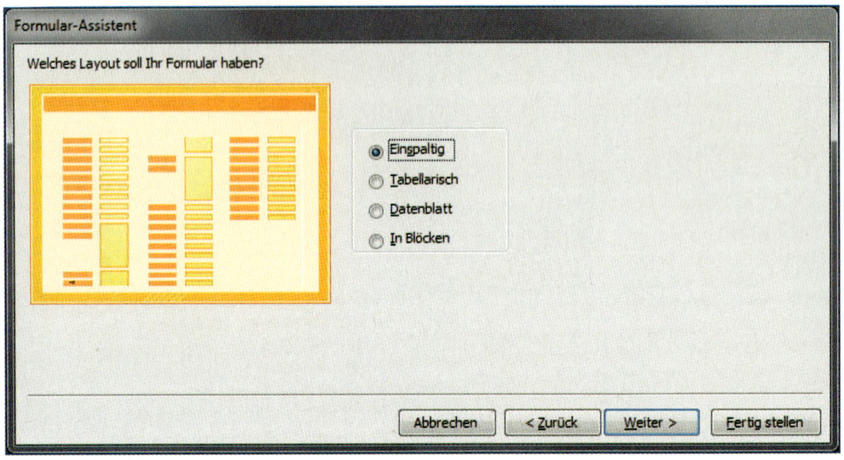

Abbildung 5: *Formular-Assistent – Layoutauswahl*

In diesem Fenster wird das Layout des Formulars bestimmt. Wenn im Auswahlbereich das Layout gewechselt wird, erscheint im linken Bereich des Fensters eine Vorschau des jeweiligen Layouts.

Nach einem Mausklick auf die Schaltfläche WEITER kann in dem sich öffnenden Fenster das Formularformat festgelegt werden. Der Aufbau des Fensters ist ähnlich gestaltet wie der Aufbau des Fensters in Abbildung 5. Im rechten Teil befinden sich die möglichen Formate und im linken Teil des Fensters vermittelt die Vorschau einen Eindruck vom späteren Erscheinungsbild des Formulars.

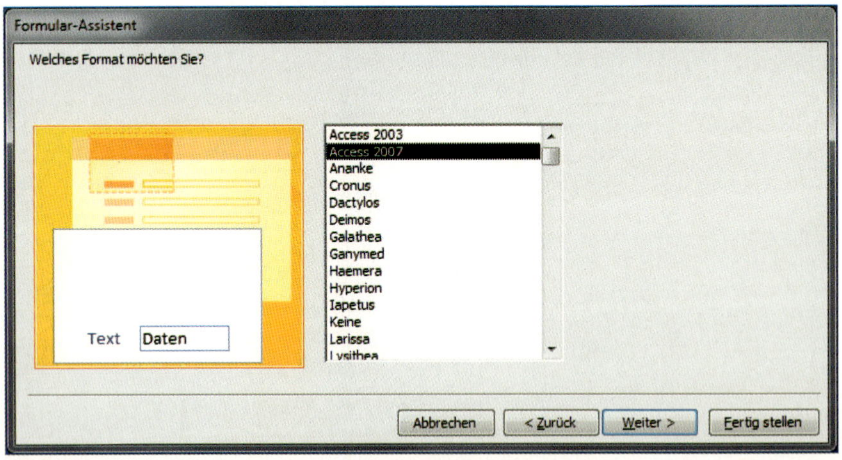

Abbildung 6: *Formular-Assistent – Auswahl des Formats „Access 2007"*

Anmerkung:

In der Version MS Access 2010 erscheint dieses Fenster nicht. Stattdessen öffnet sich nach dem Mausklick auf die Schaltfläche WEITER in der Layoutauswahl (vgl. Abbildung 5) das Fenster der Abbildung 7.

Ein weiterer Klick auf die Schaltfläche WEITER lässt das Fenster erscheinen, in welchem der Titel bzw. der Name des Formulars festgelegt wird. Dem Namen eines Formulars ist immer die Abkürzung **frm** voranzustellen. Des Weiteren kann gewählt werden, ob das Formular sofort geöffnet werden soll, nachdem es fertig gestellt wurde, oder ob der Formularentwurf noch einmal verändert werden soll.

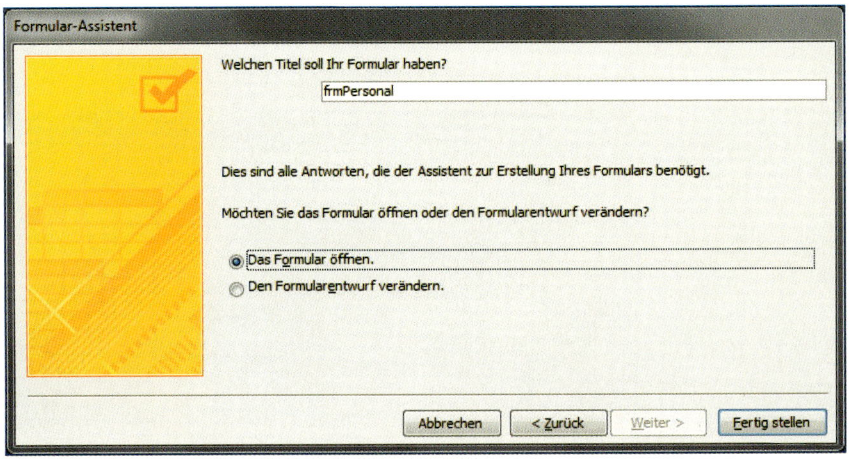

Abbildung 7: *Formular-Assistent – Eingabe des Formulartitels „frmPersonal"*

Das fertige Formular hat schließlich folgendes Aussehen:

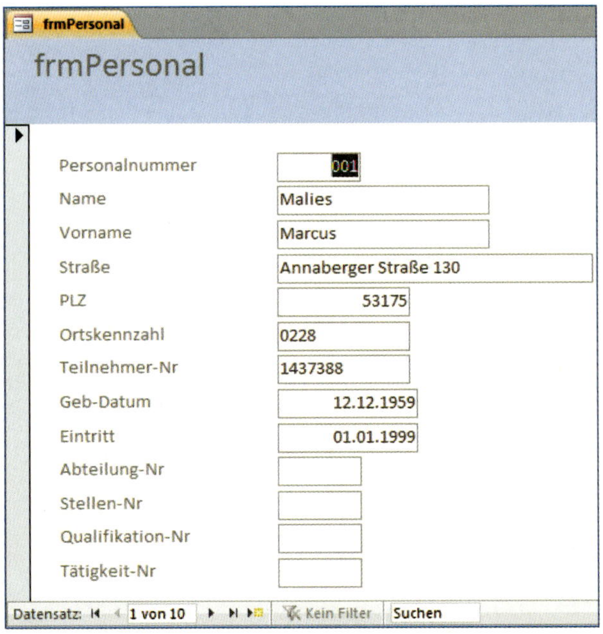

Abbildung 8: *Ansicht des fertig gestellten Formulars „frmPersonal"*

4.1.2 Erstellung eines Formulars in der Layoutansicht

Im Gegensatz zu der in Kapitel 4.1.1 beschriebenen Vorgehensweise kann der Anwender bei der nachstehend beschriebenen Möglichkeit zur Formulargestaltung Wünsche hinsichtlich der Gestaltung oder Formatierung nur über einen Umweg realisieren. Weiterhin muss der Anwender hier in Kauf nehmen, dass zunächst alle Felder in das Formular übernommen werden, sodass die Möglichkeit als nicht sonderlich flexibel hinsichtlich persönlicher Wünsche eingestuft werden muss.

Der Vorteil liegt allerdings in der einfachen und raschen Umsetzung der nachstehend beschriebenen Vorgehensweise.

Startpunkt ist die Objektkategorie TABELLEN. Nachdem die – für die Formularstellung gewünschte – Tabelle (hier tblPersonal) mit der Maus markiert worden ist, wird über den Befehlsweg ERSTELLEN – FORMULARE – FORMULAR (siehe Abbildung 9) vom Programm ein Formular mit allen Feldern in einer Standardformatierung erstellt.

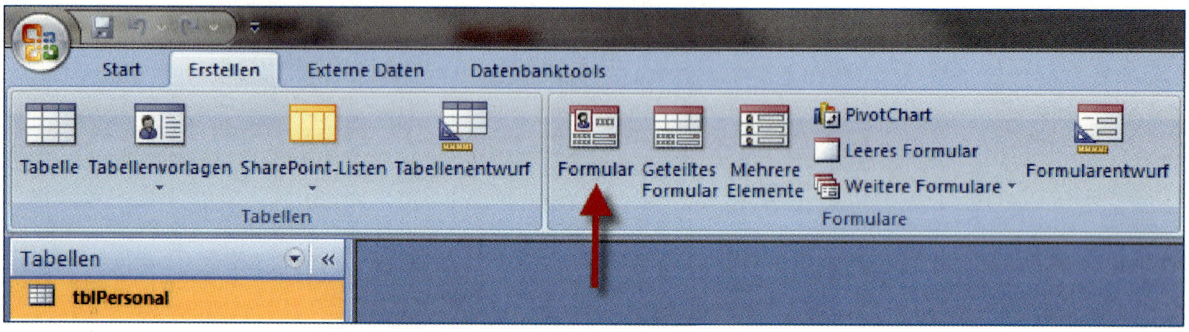

Abbildung 9: *Erstellen eines Standardformulars auf Basis der Tabelle tblPersonal*

Das vorläufige Ergebnis hat das in Abbildung 10 dargestellte Aussehen:

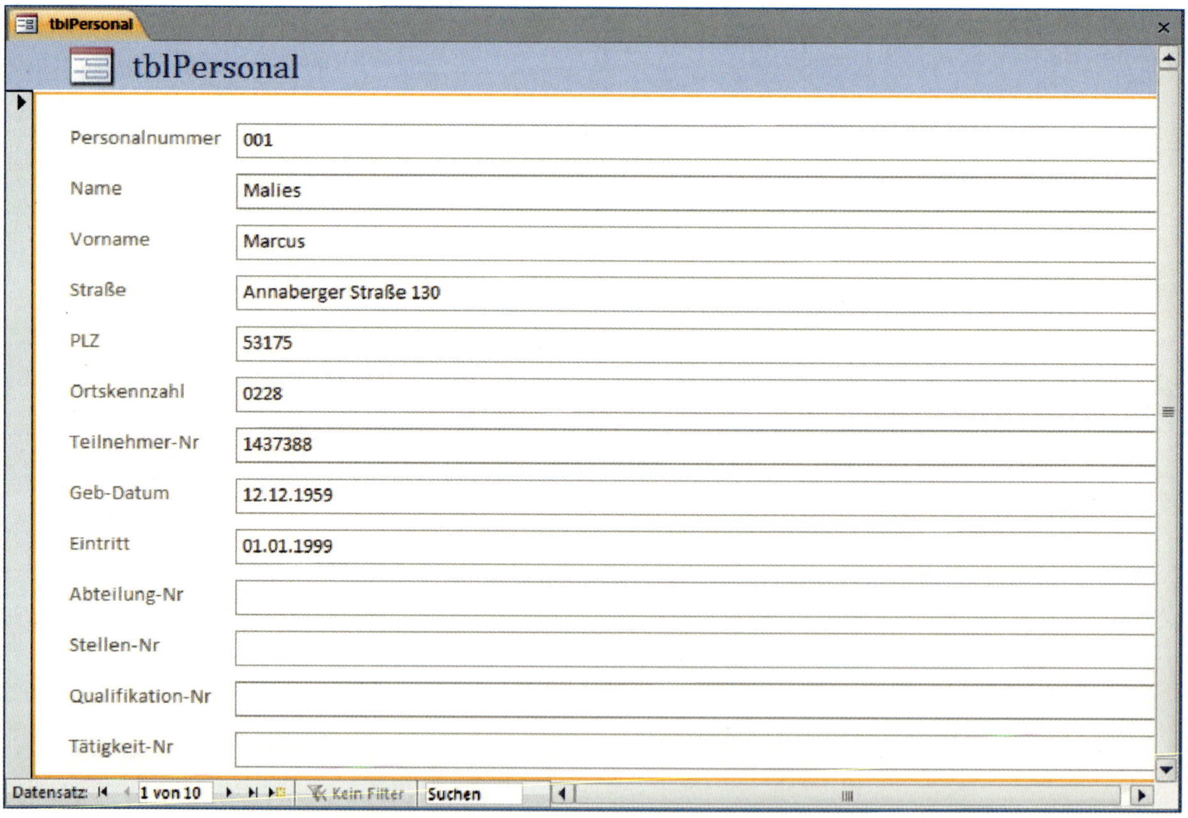

Abbildung 10: *Vorläufiges Aussehen des erstellten Formulars in der Layoutansicht*

Zu beachten ist der Umstand, dass das vorläufige Formular noch nicht dauerhaft gespeichert worden ist. Dies geschieht erst durch einen Mausklick auf das Diskettensymbol. An dieser Stelle wird der Anwender zu einer Eingabe des gewünschten Formularnamens (hier: frmPersonal2) aufgefordert.

Weiterhin ist zu beachten, dass das erstellte Formular zunächst in der LAYOUTANSICHT dargestellt wird. Der Anwender kann in dieser Ansicht beispielsweise die Überschrift (hier: tblPersonal) durch einen Doppelklick in das entsprechende Feld abändern oder Felder löschen bzw. verschieben.

Um Daten in das Formular eingeben zu können, muss zuerst die Ansicht von derzeit LAYOUTANSICHT in FORMULARANSICHT gewechselt werden (siehe Abbildung 11).

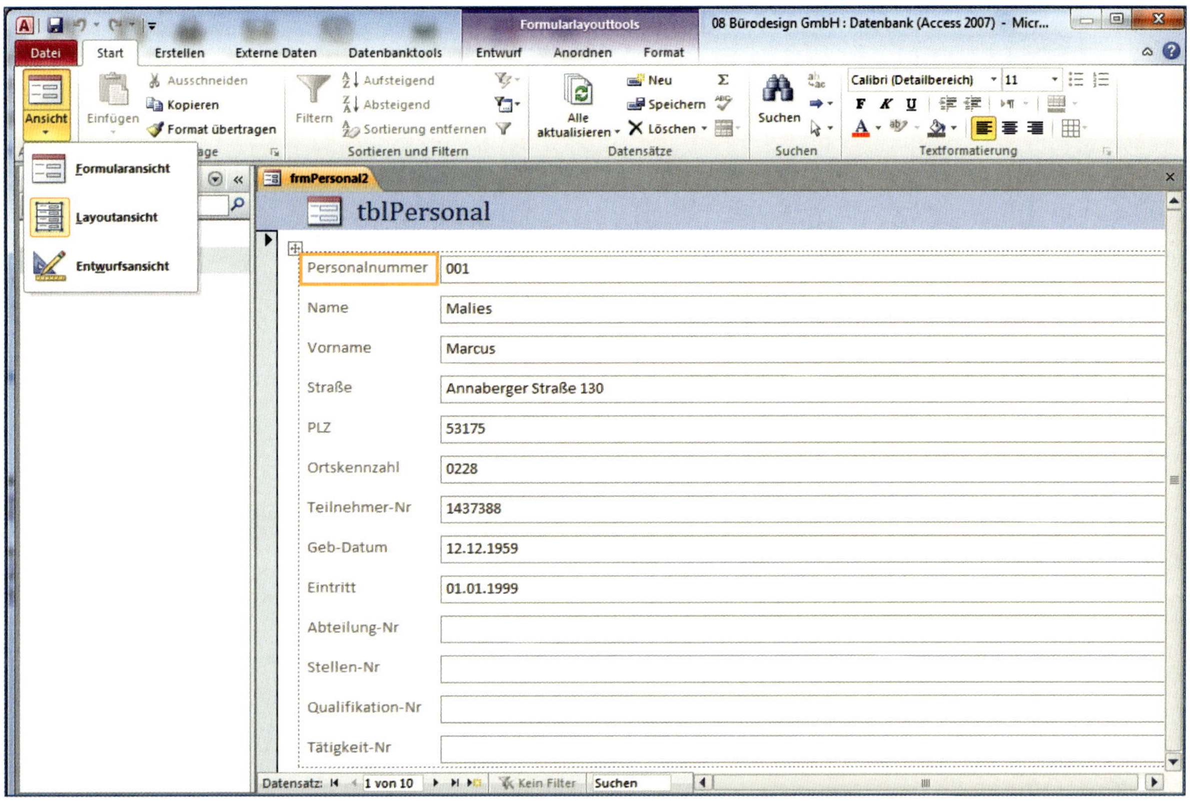

Abbildung 11: *Formular „frmPersonal" in der Layoutansicht*

Arbeitsauftrag 8:

Erstellen Sie das Formular für die Eingabe weiterer Personaldaten. Wählen Sie hierbei die in Kapitel „4.1.1 Erstellung eines Formulars mit dem Formular-Assistenten" beschriebene Vorgehensweise. Das Formular soll alle Datenfelder der Tabelle tblPersonal enthalten. Als Layout ist die Einstellung EINSPALTIG zu wählen. Das Format des Formulars können Sie nach eigenem Gefallen festlegen. Geben Sie dem Formular den Namen „frmPersonal".

4.2 Erfassung von Daten in der Formularansicht eines Formulars

Das in Kapitel 4.1 erstellte Formular hat in der Formularansicht folgendes Aussehen (Abweichungen können sich aus dem gewählten Format ergeben):

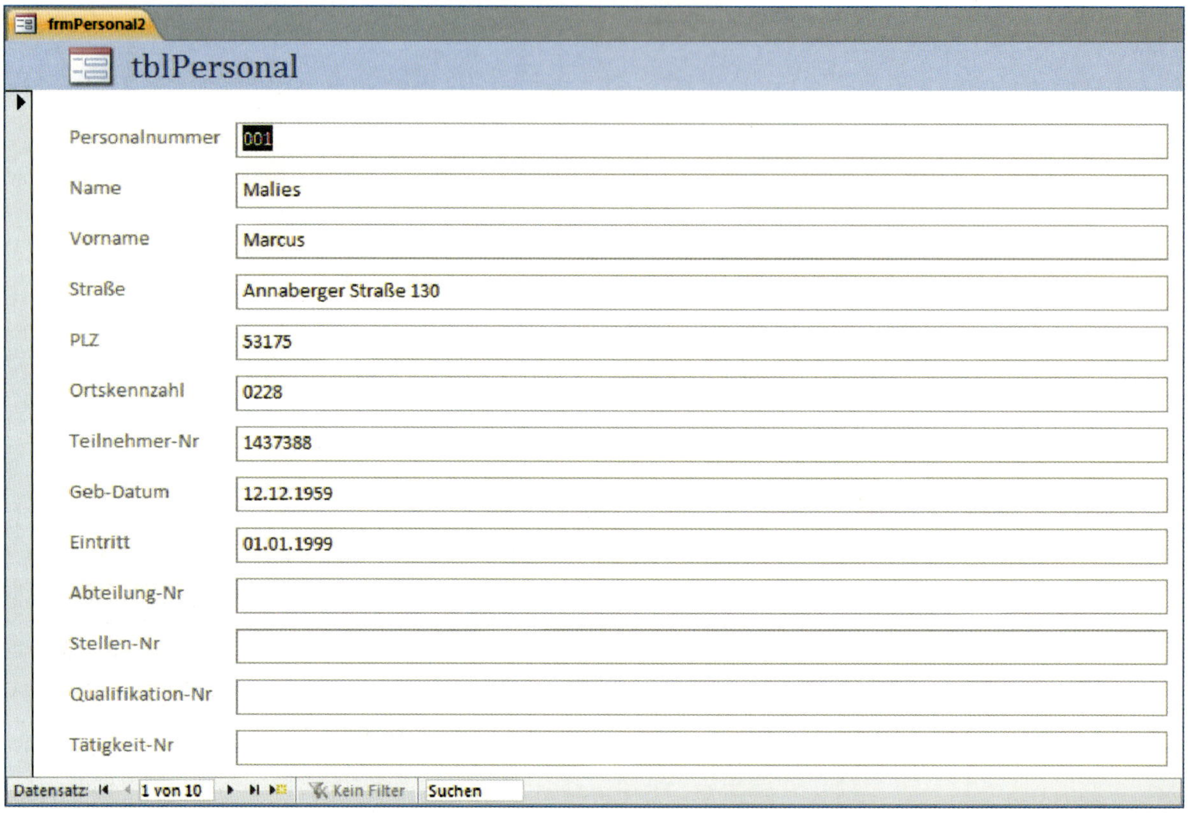

Abbildung 12: *Aufbau des Formulars „frmPersonal" in der Formularansicht*

Von großer Bedeutung ist die untere Leiste des dargestellten Fensters. Diese Leiste wird als Navigationsleiste bezeichnet. Mit Hilfe der Symbole auf der Navigationsleiste ist das Bewegen zwischen den Datensätzen möglich. Ein Mausklick auf die Schaltflächen löst je nach Symbol eine Aktion aus:

Symbol bzw. Anzeige	Erklärung
	springt auf den vorherigen Datensatz.
	springt auf den ersten Datensatz des Formulars.
5 von 10	zeigt die Nummer des aktuellen Datensatzes und die Anzahl der im Formular vorhandenen Datensätze an.
	springt auf den nächsten Datensatz.
	springt auf den letzten Datensatz des Formulars.
	springt auf den nächsten freien Datensatz.

Um einen neuen Datensatz in einem Formular zu erfassen, muss die Schaltfläche  angeklickt werden.

Anmerkung:

In einem Formular können nicht nur Datensätze erfasst werden. Die Änderung vorhandener Datensätze ist ebenso möglich. Eine Änderung wird immer dann vollzogen, wenn in einem bereits vorhandenen Datensatz Eingaben gemacht werden. Da alle Eingaben und Änderungen unmittelbar in die zugehörigen Tabellen übertragen werden, ist stets darauf zu achten, dass keine Daten ungewollt überschrieben werden.

Arbeitsauftrag 9:

Erfassen Sie mit Hilfe des Formulars die übrigen Daten der Mitarbeiter der Bürodesign GmbH (Personalnummer 011 bis 049). Ändern Sie auch an dieser Stelle die Einträge in den Datenfeldern Abteilung-Nr, Stelle-Nr, Qualifikation-Nr und Tätigkeit-Nr nicht. Speichern Sie Ihre Eingaben regelmäßig, um sich so vor Datenverlust zu schützen.

4.3 Bearbeitungsmöglichkeit der Daten in der Formularansicht eines Formulars

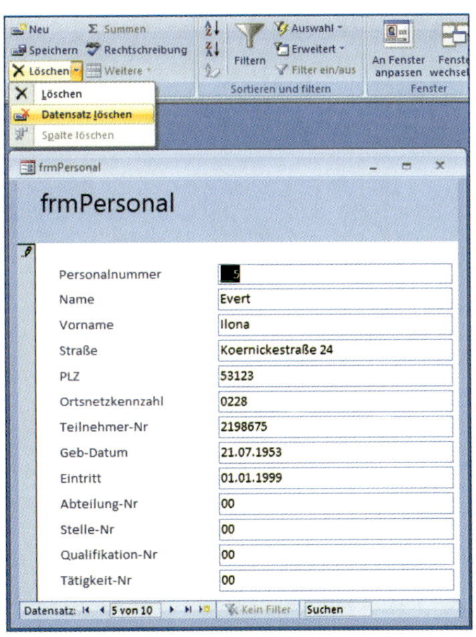

Abbildung 13: *Löschen von Datensatz 5 im Formular frmPersonal*

Neben der Eingabe und der Änderung von Daten können in einem Formular einzelne Daten genauso wie komplette Datensätze gelöscht werden. Für den Fall, dass ein ganzer Datensatz gelöscht werden soll, muss dieser zunächst im Formular markiert werden. Das Löschen wird durch den Menübefehl START – DATENSÄTZE – LÖSCHEN – DATENSATZ LÖSCHEN realisiert. Vor dem endgültigen Löschen des ausgewählten Datensatzes erscheint eine Sicherheitsabfrage. Erst wenn die Schaltfläche JA angeklickt wird, wird der Datensatz aus der Datenbank entfernt.

Eine weitere Bearbeitungsmöglichkeit in Formularen ist das Sortieren der erfassten Datensätze. Das Datenbankprogramm bietet die Möglichkeit, nach jedem Datenfeld auf- oder absteigend zu sortieren. Dazu muss zunächst der Cursor in dem Datenfeld positioniert werden, wonach die Sortierung durchgeführt werden soll. Anschließend kann das aufsteigende Sortieren durch einen Klick auf das Symbol und das absteigende Sortieren durch einen Klick auf das Symbol ausgelöst werden.

Arbeitsauftrag 10:

Sortieren Sie die eingegebenen Daten...

a) nach dem Nachnamen aufsteigend
b) nach dem Geburtsdatum absteigend und
c) nach der PLZ aufsteigend

und kontrollieren Sie das Arbeitsergebnis.

5 Vertiefungsaufgaben und Ausbau der Datenbank

Die Datenbank umfasst 49 Datensätze. Es fehlen jedoch noch weitere Tabellen, in denen sich Informationen zu dem Namen des Wohnorts der Mitarbeiter, Angaben zur Abteilungs- und Stellenbezeichnung, Art der Qualifikation und den sonstigen Tätigkeiten finden.

5.1 Erstellung weiterer Tabellen in der Entwurfsansicht

Arbeitsauftrag 11:

Schließen Sie zunächst alle noch geöffneten Tabellen und Formulare. Erstellen Sie anschließend fünf weitere Tabellen (Befehlsweg ERSTELLEN – TABELLENENTWURF) nach den folgenden Vorgaben. Speichern Sie die Tabellen jeweils unter dem vorgegebenen Namen ab und bestätigen Sie die Frage nach der Vergabe eines Primärschlüssels mit NEIN.

Tabelle Ort → **speichern unter tblOrt**

Feldname	Felddatentyp	Feldeigenschaften
PLZ	Zahl	Format: 00000 Dezimalstellen: 0 Eingabeformat: 00000
Ort	Text	Feldgröße: 30

Tabelle Abteilung → **speichern unter tblAbteilung**

Feldname	Felddatentyp	Feldeigenschaften
Abteilung-Nr	Zahl	Format: 00 Dezimalstellen: 0 Eingabeformat: 00
Bezeichnung	Text	Feldgröße: 30

Tabelle Stelle → **speichern unter tblStelle**

Feldname	Felddatentyp	Feldeigenschaften
Stelle-Nr	Zahl	Format: 00 Dezimalstellen: 0 Eingabeformat: 00
Bezeichnung	Text	Feldgröße: 30

Tabelle Qualifikation → **speichern unter tblQualifikation**

Feldname	Felddatentyp	Feldeigenschaften
Qualifikation-Nr	Zahl	Format: 00 Dezimalstellen: 0 Eingabeformat: 00
Bezeichnung	Text	Feldgröße: 40

Tabelle Tätigkeit → **speichern unter tblTätigkeit**

Feldname	Felddatentyp	Feldeigenschaften
Tätigkeit-Nr	Zahl	Format: 00 Dezimalstellen: 0 Eingabeformat: 00
Bezeichnung	Text	Feldgröße: 30

5.2 Dateneingabe in die neu erstellten Tabellen

Die angelegten Tabellen enthalten bislang noch keine Daten. Alle notwendigen Daten befinden sich in der Personalliste der Bürodesign GmbH.

Arbeitsauftrag 12:

Erfassen Sie in jeder der angelegten Tabellen mithilfe der Personalliste die erforderlichen Inhalte. Achten Sie darauf, dass in der Tabelle tblOrt jede Postleitzahl nur einmal vorkommen darf. In den übrigen Tabellen sollen die Nummereinträge mit 01 beginnen und dann fortlaufend um den Wert eins erhöht werden. In dem Datenfeld Bezeichnung der einzelnen Tabellen darf kein Eintrag doppelt vorkommen. Dem Eintrag „keine" soll stets die Nummer 99 zugewiesen werden.

6 Erstellung von Nachschlagelisten

Situation:

Frau Schmitz zeigt sich begeistert von dem schnellen Voranschreiten beim Aufbau der Personaldatenbank. Sie hat sich die Tabellen und die bereits erfassten Datensätze angeschaut. Ihr ist aufgefallen, dass in der tblPersonal den einzelnen Mitarbeitern noch keine Abteilungs-Nr., Stellen-Nr., Qualifikations-Nr. und Tätigkeiten-Nr. zugeordnet wurden. Mit ihrer durchaus positiven Rückmeldung zum derzeitigen Stand der Datenbank verbindet Frau Schmitz die Anfrage, ob die Eingabe der jeweiligen Nummern auch über eine Art Auswahlfeld mit der Maus erfolgen kann.

Eine Möglichkeit, Daten in eine Tabelle oder in ein Formular einzugeben, besteht in der Nutzung sogenannter Nachschlagelisten. Die Daten, die in Nachschlagelisten zur Eingabe zur Verfügung stehen sollen, können entweder manuell eingegeben oder aus einer anderen Tabelle entnommen werden. Ein Vorteil der Nutzung von Nachschlagelisten liegt somit auch in der Vermeidung von Eingabefehlern. Um eine Nachschlageliste anzulegen, bietet sich folgende Vorgehensweise an:

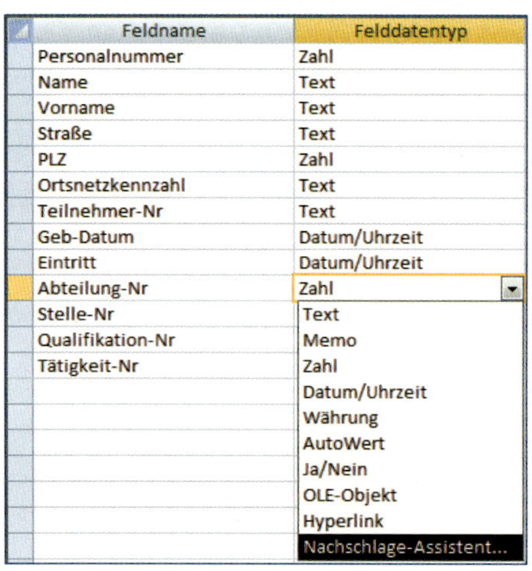

Die Tabelle, in der eine Nachschlageliste für ein Datenfeld angelegt werden soll, muss zunächst in der Entwurfsansicht geöffnet werden. Bei den Auswahlmöglichkeiten zu den Felddatentypen findet sich der NACHSCHLAGE-ASSISTENT am Ende der Liste und kann mit einem Mausklick aufgerufen werden.

***Abbildung 1:** Start des Nachschlageassistenten in der Entwurfsansicht der Tabelle tblPersonal für das Feld Abteilungs-Nr*

In dem sich öffnenden Fenster muss festgelegt werden, ob die Inhalte der Nachschlageliste aus einer Tabelle (oder Abfrage) entnommen werden sollen (erste Auswahlmöglichkeit), oder ob der Benutzer die Inhalte selbst eingeben möchte (zweite Auswahlmöglichkeit). Aus Gründen der Vereinfachung wird nachstehend lediglich die erste Auswahlmöglichkeit (Werte aus einer Tabelle entnehmen) dargestellt.

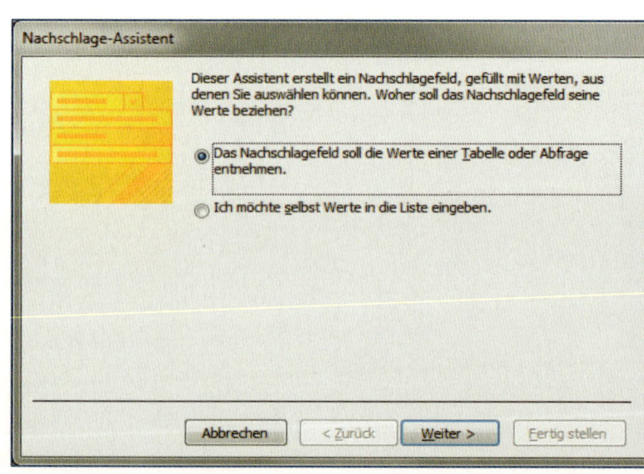

***Abbildung 2:** Nachschlageassistent – Festlegen der Datenquelle*

Nach der Auswahl der ersten Auswahlmöglichkeit öffnet sich das folgende Fenster:

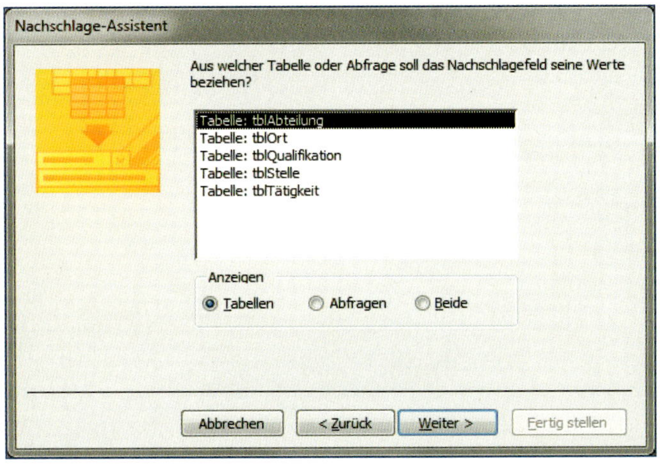

Abbildung 3: *Nachschlage-Assistent – Auswahl der Datenquelle*

Hier muss die Tabelle (bzw. Abfrage) ausgewählt werden, aus der die erforderlichen Werte stammen (hier tblAbteilung). Im nächsten Schritt werden die Feldnamen ausgewählt, die in der Nachschlageliste aufgeführt werden sollen. Die Auswahl erfolgt über die bereits aus Kapitel 4.1 bekannten Schaltflächen.

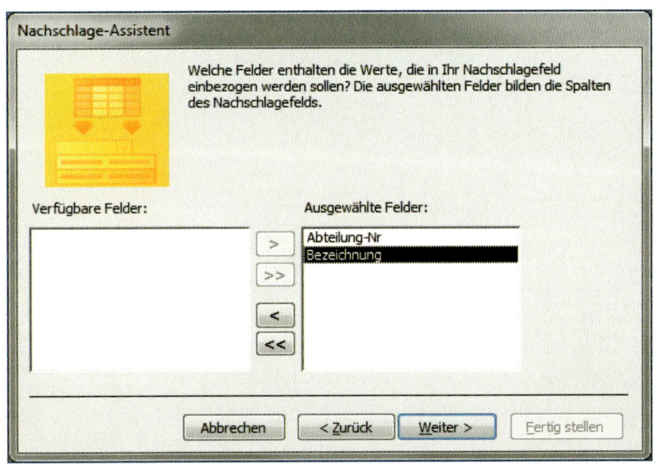

Abbildung 4: *Nachschlage_Assistent – Auswahl der Felder Abteilung-Nr und Bezeichnung*

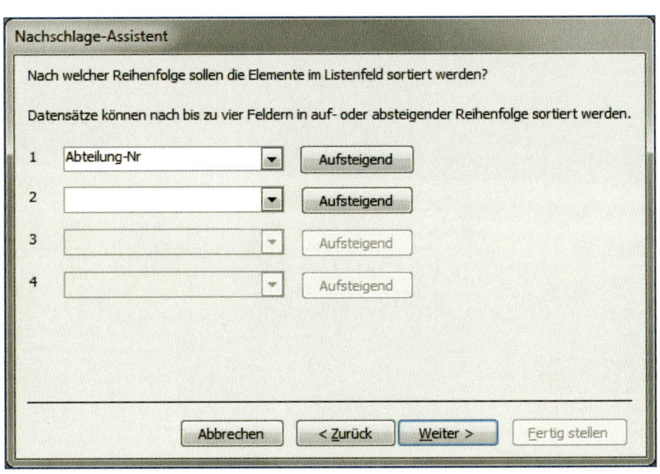

Abbildung 5: *Nachschlage-Assistent – Festlegen der Sortierreihenfolge*

Wenn für die ausgewählten Datenfelder eine bestimmte Sortierreihenfolge gelten soll, muss diese festgelegt werden. Dies erfolgt im nachfolgenden Fenster, wobei hier die Einstellung erfolgt, dass die Werte gemäß den Abteilungsnummern in aufsteigender Reihenfolge dargestellt werden. In Abhängigkeit vom Umfang der Daten können vier Sortierreihenfolgen festgelegt werden.

Manchmal sind die Inhalte der Datenfelder breiter als die Standardbreite, die der Nachschlage-Assistent für eine Spalte vorsieht. Um die entsprechenden Inhalte dennoch vollständig in der Nachschlageliste lesen zu können, muss die Spaltenbreite im folgenden Fenster angepasst werden.

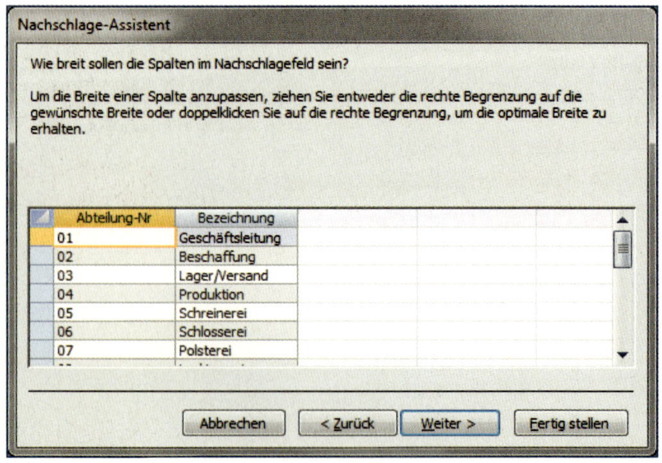

***Abbildung 6:** Nachschlage-Assistent – Anpassen der Spaltenbreite*

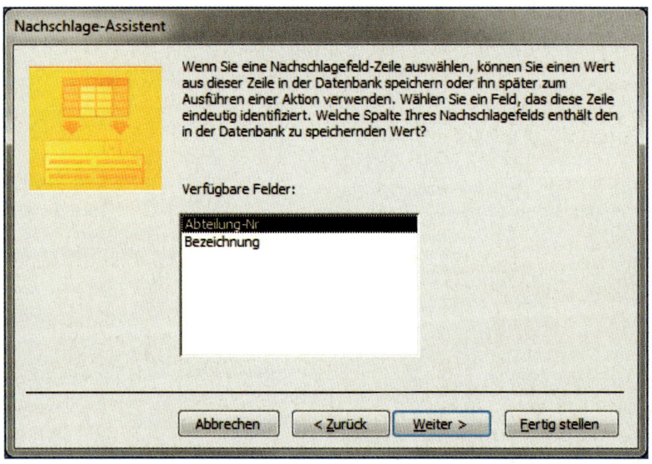

Da eine Nachschlageliste in der Regel aus mehr als einer Spalte besteht, muss die Spalte festgelegt werden, deren Inhalt bei der späteren Verwendung der Nachschlageliste in der Tabelle ausgewiesen werden soll. Soll beispielsweise die Abteilung-Nr in der Tabelle ausgewiesen werden, so ist diese anzuklicken. Der Feldname in der Tabelle bietet häufig den Hinweis auf das hier auszuwählende Feld.

***Abbildung 7:** Nachschlage-Assistent – Auswahl des Anzeigeninhalts*

Im vorletzten Schritt muss der Name für die Nachschlageliste festgelegt werden. Da der Name in der Tabelle als Feldname erscheint, sollte die Vorgabe des Datenbankprogramms an dieser Stelle übernommen werden.

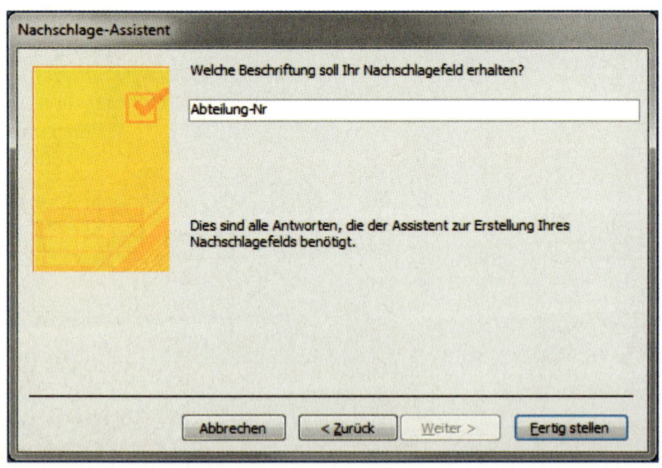

***Abbildung 8:** Nachschlage-Assistent – Nachschlagefeldbeschriftung*

Nach einem Mausklick auf die Schaltfläche FERTIG STELLEN erscheint folgende Abfrage:

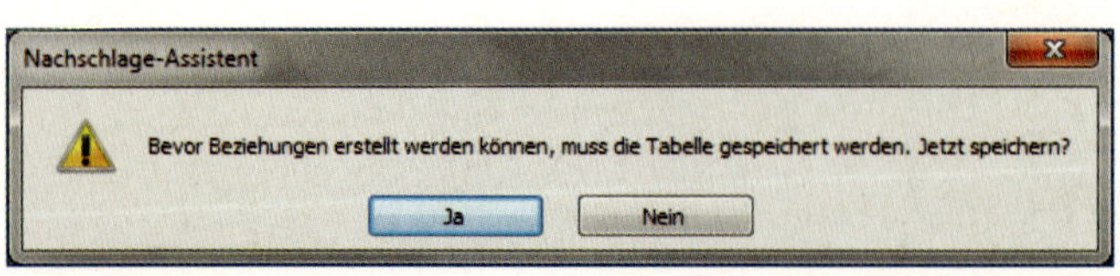

***Abbildung 9:** Nachschlage-Assistent – Speicherabfrage*

Die Nachschlageliste wird nicht gespeichert, wenn die Frage mit NEIN bestätigt wird. Aus diesem Grund sollte sie mit einem Mausklick auf die Schaltfläche JA quittiert werden. Im Anschluss an die mit JA beantwortete Frage kann die Nachschlageliste in der DATENBLATTANSICHT der Tabelle tblPersonal betrachtet werden.

Abteilung-Nr		Stelle-Nr
	00	00
01	Geschäftsleitung	00
02	Beschaffung	00
03	Lager/Versand	00
04	Produktion	00
05	Schreinerei	00
06	Schlosserei	00
07	Polsterei	00
08	Lackiererei	00
09	Absatz Inland	00
10	Absatz Ausland	00
11	Werbung	00
12	Personal	00
13	Finanzbuchhaltung	00
14	Datenverarbeitung	00

Abbildung 10: *Anwendung der Nachschlageliste für die Festlegung der Abteilung-Nr*

Durch einen Mausklick in eine Zelle, für die eine Nachschlageliste eingerichtet wurde, wird am rechten Rand der betreffenden Zelle ein nach unten gerichteter Pfeil sichtbar. Ein Mausklick auf diesen Pfeil öffnet die erstellte Nachschlagliste. Sie enthält alle Eintragungen, die für die Auswahl des Zellinhalts von Bedeutung sind. Diese Eintragungen können durch einen Mausklick ausgewählt und somit der betreffenden Zelle zugewiesen werden (vgl. Abbildung 10).

Anmerkung:

Die Nachschlagelisten können grundsätzlich in Tabellen und Formularen gleichermaßen benutzt werden. Die Anwendung in einem Formular ist jedoch nur dann möglich, wenn das Formular nach der Nachschlageliste erstellt wird. In dem bereits bestehenden Formular der Personaldatenbank (frmPersonal und frmPersonal2) kann die Nachschlageliste somit nicht aufgerufen werden. Um das Problem zu beheben, muss das Formular gelöscht und anschließend neu erstellt werden.

Arbeitsauftrag 13:

a) Erstellen Sie in der Tabelle tblPersonal Nachschlagelisten für die Felder PLZ, Abteilung-Nr, Stelle-Nr, Qualifikation-Nr und Tätigkeit-Nr. Legen Sie fest, dass der Inhalt, der in der Tabelle Personal erscheinen soll, in aufsteigender Reihenfolge in der Nachschlageliste angezeigt wird. Achten Sie darauf, dass alle Inhalte der Nachschlageliste vollständig angezeigt werden (Spaltenbreite!).

b) Löschen Sie das bestehende Formular frmPersonal und frmPersonal2. Erstellen Sie das Formular frmPersonal im Anschluss neu.

c) Erfassen Sie für die Mitarbeiter 001 bis 049 die noch fehlenden Einträge für die Felder Abteilung-Nr, Stelle-Nr, Qualifikation-Nr und Tätigkeit-Nr in der Tabelle tblPersonal in der Formularansicht. Entnehmen Sie die Zuordnung für die Mitarbeiter der Personalliste der Bürodesign GmbH.

7 Verknüpfung der Tabellen

Situation:

Die von Ihnen erstellte Datenbank umfasst nun sechs Tabellen, ein Formular und einige Nachschlagelisten. Kurz nachdem Sie die Datensätze in der Tabelle tblPersonal vervollständigt haben, erscheint Herr Malies in der Abteilung Datenverarbeitung. Herr Malies möchte gerne eine Liste aller Mitarbeiter haben, die aus Köln kommen. Nach kurzer Zeit realisieren Sie, dass die für die Erstellung der Liste notwendigen Informationen aus zwei verschiedenen Tabellen (tblPersonal und tblOrt) entnommen werden müssen. Der verbindende Feldname ist in diesem Fall die Postleitzahl. Allerdings ist Ihnen nicht bewusst, dass Sie im Datenbankprogramm bereits Vorkehrungen getroffen haben, aus denen diese Verbindung hervorgeht.

Die Verknüpfung der Tabellen untereinander vollzieht sich in zwei Arbeitsschritten. Zunächst muss in der Mastertabelle der Feldname, über den der Datensatz eindeutig identifiziert werden kann, als Primärschlüssel deklariert werden. In der Personaldatenbank übernimmt die Personalnummer diese Funktion, da eine bestimmte Personalnummer nur einem einzigen Mitarbeiter zugeordnet werden kann. Im zweiten Schritt müssen die Beziehungen zwischen den Tabellen hergestellt werden.

7.1 Setzen des Primärschlüssels

In einer Tabelle ist ausschließlich jener Feldname als Primärschlüssel geeignet, durch den sich der Datensatz einer Tabelle von allen anderen Datensätzen der gleichen Tabelle unterscheidet.

Anmerkung:

Die Verwendung des Feldnamens Name in der Tabelle tblPersonal als Primärschlüssel ist nicht empfehlenswert, da häufig mehrere Mitarbeiter eines Unternehmens z. B. den Namen Meier tragen. Bei der späteren Suche nach dem Mitarbeiter würde sich das Programm mit dem Problem konfrontiert sehen, welchen Mitarbeiter Meier der Anwender sucht. Dasselbe Problem ergibt sich auch für alle anderen Feldnamen, da Mitarbeiter mit identischen Postleitzahlen oder Abteilungsnummern im Unternehmen beschäftigt sind. Lediglich die Personalnummer ist so konstruiert, dass es diese jeweils genau einmal gibt. In der Tabelle tblOrt wäre zudem das Feld Ort nicht als Primärschlüssel geeignet. Hintergrund ist, dass z. B. die Stadt Bonn mehrfach auftaucht (eine Stadt hat in der Regel mehrere Postleitzahlen) und somit der Stadt Bonn keine eindeutige Postleitzahl zuzuweisen ist. Versieht man allerdings das Feld PLZ mit einem Primärschlüssel, ist eine eindeutige Aussage möglich, da z. B. die Postleitzahl 53123 der Stadt Bonn zugeordnet ist.

Um einen Primärschlüssel zu setzen, muss die Tabelle zunächst in der Entwurfsansicht geöffnet werden. Anschließend ist mit einem Mausklick der Feldname auszuwählen, der als Primärschlüssel in Frage kommt. Durch einen Klick auf das Symbol PRIMÄRSCHLÜSSEL (siehe Abbildung 1) wird der Primärschlüssel definiert. Neben dem Feldnamen erscheint ebenfalls ein Schlüssel, der darauf hinweist, dass der Feldname nun der Primärschlüssel der Tabelle ist.

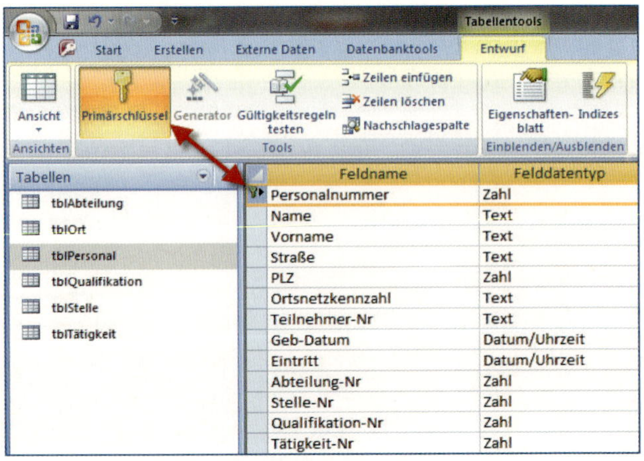

***Abbildung 1:** gesetzter Primärschlüssel*

> **Arbeitsauftrag 14:**
> Erstellen Sie für alle Tabellen der Datenbank einen Primärschlüssel. Achten Sie bei der Auswahl des Feldnamens darauf, dass er den Datensatz eindeutig identifiziert.

7.2 Erstellen von Beziehungen

Nach dem die Tabellen über einen Primärschlüssel verfügen, können sie miteinander verbunden werden. Dieser Vorgang wird auch als das „Erstellen von Beziehungen" bezeichnet.

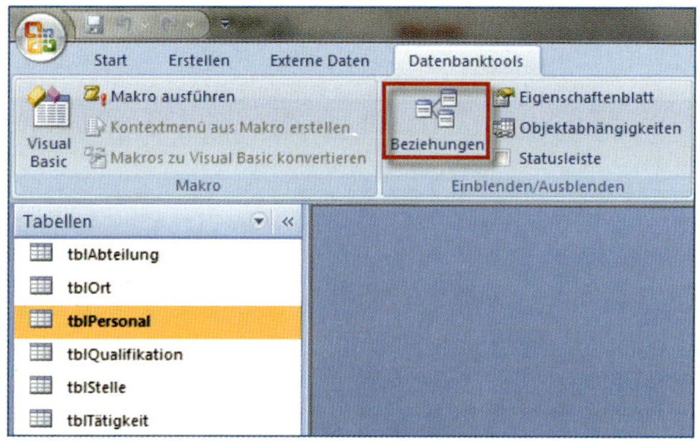

Abbildung 2: *Auswahl der Beziehungsansicht*

Beziehungen werden im Beziehungsfenster erstellt. Dieses Fenster kann über das Symbol BEZIEHUNGEN in der Registerkarte DATENBANKTOOLS aufgerufen werden (siehe Abbildung 2).

Wenn zuvor noch keine Beziehungen erstellt wurden, enthält das Beziehungsfenster keine Einträge bzw. Tabellen. Die gewünschten Tabellen müssen zunächst ausgewählt werden. Dies geschieht über das in Abbildung 3 dargestellte Fenster.

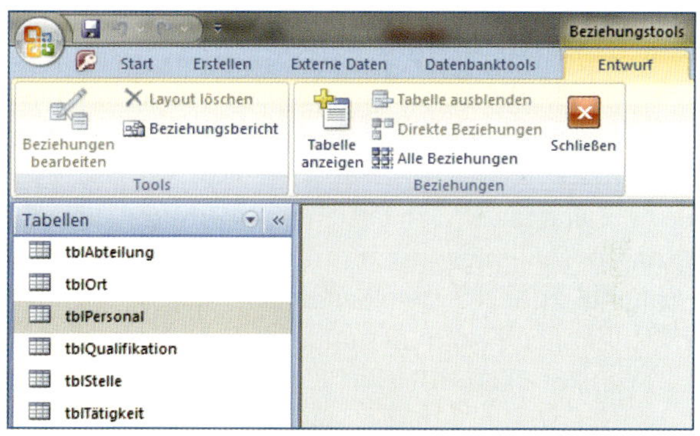

Abbildung 3: *Auswahl der Möglichkeiten zur Ansicht der Beziehungen*

Hier hat der Anwender zwei Möglichkeiten. Über den Menüpunkt ALLE BEZIEHUNGEN werden alle 6 Tabellen inklusive der bestehenden Beziehungen dargestellt.

Abbildung 4: *Auswahl der für die Beziehungsansicht anzuzeigenden Tabellen*

Sofern der Anwender allerdings nur einzelne Tabellen angezeigt haben möchte, empfiehlt sich die Nutzung des Menüpunktes TABELLE ANZEIGEN. Ein Mausklick auf den letztgenannten Menüpunkt öffnet das in Abbildung 4 dargestellte Fenster.

Zum Hinzufügen einer Tabelle muss diese zunächst markiert werden und dann durch einen einfachen Klick auf die Schaltfläche HINZUFÜGEN in das Beziehungsfenster verschoben werden. Alternativ reicht auch ein Doppelklick auf die gewünschte Tabelle.

> **Arbeitsauftrag 15:**
> Fügen Sie dem Beziehungsfenster alle bereits erstellen Tabellen zu und schließen Sie das Fenster TABELLE ANZEIGEN.

Nach der Bearbeitung von Arbeitsauftrag 15 stellt sich das Beziehungsfenster – je nach Anordnung der Tabellen – wie folgt dar:

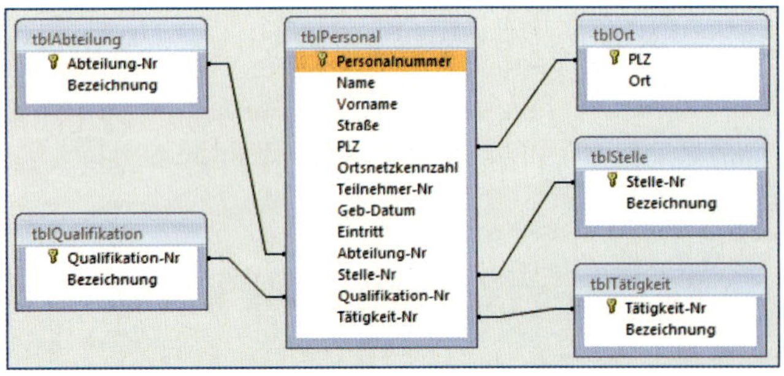

Abbildung 5: *Beziehungsfenster und Anzeige der Primärschlüssel je Tabelle*

Da in Kapitel 6 bereits Nachschlagelisten erstellt wurden, befinden sich zwischen den einzelnen Tabellen bereits Verbindungslinien. Um Komplikationen bei den folgenden Arbeitsschritten zu vermeiden, müssen diese Verbindungslinien entfernt werden. Um eine Verbindungslinie zu entfernen, muss die entsprechende Linie zunächst mit einem Mausklick markiert werden. Die erfolgreiche Markierung ist an dem Fettdruck der Verbindungslinie zu erkennen. Mit der ENTF-Taste wird der Löschvorgang ausgelöst. Vor dem endgültigen Löschen erscheint eine Sicherheitsabfrage, die durch einen Mausklick auf die Schaltfläche JA bestätigt werden muss.

Arbeitsauftrag 16:

Löschen Sie alle zwischen den Tabellen bereits bestehenden Verbindungslinien.

Für die Erstellung der Beziehung zwischen zwei Tabellen muss der Primärschlüssel der einen Tabelle mit dem gleichnamigen Eintrag der anderen Tabelle verbunden werden. Dazu ist der entsprechende Primärschlüssel zunächst mit der linken Maustaste anzuklicken und bei gedrückter linker Maustaste auf das gleichnamige Feld in der anderen Tabelle zu ziehen. Nach dem Loslassen der linken Maustaste öffnet sich das Fenster BEZIEHUNGEN BEARBEITEN (vgl. Abbildung 6).

Abbildung 6: *Beziehungen bearbeiten*

Das Fenster BEZIEHUNGEN BEARBEITEN gibt unter anderem Auskunft über die Art des Beziehungstyps. Unterschieden werden die Beziehungstypen 1:1, 1:N und M:N.

Beziehungstyp		
1:1	**1:N**	**M:N**
Bei diesem Beziehungstyp gibt es in jeder (beteiligten) Tabelle wechselseitig nur einen passenden Datensatz. Dieser Beziehungstyp wird im Folgenden nicht zum Einsatz kommen.	Bei diesem Beziehungstyp kann ein Eintrag in der einen Tabelle nur genau einmal vorkommen, während der gleiche Eintrag in der anderen Tabelle mehrfach vorkommen kann (Beispiel: Die Abteilungsnummer kann in der Tabelle tblAbteilung nur einmal vorkommen, während die gleiche Abteilungsnummer in der Tabelle tblPersonal mehrfach vorkommt.)	Dieser Beziehungstyp kann nur über eine dritte Tabelle, die jeweils eine 1:N-Beziehungen zu zwei weiteren Tabellen hat, aufgebaut werden. Dieser Beziehungstyp wird im Folgenden nicht zum Einsatz kommen.

Von besonderer Bedeutung ist der Punkt MIT REFERENTIELLER INTEGRITÄT. Die Aktivierung der referentiellen Integrität bewirkt Sicherheiten bei der Eingabe und beim Löschen von Datensätzen.

Auswirkungen der referentiellen Integrität bei der Eingabe von Datensätzen	Auswirkungen der referentiellen Integrität beim Löschen von Datensätzen
Bei der Eingabe überprüft die referentielle Integrität, ob die verwendeten Daten eines Datensatzes in den entsprechenden Mastertabellen überhaupt vorhanden sind. Sind die Daten nicht vorhanden, erscheint eine Fehlermeldung.	Beim Löschen überprüft die referentielle Integrität, ob der verwendete Datensatz in der Mastertabelle in der mit der Mastertabelle verbundenen Tabelle verwendet wird. Ist dies der Fall, kann der Datensatz nicht gelöscht werden. Stattdessen erscheint eine Fehlermeldung.
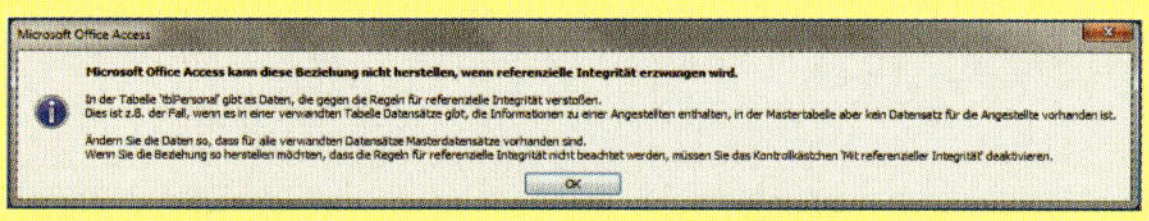	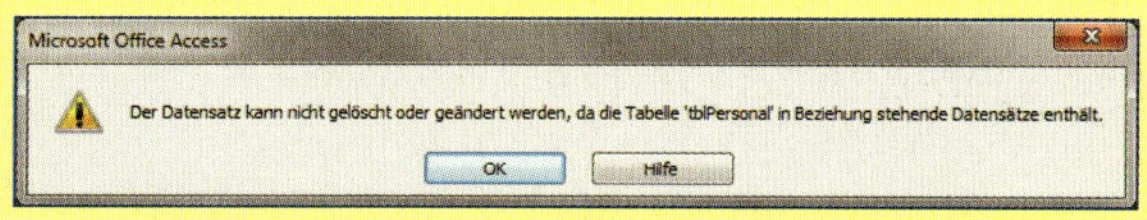
Abbildung 7: *Fehlermeldung der referentiellen Integrität (Eingabe)*	***Abbildung 8:*** *Fehlermeldung der referentiellen Integrität (Löschen)*

Die referentielle Integrität sollte daher stets aktiviert werden.

Arbeitsauftrag 17:

Erstellen Sie die Beziehungen zwischen den Tabellen. Kontrollieren Sie Ihre Eingaben in den betreffenden Tabellen, wenn durch die Aktivierung der referentiellen Integrität eine Fehlermeldung erscheint.

Im Anschluss an die Umsetzung des Arbeitsauftrages 17 sollte Ihre Beziehungsansicht folgendes Aussehen haben:

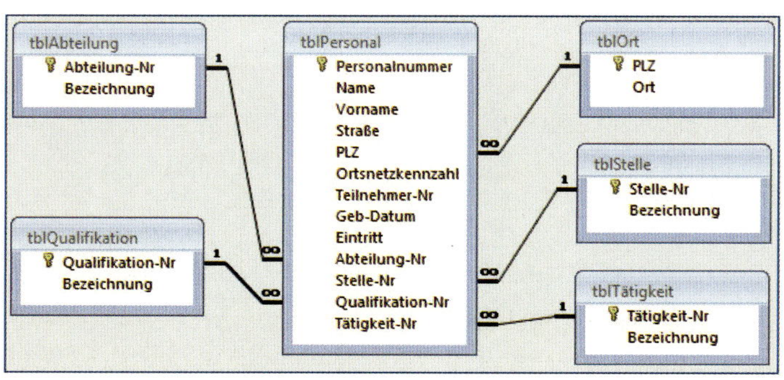

Abbildung 9: *Beziehungsansicht mit aktivierter referentieller Integrität*

8 Erstellung von (Auswahl-)Abfragen

Situation:

Nachdem Sie die Tabellen erfolgreich miteinander in Beziehung gesetzt haben, erinnern Sie sich wieder an den ursprünglichen Auftrag von Herrn Malies. Herr Malies wollte eine Liste der Mitarbeiter, die aus Köln kommen. Ihnen ist aber immer noch nicht klar, welche Eingaben und Einstellungen Sie vornehmen müssen, um diese Liste anzufertigen. Sie wissen aber, dass die Datenbankobjektkategorie ABFRAGEN für die Arbeit notwendig ist.

Ein Datenverarbeitungsprogramm zeichnet sich auch dadurch aus, dass die Daten aus den angelegten Tabellen nach bestimmten Kriterien ausgewählt, sortiert, gruppiert, aktualisiert und gelöscht werden können. Diese Funktionen übernehmen Abfragen. Beim Abspeichern einer Abfrage werden nicht die Ergebnisdaten festgehalten, sondern die Kriterien, nach denen die Ergebnisdaten ermittelt werden. Dies hat den Vorteil, dass bei jedem neuen Aufrufen einer Abfrage das Ausgabeergebnis an den aktuellen Datenbestand der zugrunde liegenden Tabellen angepasst wird. In diesem Zusammenhang wird auch von einem Dynaset (dynamische Datenmenge) gesprochen.

Bei der Erstellung von Abfragen stehen dem Benutzer verschiedene Abfragearten zur Verfügung. Standardmäßig wird die Auswahlabfrage vorgeschlagen. Auf weitere Abfragearten geht dieses Buch in Kapitel 11 ein.

Anders als beispielsweise bei älteren Versionen von Access muss an dieser Stelle nicht zwangsweise in die Datenbankobjektkategorie ABFRAGEN gewechselt werden. Ein Mausklick auf den Menüpunkt ABFRAGEENTWURF innerhalb der Registerkarte ERSTELLEN öffnet das folgende Fenster:

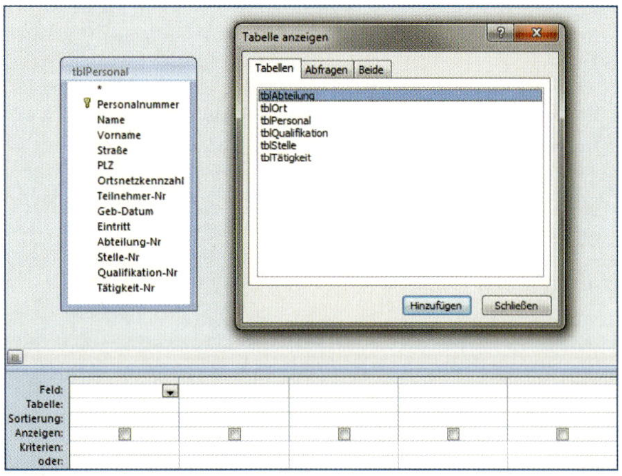

Abbildung 1: *Im Hintergrund: Abfragefenster in der Entwurfsansicht; im Vordergrund: Fenster TABELLE ANZEIGEN*

Die Tabelle tblPersonal in Abbildung 1 wird entweder mit einem Doppelklick ausgewählt oder zunächst mit der Maus markiert, um sie dann durch das Betätigen der Schaltfläche HINZUFÜGEN auszuwählen.

Sollte das Fenster TABELLE ANZEIGEN nicht automatisch erscheinen, kann es durch einen Klick auf den Menüpunkt TABELLE ANZEIGEN aus der Registerkarte ENTWURF (ABFRAGETOOLS) aufgerufen werden. Vor der Eingabe der Kriterien für die Datenauswahl aus den Tabellen müssen der Entwurfsansicht alle für die Abfrage notwendigen Tabellen hinzugefügt werden. Notwendig sind zum einen alle Tabellen, die Datenfelder enthalten, die in der Abfrage ausgegeben werden sollen. Darüber hinaus sind auch Tabellen notwendig, über die andere Tabellen in Beziehung stehen. Mit Hilfe der STRG-Taste können mehrere Tabellen gleichzeitig ausgewählt werden. Wenn die Entwurfsansicht die für die geplante Abfrage relevanten Tabellen enthält, muss das Fenster TABELLE ANZEIGEN über die Schaltfläche SCHLIESSEN geschlossen werden.

Wie Abbildung 1 zu entnehmen ist, ist das Abfragefenster zweigeteilt. Im oberen Bereich werden die für die Abfrage notwendigen Tabellen angezeigt. Der untere Teil wird als Entwurfsbereich bezeichnet. Hier wird das Aussehen (Datenfelder und deren Formate, Auswahlkriterien, Sortierreihenfolge usw.) des Abfrageergebnisses festgelegt.

Für die Gestaltung des Entwurfsbereichs müssen in einem ersten Schritt die Feldnamen aus den ausgewählten Tabellen den einzelnen Spalten des Entwurfsbereichs hinzugefügt werden. Das Hinzufügen erfolgt durch einen doppelten Mausklick mit der linken Maustaste auf den entsprechenden Feldnamen. Der ausgewählte Feldname erscheint in der Zelle der Zeile FELD. Alternativ kann der gewünschte Feldname bei gedrückter linker Maustaste in die Feldzelle der Entwurfsansicht gezogen werden.

Die ausgewählten Feldnamen erscheinen nach dem Ausführen der Abfrage in der Reihenfolge, in der sie dem Entwurfsfenster hinzugefügt wurden. Nachdem ein Feldname in das Entwurfsfenster übertragen wurde, erscheint außerdem in der Zeile TABELLE der entsprechenden Spalte der Tabellenname, aus dem der Feldname stammt. Als Nächstes kann die Sortierreihenfolge (Zeile SORTIERUNG) bestimmt werden. Die Sortierung kann entweder aufsteigend oder absteigend erfolgen.

In der Zeile ANZEIGEN wird für jeden ausgewählten Feldnamen festgelegt, ob das Datenfeld angezeigt werden soll. Wenn die Option ANZEIGEN deaktiviert wird, wird der Feldname zwar für die Abfrage herangezogen (z. B. für eine Sortierung), erscheint später jedoch nicht auf dem Bildschirm. Im letzten Schritt der Erstellung einer Auswahlabfrage sind das Kriterium oder die Kriterien zu formulieren, nach denen die Daten selektiert werden sollen. Die folgende Tabelle stellt eine Übersicht mit möglichen Formulierungen dar:

Bedingung	Beispiel	Bedeutung
Wie-Bedingung	Wie „Müller“	Es werden alle Personen berücksichtigt, deren Nachname Müller lautet.
	Wie „A*“	Es werden alle Felddaten berücksichtigt, die mit A beginnen.
	Wie „??a*“	Es werden alle Felddaten berücksichtigt, die an der dritten Stelle ein a haben.
Und-Bedingung	>=10 und <=30	Es werden alle Werte zwischen 10 und 30 berücksichtigt.
Oder-Bedingung	<=10 oder >=30	Es werden alle Werte bis 10 und alle ab 30 berücksichtigt.
Zwischen-Bedingung	Zwischen „A*“ und „C*“	Es werden alle Feldnamen berücksichtigt, die mit den Buchstaben A bis C beginnen.
	Zwischen 2 und 5	Es werden alle Feldinhalte berücksichtigt, die die Werte 2, 3, 4 oder 5 ausweisen.
Datum-Eingabe	#01.01.2012#	Es werden nur Daten berücksichtigt, deren Inhalt der 01.01.2012 ist.
	Zwischen #01.01.2012# und #05.01.2012#	Es werden alle Daten berücksichtigt, die im definierten Zeitraum liegen.
Ist-Null-Bedingung	Ist Null	Es werden alle leeren Felder berücksichtigt.
Nicht-Bedingung	Nicht „A*“	Es werden alle Feldinhalte nicht berücksichtigt, die mit A beginnen.

> **Anmerkung:**
> Bei der Eingabe der Kriterien ist Folgendes zu berücksichtigen:
> - Bei der Eingabe von Text müssen die gesuchten Inhalte immer in Anführungszeichen gesetzt werden.
> - Das Zeichen * steht für eine beliebige Zeichenkette.
> - Das Fragezeichen steht für jeweils ein beliebiges Zeichen.
> - Die Eingabe eines Datums ist durch Rauten zu kennzeichnen.

In der ODER-Zeile des Entwurfsfensters können weitere Kriterien erfasst werden. Wird diese Zeile verwendet, so prüft das Datenbankprogramm, ob die Eingabe in der Zeile KRITERIUM oder die Eingabe in der Zeile ODER zutrifft.

Nachdem im Entwurfsfenster alle Eingaben erfolgt sind, muss die Abfrage ausgeführt werden. Das Ausführen eine Abfrage kann durch einen Mausklick auf das Symbol [!] initiiert werden.

Bezogen auf den Auftrag von Herrn Malies, alle Mitarbeiter aus Köln anzeigen zu lassen, hat die Abfrage folgendes Aussehen:

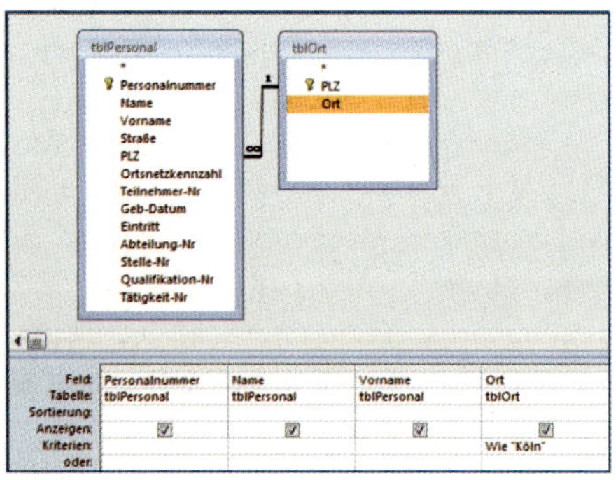

Abbildung 2: *Abfrageentwurf zur Ermittlung aller Mitarbeiter aus Köln*

Sofern zu einem späteren Zeitpunkt auf bestehende Abfragen zurückgegriffen werden soll, muss hierfür in die Objektkategorie ABFRAGEN gewechselt werden. Der Wechsel wird wie in Abbildung 3 dargestellt realisiert. Nach dem Wechsel erscheinen die bereits erstellten Abfragen im Navigationsbereich.

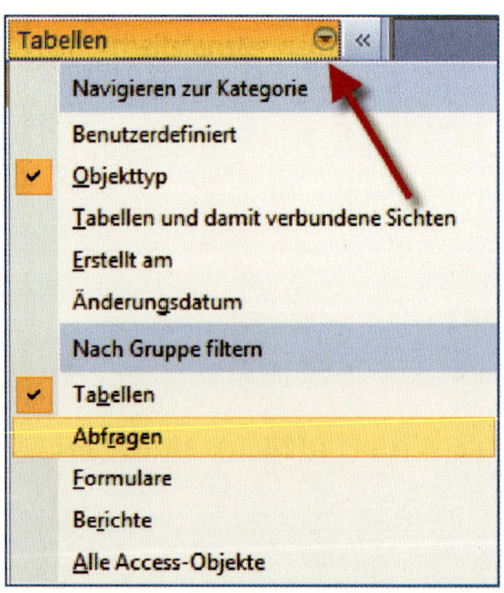

Abbildung 3: *Wechsel in die Objektkategorie ABFRAGEN*

Arbeitsauftrag 18:

a) Erstellen Sie eine Abfrage, aus der alle Mitarbeiter hervorgehen, deren Wohnort Köln ist. Die Aufstellung soll die Personalnummer, den Nachnamen, den Vornamen und den Ort enthalten. Speichern Sie die Abfrage unter dem Namen *qry18a* ab.

b) Erstellen Sie eine Abfrage, welche die Felder Personal-Nr, Name, Vorname und Ort berücksichtigt. Die Abfrage soll alle Mitarbeiter anzeigen, deren Personalnummer zwischen 001 (einschließlich) und 020 (einschließlich) liegt und die ihren Wohnort in Bonn haben. Speichern Sie die Abfrage unter dem Namen *qry18b* ab.

c) Erstellen Sie eine Abfrage, welche die Felder Name, Vorname, Ort und Bezeichnung (aus der Tabelle tblAbteilung) berücksichtigt. Die Abfrage soll alle Mitarbeiter anzeigen, die ihren Wohnort in Bonn haben und in der Abteilung Produktion arbeiten. Speichern Sie die Abfrage unter dem Namen *qry18c* ab.

d) Erstellen Sie eine Abfrage, welche die Felder Name, Vorname, Eintritt, Bezeichnung (aus der Tabelle tblStelle) berücksichtigt. Die Abfrage soll alle Mitarbeiter anzeigen, die vor dem 31. Dezember 2000 in die Bürodesign GmbH eingetreten sind und entweder als Sachbearbeiter/in oder Facharbeiter/in tätig sind. Speichern Sie die Abfrage unter dem Namen *qry18d* ab.

e) Die Bürodesign GmbH möchte alle Mitarbeiter auf eine Fortbildung schicken, die nach dem 15. Juli 2000 der Unternehmung beigetreten sind. Die Fortbildung ist aber nur für die Mitarbeiter interessant, die in den Abteilungen Lager/Versand bzw. Produktion arbeiten und nicht zur Kategorie der angelernten Mitarbeiten zählen. Die Abfrage soll den Namen und den Vornamen der Mitarbeiter ausweisen. Alle übrigen Felder sollen nicht angezeigt werden. Entscheiden Sie auf Grundlage der vorgenannten Informationen, welche Tabellen und welche Felder Sie für die Abfrage benötigen. Speichern Sie die Abfrage unter dem Namen *qry18e* ab.

f) Für eine Auszeichnung der „älteren" Mitarbeiter sollen Sie eine Abfrage erstellen, die alle Mitarbeiter ausweist, die im Jahr 2012 mindestens 50 Jahre alt sind. Angehörige der Geschäftsleitung sollen auf dieser Liste nicht erscheinen. Die in Frage kommenden Mitarbeiter sollen dem Geburtsdatum nach sortiert werden. Der „jüngste" Mitarbeiter soll an erster Stelle stehen, der „älteste" Mitarbeiter soll an letzter Stelle genannt werden. Die Abfrage soll neben der Personalnummer auch den Namen, den Vornamen und das jeweilige Geburtsdatum der Mitarbeiter ausweisen. Entscheiden Sie auf der Grundlage der vorgenannten Informationen, welche Felder Sie für die Abfrage benötigen. Speichern Sie die Abfrage unter dem Namen *qry18f* ab.

g) Für zwei neu ausgeschiedene Mitarbeiter soll innerbetrieblich schnell Ersatz gefunden werden (interne Personalbeschaffung). Für die eine freie Stelle kommen alle Mitarbeiter in Frage, die Techniker/in, Industriemeister/in oder Schlosser/in gelernt haben. Die andere freie Stelle – für die keine allzu hohen Anforderungen notwendig sind – soll hingegen ein angelernter Mitarbeiter besetzen. Als Kriterium wurde hier lediglich noch die Zusatzbedingung geschaffen, dass der Mitarbeiter dem Geburtenjahrgang 1960 oder später (1961, 1962 ...) entstammt. Die Abfrage soll alle in Frage kommenden Arbeitnehmer mit ihrer Personalnummer, ihrem Namen sowie Vornamen, ihrem gelernten Beruf sowie dem Geburtstag ausgeben. Die Sortierung soll dabei nach dem Familiennamen in alphabetischer Reihenfolge erfolgen. Entscheiden Sie auf Grundlage der vorgenannten Informationen, welche Tabellen und welche Felder Sie für die Abfrage benötigen. Speichern Sie die Abfrage unter dem Namen *qry18g* ab.

9 Erstellung und Anwendung von Gültigkeitsregeln und Gültigkeitsmeldungen

Situation:

Die von Ihnen und dem Rest des Projektteams geplante und erstellte Datenbank funktioniert. Viele Daten wurden bereits erfasst und die Auswertungen der Daten mittels Abfragen hat die Geschäftsleitung endgültig überzeugt. Der Datenbank fehlen jedoch einige wichtige Daten. Dazu gehören zum Beispiel die Gehaltsdaten der Mitarbeiter der Bürodesign GmbH. Da es sich bei den Gehaltsdaten um besonders sensible Datenbestände handelt, gilt es bei der Erfassung der Daten eine erhöhte Aufmerksamkeit aufzubringen. Zusätzlich besteht seitens der Geschäftsleitung der Wunsch, Schutzmechanismen einzurichten, die vor der Eingabe falscher Daten schützen. Wieder einmal werden Sie mit der Lösung dieser Aufgaben beauftragt. Sie bemerken sofort, dass Sie vor der Dateneingabe zunächst eine neue Tabelle mit den Gehaltsdaten erstellen müssen. Erst danach müssen Sie sich Gedanken um die Erstellung eines Schutzes vor Eingabefehlern machen.

Arbeitsauftrag 19:

Erstellen Sie die Tabelle tblGehalt nach den Vorgaben der nachstehenden Tabelle Gehalt. Legen Sie den Primärschlüssel fest. Erfassen Sie anschließend die Daten gemäß Abbildung 1.

Tabelle Gehalt **→ speichern unter tblGehalt**

Feldname	Felddatentyp	Feldeigenschaften
Gehaltsgruppe	Zahl	Format: 00 Dezimalstellen: 0 Eingabeformat: 00
Gehalt pro Monat	Währung	Format: Euro Dezimalstellen: 2

Bislang besteht noch keine Beziehung zwischen der neuen Tabelle tblGehalt und einer der bereits bestehenden Tabellen. Die Herstellung einer Beziehung ist aber für die Zuweisung der Gehälter zu den einzelnen Mitabeitern notwendig. Die Höhe des Gehalts ist in den meisten Unternehmungen von der Stellenzugehörigkeit des einzelnen Mitarbeiters abhängig. Von dieser Annahme wird auch in den folgenden Arbeitsaufträgen ausgegangen.

tblGehalt

Gehaltsgruppe	Gehalt pro Monat
10	5.200,00 €
20	3.900,00 €
30	3.200,00 €
40	2.800,00 €
50	2.300,00 €
70	950,00 €
80	720,00 €
90	580,00 €
99	0,00 €

Abbildung 1: *Datensätze der Tabelle tblGehalt*

Arbeitsauftrag 20:

Öffnen Sie die Tabelle tblStelle in der Entwurfsansicht und ergänzen Sie die Tabelle um den Eintrag der nachstehenden Tabelle. Stellen Sie anschließend die Beziehung zwischen den Tabellen tblStelle und tblGehalt her. Aktivieren Sie die referentielle Integrität.

Feldname	Felddatentyp	Feldeigenschaften
Gehaltsgruppe	Zahl	Format: 00 Dezimalstellen: 0 Eingabeformat: 00

Vor der Zuweisung der Gehaltsgruppen zu den Stellenbezeichnungen bzw. Stellennummern soll eine Vorkehrung zur Vermeidung von Fehleingaben getroffen werden. Diese Vorkehrung soll darin bestehen, dass der Wertebereich für die Dateneingabe beschränkt wird. Hierzu muss eine Bedingung formuliert werden, die auch als GÜLTIGKEITSREGEL bezeichnet wird (vgl. Abbildung 2).

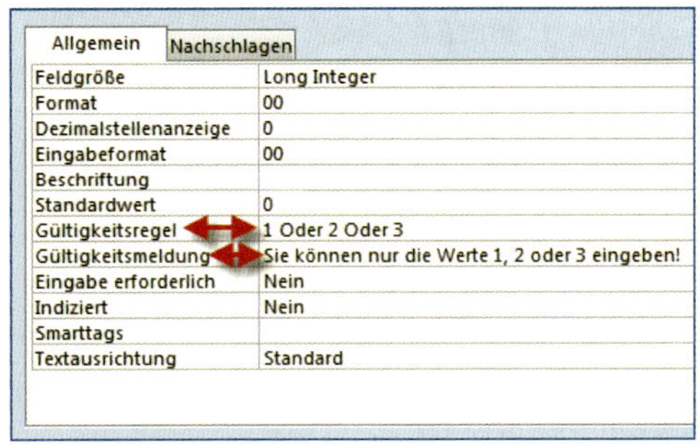

Allgemein	Nachschlagen
Feldgröße	Long Integer
Format	00
Dezimalstellenanzeige	0
Eingabeformat	00
Beschriftung	
Standardwert	0
Gültigkeitsregel	1 Oder 2 Oder 3
Gültigkeitsmeldung	Sie können nur die Werte 1, 2 oder 3 eingeben!
Eingabe erforderlich	Nein
Indiziert	Nein
Smarttags	
Textausrichtung	Standard

***Abbildung 2:** Gültigkeitsregel und Gültigkeitsmeldung*

Eine GÜLTIGKEITSREGEL wird im Bereich der Feldeigenschaften in der Entwurfsansicht einer Tabelle definiert. Als Befehl bzw. Bedingung stehen die Formulierungen, die als Kriterien in Abfragen eingegeben werden können, zur Verfügung (siehe hierzu Kapitel 8). Für den Fall, dass bei der Eingabe gegen die formulierte Gültigkeitsregel verstoßen wird, kann eine GÜLTIGKEITSMELDUNG festgelegt werden. Die Eingabe der Gültigkeitsmeldung darf nicht in Anführungszeichen erfolgen. Die Meldung erscheint nach einer der Datenerfassung immer dann, wenn ein Wert eingegeben wird, den die Gültigkeitsregel nicht vorsieht.

Arbeitsauftrag 21:

a) Erstellen Sie in der Tabelle tblStelle vor der Zuweisung der Gehaltsgruppen zu den Stellenbezeichnungen eine sinnvolle Gültigkeitsregel. Legen Sie außerdem eine Gültigkeitsmeldung fest, die dem Benutzer im Falle einer Fehleingabe eine sinnvolle Rückmeldung gibt. Erfassen Sie anschließend die Gehaltsgruppen gemäß der Vorgabe in der nachstehend aufgeführten Abbildung 3. Testen Sie die Gültigkeitsregel, indem Sie bei der Gehaltsgruppe Werte eingeben, die von der Gültigkeitsregel abweichen.

b) Erstellen Sie für die folgenden Feldnamen in den aufgeführten Tabellen die ebenfalls angegebenen Gültigkeitsregeln. Weisen Sie weiterhin jeder Gültigkeitsregel eine sinnvolle Gültigkeitsmeldung zu.

	Tabelle	Feldname	Gültigkeitsregel
ba)	tbPersonal	Personal-Nr.	nur Zahlen zwischen 1 und 999 sind erlaubt
bb)	tbPersonal	PLZ	nur PLZ bis 99999 sind zulässig
bc)	tbPersonal	Geburtsdatum	Datum darf frühestens aus dem Jahr 1994 stammen
bd)	tbPersonal	Eintritt	die Eingabe eines in der Zukunft liegenden Datums soll nicht möglich sein (Lösungshinweis: bedienen Sie sich der Funktion = DATUM())

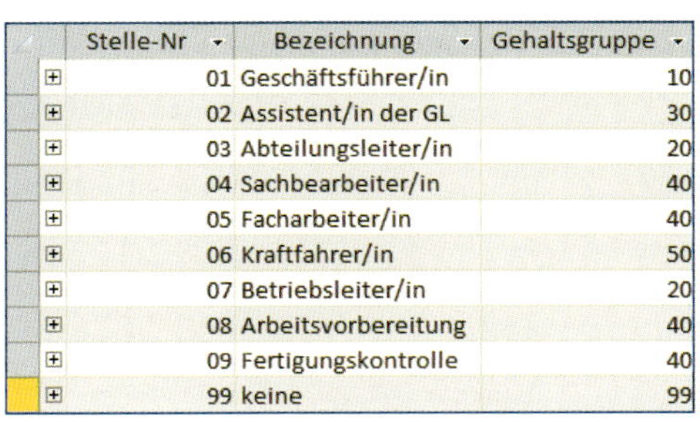

Stelle-Nr	Bezeichnung	Gehaltsgruppe
01	Geschäftsführer/in	10
02	Assistent/in der GL	30
03	Abteilungsleiter/in	20
04	Sachbearbeiter/in	40
05	Facharbeiter/in	40
06	Kraftfahrer/in	50
07	Betriebsleiter/in	20
08	Arbeitsvorbereitung	40
09	Fertigungskontrolle	40
99	keine	99

***Abbildung 3:** Gehaltsgruppenzuweisung in der Tabelle tblStelle*

10 Berechnungen in Abfragen und Formatierung der Ausgabeergebnisse

In Abfragen werden Daten aus verschiedenen Tabellen nach den Vorstellungen der Benutzer einer Datenbank selektiert ausgegeben. Darüber hinaus können Ausgabeergebnisse einer Abfrage durch Berechnungen in der Abfrage ermittelt werden. Um den Ergebnissen mehr Ausdruckskraft zu verleihen, ist es möglich, den ermittelten Werten ein geeignetes Format zuzuweisen.

10.1 Berechnungen in Abfragen

Situation:

Nach den Ergebnissen der letzten Tarifverhandlungen bekommen die Mitarbeiter der Bürodesign GmbH in diesem Jahr eine Erhöhung des Entgelts von fünf Prozent. Herr Malies und Frau Schmitz möchten nun wissen, auf welchen Betrag die derzeitigen Gehälter bzw. Löhne steigen werden. Mit diesem Anliegen kommen die beiden zu Ihnen. Die beiden sind der Meinung, dass die neuen Bezüge der Mitarbeiter mithilfe der bestehenden Personaldatenbank ermittelt werden können. Somit erhalten Sie den Auftrag, eine Liste wzu erstellen, aus der die Höhe der Entgelte vor der Tariferhöhung sowie die Höhe der Entgelte nach der Tariferhöhung hervorgehen.

Abfragen sind nicht nur geeignet, um Daten aus den gespeicherten Tabellen nach bestimmten Kriterien anzuzeigen. In Abfragen können darüber hinaus zusätzliche (in den Tabellen noch nicht vorhandene) Felder eingefügt werden, deren Ausgabewert von Berechnungen abhängig ist. Die Berechnungen können auf der Grundlage bereits bestehender Werte aus den Tabellen erfolgen.

Für die Berechnung innerhalb einer Abfrage stehen die nebenstehend aufgeführten arithmetischen Operatoren zur Verfügung.

+	addieren
*	multiplizieren
^	potenzieren

-	subtrahieren
/	dividieren

Die Ermittlung des neuen Gehalts nach der entsprechenden Erhöhung erfolgt in einer Abfrage mittels der Tabelle tblGehalt. Zunächst wird über den Befehlsweg ERSTELLEN – ABFRAGEENTWURF die Entwurfsansicht geöffnet. Anschließend wird die Tabelle tblGehalt ausgewählt und das Feld „Gehalt pro Monat" (siehe Abbildung 1) per Doppelklick mit der Maus ausgewählt.

In Abbildung 1 wird beispielhaft dargestellt, wie der Feldname NEUES GEHALT eingegeben werden muss und welche Eingabe für die Berechnung notwendig ist, wenn das Gehalt um 5 % steigen soll.

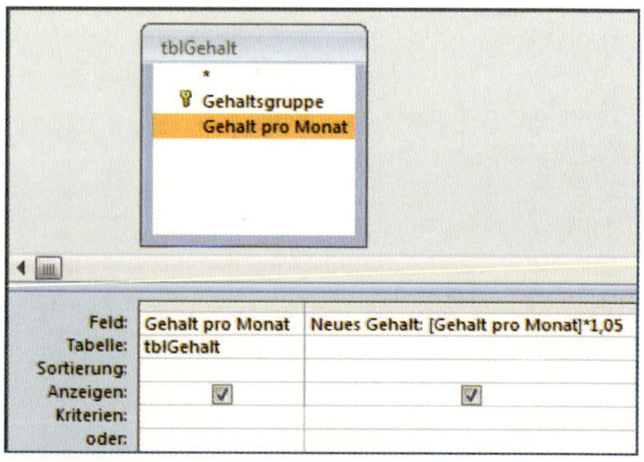

Abbildung 1: *Eingabebeispiel für die Berechnung in einer Tabelle*

Für das Funktionieren der Abfrage und für die Berechnung ist die Schreibweise des neuen Feldnamens (NEUES GEHALT) elementar. Das Datenbankprogramm erkennt den neuen Feldnamen nur, wenn unmittelbar hinter der Eingabe des Feldnamens ein Doppelpunkt eingegeben wird. Der Doppelpunkt stellt die Abgrenzung zwischen dem neuen Feldnamen und der eigentlichen Berechnung dar. Um das neue Gehalt zu ermitteln, bezieht sich die Berechnung auf den bereits bestehenden Feldnamen GEHALT PRO MONAT. Damit das Datenbankprogramm erkennt, dass der Feldname bereits in der Tabelle tblGehalt existiert, muss er in eckige Klammern gesetzt werden.

Anmerkung:

- Die eckigen Klammern können über die Tastenkombination ALT GR und 8 bzw. 9 eingegeben werden.
- Eine häufige Fehlerquelle besteht darin, dass Feldnamen falsch geschrieben werden. Rechtschreibfehler werden von dem Datenbankprogramm nicht automatisch korrigiert und führen daher zu ungewollten Ergebnissen.

Arbeitsauftrag 22:

Erstellen Sie eine Abfrage, die alle Mitarbeiter mit Personalnummer, Name, Vorname, Gehalt pro Monat enthält. Darüber hinaus soll die Abfrage einen weiteren Feldnamen enthalten, der das neue Tarifentgelt ausgibt. Das neue Tarifentgelt ist um 5 Prozent höher als das alte Entgelt. Das Abfrageergebnis soll nach der Personalnummer aufsteigend sortiert ausgegeben werden. Speichern Sie die Abfrage unter dem Namen *qry22* ab.

10.2 Formatierung der Ausgabeergebnisse einer Abfrage

Situation:

Sie haben die erstellte Mitarbeiterliste, die das neue Tarifentgelt eines jeden Mitarbeiters ausweist, Frau Schmitz übergeben. Mit dem Informationsgehalt der Liste ist Frau Schmitz auf Anhieb zufrieden. Ihr gefällt jedoch nicht, dass die neu ermittelten Gehälter und Löhne über kein Format verfügen. Frau Schmitz möchte, dass die ermittelten Werte das gleiche Format (Tausenderpunkt, zwei Nachkommastellen und Euro-Symbol) wie die bisher geltenden Werte haben. Sie erhalten den Auftrag, diese Änderungen vorzunehmen.

Die Formatierung der Ausgabeergebnisse einer Abfrage wird in der Entwurfsansicht der Abfrage festgelegt. Durch einen Klick mit der rechten Maustaste auf den Feldnamen, dessen Ausgabeergebnis formatiert werden soll, öffnet sich ein Fenster (siehe Abbildung 2).

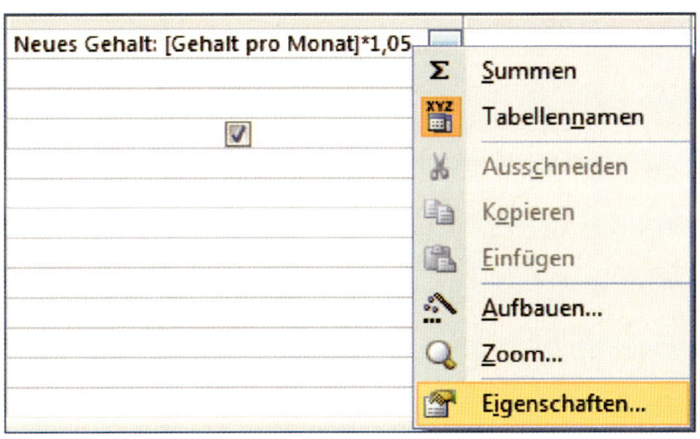

Abbildung 2: *Festlegen des Ausgabeformats EIGENSCHAFTEN*

Ein Klick mit der linken Maustaste auf den Eintrag EIGENSCHAFTEN lässt im rechten Bereich des Bildschirms ein weiteres Fenster erscheinen (siehe Abbildung 3). In diesem Fenster stehen unter dem Eintrag FORMAT verschiedene Formate zur Verfügung, die dem Ausgabewert zugewiesen werden können. Nach der Auswahl muss das Fenster durch einen Mausklick auf das Symbol ✕ geschlossen werden.

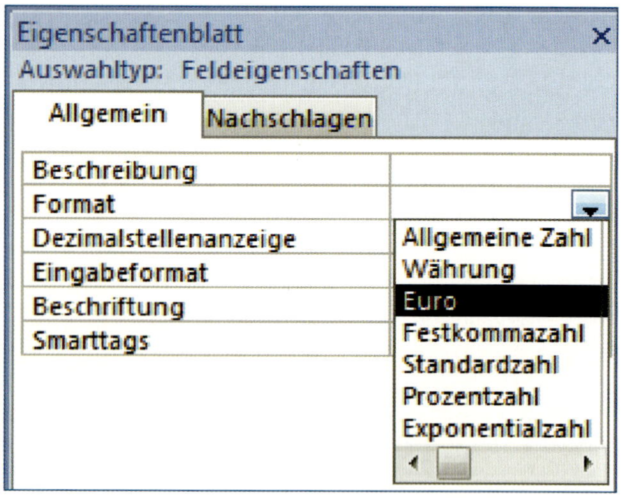

Abbildung 3: *Festlegen des Ausgabeformats EURO*

Arbeitsauftrag 23:

Öffnen Sie die Abfrage *qry22* in der Entwurfsansicht. Weisen Sie den zu berechnenden Werten das Format Währung oder Euro zu. Speichern Sie die veränderte Abfrage unter dem Namen *qry23* ab und begutachten Sie das Ausgabeergebnis.

Die folgenden Arbeitsaufträge dienen der Wiederholung der bereits in den vorherigen Kapiteln erworbenen Kenntnisse. Außerdem kommen die Inhalte von Kapitel 10 zum Einsatz.

Arbeitsauftrag 24:

Mit der Hilfe der Personaldatenbank soll in Zukunft die Höhe des Urlaubs- und Weihnachtsgeldes der Mitarbeiter berechnet werden. Hierfür muss die bestehende Datenbank erweitert werden.

a) Legen Sie eine Tabelle mit folgenden Eigenschaften an:

Tabelle Zuschläge ➔ **speichern unter tblZuschläge**

Feldname	Felddatentyp	Feldeigenschaften
Zuschlaggruppe	Zahl	Format: 0 Dezimalstellen: 0 Eingabeformat: 0
Prozent Urlaubsgeld	Zahl	Format: 00 Dezimalstellen: 1 Eingabeformat: 00
Prozent Weihnachtsgeld	Zahl	Format: 00 Dezimalstellen: 1 Eingabeformat: 00

Weisen Sie der Tabelle einen sinnvollen Primärschlüssel zu und speichern Sie diese unter dem Namen tblZuschläge ab.

b) Erstellen Sie für die drei vorgenannten Feldnamen jeweils eine Gültigkeitsregel und eine sinnvolle Gültigkeitsmeldung. Orientieren Sie sich hierbei an den folgenden Vorgaben:

Tabelle	Feldname	Gültigkeitsregel
tblZuschläge	Zuschlaggruppe	Nur die Werte 1, 2 und 3 sind zulässig.
tblZuschläge	Prozent Urlaubsgeld	Nur Prozentwerte von 0 bis 90 sind zulässig.
tblZuschläge	Prozent Weihnachtsgeld	Nur Prozentwerte von 0 bis 50 sind zulässig.

c) Geben Sie in der Datenblattansicht der Tabelle tblZuschläge die folgenden Daten ein:

Zuschlaggruppe	Prozent Urlaubsgeld	Prozent Weihnachtsgeld
1	50,0	25,0
2	70,0	40,0
3	85,0	50,0

Abbildung 4: *Datensätze der Tabelle tblZuschläge*

d) Um die neue Tabelle in die Datenbank einzubinden, empfiehlt sich die Verbindung über die Tabelle tblStelle. Öffnen Sie diese Tabelle und fügen Sie den Feldnamen Zuschlaggruppe mit den Feldeigenschaften Format: 0, Dezimalstellen: 0 und Eingabeformat: 0 ein. Legen Sie für diesen Feldnamen ebenfalls eine Gültigkeitsregel und einen sinnvolle Gültigkeitsmeldung fest. Übernehmen Sie anschließend die folgenden Werte in das neu entstandene Feld:

Stelle-Nr	Bezeichnung	Gehaltsgruppe	Zuschlaggruppe
01	Geschäftsführer/in	10	1
02	Assistent/in der GL	30	2
03	Abteilungsleiter/in	20	1
04	Sachbearbeiter/in	40	2
05	Facharbeiter/in	40	2
06	Kraftfahrer/in	50	3
07	Betriebsleiter/in	20	1
08	Arbeitsvorbereitung	40	2
09	Fertigungskontrolle	40	2
99	keine	99	1

Abbildung 5: *Zuweisung der Zuschlaggruppe*

e) Stellen Sie im Beziehungsfenster der Datenbank die Beziehung zwischen den Tabellen tblZuschläge und tblStelle her und speichern Sie die Änderungen ab.

Arbeitsauftrag 25:

a) Berechnen Sie das Weihnachtsgeld für alle Mitarbeiter. Angezeigt werden sollen die Felder Name, Vorname, Bezeichnung (tblStelle), Gehalt pro Monat sowie das in der Abfrage neu zu erstellende Feld Weihnachtsgeld. Das Weihnachtsgeld ist im Euro-Format auszugeben. Die Mitarbeiter sollen ihrem Namen nach alphabetisch (aufsteigend) dargestellt werden. Speichern Sie die Abfrage unter dem Namen *qry25a* ab.

b) Ermitteln Sie die gesamten Personalkosten pro Jahr für die Mitarbeiter mit den Personalnummern von 1 bis 10. Neben der Personal-Nr sollen auch die Felder Name, Vorname und Bezeichnung (tblStelle) ausgewiesen werden. Die neu zu erstellenden Felder sollen die folgenden Bezeichnungen haben: 12 Monatsgehälter, Urlaubsgeld, Weihnachtsgeld, Lohnnebenkosten pro Jahr und Personalkosten gesamt. Gehen Sie bei der Ermittlung der Lohnnebenkosten pauschal von 20 Prozent vom jeweiligen Monatsgehalt aus. Alle berechneten Datenfelder sind im Euro-Format auszugeben. Speichern Sie die Abfrage unter dem Namen *qry25b* ab.

Arbeitsauftrag 26:

a) Herr Malies möchte einigen Mitarbeitern eine einmalige Sonderzulage zukommen lassen. Hierfür kommen alle Mitarbeiter in Frage, die vor dem 1. Januar 1968 geboren worden sind, den Abteilungs-Nummern 1 oder 3 oder 7 bis 9 zugehörig sind und den Gehaltsgruppen 30, 40 oder 50 angehören. Die Sonderzulage soll 20 Prozent des regulären Gehalts pro Monat betragen. Neben dem Namen, Vornamen und Geburtsdatum sollen auch die Felder Bezeichnung (tblAbteilung), Gehaltsgruppe und das noch zu erstellende Feld Sonderzulage (im Euro-Format) anzeigt werden. Die Abfrage soll nach dem Geburtsdatum sortiert werden. Die ältesten Mitarbeiter sollen dabei zuerst angezeigt werden. Speichern Sie die Abfrage unter dem Namen *qry26a* ab.

b) Da einige „ältere" Mitarbeiter aufgrund ihrer familiären Situation außerhalb von Köln leben und dementsprechend höhere Fahrtkosten auf sich nehmen müssen, sollen diese Mitarbeiter – bei Vorliegen der entsprechenden Bedingungen – finanziell unterstützt werden. Eine Streckenzulage bekommen die Mitarbeiter allerdings nur dann, wenn sie vor dem 1. Januar 1965 geboren worden sind, weder der Stelle 1, 2 oder 3 angehören und im Postleitzahlenbereich oberhalb von 51370 und unterhalb von 50390 wohnhaft sind. Die beabsichtigte Regelung hat bereits vom Vorfeld zu ärgerlichen Kommentaren anderer Mitarbeiter geführt. Die in Köln wohnhaften Mitarbeiter wiesen darauf hin, dass sie schließlich höhere Mietkosten zu zahlen hätten. Aus diesem Grund haben sich Frau Schmitz und Herr Malies entschieden, auch diesen Mitarbeitern die „Streckenzulage" zu gewähren. Hierfür muss einerseits der Wohnsitz in Köln liegen und andererseits gilt das oben genannte Stellenkriterium. Die Streckenzulage soll 1 Prozent vom regulären Gehalt pro Monat betragen. Neben dem Namen, Vornamen, Geburtsdatum, der Stellen-Nr, der PLZ und dem Ort soll das noch zu erstellende Feld Streckenzulage (im Euro-Format) angezeigt werden. Das Abfrageergebnis soll dem Namen der Mitarbeiter nach aufsteigend angezeigt werden. Speichern Sie die Abfrage unter dem Namen *qry26b* ab.

Arbeitsauftrag 27:

a) Erstellen Sie für die Tabelle tblStelle zwei Nachschlagelisten. Mithilfe der Listen sollen die Inhalte der Tabellen tblGehalt sowie tblZuschläge angezeigt werden.

b) Fügen Sie in der Tabelle tblPersonal ein weiteres Feld ein und benennen Sie dieses Feld „Steuerklasse". Fügen Sie diesem Feld einen sinnvollen Felddatentyp zu und stellen Sie mit Hilfe einer Gültigkeitsprüfung sicher, dass nur Zahlen zwischen 1 und 6 eingetragen werden können. Weisen Sie dieser Prüfung eine sinnvolle Gültigkeitsmeldung zu. Geben Sie darüber hinaus beim Format, Eingabeformat und der Dezimalstellenanzeige eine Null ein.

c) Erstellen Sie in der Entwurfsansicht eine neue Tabelle und speichern Sie diese unter tblSteuerklassen. Die Tabelle soll folgenden Aufbau haben:

Tabelle Steuerklassen ➔ **speichern unter tblSteuerklassen**

Feldname	Felddatentyp	Feldeigenschaften
Steuerklasse	Zahl	Format: 0 Dezimalstellen: 0 Eingabeformat: 0
Beschreibung	Text	
Steuersatz in Prozent	Zahl	Format: 00 Dezimalstellen: 1 Eingabeformat: 00

Weisen Sie dieser Tabelle einen sinnvollen Primärschlüssel zu. Vergeben Sie in der Spalte Steuerklasse fortlaufende Zahlen von 1 bis 6. Fügen Sie in die Spalte Beschreibung sinnvolle Beschreibungen der jeweiligen Steuerklasse ein (z. B. Steuerklasse 3: verheiratet, Ehegatte ggf. Steuerklasse 5). Übernehmen Sie die folgenden fiktiven Steuersätze in die Spalte Steuersatz in Prozent.

Steuerklasse	Steuersatz in Prozent
1	38
2	28
3	25
4	30
5	35
6	45

d) Erstellen Sie in der Tabelle tblPersonal eine Nachschlageliste, mit deren Hilfe Sie den vollständigen Aufbau der tblSteuerklassen angezeigt bekommen. Stellen Sie anschließend die Beziehung zwischen den Tabellen tblSteuerklassen und tblPersonal her (aktivieren Sie auch die referentielle Integrität).

e) Weisen Sie den ersten zehn Mitarbeitern die Steuerklasse 1 zu, den nächsten zehn Mitarbeitern die Steuerklasse 2 usw., sodass die Mitarbeiter mit den Personalnummern 41 bis 49 die Steuerklasse 5 zugewiesen bekommen.

f) Erstellen Sie eine Abfrage, welche die Felder Name, Vorname, Gehalt pro Monat und Steuerklasse anzeigt. Es sollen jedoch nur die Mitarbeiter ausgewiesen werden, die entweder in Steuerklasse 1 oder in Steuerklasse 2 sind. Darüber hinaus sollen folgende weitere Felder hinzugefügt und berechnet werden: Steuerlast pro Monat, Sozialversicherungsbeiträge pro Monat (unterstellt seien hier pauschal 20 Prozent), Nettoentgelt, Anteil Nettoentgelt am Bruttoentgelt. Das Abfrageergebnis soll nach dem Familiennamen alphabetisch sortiert (aufsteigend) ausgegeben werden. Alle Währungsformate sind im Euro-Format auszuweisen. Speichern Sie die Abfrage unter dem Namen *qry27f* ab.

11 Weitere Abfragearten

Neben der bereits in Kapitel 8 dargestellten Auswahlabfrage bieten Datenbankprogramme weitere Abfragearten an. Einen Überblick über die möglichen Abfragearten vermittelt folgende Abbildung.

Um das Fenster (Abbildung 1) aufzurufen, ist zunächst der Befehlsweg ERSTELLEN – ABFRAGEENTWURF notwendig. Nachdem mindestens eine Tabelle dem Entwurf hinzugefügt worden ist, öffnet sich der Bereich ABFRAGETOOLS.

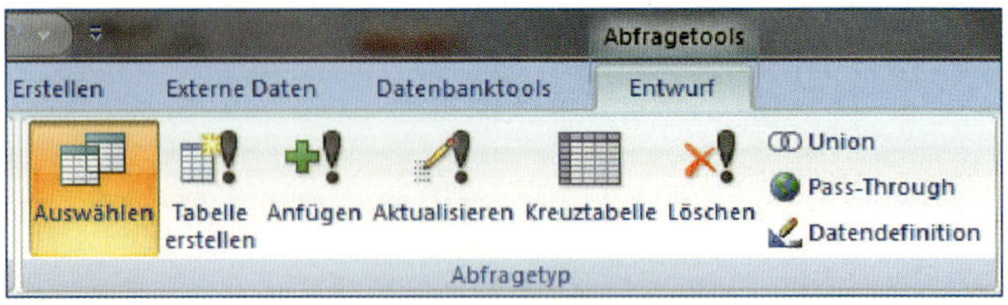

Abbildung 1: *Übersicht über die Abfragearten*

In diesem Bereich ist standardmäßig die Abfrageart AUSWÄHLEN (Auswahlabfrage) eingestellt (siehe Abbildung 1). Von den angezeigten Abfragetypen werden im Folgenden die Parameterabfrage, die Aktualisierungsabfrage und die Löschabfrage beschrieben.

11.1 Erstellung einer Parameterabfrage

Situation:

Für statistische Auswertungen benötigt Herr Malies eine Liste der Mitarbeiter aus Köln und eine mit den Mitarbeitern aus Bonn. Herr Malies deutet außerdem an, dass er unter Umständen zu einem späteren Zeitpunkt weitere Listen mit den Mitarbeitern aus anderen Orten benötigt. Sie überlegen, dass Sie die Listen mittels Abfragen erstellen können. Allerdings erscheint es Ihnen als zu umständlich, die Entwurfsansicht der Abfragen jeweils neu zu erstellen oder zu ändern. Sie vermuten, dass ein benutzerfreundliches Datenbankprogramm für diese Zwecke auch andere Möglichkeiten bieten muss.

Die Parameterabfrage ist eine Weiterentwicklung der Auswahlabfrage. Der Unterschied besteht darin, dass ein oder mehrere Kriterien für die Abfrage erst festgelegt werden, wenn die Abfrage ausgeführt wird.

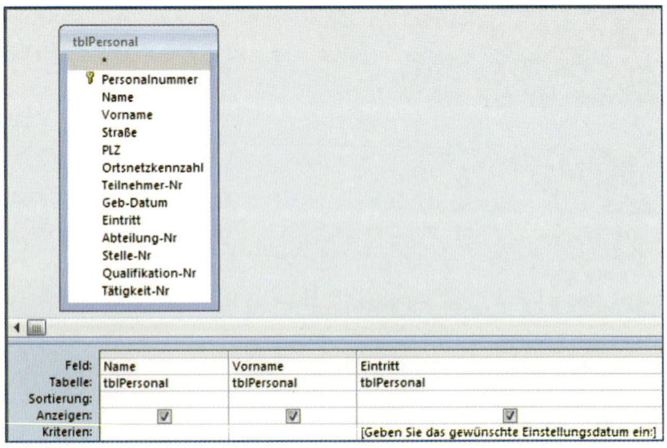

Abbildung 2: *Parameterabfrage in der Entwurfsansicht*

In dem in Abbildung 2 und 3 dargestellten Beispiel werden alle Mitarbeiter in dem Ergebnis der Abfrage ausgegeben, die am 01.01.1999 eingestellt wurden. Die Entwurfsansicht der Parameterabfrage wird durch den Befehlsweg ERSTELLEN – ABFRAGEENTWURF aufgerufen. Nachdem die benötigte Tabelle tblPersonal der Entwurfsansicht hinzugefügt wurde, müssen die Datenfelder festgelegt werden. Im Unterschied zur Auswahlabfrage erfolgt bei der Parameterabfrage als Kriterium eine Eingabeaufforderung.

Das Datenbankprogramm erkennt die Parameterabfrage jedoch erst dann, wenn die Eingabeaufforderung in eckigen Klammern eingefasst ist (siehe hierzu auch das Beispiel in Abbildung 2). Nach dem Ausführen der Abfrage erscheint eine Eingabeaufforderung (siehe Abbildung 3). Erst nachdem das Kriterium eingegeben wurde, erscheint die gewünschte Liste.

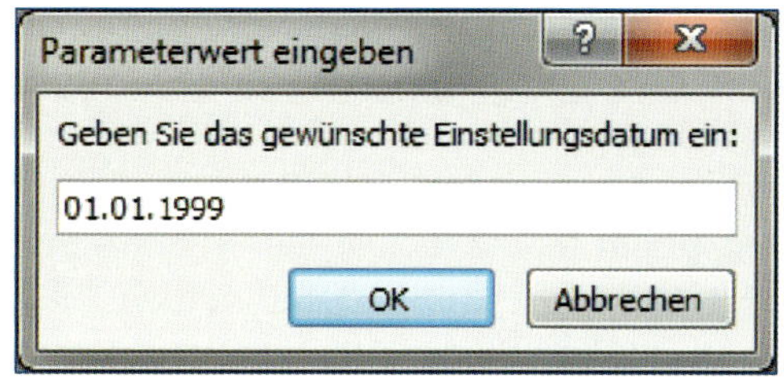

Abbildung 3: *Eingabeaufforderung der Paramenterabfrage*

Arbeitsauftrag 28:

Erstellen Sie eine Parameterabfrage. Die Parameterabfrage soll die Feldnamen Personalnummer, den Namen, den Vornamen und den Ort enthalten. Das Ausgabeergebnis ist dem Namen nach aufsteigend zu sortieren. Der Wohnort der anzuzeigenden Mitarbeiter soll erst nach dem Ausführen der Abfrage eingegeben werden. Formulieren Sie hierfür eine sinnvolle Eingabeaufforderung. Speichern Sie die Parameterabfrage unter dem Namen *qry28* ab und führen Sie sie aus.

11.2 Erstellung einer Aktualisierungsabfrage

Situation:

Nach mehreren Wochen wurde nun in den Tarifverhandlungen unter anderem eine Veränderung der Entgelte vereinbart. Die Vereinbarung lautet, dass jeder Mitarbeiter eine Erhöhung des Urlaubsgeldes um 3 Prozentpunkte erhält und im Gegenzug einen Abschlag beim Weihnachtsgeld von 3 Prozent hinnehmen muss. Sie erhalten von Frau Schmitz den Auftrag, die entsprechenden Daten in der Personaldatenbank zu aktualisieren. Da Sie nicht jedes Entgelt separat berechnen wollen, überlegen Sie, wie Sie sich die Arbeit vereinfachen können.

Eine Datenbank besteht aus einer Vielzahl von Datenfeldern. Bestimmte Daten werden in regelmäßigen Zeitabständen (z. B. jährliche inflationsbedingte Preiserhöhung) oder zu bestimmten Anlässen (z. B. Entgelterhöhung aufgrund einer neuen Tarifvereinbarung) verändert. Mittels der bereits bekannten Auswahlabfrage können zwar im Ausgabeergebnis der betreffenden Abfrage die aktuellen Werte angezeigt werden, die Auswahlabfrage ist jedoch nicht in der Lage, die betreffenden Datenfelder in einer Tabelle zu ändern. Hierfür bieten benutzerfreundliche Datenbankprogramme als Lösung die Aktualisierungsabfrage an.

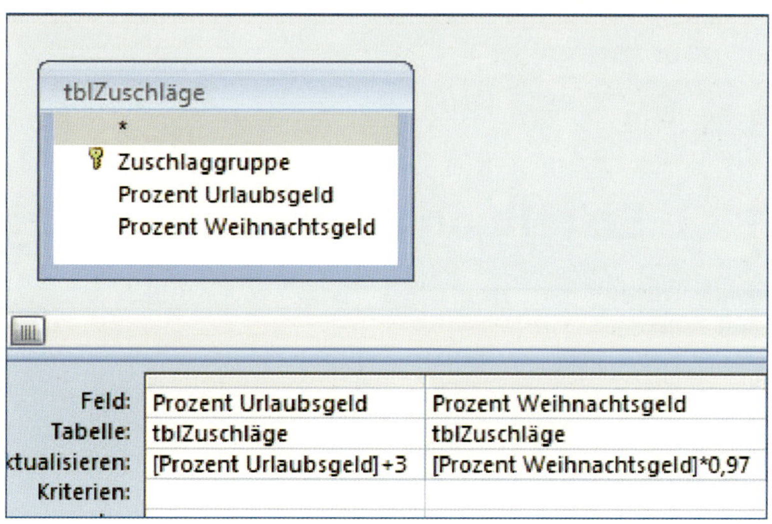

Abbildung 4: *Aktualisierungsabfrage in der Entwurfsansicht*

Um die Aktualisierungsabfrage zu erstellen, muss erneut der Befehlsweg ERSTELLEN – ABFRAGEENTWURF gewählt werden. Das sich automatisch öffnende Fenster TABELLE ANZEIGEN kann zunächst mit einem Mausklick auf die Schaltfläche SCHLIESSEN vom Bildschirm entfernt werden. Im Anschluss kann im Bereich der ABFRAGETOOLS die Auswahl AKTUALISIEREN angeklickt werden.

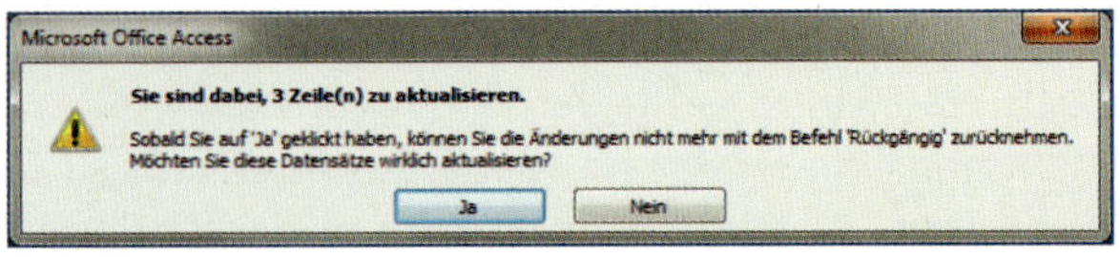

Abbildung 5: *Sicherheitsabfrage vor dem endgültigen Ausführen einer Aktualisierungsabfrage*

Die in Abbildung 4 dargestellte Aktualisierungsabfrage in der Entwurfsansicht bewirkt, dass die Einträge im Datenfeld PROZENT URLAUBSGELD um drei Prozentpunkte und die Einträge im Datenfeld PROZENT WEIHNACHTSGELD um drei Prozent gesenkt werden.

Nach dem Ausführen der Abfrage erscheint eine Sicherheitsabfrage des Datenbankprogramms (siehe Abbildung 5).

Ein Mausklick auf die Schaltfläche JA bewirkt die Änderungen. Die Entwurfsansicht der Aktualisierungsabfrage kann geschlossen werden. Zu beachten ist, dass erst nach dem Öffnen der Tabelle, welche der Aktualisierungsabfrage zugrunde lag, die veränderten Werte sichtbar werden.

Anmerkung:

Jedes neue Ausführen der Aktualisierungsabfrage führt zu einer weiteren Änderung der Werte in der zugrunde liegenden Tabelle. Die Aktualisierungsabfrage wird daher in der Regel nur einmal ausgeführt. Wenn die Änderungsabfrage modifiziert werden soll, ohne dass sich die Werte einer Tabelle verändern, muss sie in der ENTWURFSANSICHT geöffnet werden.

Arbeitsauftrag 29:

Erstellen Sie eine Aktualisierungsabfrage, die bewirkt, dass die Einträge unter dem Feldnamen GEHALT PRO MONAT um den Sockelbetrag in Höhe von 50,00 Euro und anschließend noch um vier Prozent erhöht werden. Speichern Sie die Abfrage unter dem Namen *qry29*ab. Führen Sie die Abfrage einmal aus und überzeugen Sie sich von der Funktion der Aktualisierungsabfrage. Ändern Sie in der Tabelle tblGehalt das Gehalt in der Gehaltsgruppe 99 wieder auf 0,00.

11.3 Erstellung einer Löschabfrage

Situation:

Frau Schmitz und Herr Malies haben zusammen mit dem Betriebsrat beschlossen, dass die Lackiererei geschlossen werden soll. Die dort beschäftigten Mitarbeiter (Andreas Pfeiffer und Dieter Hoffmann) können leider nicht weiterbeschäftigt werden. Sie sollen daher aus der Datenbank entfernt werden.

Sollen aus einer Datenbank nicht mehr benötigte Daten gelöscht werden, ist dies unter anderem mit der Löschabfrage möglich. Die Löschabfrage ist jedoch nur mit äußerster Vorsicht zu erstellen und auszuführen. Eine falsche Bedingung in der Löschabfrage führt zum unwiderruflichen Verlust der erfassten Daten und kann somit großen Schaden anrichten.

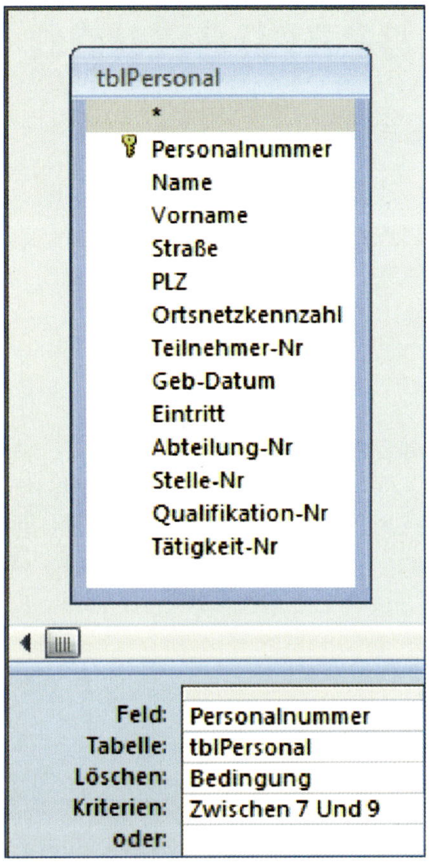

Abbildung 6: *Löschabfrage in der Entwurfsansicht*

Um die Löschabfrage zu erstellen, muss erneut der Befehlsweg ERSTELLEN – ABFRAGEENTWURF gewählt werden. Auch hier kann das sich öffnende Fenster TABELLE ANZEIGEN mit einem Mausklick auf die Schaltfläche SCHLIESSEN entfernt werden. Die Löschabfrage wird mit einem Klick auf die Auswahl LÖSCHEN in den ABFRAGETOOLS aktiviert.

Die in Abbildung 6 dargestellte Löschabfrage bewirkt, dass die Mitarbeiter mit den Personalnummern 7 bis 9 gelöscht werden.

Nach dem Ausführen der Abfrage erscheint eine Sicherheitsabfrage des Datenbankprogramms (siehe Abbildung 7 unten). Ein Mausklick auf die Schaltfläche JA bewirkt die unwiderrufliche Löschung der Daten.

Die Entwurfsansicht der Löschabfrage kann geschlossen werden. Nach dem Öffnen der Tabelle, welche der Löschabfrage zugrunde lag, werden die Auswirkungen der Löschabfrage sichtbar.

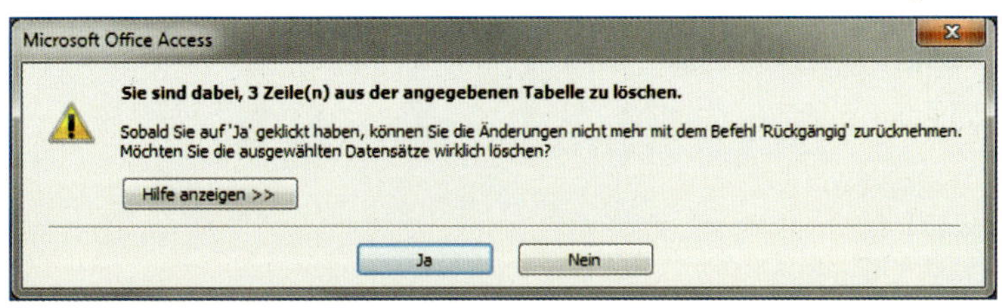

Abbildung 7: *Sicherheitsabfrage vor dem endgültigen Ausführen einer Löschabfrage*

Arbeitsauftrag 30:

Erstellen Sie vor der Bearbeitung dieses Arbeitsauftrags eine Kopie der bestehenden Datenbank. Speichern Sie die Kopie unter dem Namen *Bürodesign GmbH - Löschabfrage* ab.

Erstellen Sie in dieser Kopie eine Löschabfrage, die bewirkt, dass die Mitarbeiter der Lackiererei (Abteilung-Nr 8) aus der Tabelle tblPersonal entfernt werden. Speichern Sie die Abfrage unter dem Namen *qry30* ab. Führen Sie die Abfrage aus. Begutachten Sie das Ergebnis der Abfrage in der tblPersonal.

Greifen Sie bei den Arbeitsaufträgen der folgenden Kapitel auf die Datenbank mit dem Namen *Bürodesign GmbH* zu, um wieder mit dem kompletten Datenstamm der Bürodesign GmbH arbeiten zu können.

12 Erstellung und Nachbearbeitung von Berichten

Berichte dienen im Gegensatz zu den bereits bekannten Tabellen, Formularen und Abfragen lediglich der Ausgabe von Daten auf dem Drucker oder auf dem Bildschirm. Für die ausgewählten Daten können verschiedene Einstellungen und Formatierungen vorgenommen werden. Grundlage für einen Bericht sind eine oder mehrere Tabellen. Sollen Daten gefiltert oder verknüpft werden, stellt häufig auch eine Abfrage die Grundlage für einen Bericht dar.

Die Erstellung eines Berichts ist in der Entwurfsansicht und mittels des Berichtsassistenten möglich. Die Erstellung eines Berichts in der Entwurfsansicht ist im Vergleich zur Erstellung eines Berichts mittels des Berichtsassistenten meist zeitaufwendiger. Aus diesem Grund erfolgt die folgende Beschreibung für die Berichterstellung anhand des Berichtsassistenten.

12.1 Erstellung von Berichten mit dem Berichtsassistenten

Situation:

Frau Schmitz benötigt wieder Ihre Dienste. Für eine Besprechung mit Frau Ferl, der Abteilungsleiterin der Abteilung Personal, benötigt sie einen Ausdruck, aus dem alle Mitarbeiter mit Abteilung-Nr, Stellen-Nr, Name und Vorname hervorgehen sollen. In der Besprechung geht es vor allem um die Personalbesetzung in den einzelnen Abteilungen. Aus diesem Grund wünscht Frau Schmitz, dass die Mitarbeiter einer Abteilung jeweils in einem Block dargestellt werden. Innerhalb dieses Blocks sollen die Mitarbeiter nach ihrer Stellennummer sortiert erscheinen. Da die Besprechung mit Frau Ferl bereits am Nachmittag stattfinden soll, besteht ein gewisser Zeitdruck.

Um einen Bericht zu erstellen, muss zunächst der Befehlsweg ERSTELLEN – BERICHTSASSISTENT gewählt werden (siehe Abbildung 1).

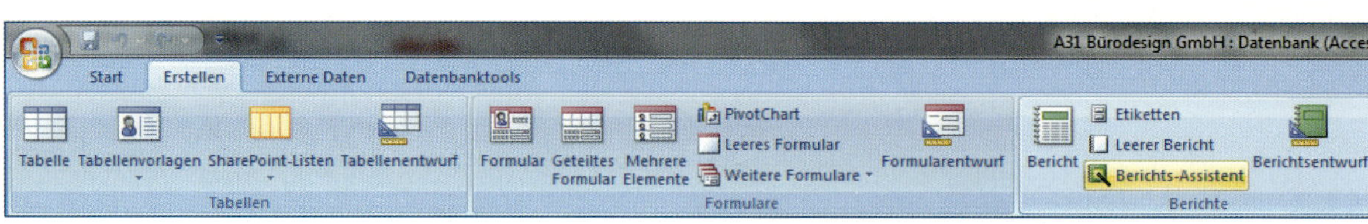

Abbildung 1: *Start des Berichts-Assistent*

Nach dem Start des Berichtsassistenten erscheint auf dem Bildschirm ein Fenster, das zur Auswahl der Informationen dient, die der Bericht enthalten soll (vgl. Abbildung 2).

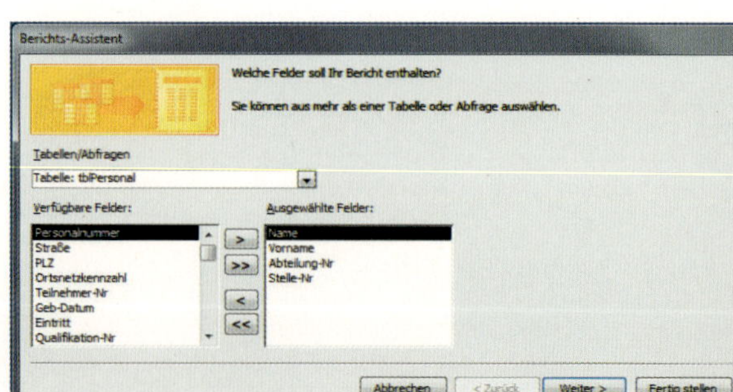

Abbildung 2: *Berichts-Assistent – Auswahl der gewünschten Tabellen/Abfragen und Felder*

In diesem Fenster wird die TABELLE/ABFRAGE ausgewählt, die die Felder enthält, die in dem Bericht erscheinen sollen. Die Feldnamen in dem Bereich der VERFÜGBAREN FELDER können durch Anklicken der Pfeilsymbole oder mittels eines Doppelklicks mit der Maus dem Bereich der AUSGEWÄHLTEN FELDER hinzugefügt oder aus diesem Bereich entfernt werden.

Nach einem Mausklick auf die Schaltfläche WEITER kann festgelegt werden, ob die Daten gruppiert werden sollen. Eine Gruppierung bewirkt, dass Daten nach einem bestimmten Datenfeld in einem Block zusammengefasst dargestellt werden. Die in Abbildung 3 gewählte Einstellung bewirkt, dass alle Mitarbeiter zunächst dem Feldnamen ABTEILUNG-NR nach zusammengefasst dargestellt werden.

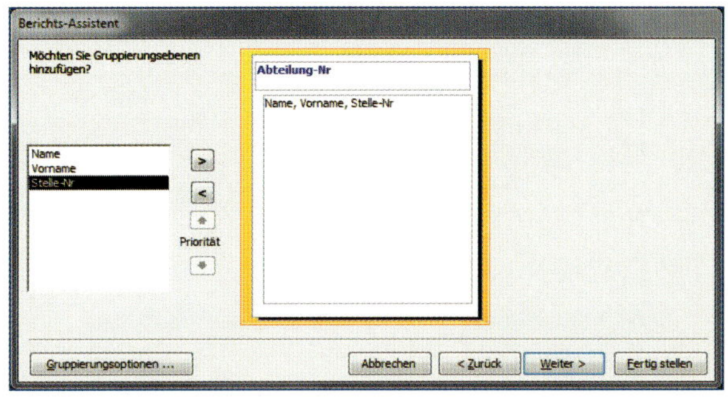

***Abbildung 3:** Festlegung der Gruppierung*

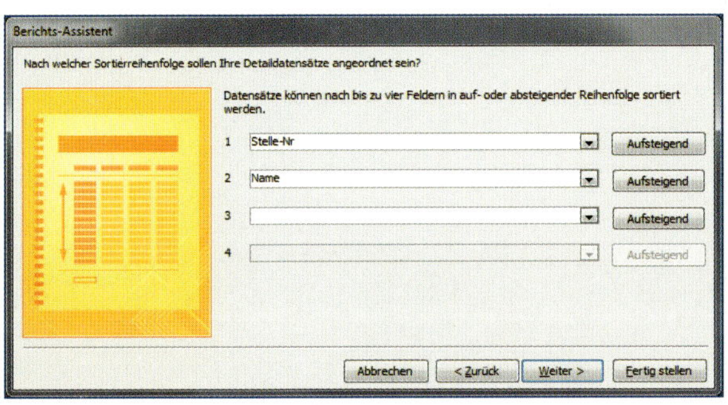

***Abbildung 4:** Berichtsassistent – Festlegung der Sortierreihenfolgen*

Nach erneutem Anklicken der Schaltfläche WEITER öffnet sich ein Fenster (siehe Abbildung 4), in dem das Kriterium für eine mögliche Sortierung definiert werden kann. Im Beispiel erfolgt die Sortierung im ersten Schritt der STELLE-NR nach aufsteigend, bevor im zweiten Schritt die Sortierung dem NAMEN nach aufsteigend erfolgt. Die Sortierreihenfolge erfolgt standardmäßig aufsteigend. Durch einen Mausklick auf die Schaltfläche AUFSTEIGEND erfolgt die Sortierung absteigend.

In den beiden nächsten Schritten werden das Layout und das Format des Berichts festgelegt (siehe Abbildungen 5 und 6) Beide Fenster haben gemeinsam, dass im linken Bereich eine Vorschau des ausgewählten Layouts bzw. Formats erscheint.

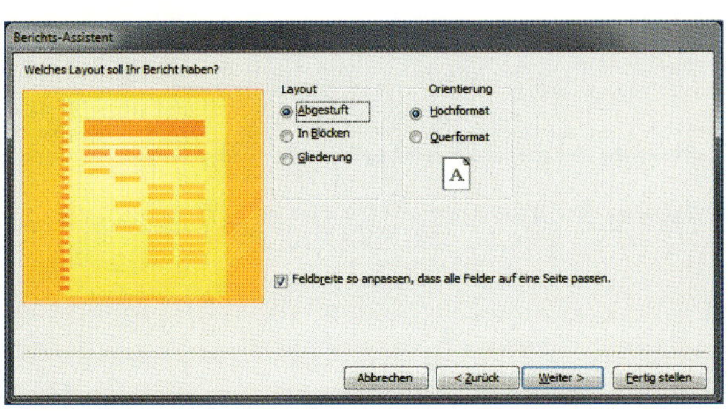

***Abbildung 5:** Berichtsassistent – Bestimmung des Layouts*

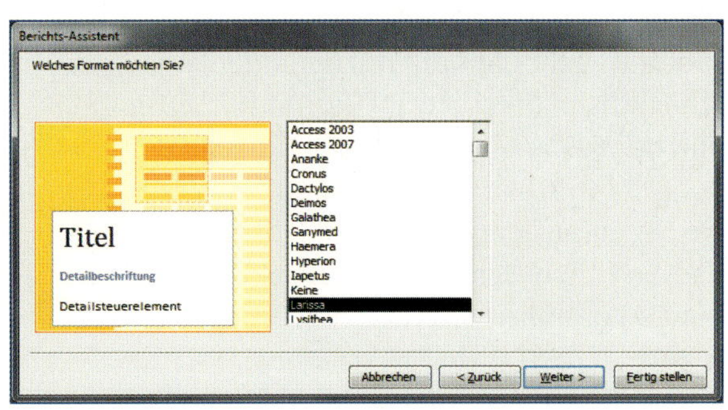

***Abbildung 6:** Berichtsassistent – Bestimmung des Formats*

Anmerkung:

In der Version MS Access 2010 erscheint das Fenster aus Abbildung 6 nicht. Stattdessen öffnet sich nach dem Mausklick auf die Schaltfläche WEITER in der Layoutauswahl (vgl. Abbildung 5) das Fenster der Abbildung 7.

Im letzten Arbeitsgang des Berichtsassistenten wird der Name des Berichts festgelegt. Außerdem muss hier ausgewählt werden, ob die Berichtsvorschau angezeigt werden oder der Berichtsentwurf geändert werden soll.

Bei der gewählten Einstellung erscheint nach einem Mausklick auf die Schaltfläche FERTIGSTELLEN folgendes Ergebnis:

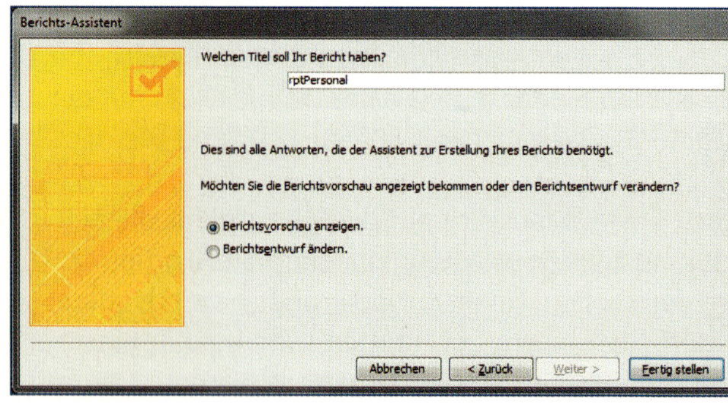

Abbildung 7: *Berichtsassistent – Abschlusseingaben*

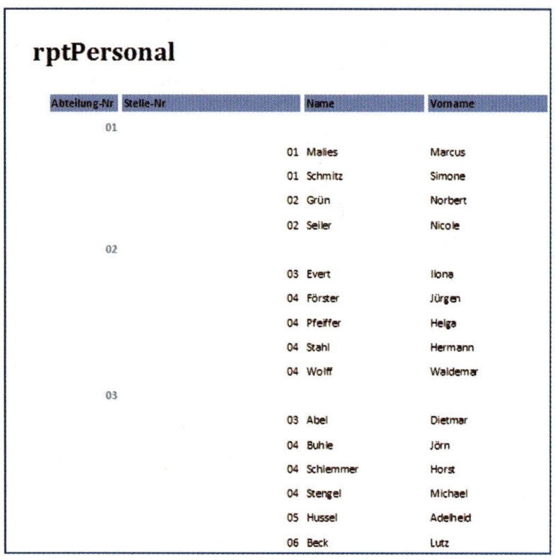

rptPersonal

Abteilung-Nr	Stelle-Nr	Name	Vorname
01			
	01	Malies	Marcus
	01	Schmitz	Simone
	02	Grün	Norbert
	02	Seiler	Nicole
02			
	03	Evert	Ilona
	04	Förster	Jürgen
	04	Pfeiffer	Helga
	04	Stahl	Hermann
	04	Wolff	Waldemar
03			
	03	Abel	Dietmar
	04	Buhle	Jörn
	04	Schlemmer	Horst
	04	Stengel	Michael
	05	Hussel	Adelheid
	06	Beck	Lutz

Abbildung 8: *Ausschnitt aus dem Ausgabeergebnis des erstellten Berichts*

In Abbildung 8 ist zu erkennen, dass die Mitarbeiter zunächst nach der ABTEILUNG-NR und innerhalb der ABTEILUNG-NR nach den Feldnamen STELLE-NR und anschließend NAME sortiert ausgegeben werden.

Wenn dem Bericht die Felder aus verschiedenen Tabellen bzw. Abfragen zugrunde liegen, erscheint nach der Auswahl der Tabellen/Abfragen und der Felder ein weiteres Fenster (siehe Abbildung 9). In diesem Fenster wird festgelegt, wie die Daten aus den Tabellen in Abhängigkeit von den zwischen den Tabellen bestehenden Beziehungen gruppiert werden.

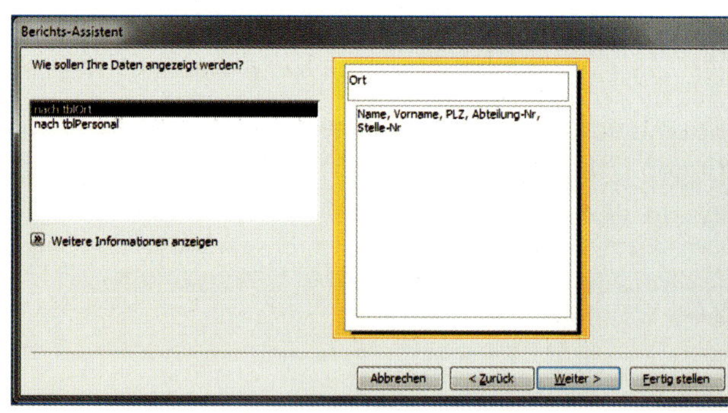

Abbildung 9: *Berichtsassistent – Berichtsgliederung*

Arbeitsauftrag 31:

Erstellen Sie einen Bericht, der die Felder Personalnummer, Name, Vorname, Straße, PLZ, Ort (aus der Tabelle tblOrt) und die Bezeichnung (aus der Tabelle tblAbteilung) ausweist. Die Daten sollen nach der Abteilungsbezeichnung angezeigt werden. Darüber hinaus sollen die Mitarbeiter zuerst nach ihrem Wohnort und innerhalb des Wohnorts nach der PLZ gruppiert werden. Die Sortierung soll dem Namen nach aufsteigend erfolgen. Wählen Sie als Layout ABGESTUFT und bestimmen Sie ein Hintergrundformat (nur MS Access 2007). Geben Sie dem Bericht den Namen rptPersonal_Abteilungen. Begutachten Sie anschließend Ihr Arbeitsergebnis in der Berichtsvorschau.

12.2 Nachbearbeitung eines erstellten Berichts

Situation:

Frau Schmitz ist mit der Liste, die Sie für sie erstellt haben, nicht hundertprozentig zufrieden. Sie ist der Meinung, dass hinsichtlich der Formate, die von dem Berichtsassistenten festgelegt wurden, Nachbesserungen notwendig sind, damit die Informationen auf dem Bericht vollständig zu lesen sind und auf den ersten Blick leichter aufgenommen werden können. Sie bittet Sie daher um Nachbesserung.

Um einen erstellten Bericht zu verändern, muss der Bericht in der Entwurfsansicht geöffnet werden. Die Entwurfsansicht eines Berichts ist in verschiedene Bereiche eingeteilt, die ein Bericht jedoch nicht alle enthalten muss.

Position des Bereichs	Bezeichnung desBereichs	mögliche Inhalte des Bereichs
oben auf der ersten Seite des Berichts	Berichtskopf	Logo der Unternehmung, Titel, Verteiler, Datum
oben, auf jeder Seite des Berichts	Seitenkopf	Seitenzahl
bei gruppierten Berichten zu Beginn jeder neuen Gruppe	Gruppen-Kopfbereich	Überschrift der Gruppe
Hauptteil des Berichts.	Detailbereich	Ausgabe der ausgewählten Daten
bei gruppierten Berichten am Ende einer Gruppe	Gruppenfuß	Zwischensummen
unten, auf jeder Seite des Berichts	Seitenfuß	Seitenzahl
unten, auf der letzten Seite des Berichts	Berichtsfuß	Gesamtsumme

Die Entwurfsansicht des Berichts zum Arbeitsauftrag 31 hat folgendes Aussehen:

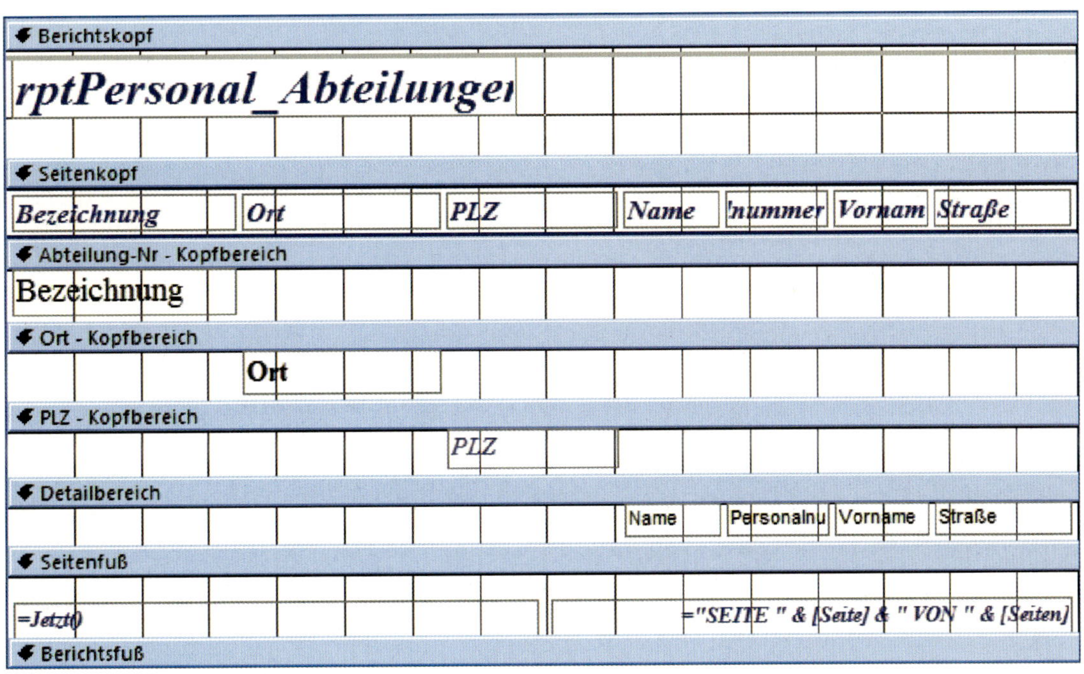

Abbildung 10: *Bericht in der Entwurfsansicht*

In der Entwurfsansicht können alle Bereiche, in denen die Ausgabeergebnisse erscheinen, und deren Eintragungen verändert werden. Die Möglichkeiten der Veränderungen sind vielfältig. Sie werden daher in diesem Lehrbuch nur beispielhaft dargestellt.

Die Größe der einzelnen Bereiche kann angepasst werden, indem der Mauszeiger an den Rand eines Bereichs bewegt wird. Das Symbol des Mauszeigers ändert sich. Bei gedrückter linker Maustaste und bei gleichzeitigem Ziehen verändert sich die Größe des betreffenden Bereichs. Neben der Größe der Bereiche können weitere Eigenschaften für jeden einzelnen Bereich festgelegt werden. Hierzu ist das in Abbildung 11 dargestellte Fenster durch einen Mausklick mit der rechten Maustaste aufzurufen. Die Eigenschaften können nach der Auswahl des Eintrags EIGENSCHAFTEN bestimmt werden (siehe Abbildung 12).

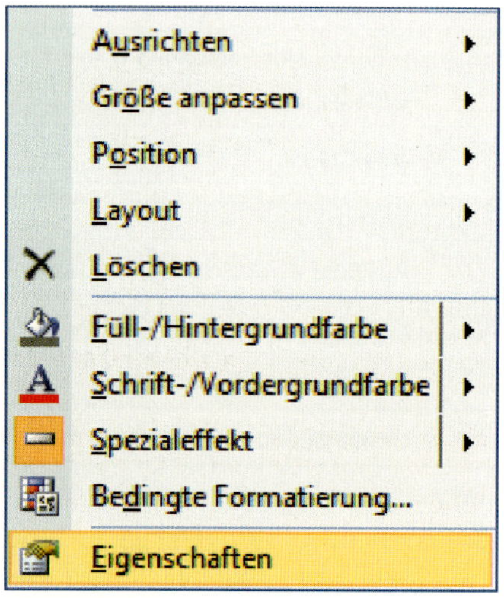

Abbildung 11: *Vorstufe zur Festlegung der Bereichseigenschaften*

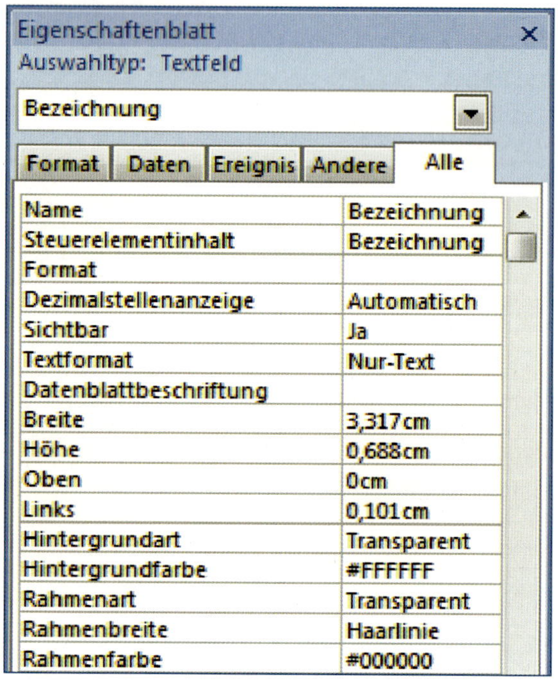

Abbildung 12: *Fenster zur Festlegung der Bereichseigenschaften*

Auch die in den Bereichen eingerichteten Felder können angepasst werden. Um ein Feld zu verändern, ist es zunächst durch einen Klick mit der linken Maustaste zu markieren. Im Anschluss kann das Feld durch das Ziehen mit der Maus in seiner Größe verändert werden. Darüber hinaus besteht die Möglichkeit, jedem Feld eine Vielzahl von Eigenschaften zuzuweisen. Die Arbeitsschritte entsprechen der bereits bei den Bereichen des Berichts beschriebenen Vorgehensweise.

Arbeitsauftrag 32:

Öffnen Sie den Bericht rptPersonal_Abteilungen in der Entwurfsansicht. Verändern Sie das Aussehen des Berichts, indem Sie sowohl die Eigenschaften der Bereiche (siehe Abbildungen 9 und 10) als auch die Eigenschaften einzelner Felder innerhalb der Berichtsbereiche verändern. Verändern Sie auch die Größe und die Position einzelner Felder, sodass die ausgewählten Informationen näher zusammenstehen. Speichern Sie den Bericht unter dem Namen *rptPersonal_Abteilungen2* ab.

Arbeitsauftrag 33:

a) Erstellen Sie eine Abfrage, die neben dem Namen, Vornamen und Geburtsdatum der Mitarbeiter auch deren Steuerklasse und das Gehalt pro Monat anzeigt. Auf Wunsch von Herrn Malies soll die Abfrage folgende Aspekte berücksichtigen:
   - lediglich Mitarbeiter, die nach dem 31.12.1958 geboren worden sind, sollen angezeigt werden,
   - die Steuerklasse soll durch die Parameterabfrage individuell eingegeben werden können – der Anwender soll an dieser Stelle durch eine geeignete Fragestellung auf die Möglichkeit einer individuellen Eingabe hingewiesen werden,
   - die Sortierung soll gemäß dem Familiennamen in alphabetisch aufsteigender Reihenfolge erfolgen.

   Speichern Sie die Abfrage unter dem Namen *qry33a* ab.

b) Erstellen Sie eine Abfrage, in der die Felder Name, Vorname und Gehalt angezeigt werden. Durch die Abfrage soll die Höhe des derzeitigen Weihnachtsgelds, die anstehende Erhöhung des Weihnachtsgelds um 10 Prozent für jeden Mitarbeiter und die Höhe des neuen Weihnachtsgelds angezeigt werden. Sorgen Sie mit Hilfe einer Parameterabfrage dafür, dass der Prozentsatz für die Erhöhung vom Anwender individuell festgelegt werden kann. Die berechneten Werte sollen im Euro-Format ausgegeben werden. Speichern Sie die Abfrage unter dem Namen *qry33b* ab.

c) Erstellen Sie eine Abfrage, mit deren Hilfe die aktuelle Gehaltserhöhung von zwei Prozent auf die Gehaltsgruppen 30, 40 und 50 angewendet wird. Da diese Gehaltserhöhung in den nächsten Jahren beibehalten werden soll, ist von Ihnen eine Aktualisierungsabfrage zu erstellen. Speichern Sie die Abfrage unter dem Namen *qry33c* ab.

d) Erstellen Sie eine Kopie der bestehenden Datenbank, die Sie unter dem Namen BürodesignGmbH1 abspeichern. Öffnen Sie diese Datenbank und erstellen Sie eine Abfrage, mit der alle Mitarbeiter, die vor dem 1. Januar 1950 geboren worden sind, gelöscht werden. Verwenden Sie hierfür eine Löschabfrage. Speichern Sie die Abfrage unter dem Namen *qry33d* ab.

e) Erstellen Sie eine Abfrage, die nach dem Durchführen der Löschabfrage (Aufgabe 33 d) die Mitarbeiter anzeigt, die noch in der Bürodesign verbleiben. Sorgen Sie dafür, dass die Felder Personalnummer, Name, Vorname, Geburtsdatum, Wohnort und Abteilung angezeigt werden. Speichern Sie die Abfrage unter dem Namen *qry33e* ab.

f) Erstellen Sie eine Abfrage, die – nach der Durchführung der Abfrage *qry33d* – die Felder Personalnummer, Name, Vorname, Gehalt pro Monat, Bezeichnung (Qualifikation) und Bezeichnung (Abteilung) anzeigt. Speichern Sie die Abfrage unter dem Namen *qry33f* ab.

Arbeitsauftrag 34:

a) Erstellen Sie einen Bericht für die – nach Fertigstellung der Aufgabe 33 d – noch verbliebenen Mitarbeiter der Bürodesign GmbH. Der Bericht soll sich auf die Abfrage *qry33e* beziehen und alle in der Abfrage enthaltenen Felder enthalten. Sorgen Sie dafür, dass die Mitarbeiter hinsichtlich der Abteilungen gruppiert dargestellt werden. Zusätzlich sollen die Mitarbeiter innerhalb der Tabellen gemäß ihrer Personalnummer aufsteigend sortiert dargestellt werden. Verändern Sie den Bericht in der Entwurfsansicht so, dass alle Informationen vollständig lesbar sind. Die Textausrichtung der Personalnummern soll zentriert erfolgen. Speichern Sie den Bericht unter dem Namen *rpt34a* ab.

b) Erstellen Sie einen Bericht, der sich auf die Ergebnisse der Abfrage *qry33f* bezieht. Alle Felder der Abfrage sollen im Bericht angezeigt werden. Sorgen Sie dafür, dass die Mitarbeiter hinsichtlich ihres Gehalts pro Monat gruppiert dargestellt werden. Als weitere Gruppierungsebene soll die Bezeichnung der Abteilung eingerichtet werden. Innerhalb der darzustellenden Ergebnisse sind die Mitarbeiter gemäß ihrer Personalnummer aufsteigend sortiert darzustellen. Verändern Sie den Bericht in der Entwurfsansicht wie folgt:
   - die im Bericht sichtbare Überschrift für die Bezeichnung der Abteilung lautet „Abteilung"
   - die im Bericht sichtbare Überschrift für die Bezeichnung der Personalnummer lautet „P.-Nr."
   - die im Bericht sichtbare Überschrift für die Bezeichnung der Qualifikation lautet „Qualifikation"
   - das Gehalt pro Monat soll mit zwei Nachkommastellen ausgegeben werden

   Speichern Sie den Bericht unter *rpt34b* ab.

13 Erstellung eines Startformulars

Situation:

Frau Schmitz benötigt ein weiteres Mal Ihre Hilfe. Bei einem Bekannten, der einen Handwerksbetrieb betreibt, hat sie zufällig gesehen, dass dort ebenfalls ein Datenbankprogramm zum Einsatz kommt. Nach dem Start des Datenbankprogramms kann sich der Anwender jedoch auf einer Art Benutzeroberfläche bewegen. Dies wirkt nicht nur optisch professioneller. Frau Schmitz ist davon überzeugt, dass eine Benutzeroberfläche die Arbeit für einen unversierten Anwender enorm erleichtert. Sie bittet Sie daher, sich der Problematik anzunehmen und für die bestehende Personaldatenbank eine benutzerfreundliche Oberfläche zu erstellen.

Arbeitsauftrag 35:

Für die folgenden Arbeiten ist es erforderlich, dass für jede Tabelle ein Formular existiert. Sollte dies in der vorliegenden Datenbank noch nicht der Fall sein, sind die entsprechenden Formulare zunächst zu erstellen. Speichern Sie diese jeweils unter dem Namen *frmName_der_zugrundeliegenden_Tabelle* (z. B. frmOrt für die Tabelle tblOrt) ab.

Eine Vereinfachung der Arbeit mit einem Datenbankprogramm stellt das Startformular dar. Um ein Startformular zu erstellen, ist der Befehlsweg ERSTELLEN – FORMULARENTWURF zu wählen (siehe Abbildung 1).

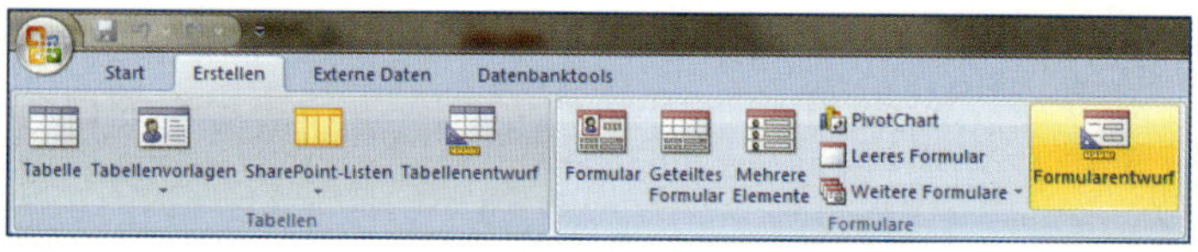

Abbildung 1: *Öffnen des Formularentwurfs*

Nach Start des Formularentwurfs erscheint folgendes Fenster:

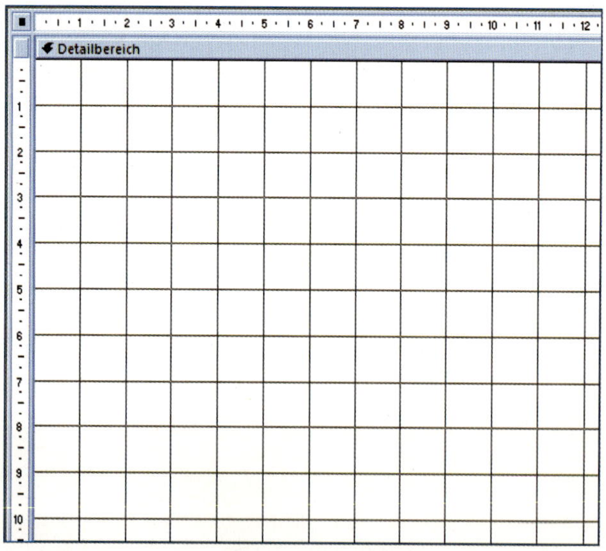

Abbildung 2: *Formular in der Entwurfsansicht*

Durch das Öffnen der Entwurfsansicht hat das Programm automatisch die FORMULARENTWURFSTOOLS geöffnet. Ein für die weiteren Schritte wichtiger Bereich sind die STEUERELEMENTE (siehe Abbildung 3).

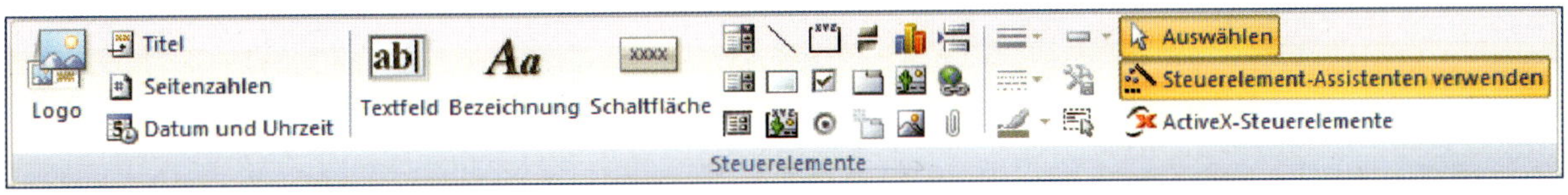

***Abbildung 3:** Übersicht über die STEUERELEMENTE*

Wenn das Formular eine Überschrift haben soll, kann diese entweder über die Schaltfläche Titel (TITEL) oder über die Schaltfläche (BEZEICHNUNG) realisiert werden. Im Falle der letztgenannten Möglichkeit muss die Position der Überschrift mit der Maus festgelegt werden.

***Abbildung 4:** Möglichkeiten zur Formatierung der Überschrift*

Nachdem das Feld BEZEICHNUNG positioniert wurde, kann der Wortlaut der Überschrift (hier: Bürodesign GmbH – Mitarbeiterdaten) über die Tastatur eingegeben werden. Nach diesem Arbeitsschritt sind noch eine Vielzahl von Änderungen für dieses Feld möglich. So lassen sich z. B. Schriftart, -größe, -farbe etc. über die Schaltflächen im Bereich SCHRIFTART (siehe Abbildung 4) verändern. Weitere Einstellungen zur Formatierung sind möglich, wenn über einen Klick mit der rechten Maustaste die Auswahl EIGENSCHAFTEN ausgewählt wird.

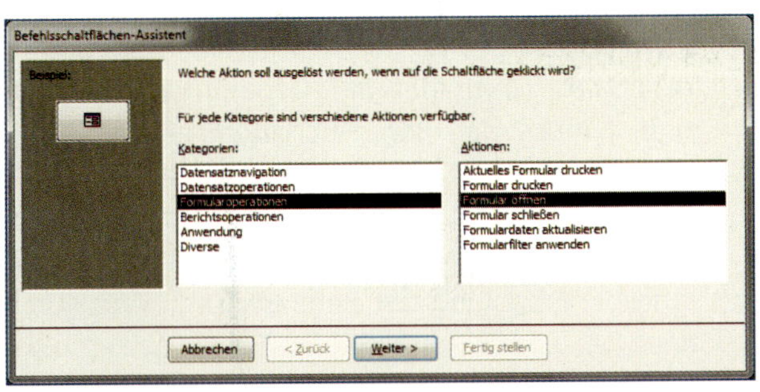

***Abbildung 5:** Befehlsschaltflächen-Assistent – Wahl der KATEGORIE und AKTION*

Um ein bestehendes Formular über das neue Formular aufrufen zu können, müssen dem neuen Formular BEFEHLSSCHALTFLÄCHEN hinzugefügt werden. Das Symbol für eine BEFEHLSSCHALTFLÄCHE (xxxx) befindet sich im Bereich STEUERELEMENTE (siehe Abbildung 3). Es kann durch einen Mausklick ausgewählt und anschließend mit der Maus in der Entwurfsansicht des Formulars platziert werden.

Nachdem die Position für die Schaltfläche gewählt wurde, erscheint das in Abbildung 5 dargestellte Fenster. Dieses lässt Einstellungen in dem Bereich der KATEGORIEN und dem Bereich der AKTIONEN zu. Da ein Formular erstellt werden soll, ist im Bereich der KATEGORIEN der Eintrag FORMULAROPERATIONEN zu wählen. Daraufhin verändern sich die Eintragungen im Bereich der AKTIONEN in die für die gewählte Kategorie zur Verfügung stehenden Auswahlmöglichkeiten.

Wenn durch die Betätigung der Befehlsschaltfläche ein Formular geöffnet werden soll, ist der Eintrag FORMULAR ÖFFNEN zu wählen. Nach einem Mausklick auf die Schaltfläche WEITER erscheint das nächste Fenster des Befehlsschaltflächen-Assistenten. In diesem Fenster werden alle in der Datenbank erstellten Formulare angezeigt.

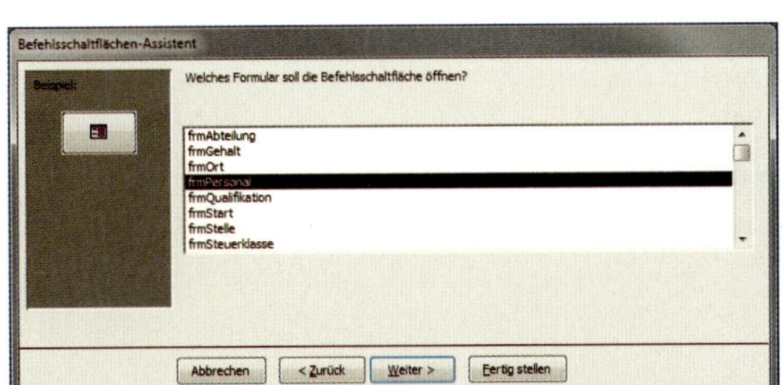

***Abbildung 6:** Befehlsschaltflächen-Assistent – Wahl des zu öffnenden Formulars*

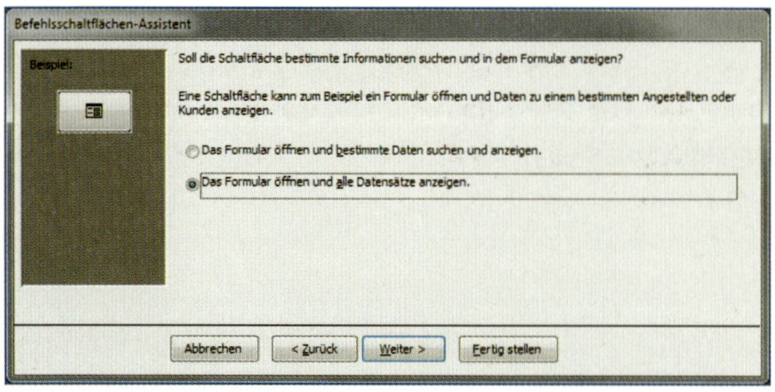

Abbildung 7: *Befehlsschaltflächen-Assistent – Bestimmung der Ausgabeinformationen*

Hier ist die Auswahl zu treffen, welches Formular nach einem Mausklick auf die Befehlsschaltfläche geöffnet werden soll. Ein erneuter Mausklick auf die Schaltfläche WEITER ermöglicht die Festlegung, ob dem Formular zugrunde liegenden Daten ausgegeben werden sollen, oder eine Selektion erfolgen soll (siehe Abbildung 7).

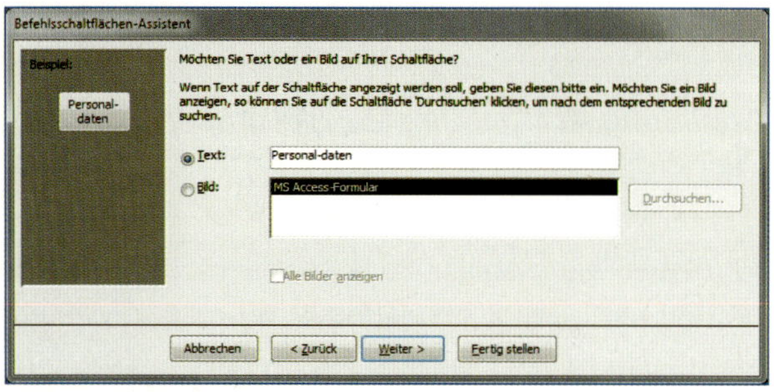

Abbildung 8: *Befehlsschaltflächen-Assistent – Bezeichnung auf der Befehlsschaltfläche*

Da die Befehlsschaltfläche bislang noch keine sinnvolle Bezeichnung hat, muss diese noch festgelegt werden. Die Eingabe eines Namens für die Befehlsschaltfläche ist in dem Fenster möglich, welches nach einem Mausklick auf die Schaltfläche WEITER erscheint (siehe Abbildung 8). Anstatt eines Namens (durch die Auswahl TEXT) kann die Befehlsschaltfläche auch mit einem Bild versehen werden.

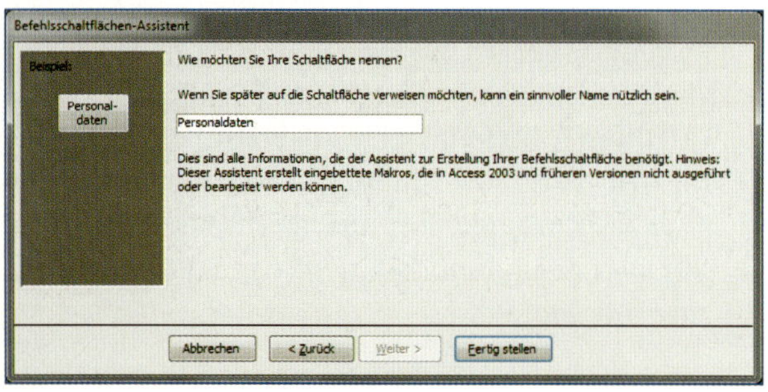

Abbildung 9: *Befehlsschaltflächen-Assistent – Bezeichnung für die interne Verarbeitung*

Im letzten Schritt des Befehlsschaltflächen-Assistenten muss der Befehlsschaltfläche ein Name für die interne Verarbeitung gegeben werden. An dieser Stelle bietet es sich an, den gleichen Namen wie im Fenster zuvor zu verwenden. Anschließend kann die Erstellung der Befehlsschaltfläche durch einen Mausklick auf FERTIG STELLEN abgeschlossen werden.

Nach dem Wechsel in die FORMULARANSICHT kann das neue Formular verwendet werden.

Arbeitsauftrag 36:

Erstellen Sie ein neues Formular. Das Formular soll für jedes bereits bestehende Formular eine Befehlsschaltfläche mit einer sinnvollen Bezeichnung erhalten. Durch einen Mausklick auf diese Befehlsschaltfläche soll das jeweilige bestehende Formular geöffnet werden. Geben Sie dem Formular den Namen *frmStart.*

Situation:

Frau Schmitz ist mit Ihrer Arbeit zufrieden. Neben dem positiven Feedback hat sie jedoch auch Änderungs- bzw. Ergänzungswünsche. Zum einen möchte sie, dass die bestehenden Formulare durch einen Mausklick auf eine noch zu erstellende Befehlsschaltfläche geschlossen werden sollen. Zum anderen möchte sie, dass das neue Formular (frmStart) beim Start des Datenbankprogramms automatisch aufgerufen wird.

Um ein bestehendes Formular mit einer Befehlsschaltfläche zu versehen, muss das Formular zunächst in der ENTWURFSANSICHT geöffnet werden. Im Anschluss daran ist die Befehlsschaltfläche ( ) aus dem Bereich STEUERELEMENTE auszuwählen und auf dem geöffneten Formular in der Entwurfsansicht zu platzieren. Die weitere Vorgehensweise entspricht im Wesentlichen den Arbeitsschritten, die zu Beginn dieses Kapitels beschrieben wurden. Ein Unterschied besteht in der Auswahl der AKTION im Fenster in Abbildung 5. Hier ist der Eintrag FORMULAR SCHLIESSEN auszuwählen.

Ein Formular kann nach dem Start eines Datenbankprogramms automatisch aufgerufen und so als Benutzeroberfläche verwendet werden. Die Einstellungen hierfür sind in dem Fenster vorzunehmen, welches sich durch den Befehlsweg SCHALTFLÄCHE OFFICE (in Access 2007) bzw. DATEI (in Access 2010) – ACCESS OPTIONEN – AKTUELLE DATENBANK öffnen lässt.

Im Menüpunkt FORMULAR ANZEIGEN wird schließlich das gewünschte Formular (hier frmStart) ausgewählt und die Auswahl mithilfe der Schaltfläche OK bestätigt (siehe Abbildung 10). Zu beachten ist der Umstand, dass die getroffene Auswahl erst beim nächsten Start der Datenbank wirksam wird.

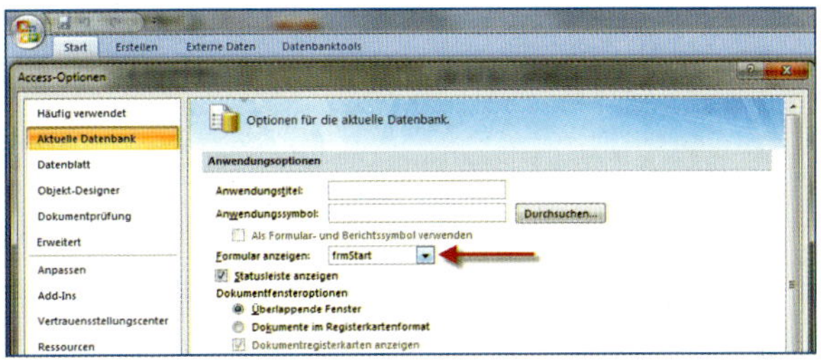

Abbildung 10: *Einrichtung eines Startformulars*

Arbeitsauftrag 37:

a) Versehen Sie jedes bestehende Formular mit einer Befehlsschaltfläche, die beim Anklicken bewirkt, dass das betreffende Formular geschlossen wird. Die Befehlsschaltfläche soll einen sinnvollen Namen ausweisen. Speichern Sie die Änderung ab und testen Sie die Befehlsschaltfläche.
b) Richten Sie das Formular frmStart als Startformular ein. Schließen Sie die Datenbank und starten Sie diese wieder, um das Ergebnis zu begutachten.

Sachwortverzeichnis